農学基礎シリーズ

野菜園芸学の基礎

篠原 温
［編著］

農文協

まえがき

　野菜園芸の大学の教科書はいくつかあるが，それらのほとんどは専門的領域を章立てし，実際に行なわれる講義の量や質を意識したものではなかった。近年，大学の農学系学部は，その名を生物資源や生命資源学部などにかえた大学も多く，カリキュラムの多様化がすすみ，「野菜園芸」などの専門科目で，総論，各論という二本立ての講義をもっている大学はまれになっているのが実情である。このような現状をふまえた「野菜園芸」の教科書が望まれているというのが本書の編集委員の共通の認識であった。

　そこで，我々は本書の基本編集方針を下記のようにした。

1．大学の講義が 1.5 時間のコマで 15 回行なわれていることを考慮し，本書を 15 章編成とし，半期の講義で完結できる章立てとする。
2．内容的には大学生に必須な総論・各論の内容を精選し，必要な情報は先端研究も含め網羅することに務める。
3．わが国特有の「作型」を重視し，第 7 ～ 9 章では 3 つの作型の類型を個別にあつかい，そのなかで主要な野菜を解説し，第 13 ～ 15 章で取り上げる野菜との重複を避ける。
4．サイズを B 5 判の大判とし，カラー図版や写真を多くいれ，文章表現もいわゆる論文スタイルでなく，読みやすい表現にする。これは，本書が農業大学校や専門学校の学生，さらには農家の熱心層にとっても栽培の基礎として学べるものとしたためである。
5．各章の章末にはその章のポイントが再学習できるように課題を，巻末には学生のための参考書リストを示す。
6．最近の話題や研究，経験的な技術などは，適宜，コラムとして囲み記事で入れる。

　以上の配慮によって本書は編纂され，過去に例をみないユニークなものとなったと自負している。

　現在，グローバル化の波は農産物の流通にもおよび，TPP への参加により農産物の輸入は増加するものと思われ，わが国の農業は岐路に立っているともいえるが，植物生理・生態に基づく栽培技術の構築の重要性は今後ともにかわらない。つねに進歩している研究の成果を活かして，生産技術を改善していくことは今後ますます重要となろう。野菜園芸はこのような技術を活かせる最有力の分野でもある。

　このような状況をふまえ，本書では，普遍性のある知識・技術をベースに，最新の知見・技術などもあつかっている。本書を通じて今までにも増して充実した野菜園芸の講義と学習が行なわれることを望むものである。

　2014 年 3 月

篠原　温

野菜園芸学の基礎

目次

まえがき…1

1 第1章 野菜園芸について　<篠原　温>　5

1. 野菜園芸とは —— 5
2. 野菜の種類と分類 —— 6
3. 野菜の原産地と来歴 —— 8
4. 野菜の栄養と安全性 —— 11
5. 生産・消費・流通と輸入 —— 13

2 第2章 成長と発育① 発芽と茎・葉・根　<淨閑正史>　15

1. 種子と発芽 —— 15
   - 1 種子の構造…15　2 種子の発芽…15
   - 3 種子の寿命…17　4 種子処理…17
2. 葉の成長と結球 —— 18
   - 1 葉の構造…18　2 葉の成長…18
   - 3 光形態形成…19　4 結球…19
3. 茎と根の成長と肥大 —— 21
   - 1 茎の構造…21　2 茎の成長…22
   - 3 分枝と頂芽優勢…22　4 根の構造…23
   - 5 根の成長…24　6 養水分の吸収…24
   - 7 根の肥大…25　8 塊茎・塊根類の形成…26
4. 休眠 —— 27
   - 1 種子の休眠…27　2 植物体の休眠…28

3 第3章 成長と発育② 花成と開花・受精・果実肥大　<塚越　覚>　29

1. 花成 —— 29
   - 1 花成とは…29　2 温度と花成…30
   - 3 光周性と花成…32　4 栄養条件と花成…32
   - 5 花芽の発達と異常果…33
2. 抽苔，開花，受精 —— 33
   - 1 抽苔と花蕾の形成…33　2 開花と受精…34
3. 果実の発育と肥大 —— 35
   - 1 真果と偽果…35
   - 2 受精と果実の発育・肥大…36
   - 3 果実の発育・肥大と養分…37

4 第4章 環境反応と代謝　<丸尾　達>　39

1. 光，温度，湿度（水）環境と成長 —— 39
   - 1 野菜の成長を左右する環境要因…39
   - 2 光環境と野菜の成長…39
   - 3 温度環境と制御技術…40
   - 4 湿度・土壌水分と野菜の成長…42
2. 光合成と呼吸，転流，代謝 —— 42
   - 1 光合成…43　2 光合成に影響する要因…44
   - 3 光合成産物の転流・代謝…45　4 呼吸…45
3. 無機養分の働きと吸収・移行 —— 45
   - 1 無機養分と吸収…45
   - 2 無機養分の体内移動…46　3 生理障害…46
4. 窒素同化 —— 46
   - 1 窒素同化…46
   - 2 アンモニア態窒素と硝酸態窒素…47

5 第5章 野菜園芸の育種　<大澤　良>　48

1. 品種の育成と課題 —— 48
   - 1 育種の目的と手法…48
   - 2 ダーウィンにはじまる育種小史…48
   - 3 遺伝的画一化の危険―歴史が教える教訓…50
   - 4 遺伝資源の利用と課題…51
   - 5 野菜育種の課題と方向…51

2. 野菜の育種技術の特徴―― 52
    1 複合形質の選抜・集積…52
    2 野菜でのDNAマーカーの利用…53
    3 野菜の一代雑種育種…54
    4 一代雑種品種の有効性…55
    5 遺伝子組換え技術…56
  3. 野菜（一代雑種）採種の課題―― 57
    1 不安定な一代雑種の純度…57
    2 採種の安定化に向けて…57

6 第6章
栽培技術の基本 ＜元木 悟＞ 59

1. 作型と成り立ち―― 59
   1 作型の概念…59
   2 作型の類型―品種利用型と施設利用型――…59
2. 育苗―― 60
   1 育苗の目的と注意点…60　　2 培養土の選択…61
   3 育苗管理の実際…61　　4 接ぎ木…64
3. 土壌管理と施肥―― 65
   1 土壌管理…65　　2 施肥…66
   3 土づくりと有機物施用…68
4. 栽培管理―― 69
   1 直播きと間引き…69　　2 定植…70
   3 栽植密度…70　　4 整枝…70
   5 開花，受粉，結実…70　　6 軟白…71
   7 収穫・調製…71
5. 病害虫防除，雑草防除，障害対策―― 71
   1 病害虫防除…71　　2 雑草防除…72
   3 生理障害対策…72　　4 連作障害対策…73
6. 植物成長調整剤の利用―― 74

7 第7章
作型と栽培体系① 施設利用型野菜 ＜糠谷 明＞ 75

1. 施設利用型野菜の作型―― 75
2. トマトの作型と栽培―― 76
3. ナスの作型と栽培―― 81
4. キュウリの作型と栽培―― 85

8 第8章
作型と栽培体系② 品種利用型野菜 ＜寺林 敏＞ 90

1. 品種利用型野菜と周年生産―― 90
2. キャベツの作型と栽培―― 90
3. レタスの作型と栽培―― 96
4. タマネギの作型と栽培―― 100

9 第9章
作型と栽培体系③ 特異な作型をもつ野菜（イチゴ） ＜吉田裕一＞ 105

1. 来歴と品種，作型の変遷―― 105
2. 生育特性と作型―― 106
3. イチゴの栽培と環境制御―― 111

10 第10章
施設環境と施設栽培 ＜福田直也＞ 114

1. 施設園芸の歴史―― 114
2. 施設の種類と特徴―― 114
   1 トンネル…114　　2 プラスチックハウス…115
   3 温室構造の大型施設…116
3. 被覆資材の種類と特徴―― 118
   1 軟質フィルム…118
   2 硬質フィルム，硬質板，ガラス…119
   3 機能性被覆資材…120
4. 施設環境と環境制御―― 121
   1 環境制御の要素…121　　2 換気…121
   3 循環扇…122　　4 冷却…122
   5 暖房…123　　6 CO_2施用…124
   7 湿度の調節…125　　8 遮光…125
   9 電照，補光…126　　10 複合環境制御…127

第11章 環境保全，省力化などをねらった栽培法　＜和田光生＞　128

1. 養液栽培—— 128
2. 養液土耕—— 133
3. 有機栽培—— 135
4. 減肥栽培，肥効調節型肥料の利用—— 136
5. 隔離床栽培，少量培地栽培—— 138
6. 植物工場—— 139

第12章 鮮度保持と流通　＜山脇和樹＞　143

1. 収穫後の野菜の特徴—— 143
2. 呼吸と鮮度保持—— 144
   1 呼吸の大きさ…144　2 呼吸と温度…145
   3 呼吸型…145　4 空気の組成と呼吸…146
   5 傷害と呼吸…147　6 エチレンの除去…147
3. 水分の蒸散と鮮度保持—— 148
   1 野菜の鮮度と水分…148
   2 野菜からの水の蒸散…148
   3 風速と水の蒸散…148
4. 腐敗—— 149
   1 腐敗の原因…149
   2 腐りやすさと水分活性…149
5. 加工と利用—— 149
6. 流通と予冷—— 149
   1 品質低下と予冷…149
   2 予冷システム…151

第13章 果菜類の特性と栽培　＜北条雅章＞　153

スイカ—— 153　　メロン—— 155　　ピーマン—— 158
スイートコーン—— 161　　エダマメ—— 163

第14章 葉菜類の特性と栽培　＜片岡圭子＞　166

ハクサイ—— 166　　ブロッコリー—— 168　　ホウレンソウ—— 170
ネギ—— 172　　アスパラガス—— 175

第15章 根菜類の特性と栽培　＜川城英夫＞　178

ダイコン—— 178　　ニンジン—— 181　　サトイモ—— 183
ジャガイモ—— 186　　ゴボウ—— 188

【コラム】

- ハクサイ葉球形成の2つのタイプ…20
- 花のABCモデル…30
- たねなしスイカ…37
- ゼロ濃度差CO_2施用法…44
- オランダの1%理論（1%ルール）…45
- ダーウイン『種の起源』
  第1章「飼育栽培のもとでの変異」より…49
- 韓国ですすむ品種の画一化…50
- トマト'秀麗'の特性—複合的形質の集積例—…53
- 在来品種をどう守るか…55
- トマト研究最前線…57
- 低節位の障害果の原因…64
- キャベツは食べる胃腸薬…91
- レタスの学名の由来…96
- イチゴの食べ方…111
- 育苗の分業化…112
- 相対湿度と飽差…125
- 農薬を使わない養液栽培農産物の表示…136
- 「クリスプ」と「ててかむ」…144
- 野菜の流通温度とビタミンC…151
- 露地メロン，ハウスメロン，温室メロン…156

参考文献—— 191　　和文索引—— 192　　英文索引—— 196

第1章 野菜園芸について

1 野菜園芸とは

1 園芸と野菜園芸学
❶園芸と野菜園芸

　園芸は農業（Agriculture）の一部であり，作物を栽培して収穫物を販売し，その収入によって生計をたてるものづくり産業である。園芸という言葉には，囲いのある圃場で獣害，盗難から保護しながら栽培するという意味があり，英語のhorticultureも同じ意味である。園芸は，換金性の高い野菜（vegetables），果樹（fruit trees），花卉（ornamentals）が栽培されるため，一般作物にくらべ比較的狭い圃場や温室などの施設を利用し，資本や労働集約的な経営が行なわれる。

　野菜園芸では，1年性の草本植物である果菜類（fruit vegetables），葉（茎）菜類（leaf vegetables），根菜類（root vegetables）などが，栽培適性に応じて露地圃場や温室で栽培されている。施設園芸は，英語ではprotected horticultureあるいはgreenhouse horticultureという用語が使われており，外界の環境が厳しい季節に植物の生育に好適な環境を与えることで，作期を長くすることができる(注1)。

❷野菜園芸学の分野

　農業という第一次産業（primary industry）に貢献するために農学（Agricultural Science）や園芸学（horticultural science）があり，基礎から応用，自然科学から社会科学まで網羅する，たいへん幅広い分野を研究対象にしている。

　野菜という栽培作物を科学的にきわめるには，植物分類学，植物形態学，植物生理学，遺伝学などの基礎知識が必要である。野菜園芸学は，これらに加え，育種学，バイオテクノロジー，土壌学，作物栄養・肥料学，農業気象学，農業機械学，環境調節工学，植物保護学，青果物保蔵学，農産製造学，さらに農業経済学，農業経営学も必要になる。このように，野菜園芸学はさまざまな分野がかかわった総合科学であり，それらの研究成果を十分に活かし，野菜園芸という産業に寄与することを目的にしている。

2 「野菜」とは
❶「野菜」と「蔬菜」

　「野菜」という用語は，いまでこそ広く使われており，本書も採用して

〈注1〉
最近では，一年を通じて植物の生理活動を活発化する理想的な環境をつくりだし，周年的に生産を行なう施設ができており，これらは植物工場（Plant Factory）とよばれている。植物工場には太陽光利用型と完全人工光型の2種類がある。

〈注2〉
キノコは元来野生の植物であったが，自宅付近の圃場で，ほだ木に種菌を植付けて栽培したり，容器にいれた人工培地で培養したりするようになり，野菜に含められるようになった。

図1-1
イチゴは野菜か果樹か？
諸外国では果樹のように露地圃場で数年にわたり栽培されるが，日本では毎年育苗し温室で栽培されるため野菜にされている。しかし，収穫物は果実として販売される（写真提供：赤松富仁氏）

〈注3〉
世界の野菜の種類は，双子葉植物58科620種，単子葉植物20科213種，菌類8種，シダ類16種とされている。科別には，双子葉植物ではマメ科68種，アブラナ科64種，ナス科63種，ウリ科57種，キク科57種，セリ科24種などが多く，単子葉植物では，ユリ科50種，イネ科40種，ヤマノイモ科26種，サトイモ科22種などが多い。

〈注4〉
たとえばトマトは，ナス属・トマト小種・命名者の順に Solanum lycopersicum L. と表記する（L. は Linne（リンネ）の略）。

いるが，もともとは野草なども含む範囲の広い草本植物をさす用語であった。そのため，古くから「蔬菜」という用語が使われてきた。蔬菜とは「食用栽培される草本植物」のことで，「蔬」「菜」ともに栽培される草本植物という意味がある。

もともと採集・利用されていた山菜やキノコ（注2）を含む野草（野菜）が栽培されることが多くなり，野菜と蔬菜の区別がつきにくくなったこと，さらに蔬という漢字が当用漢字から外され，教科書に使えなくなったことなどから，「野菜」が一般化したと思われる。したがって，「蔬菜」と「野菜」は同義語と考えてよい。いまでは，研究や行政用語としても野菜が使われることが多くなっている。

❷ 野菜と果樹，作物の区分

野菜と果樹，作物の区分もむずかしい。たとえばイチゴは，欧米では他のベリー類と一緒に果樹としてあつかわれることが多いが，日本では野菜としてあつかわれる。日本では野菜的に栽培されるためと思われるが，市場や小売店では果物としてあつかわれている。メロン，スイカなども，流通段階で果物としてあつかわれる野菜である。

一方，エンドウ，インゲン，ダイズ（エダマメ），トウモロコシ（スイートコーン）などは，未熟な莢や種子を収穫して利用する場合は野菜，完熟した種子を収穫する場合は作物としてあつかわれる。また，ジャガイモやサツマイモは，利用目的で食用作物，飼料用作物，加工・工芸作物とされたり，野菜とされたりしている。なお，野菜用か作物用かによって，品種や栽培方法がちがうのが普通である。

2 野菜の種類と分類

1 野菜の種類

野菜の種類はたいへん多く，世界では約850種（注3），日本では約140種が利用されている。これら野菜の利用のされ方も多種多様であり，葉，茎，根，花蕾，果実，種子と，ほとんどあらゆる部位が利用されている。多種多様な野菜の類縁関係を明らかにし，類似のものをまとめて分類すると便利であり，野菜については大きく3つの分類方法がある。

2 植物学的分類と学名

植物の自然分類は，おもに花，種子，果実，茎葉などの形態や構造のちがいを基準に行なわれてきた。しかし，近年では細胞遺伝学的特性，交雑和合性，さらには分子生物学的手法によるDNA，化学成分のちがいなども利用して分類されるようになった。これらの知見により，種類の同定と保存が可能になり，より詳細な類縁関係などが推定できるようになり，旧分類では困難であった野菜についても分類が可能になってきている。

植物には学名があり，属名，種小名，命名者の順で記載される（注4），植物学的な類縁関係もある程度示しているので参考になる。

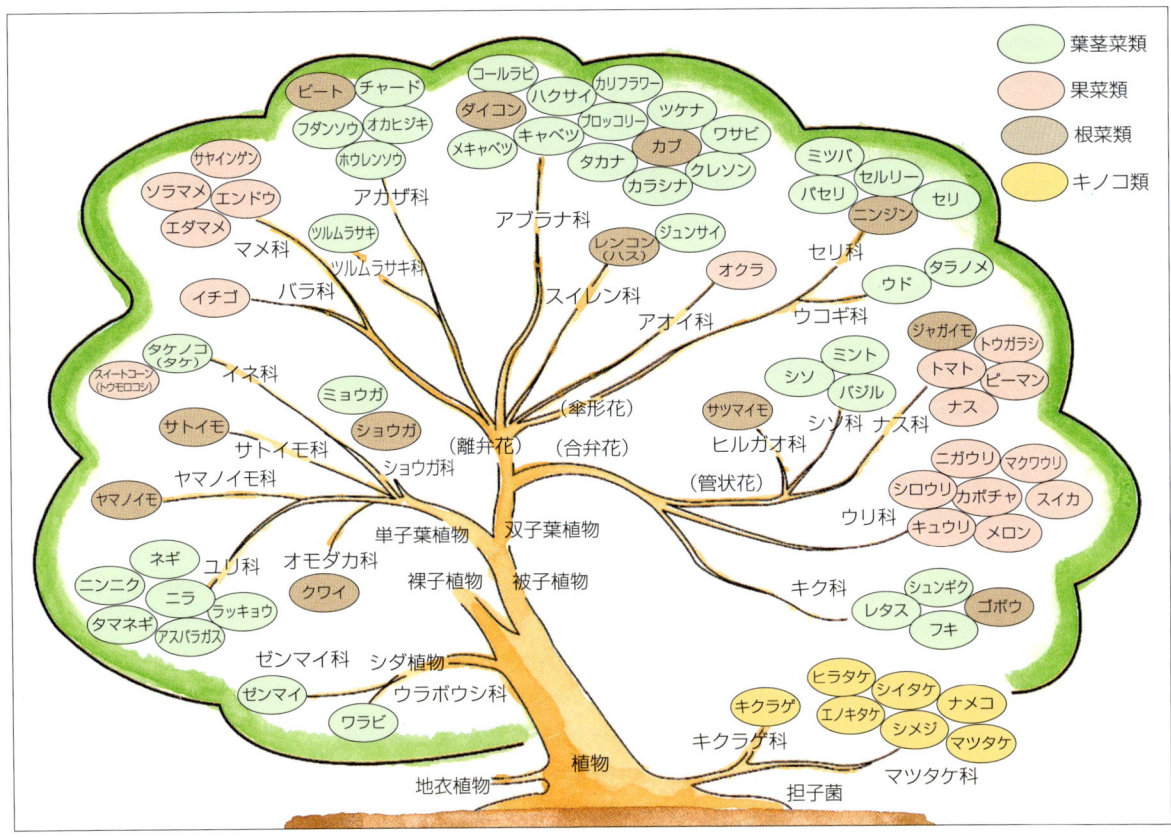

図1-2 日本における野菜の種類（野菜試験場，1981をもとに作成）（池田，川城ら，2005）

注）野菜としてあつかわれるものの多くは1・2年生の草本であるが，キノコやタケノコも含めることが多い。メロンやスイカ，イチゴは果物としてあつかわれることも多い。ダイズやインゲンマメ，トウモロコシは，成熟したものは作物としてあつかわれるが，未熟でやわらかいものは，エダマメやサヤインゲン，スイートコーンの名前で野菜としてあつかわれる。

3 園芸的分類

野菜は，利用する部位によって分類することも多い。葉・花・茎を利用する葉（茎）菜類（leaf vegetables），地下部を利用する根菜類（root vegetable），果実や種子を利用する果菜類（fruit vegetables）と大きく3つに分類され，明治以来用いられてきた（図1-2）。

表1-1 農林水産省の野菜の分類

葉茎菜類	ハクサイ，キャベツ，ホウレンソウ，ネギ，タマネギ，レタス，セルリー，カリフラワー
果菜類	ナス，トマト，キュウリ，カボチャ，サヤエンドウ，エダマメ，サヤインゲン，スイートコーン，ピーマン
果実的野菜	イチゴ，スイカ，露地メロン，温室メロン
根菜類	ダイコン，カブ，ニンジン，ゴボウ，レンコン，サトイモ，ヤマノイモ

しかし，葉（茎）菜類は利用部位のちがいが大きすぎるため，さらに葉菜類，茎菜類，花菜類と小分類することもある。

また，農林水産省は，消費量が多く国民生活上重要な野菜28品目を表1-1のように4つに分類している。

4 生態的分類

❶温度適応性による分類

各野菜には生育適温がある。おもに原産地の気候を反映していることが多く，熱帯・亜熱帯原産の高温作物と温帯原産の低温作物に大別される。

表1-2 野菜の温度適応性 (本多, 1988を改変)

低温性 強い	低温性 弱い	温度適応 類別	高温性 弱い	高温性 強い
エンドウ, ソラマメ		マメ類	インゲンマメ, ハナマメ, ライマメ	ササゲ, フジマメ, ナタマメ, エダマメ
		ウリ類	キュウリ, マクワウリ, カボチャ, スイカ	シロウリ, トウガン, ユウガオ, ヘチマ, ニガウリ, ハヤトウリ
		ナス類	トマト	ナス, トウガラシ
イチゴ		雑果菜類	トウモロコシ	オクラ
	ジャガイモ	塊根類 塊茎類	ユリ	サツマイモ, ヤマノイモ, サトイモ, キクイモ, レンコン, クワイ, ショウガ
ダイコン, カブ, ワサビ	ニンジン, ビート	直根類	ゴボウ	
ハクサイ, ツケナ, カラシナ, キャベツ類	カリフラワー, ブロッコリー	菜類	ケール	
		香辛菜類		シソ, ミョウガ
ホウレンソウ	セルリー, チシャ, パセリ, セリ, ミツバ, シュンギク, フダンソウ	柔菜類	フキ, ウド, アスパラガス	ヒユナ, ツルナ, ツルムラサキ, エンサイ, スイゼンジナ, ハスイモ, マコモ, タケノコ, ニラ
ネギ, リーキ, ラッキョウ	ワケギ, ニンニク	ネギ類		

わが国では四季の温度変化が大きいので,春から夏にかけては高温作物が,夏から冬にかけては低温作物が栽培される。

わが国の野菜は表1-2のように分類されている。

❷ 花成反応による分類

多くの植物は生育がすすむと栄養成長（vegetative growth）から生殖成長（reproductive growth）に移行し,花をつけ,種子をつくり,子孫を残す。栄養成長の適温より低温におかれたときに,花芽形成が誘導される現象を春化（vernalization）という。発芽直後の種子段階で感応する種子春化（seed vernalization）と,幼若期を経てから感応する緑植物春化（green plant vernalization）に分けられる。

また,日長に感応して花成が誘導される光周性（photoperiodism）によって,短日性植物（short-day plant）,長日性植物（long-day plant）,中性植物（day-neutral plant）などに分類される（第3章表3-1参照）。

3 野菜の原産地と来歴

1 原産地を知る意味

野菜は原産地に野生植物として誕生し,やがて栽培化され人間の利用目的にかなう部位（果実や葉菜類の結球部など）が異常に発達した。その結果,野生種とは形態や生態がいちじるしく変化したものが多い。しかし,原産地の環境や進化の過程を知ることによって,遺伝資源の探索や育種に役立てられるだけでなく,現在の栽培品種の環境適応性など基礎的な情報が得られる可能性も高い。

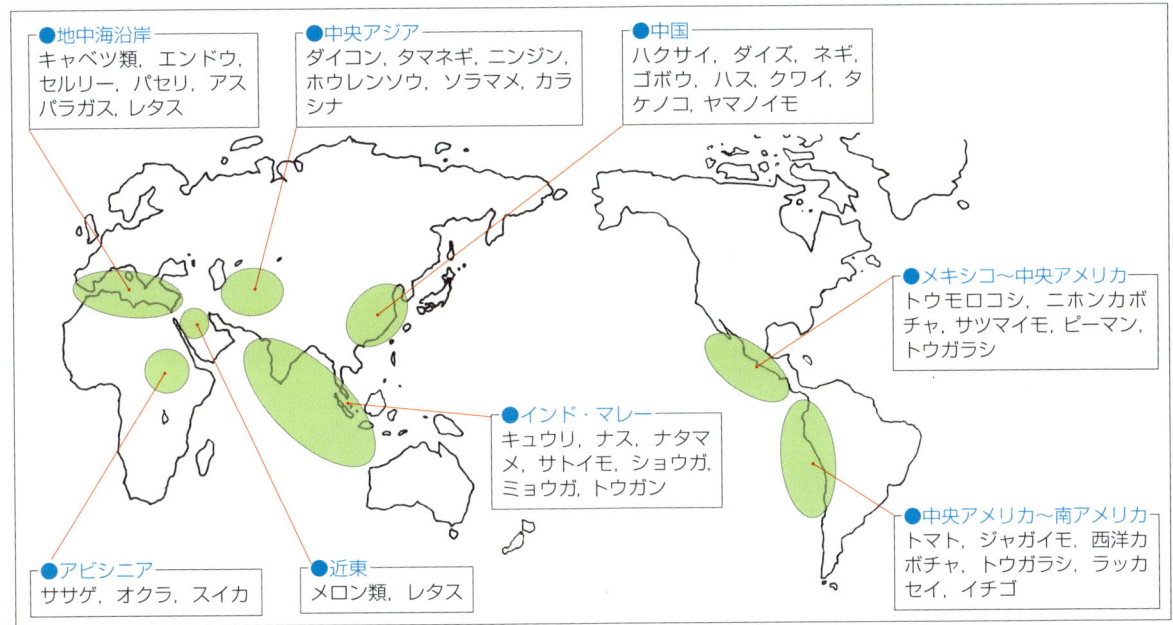

図1-3　野菜の起源地（鈴木他，2012を改変）

2 バビロフの8つの起源地

ロシアの遺伝学者バビロフ（Vavilov）は，世界各地の植物探索を行ない，栽培植物の原産地を推定した。彼は，ある植物の遺伝的変異の最も多い地域（遺伝子中心）を，その種が成立したセンターであると考えた（注5）。

これは遺伝子中心説（gene center hypothesis）とよばれ，バビロフは変異の法則性と人文地理的考察にもとづき，栽培植物が起源した地理的センターを8つとした（図1-3）。地理的センターで起源した野菜は，民族の移動や文化の交流，人為的な選抜なども加わって種内分化がすすみ，しだいに分布域が広がり全世界で栽培されるようになった。

3 わが国への渡来と広がり
❶日本原産の野菜は少ない

わが国の野菜は種類が豊富であるが，日本原産種はたいへん少ない。表1-3は，利用されるようになった野菜と原産地を時代別にまとめたものである。太古から平安時代に日本原産の野菜が多くあげられているが，セリ，ジュンサイ，アサツキ，ラッキョウ，ニラ，ミョウガ，キノコ，ヤマノイモ，ユリなどは中国と共通の原産であり，中国から導入されたものと考えられる。日本固有の野菜は，いわゆる山野草類だけといっても過言ではない。

鎌倉から桃山時代には，新大陸発見でヨーロッパに導入されたカボチャ，トウガラシ，トウモロコシ，ジャガイモなどがわが国にもはいってきている。江戸時代（図1-4）はオランダ，中国から多くのヨーロッパ原産の野菜が導入されたが，栽培植物として定着したものは少なかった。

〈注5〉
遺伝的変異（genetic variation）は，紫外線をはじめ各種宇宙線や環境の変化などによる突然変異（mutation）によってもたらされるが，変異が最も集積した地域は種が誕生してから最も時間がたっていることを示しており，種の原産地（第1次センター）と推定できる。また，種は第1次センターで変異と淘汰をくり返して生きのびてきており，優性形質の多い集団になる。耐病性品種の育成には，これらの地域の野生種を用いることが多い。種はセンターから遠ざかるにつれて，変異の数は少なく，かつ単調となり，劣性形質の多い集団になる。

3-野菜の原産地と来歴　9

表1-3 日本の野菜の来歴（熊澤，1960より）

時　代	原産地	種　類
太古～平安時代	a	フキ, セリ, ウド, ハマボウフウ, タデ, ジュンサイ, アサツキ, ラッキョウ, ニラ, ミョウガ, サンショウ, キノコ, ワサビ, ヤマノイモ, ユリ, ヒシ, マコモ, クロクワイ, ヒユ, クコ, ヤブカンゾウ, オニバス
	b	シソ, フユアオイ, チシャ, ネギ, ワケギ, ニンニク, ゴボウ, サトイモ, ショウガ, クワイ, ハス, ダイズ, ササゲ, フジマメ, シロウリ, キュウリ, トウガン, ユウガオ, ナス
	c	アブラナ, タカナ, カラシナ, コエンドロ, ウイキョウ, カブ, エンドウ, マクワウリ
	d	なし
鎌倉～桃山時代	a	なし
	b	ツルムラサキ, ナタマメ
	c	ホウレンソウ, セルリー, ニンジン, ソラマメ, スイカ
	d	カボチャ, トウガラシ, トウモロコシ, ジャガイモ, サツマイモ
江戸時代	a	ミツバ, ツルナ, ゴボウアザミ
	b	モウソウダケ, ハクサイ, スイゼンジナ, チョロギ, ヘチマ, ツルレイシ
	c	ルバーブ, エンダイブ, コショウソウ, アスパラガス, フダンソウ, キャベツ, オランダガラシ, パセリ, チコリー, アーティチョーク, シュンギク, タマネギ, リーキ, ビート, パースニップ, サルシフィー, キクゴボウ, イチゴ
	d	キクイモ, ラッカセイ, インゲンマメ, トマト
明治時代		品種導入時代

注）a：日本原産種，b：中国・熱帯アジア・中央アジア・シベリア原産種，c：欧州・地中海沿岸・アフリカ・西南アジア原産種
　　d：新大陸原産種

図1-4　江戸時代の野菜畑の例
（『農業図絵』（石川県）より）
ウリ類の収穫のようすで，手前はカボチャかトウガン，そのむこうは生食用の菓子瓜と思われる。まわりの垣は人獣防衛用の竹垣で，ササゲを巻きつかせることが多かった

❷明治時代に積極的に導入

　現在われわれが利用している野菜のほとんどは，明治になってから導入されたものといってよい。明治政府は，積極的に欧米や中国から新種や新品種の導入をはかり，64種324品種におよんだ。内藤新宿試験地（現在の新宿御苑）をはじめ各地に試験地をつくり，栽培試験が行なわれた。

　明治初期は技術の低さもあり，成果は思わしくなかったが，日清・日露戦争に参戦した兵士による各種野菜の導入もあり，しだいに栽培が広がっていった。やがて，キャベツ，ハクサイなどの品種改良を行なう民間種苗業者があらわれ，国立の農事試験場にも園芸部が開設され，一挙に野菜栽培がさかんになった。

❸大正時代から現在まで

　大正・昭和時代には都市が発達し，都市近郊の野菜園芸は，促成栽培（forcing culture）や抑制栽培（retarding culture）も開発しながら大いに発展した。大・中都市には卸売市場も開設され，輸送園芸もはじまった。しかし，やがて第二次大戦の影響を受け，労働力や資材不足になり，急速な衰退を余儀なくされた。

　戦中・戦後は極端な野菜不足になったが，戦後復興にともない10年間で野菜生産は戦前レベルまで回復した。また，食生活の洋風化にともない，トマトやブロッコリーなどの消費量が急増した。さらに，国公立の試験研究機関では，外国品種を含めた品種改良がすすめられ，その成果を応用した民間の育種もさかんになり，一挙にF1品種の時代をむかえた。

4 野菜の栄養と安全性

1 野菜の栄養

❶ 野菜の栄養の特徴

　ほとんどの野菜は80～90％の水分を含み，タンパク質や脂肪が少なく，イモ類やマメ類を除いてカロリー源としては重要ではない。しかし，人間に欠かせない，ビタミン，ミネラル，食物繊維（dietary fiber）などを多く含んでおり，しかもこれらの成分は他の食材からはあまり補給できない。

　ポリフェノール類などの機能性成分を含む野菜も多く，ガンの予防など健康増進にも貢献している（表1-4）。さらに，カロテノイドやアントシアニンなどの色素を含むものも多く，これらは食卓を彩り，特有の味や香辛成分をもつ野菜は料理を引き立たせ，食生活を豊かにしてくれる。最近はサプリメントの効果が強調されているが，中高年向けの特殊成分の補給を除けば，野菜を1日350g摂取していればほとんど不要であろう。

　また，野菜は副食品として食卓を豊かにするので，緑黄色野菜にこだわらず，淡色野菜やイモ類などと組み合わせて，サラダ，煮物，炒め物，漬物などに調理して，1日の必要量をむりなく摂取すべきであろう。表1-5は「日本食品標準成分表」からおもなものを抜粋したものである。

❷ ビタミン類

　5大栄養素の1つで，20種類以上あり，それぞれが微量で人間の生理機能を調節し，物質代謝を円滑にする働きがある。

　カロテン（人間の体内でビタミンAになる）を多く含む野菜は緑黄色野菜（注6）とよばれ，ニンジン，カボチャ，モロヘイヤなどはその代表である。シソ，パセリ（注7）は一度に摂取する量は少ないが，カロテンやビタミンだけでなく他の成分の含有率もたいへん高い。

❸ ミネラル類

　人間に必要とされるミネラル類は約20種類におよぶ。このうちナトリウム（Na），カリウム（K），カルシウム（Ca），マグネシウム（Mg），リン（P），塩素（Cl）などはイオンの形で体液中に存在し，浸透圧の調節などの恒常性維持に役立っている。Ca，P，Mgなどは骨や歯，イオウ（S），Pはタンパク質，鉄（Fe）はヘモグロビンの成分になっている。

表1-4　野菜のおもな生理機能
(津志田, 1999)

①動脈硬化の予防（抗酸化性）
　・低密度コレステロールの酸化抑制
②がん予防機能（抗腫瘍性）
　・発がん性物質の排出（食物繊維）
　・発がん性物質の生成阻害
③血圧上昇抑制機能（血圧上昇に関与する酵素の阻害）
④糖尿病予防機能（糖吸収阻害）
⑤メラニン生産制御成分（メラニン生成酵素の活性制御）

〈注6〉
緑黄色野菜（beta-carotene-rich vegetables）の定義は複雑で，カロテン含量だけで決まるわけではない。厚生労働省によれば「原則として可食部100g当たりカロテン含量が600μg以上の野菜」をいうが，カロテンが600μg以下でも1回に食べる量や使用回数の多い色の濃い野菜（トマト，サヤインゲンなど）も含まれる。緑黄色野菜以外は淡色野菜（pale colored vegetables）とよばれるが一定の定義があるわけではない。

〈注7〉
付け合わせに出されたパセリを残す人が多いが，脂身が多い料理のあとに口の中を清涼にする効果もあり，栄養的にもぜひ食べてほしい野菜である。

表1-5　おもな野菜の栄養成分別ランキング（可食部100gに含まれる量）（「五訂日本食品標準成分表」より作成）

	カロテン (μg)		ビタミンC (mg)		カルシウム (mg)		鉄 (mg)		カリウム (mg)		食物繊維 (g)	
1	シソ	11,000	赤ピーマン	170	パセリ	290	パセリ	7.5	パセリ	1,000	ラッキョウ	21.0
2	モロヘイヤ	10,000	メキャベツ	160	モロヘイヤ	260	コマツナ	2.8	ホウレンソウ	690	グリンピース	7.7
3	ニンジン	9,100	黄ピーマン	150	シソ	230	エダマメ	2.7	サトイモ	640	シソ	7.3
4	パセリ	7,400	パセリ	120	コマツナ	170	ソラマメ	2.3	メキャベツ	610	パセリ	6.8
5	シュンギク	4,500	ブロッコリー	120	ツルムラサキ	150	ホウレンソウ	2.0	クワイ	600	モロヘイヤ	5.9
6	ホウレンソウ	4,200	カリフラワー	81	シュンギク	120	サニーレタス	1.8	エダマメ	590	ゴボウ	5.7
7	西洋カボチャ	4,000	青ピーマン	76	タアサイ	120	シュンギク	1.7	ニンニク	530	ニンニク	5.7
8	ニラ	3,500	ニガウリ	76	クレソン	110	シソ	1.7	モロヘイヤ	530	メキャベツ	5.5
9	糸ミツバ	3,200	モロヘイヤ	65	チンゲンサイ	100	グリンピース	1.7	ニラ	510	オクラ	5.0
10	コマツナ	3,100	シシトウガラシ	57	オクラ	92	チンゲンサイ	1.1	糸ミツバ	500	エダマメ	5.0

注）1日所要量は，カルシウム500～600mg，鉄12mg，カロテン1,800μg ビタミンC 50mgとされている

野菜はアルカリ性食品であり，米や肉などの酸性食品と一緒に摂取すると，バランスのよい食事ができる。人体には恒常性の維持作用の1つとして大きな緩衝能があり，食事によって血液のpHは急激にかわることはないが，バランスのよい食事は体の緩衝能への負担を軽くする効果がある。

❹ **食物繊維**

　野菜にはセルロース，ペクチンなどやわらかい食物繊維が約1％含まれている。繊維は消化吸収されないので，エネルギー源としての価値はないが，腸管を刺激してぜん動運動をうながして便通をよくし，さらに胆汁酸を吸着して排出するので，血中や肝臓のコレステロールの低下に役立つ。食物繊維は人間の健康に必要なものであり，おもに野菜から摂取される。

2 野菜の安全性

　以下のような取り組みによって，わが国の農産物の安全性の向上，農地環境の保全，作業者の安全，経営の改善がはかられている。

❶ **有機栽培**

　農林水産省は，環境や健康にやさしい農業をめざして，化学肥料や化学合成農薬を使わない栽培のガイドラインをつくり，これに沿った生産物に「有機JASマーク」（図1-5）の使用が許されている。有機栽培では，土づくりが重要であり，雑草や病虫害をおさえるため，耕種的，生物的，物理的防除が行なわれる。

❷ **特別栽培**

　農林水産省は，各地域の慣行より農薬と化学肥料（窒素成分）の使用量が1/2以下で栽培された農産物を「特別栽培農産物」と定め，都道府県が認定し「特別栽培農産物」と表記して出荷することができる。施肥が圃場全面施用から畝施用にかわるなど，かなり広く実施されている。

❸ **ポジティブリスト**

　一定量をこえて農薬などが残留する食品の販売を原則禁止する制度である。野菜の種類ごとに使用可能な農薬や使用条件，残留してもよい基準値を定め，それ以外の野菜については残留基準を一律0.01ppm以下としている。この制度以前はネガティブリストによっており，対象の野菜に残留基準がない農薬は規制の対象にならなかった。そのため，海外だけで使用されている農薬など，その野菜に残留基準が定められていない農薬がどれだけ残留していても規制ができなかった。

❹ **GAP（ギャップ，ジー・エイ・ピー，Good Agricultural Practices）**

　適正農業規範（または農業生産工程管理）と訳されている。1996年のO157による中毒事件でカイワレダイコンが原因食材としてうたがわれたのを契機に，安全な農産物を生産するためのリスク管理の方法として，農林水産省が普及をすすめてきた。GAPは農場での生産工程を詳しく調べ，各生産工程にどんな危害があるかを分析し，危害を最小限にする手だてを決めておき，そのすべてを定期的に検証して記録を残す手法である。公的機関や農協が指導して地域で実施する場合と，民間組織（日本GAP協会など）が認証する場合があり，現在では多くの野菜産地で実行されている。

図1-5　有機JASマーク

5 生産・消費・流通と輸入

1 野菜の生産・消費

2010年のわが国の農業総産出額は8.1兆円で，1984年の11.7兆円のピークから漸減し続けている（図1-6）。これに対し野菜の産出額は2.2兆円で，1991年のピークからわずかに減ったがほぼ横ばいで，農業総産出額にしめる割合は26％と高まっている（図1-7）。これは，畜産（31％）に次ぐもので，米（19％）をはるかに凌駕している。

2010年に野菜の産出額が1,000億円をこえた5都道府県（注8）は，野菜生産のさかんな地域といえよう。おもな野菜の生産量と，生産量の多い都道府県ベスト5を表1-6に示した。多いのは，ジャガイモ，ダイコン，キャベツ，タマネギと大面積で栽培される葉根菜類である。果菜類は，トマト，キュウリ，スイカ，ナスの順で高い。

主要野菜の生産量の推移を表1-7に示したが，重量野菜や日本的な野菜は減り，いわゆる洋菜や緑黄色野菜は微増か現状維持である。

〈注8〉
北海道（1,900億円），千葉県（1,600億円），茨城県（1,500億円），熊本県（1,100億円），愛知県（1,000億円）である。

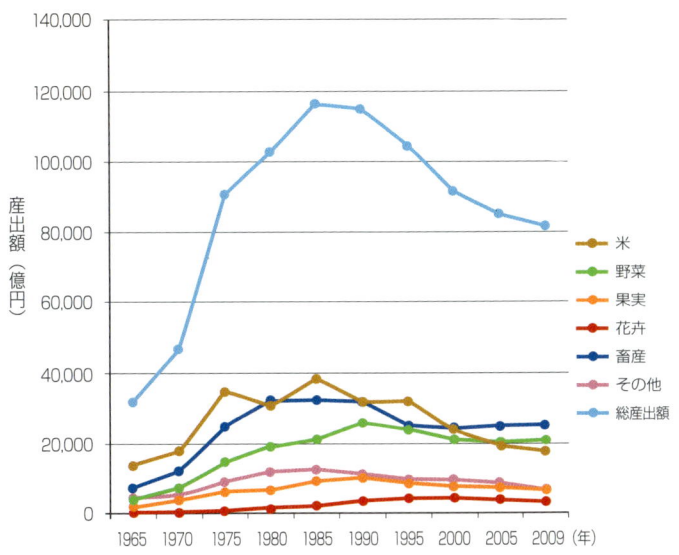

図1-6 農業総産出額，野菜産出額などの年次変化

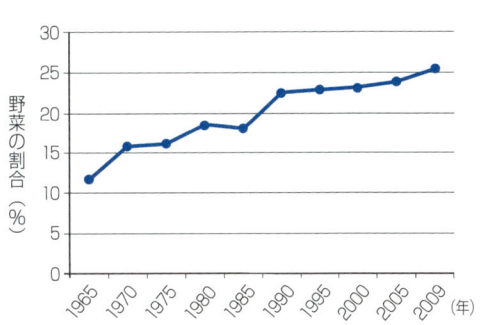

図1-7 農業総産出額にしめる野菜産出額の割合の変化

表1-6 野菜の品目別生産県別ベスト5（収穫量：t，割合：%）

項目	品目	キャベツ	キュウリ	サトイモ	ダイコン	タマネギ	トマト	ナス	ニンジン	ネギ	ハクサイ	ピーマン	ホウレンソウ	レタス	ジャガイモ
全国	収穫量	1,385,000	620,200	182,400	1,593,000	1,161,000	717,600	349,100	650,100	508,400	924,100	142,700	286,300	549,800	2,459,000
	割合	100.0	100.0	100.0	100.0	100.0	100.0	100.0	100.0	100.0	100.0	100.0	100.0	100.0	100.0
1位	県名	群馬	宮崎	千葉	北海道	北海道	熊本	高知	北海道	千葉	茨城	茨城	千葉	長野	北海道
	割合	17.4	10.3	14.3	10.8	57.7	13.0	10.9	27.3	13.7	25.0	25.2	14.1	33.5	77.0
2位	県名	愛知	群馬	宮崎	千葉	佐賀	茨城	熊本	千葉	埼玉	長野	宮崎	埼玉	茨城	長崎
	割合	17.0	9.5	11.6	10.8	13.0	7.0	9.1	20.3	12.8	23.0	18.0	11.4	16.4	4.0
3位	県名	千葉	福島	埼玉	青森	兵庫	北海道	福岡	徳島	茨城	北海道	高知	群馬	群馬	鹿児島
	割合	9.4	8.7	9.2	9.0	8.4	7.0	7.1	8.2	9.9	3.9	8.7	7.5	7.5	3.4
4位	県名	茨城	埼玉	鹿児島	宮崎	愛知	千葉	群馬	青森	北海道	群馬	鹿児島	茨城	兵庫	茨城
	割合	6.8	8.0	6.9	6.4	3.3	6.5	6.2	5.9	5.8	3.5	7.4	5.8	6.4	1.7
5位	県名	神奈川	千葉	新潟	鹿児島	長崎	愛知	茨城	茨城	群馬	愛知	岩手	宮崎	長崎	千葉
	割合	6.0	5.4	5.2	6.3	2.0	6.4	5.6	5.5	4.9	3.4	5.3	5.1	4.7	1.4

（「農林水産省大臣官房統計部」2009）

表1-7 主要野菜の生産量の変化（単位：1000t）

	1980	1990	2000	2010
ハクサイ	1,616	1,220	1,036	889
キャベツ	1,545	1,544	1,449	1,360
ホウレンソウ	352	384	316	269
ネギ	539	558	537	478
タマネギ	1,152	1,317	1,247	1,042
レタス	381	518	537	538
ブロッコリー	−	89	83	129
ナス	619	554	477	330
トマト	1,014	767	806	691
キュウリ	1,018	931	767	588
カボチャ	252	286	254	221
スイートコーン	312	409	289	235
ピーマン	161	171	171	137
イチゴ	193	217	205	178
スイカ	976	753	581	369
メロン	299	421	318	188
ダイコン	2,689	2,336	1,876	1,496
ニンジン	599	655	682	596
サトイモ	458	315	231	168
ヤマノイモ	134	201	201	173
ジャガイモ	3,421	3,552	2,898	2,290

2 野菜の流通

野菜の流通経路は，近年ますます複雑化してきている（図1-8）。生産者は流通過程での経費を減らすため，直売や大型量販店，加工業者との契約が増え，市場経由率は約75%まで低下している。また，最終的に販売される先も，加工・業務用が約6割をしめている。

3 野菜の輸入

2010年の野菜の総生産量は約1,300万tである。生鮮野菜のほとんどは1955年ごろに輸入が自由化された。その後，年を追うごとに増え，2005年には生鮮・冷蔵野菜の輸入量は104万tをこえ，冷凍野菜の74万t，乾燥，加工・調製品を合わせると240万t近くになった。

輸入の増加により野菜の自給率は顕著に下がり，近年は80%程度で推移している（図1-9）。とくに加工・業務用野菜は，1990年から2005年の15年間で88%から68%に減った。外食や冷凍食品の普及で，加工・業務用野菜の需要は野菜全体の約6割をしめているが，4定（定量，定価，定質，定時）に応えられる生産が求められるため，輸入の割合が増え，野菜の自給率の維持を困難にする原因にもなっている。

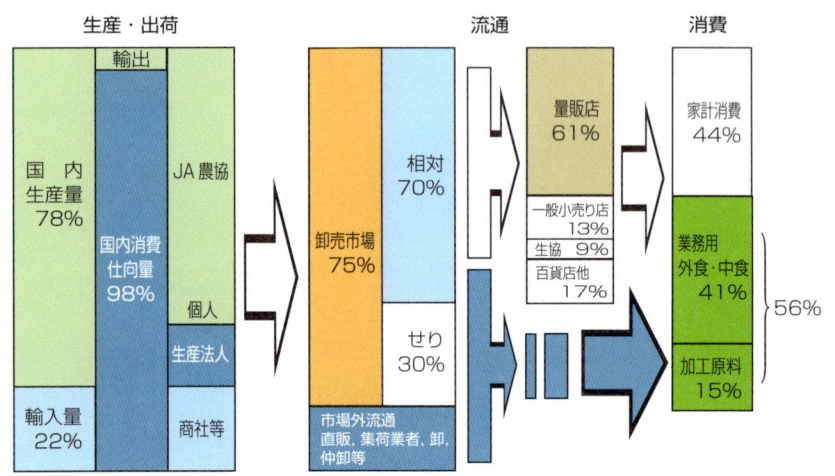

図1-8 野菜の流通経路

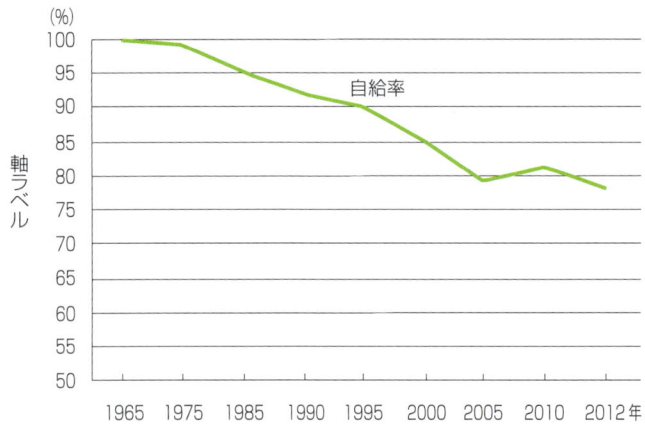

図1-9 野菜の自給率の推移（『食料自給表』より）

■ まとめの問題

1. 農業と園芸のちがいを具体例をあげながら説明せよ。
2. 野菜の分類法を3種類あげ，それぞれ説明せよ。
3. バビロフはどのように野菜の原産地を特定したか述べよ。
4. 農薬のポジティブリストの利点と欠点について述べよ。
5. 加工・業務野菜に輸入ものが使われることが多い理由を述べよ。

第2章 成長と発育① 発芽と茎・葉・根

1 種子と発芽

1 種子の構造

　種子は有性生殖によって子房内の胚珠が発達したものである。多くの種子は胚（embryo）、胚乳（endosperm）、種皮（seed coat）で構成されている（図2-1A）。胚は幼芽（plumule）、子葉（cotyledon）、胚軸（hypocotyl）、幼根（radicle）からなる。胚乳には、発芽と発芽後の初期生育に必要な栄養分が蓄えられている。

　野菜の種子には、胚乳が発達して養分を蓄える有胚乳種子（albuminous seed）と胚乳が退化した無胚乳種子（exalbuminous seed）がある。無胚乳種子の胚乳は胚の発達にともなって消失し、養分は子葉に蓄えられる(注1)。有胚乳種子はナス科、セリ科、ユリ科などにみられ、無胚乳種子はマメ科、ウリ科、アブラナ科、キク科、シソ科などにみられる。

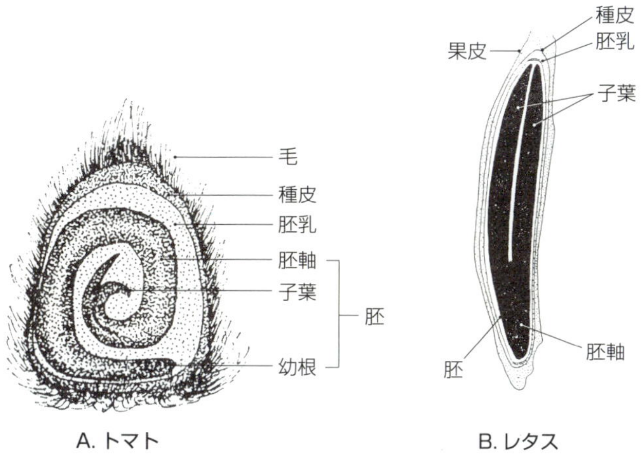

　種子は胚珠が発達したものであるが、種類によっては子房壁が果皮（pericarp）に癒着しているため、果実が種子としてあつかわれる。イチゴやレタスは薄い果皮の内部に種子を1つもち、痩果という（図2-1B）。

図2-1　トマト種子とレタス種子（形態学的には果実）の断面図
（トマト：松井, 1981、レタス：Esau, 1965）

〈注1〉
有胚乳種子であるトマトの種子は胚乳が種子内部のかなりの容積をしめているが、無胚乳種子であるレタスの種子は胚乳が種皮の内面にわずかに残っているだけで、ほとんどが子葉である（図2-1）。

2 種子の発芽

　種子は、胚の成長がある段階で停止し、休眠した状態である。この胚が吸水によって成長を再開し、発芽(注2)が開始される。種子の発芽には、適度な水分、酸素、温度が必要であり、どれか1つでも欠けると発芽しない。

❶水分

　種子の発芽は水分の吸水からはじまる。吸水速度や量は、種子の種類や温度などでちがうが、吸水の過程はすべての植物で共通である。種子の吸水過程は、①播種直後に種子の含水量が急激に増加し、②含水量がほとんど増加しない過程を経て、③再び含水量が急激に増加する（図2-2）。

　播種直後の種子は休眠状態なので、①を受動的吸水（機械的吸水）とい

〈注2〉
種子から幼根が出ることを「発芽」、土壌表面に幼芽（子葉や本葉）が出ることを「出芽」と区別されているが、栽培の現場ではすべて「発芽」が用いられるため、本書では厳密に区別せず出芽も含めて発芽と表記した。

1-種子と発芽　15

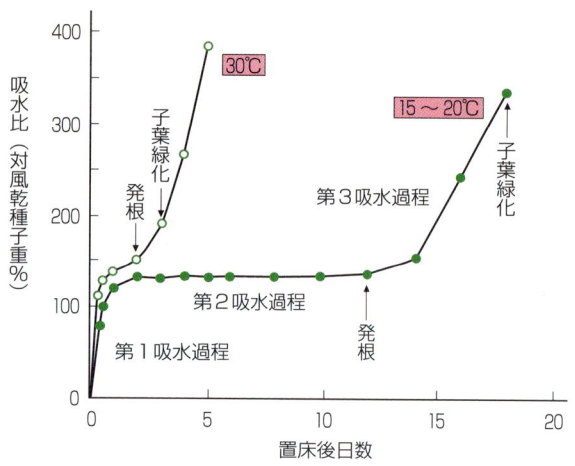

図2-2 発芽温度とメロン種子の吸水および発芽
(小西，1982)

い，③を能動的吸水（自発的吸水）という。

①と③は短期間で終了するため，発芽の遅速は②の長さによって決まる。発芽に好適な条件では②から③への移行はすみやかに行なわれるが，不適な条件では②が長くなり，発芽が遅れる。

❷酸素

種子の発芽には多量のエネルギーを生産するための呼吸がともなうため，豊富な酸素が必要であり，種子の酸素要求量が満たされないと発芽しない。種子の発芽には十分な水分が必要であるが，土中深く埋もれたり水没したりすると酸素不足となり，発芽が悪くなる。

❸温度

種子の発芽には，最適な温度と最低・最高の限界温度がある。温度は種子の吸水，貯蔵物質の分解・吸収など，発芽過程でさまざまに影響する。

発芽温度は野菜の種類によってちがう（表2-1）。多くの野菜の発芽適温は，生育適温よりも3～5℃程度高い。発芽適温内では高温側で発芽のそろいがよくなる。

ナスなどのように，恒温よりも変温（昼温30℃→夜温20℃）で発芽しやすくなるものもある。

❹光

種子によっては，発芽に光の影響を強く受けるものがある。発芽に光を必要とする種子を明発芽種子（または好光性種子，light germinating seed）といい，暗黒中で発芽がよい種子を暗発芽種子（または好暗性種子，dark germinating seed）という(注3)。

種子の光への反応のちがいは，植物のフィトクロム（phytochrome）（本章2-3，第3章1-3参照）反応のちがいによる。明発芽種子は，不活性型のフィトクロム P_r（660 nmで吸収極大）が赤色光によって活性型の P_{fr}（730 nmで吸収極大）に変化することで，発芽するようになる（図2-3）。この例はレタス種子（'グランドラピッド'という古い品種）で報告されており，赤色光が発芽促進，遠赤色光が発芽抑制に働く。両波長は可逆的に反応し，最後に照射された波長によって発芽の可否が決まる（表

表2-1 野菜種子の最低，最適および最高発芽温度（中村，1967）

種　類	最低温度(℃)	最適温度(℃)	最高温度(℃)	備　考*
ダイコン	4	15～30	35	好暗性，休眠性あり
ブラシカ類	4	15～30	35	好光性，休眠性あり
レタス	0～4	15～20	30	好光性，休眠性あり
ゴボウ	10	20～30	35	好光性，休眠性あり
シュンギク	0～4	15～20	30	好光性，休眠性あり
ニンジン	4	15～30	33	好光性
ミツバ	0～4	15～20	28	好光性
セルリー	0～4	15～20	30	好光性
ネギ	4	15～25	33	好暗性
タマネギ	4	15～25	33	好暗性
ニラ	0～4	15～25	25	好暗性
ナス	10	15～30	33	好暗性，変温必要，休眠性あり
トマト	10	20～30	35	好暗性
トウガラシ	10	20～30	35	好暗性
ウリ類	15	20～30	35	好暗性，休眠性あり
インゲンマメ	10	20～30	35	
エンドウ	0～4	15～25	33	
ソラマメ	0～4	15～25	33	
ホウレンソウ	0～4	15～20	30	
フダンソウ	4	15～25	35	
シソ	0～4	15～20	28	好光性，休眠性あり

注）*：ここにいう休眠性は，発芽温度および光線条件に関係する休眠性を示す

〈注3〉
明発芽種子：レタス，ゴボウ，ニンジン，ミツバ，シソなど。
暗発芽種子：ナス類，ウリ類，ネギ類，アブラナ科野菜など。

2-2）。

品種改良がすすんでいないハーブ類など，明発芽種子の播種では，種子に光が届くよう，覆土しないか薄くする必要がある。

3 ▎種子の寿命

種子は乾燥後に自然条件で保存すると，1〜2年はよく発芽するが，その後は低下する。栽培に使う種子は60〜70%以上の発芽率が必要である。ネギ，タマネギ，キャベツ，ニンジン，ホウレンソウなどの種子は短命で，実用的発芽年限は採種後約1年である。キュウリ，カボチャ，ナス，トマトの種子は長命で，自然条件で保存しても3年程度は使える。

種子の寿命に影響する環境条件は，湿度と温度である。多湿では乾燥種子が吸湿し，十分な吸水がなくても胚が活動を開始するため，結果的に胚の活性が低下して短命になる。多くの短命種子は吸湿しやすいが，空気中の相対湿度を60%以下にすると発芽力をより長期間保てる。また，低温でも胚の活性を低く保てるので，長寿命になる(注4)。

4 ▎種子処理

発芽条件が整った種子は，胚乳の養分を利用して成長を開始する。成長を開始した幼植物は，水分や温度などの環境変化や病気などに非常に弱く，発芽の不ぞろいや欠株が出やすい。市販の種子は，発芽率や発芽のそろいをよくするために，大きさ，形，重さ，密度など物理性による精選後に下記の種子処理を行ない，発芽率を高めている。

❶ 種子消毒

種子消毒（seed disinfection）は，種子による病気の伝搬を防ぐために行ない，液剤浸漬，粉剤粉衣，温湯浸漬，乾熱処理などの方法がある。乾燥状態の種子を死滅しない限界温度（70℃以上）まで加熱する乾熱処理（heat treatment）は，菌やウイルスを不活化するために行なう(注5)。

❷ 発芽促進処理

休眠種子や吸水しにくい種子は，発芽促進処理が必要である。休眠打破を目的にした吸水種子の低温処理，硬実種子の吸水をうながす傷つけ処理，ホウレンソウやセリ科種子の吸水を阻害する果皮の除去（ネイキッド種子；naked seed），播種前に吸水と乾燥をくり返すハードニング（hardening），プライミング処理などがある。

❸ プライミング種子

低温，高温，過湿など不良環境での発芽率を高め，早くて均一に発芽させるための処理がプライミング（priming）で，播種前の種子を高浸透圧溶液に一定期間浸漬する（osmo-priming）。高浸透圧によって種子の含水率を一定の値以下にとどめて，発芽の第三段階手前まですすめる。これによって種子の発芽準備がすすみ，高浸透圧解除後の均一な発芽が可能になる(注6)。

種子は元の水分状態まで乾燥させて販売される。プライミング種子は無

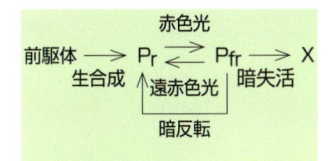

図2-3
フィトクロムの反応様式
（今西，2000）

P_r：赤色光吸収型
P_{fr}：遠赤色光吸収型

表2-2
レタス種子の発芽と赤色光（R），遠赤色光（FR）の作用（Borthwickら，1952）

光処理	50時間後の発芽率（%）
R	70
R-FR	6
R-FR-R	74
R-FR-R-FR	6
R-FR-R-FR-R	76
R-FR-R-FR-R-FR	7
R-FR-R-FR-R-FR-R	81
R-FR-R-FR-R-FR-R-FR	7

注）12時間暗所で吸水後，短時間RとFRをくり返し照射し，すぐに20℃の暗所にもどして50時間目に発芽率を調べた

〈注4〉
種子の大量貯蔵には，乾燥・低温を保つため冷房除湿倉庫などが利用される。また，流通には乾燥を保つためアルミ缶や防湿袋が使われる。

〈注5〉
メロンやスイカなどウリ科植物では，キュウリ緑斑モザイクウイルスの防除を目的に70〜73℃で3〜4日乾熱処理する。

〈注6〉
プライミング処理は，このほかに水分張力を利用するマトリ・プライミング（matri-priming）があり，市販の種子はこの方法で処理されている。

図2-4
ニンジン種子（左）とコーティング種子（右，直径2mm）
（写真提供：農文協）

図2-5
シードテープによる播種（左）とテープシーダー（シードテープを使って播種する機器）
（写真提供：川城英夫氏）

 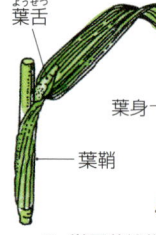

A. 双子葉植物　　B. 単子葉植物
図2-6　双子葉植物と単子葉植物の葉の形態

〈注7〉
両面葉は葉身に表裏の区別があるもの。等面葉は外見的に表裏の区別がほとんどないもの。単面葉は葉身が2つ折りや管状になっていて，外部から一方の面（背軸面）しかみえないもの。

〈注8〉
頂端分裂組織とは，細胞分裂を活発に行なって，新しい細胞をつくる組織である。成長点の中心部には必ず頂端分裂組織があり，茎を伸ばし，葉をつくる茎頂分裂組織，根を伸ばす根端分裂組織がある。

処理の種子より均一に発芽し，発芽適応環境の幅が広くなる。

❹ 被覆（コーティング）種子

　アブラナ科やキク科など微細な種子や非球形の種子は播種しにくい。こうした種子は，粘土鉱物や高分子化合物などで被覆して直径2〜5mm程度の球状に整形する。これをコーティング種子（図2-4）といい，この種子を使うと播種量の節約や機械化も可能になる。

　ダイコン，ニンジン，ホウレンソウなどでは，水溶性のテープに種子を一定間隔で封入した，シードテープも利用されている（図2-5）。

2 葉の成長と結球

1 葉の構造

❶ 葉の形態

　葉は，扁平な葉身（leaf blade），葉身をささえて茎と連結している葉柄（petiole），葉柄の基部にある托葉（stipule）からなる（図2-6A）。葉柄と托葉が癒合して筒状に茎を包んでいる葉柄を葉鞘（leaf sheath）といい（図2-6B），単子葉植物で顕著に発達している。

　葉身は光合成のためのガス交換と受光が効率よく行なわれるよう，扁平になっている。

　成長した葉の形は，種や品種によってさまざまである。野菜の多くは両面葉（注7）で，1枚の葉身からなる単葉（simple leaf）であるが，マメ科やイチゴなどのように3枚の小葉からなる複葉（compound leaf），トマト，ジャガイモ，ダイコンなどのような羽状複葉，ネギのような単面葉となるものなどがある。

❷ 葉の断面

　図2-7は成長した葉の断面である。表面は表皮で覆われ，表皮の表面にはワックスが分泌してクチクラがつくられ，葉の水分損失を防ぐ重要な役割をはたしている。蒸散やガス交換をする気孔は，葉身の裏面に多い。

　葉肉組織はおもに柵状組織（palisade tissue）と海綿状組織（spongy tissue）からなる。受光面の表皮の下に規則正しくならんでいるのが柵状組織で，多数の葉緑体を含む円筒状の細胞からなる。細胞は1〜3層で，強光で育った陽葉のほうが弱光で育った陰葉より多い。光合成の大半は柵状組織で行なわれる。海綿状組織は葉の裏側にあり，細胞の配列が不規則で細胞間隙が多く，光合成のほかに気孔につながる通気組織になっている。

　葉脈は水や養分の通路で，内部に通導組織である維管束がある。

2 葉の成長

　新葉は，茎頂部の頂端分裂組織（apical meristem）（注8）から分化した葉原基（leaf primordium）が成長してつくられる。分裂が完了した葉は，細胞の体積が平面的に増え，若い葉から成熟葉へと拡大成長する。

葉原基は頂端分裂組織の周辺に立体的規則性をもって順次つくられ，この配列様式を葉序という。1節に1葉を生ずるものを互生，2葉を向かい合って生ずるものを対生という。葉序は植物の種類によってちがうが，互生葉序の形をとる植物が多い（図2-8）。

キャベツ，ホウレンソウ，ネギなどは頂端分裂組織で花芽が分化すると，それ以降は葉を分化しない。トマトやナスなどは，頂端分裂組織で花芽を分化すると，その側方に新たな分裂組織ができて葉を数枚分化したのち，再び花芽を分化する。以後，同様の方法で葉と花芽の分化をくり返して成長する。

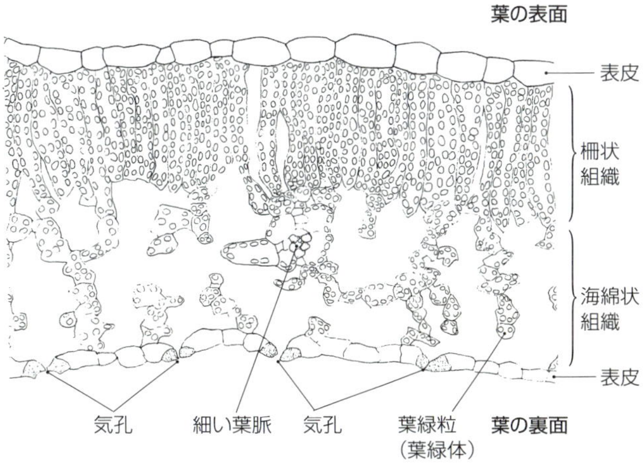

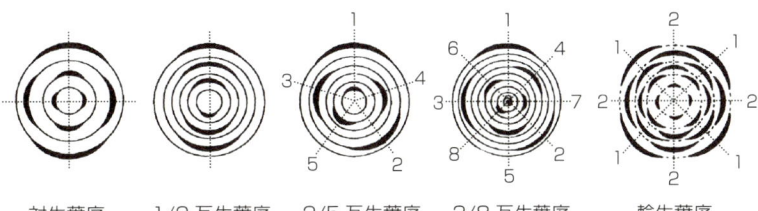

図2-7 ナス（品種：千両2号）の葉の断面図（廣瀬，1990）
観察した本葉の厚み（表面の表皮の外側から裏面の表皮の外側まで）の実測値 =0.20mm

3 光形態形成

強光条件で植物を育てると節間がつまり濃緑色の葉になるが，弱光条件では節間が長くなって徒長し淡緑色の葉になる。このように，植物が環境の光条件を感知し，成長や分化を制御する過程を光形態形成（photo morphogenesis）という。

対生葉序　1/2互生葉序　2/5互生葉序　3/8互生葉序　輪生葉序
図2-8 葉序の種類（位田，1989を一部改変）

環境からの情報やエネルギーを受信または吸収する生体分子のことを受容体（receptor），光の刺激を受信するものを光受容体（photo receptor）とよぶ。光形態形成に関与する光受容体には，赤色・遠赤色光受容体であるフィトクロムと，青色光受容体のフォトトロピン，クリプトクロムがある。

〈注9〉
葉球をつくる野菜には，アブラナ科のハクサイ，キャベツ，メキャベツと，キク科のレタスがある。

4 結球

葉菜類のなかには結球性をもつものがあり，葉球形成（head formation）するものと鱗茎形成（bulb formation）をするものがある。

❶葉球形成

葉球は，ロゼット状に葉が展開したのちに中心部の葉が立ち上がってつくられる。メキャベツは茎の腋芽が伸びて小葉球をつくる（注9）。

葉球の形成過程は，葉球の形

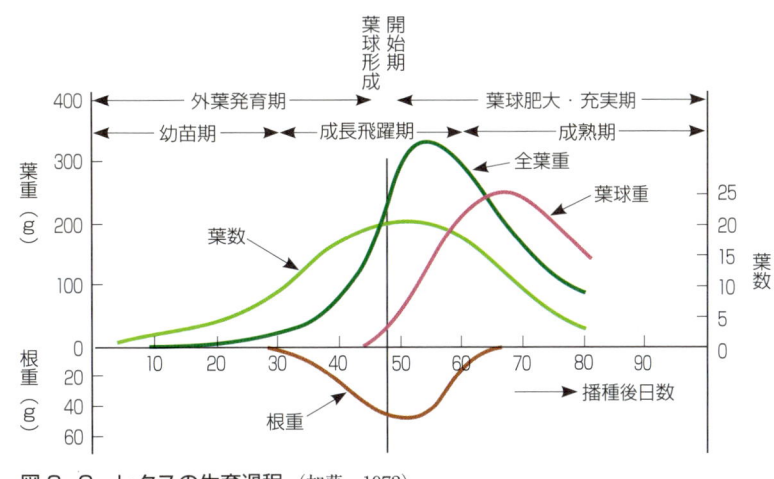

図2-9 レタスの生育過程（加藤，1972）
注）10日間の増加分で示されている

ハクサイ葉球形成の2つのタイプ

ハクサイの葉球形成には2種類ある。結球葉が互いに重なり合うものを包被型といい，最外葉が結球の態勢にはいり，内部の葉が発育して結球が充実する。結球葉が重なり合わず，頭の部分でかち合う程度の結球のものを抱合型といい，葉数型の芝罘系の品種に多く，外葉も内葉も同時に発育しながら結球を充実させる（図2-10）。なお，1葉当たりの重量が大きく結球葉数が少ないものを葉重型品種，1葉当たりの重量が小さく結球葉数が多いものを葉数型品種という。

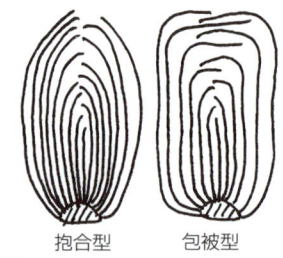

図2-10 ハクサイの葉球形成様式
（門田ら，1977を改変）

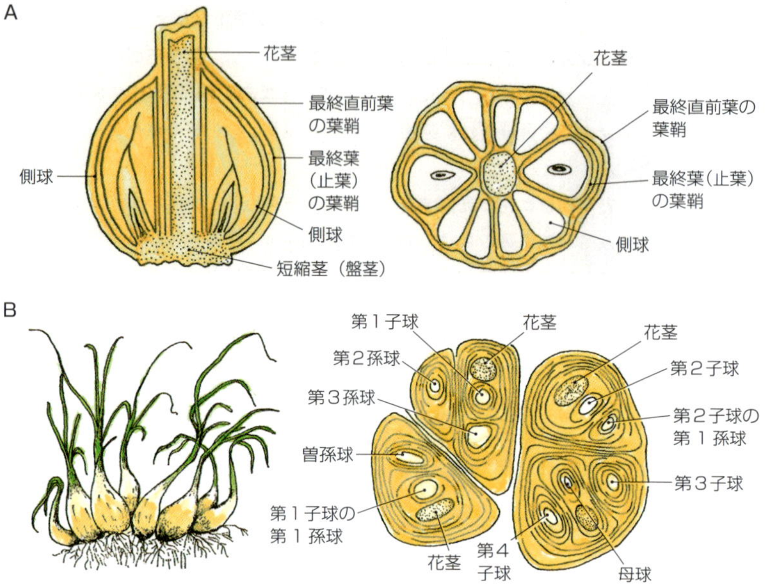

成開始期を中心に，前半の外葉発育期と後半の葉球肥大・充実期に分けられる（図2-9）。外葉が一定の枚数になると中心部の葉が立ち上がり，内側に湾曲して次の葉と抱合し，結球態勢にはいる。このときの必要外葉数はハクサイで15～30枚である。葉は，外葉から結球葉へと内側になるほど円形になり，葉柄が短くなる。葉球形成の開始は，外葉の発達による茎頂部の遮光に起因する。また，外葉にささえられているため，結球開始時に外葉を摘除すると，結球葉は開いて外葉化する。

よい結球をつくるには，茎頂部の遮光と，同化産物の生産に必要な外葉を十分に成長させることが必要である。

❷鱗茎形成

鱗茎（bulb）は，短縮して扁平になった茎に，養分が貯蔵して肥厚した葉（肥厚葉）が重なり合うように着生したものである（図2-11，タマネギは第8章参照）(注10)。鱗茎の内部には1～数個の側球がつくられて

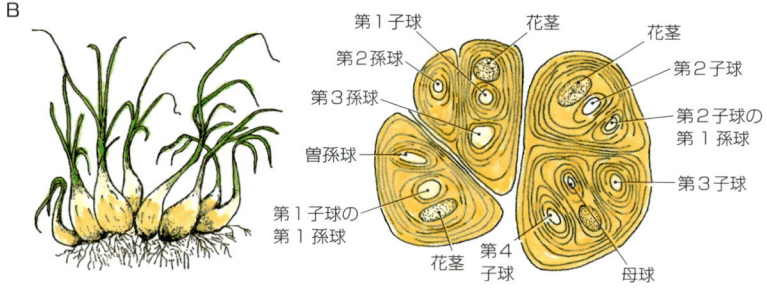

図2-11 鱗茎の形態
A：ニンニク 左：縦断面，右：横断面（山田，1963）
B：ラッキョウ 左：外部形態と分球（篠原ら，1951），右：分球と分球芽の分化（山田，1957）

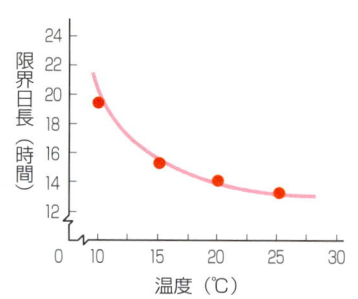

図2-12 タマネギの鱗茎形成に必要な限界日長 （加藤，1967）

〈注10〉
鱗茎をつくる野菜は，ユリ科のタマネギやニンニク，ラッキョウなどで，これらは外皮に包まれた有皮鱗茎（層状鱗球）である。なお，ユリのように外皮に包まれていない鱗茎を無皮鱗茎（鱗状鱗球）という。

おり，多年草であるニンニク，ラッキョウなどの鱗茎はよく分球する。
鱗茎形成は日長と温度によって誘導される。タマネギの鱗茎形成に必要な最低限界日長は，品種によって差はあるが，高温では短いが低温では長く，10℃では19時間以上の日長が必要である（図2-12）。

しかし，鱗型形式は個体の大きさに関係なくおこるので，温暖長日条件では苗でも結球する。ニンニクは，鱗茎形成前に低温感応が必要で，10℃以下の低温遭遇後は8時間の短日でも鱗茎をつくる。

3 茎と根の成長と肥大

茎（stem）は植物の体制を形づくる基本的な栄養器官であり，草姿は茎によって決まる。根（root）は植物の地上部をささえ，水と無機養分の吸収をおもな機能として発達した器官である。

根から吸収された水や無機養分は茎を通じて地上部の各器官に送られ，葉でつくられた同化産物は茎を通じて地下部を含む各器官に分配される。茎と根は生理的にも形態的にも密接な関連がある。

1 茎の構造
❶外部形態

双子葉植物の茎は，2枚の子葉のあいだにある胚軸先端の頂端分裂組織から茎が発生し伸長する。茎の先端部には成長点（growing point）があり，円錐形の頂端分裂組織をもつ。葉が茎と接している部分を節（node），節と節のあいだを節間（internode）という。

単子葉植物では胚軸と茎頂は子葉鞘に包まれており，本葉は葉鞘基部の側面から出る。

❷内部構造

茎の内部は，外側から表皮（epidermis），皮層（cortex），維管束（vascular bundle），髄（pith）で構成されている（図2-13）。

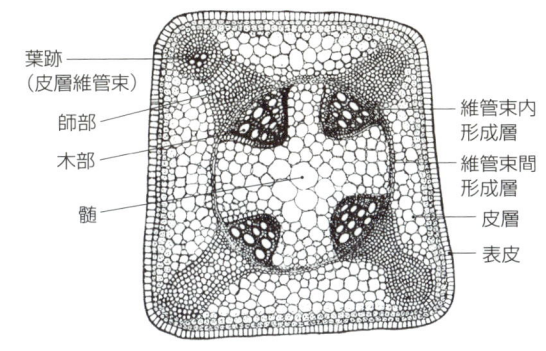

図2-13 エンドウの茎の断面 (西谷, 1991)

○表皮と皮層

表皮細胞は柔組織を保護している。表皮細胞の外側の細胞壁は分厚く，茎の物理的強度や保護を担っている。また，最外層はクチクラ層で覆われている。皮層細胞は柔組織で構成されていてやわらかく，膨潤しやすい性質があり，外側の表皮組織に張力をかけている。

○維管束

維管束は，水，無機養分，同化産物などを運ぶ通道組織である。茎では最もよく発達しており，形態学的にも変化に富んだ複雑な組織である。長軸方向に伸びた管状の組織で構成されており，木部（xylem）と師部（phloem）の複合組織からなっている。

木部は道管（vessel），仮道管，木部柔組織で構成されており，水分上昇は道管と仮道管によって行なわれる。道管，仮道管は死細胞であるが，木部柔組織には原形質があり生きた細胞である。師部は師管（sieve tube），伴細胞，師部繊維，師部柔組織からなる。師管は同化産物の通路で，縦にならんだ師管細胞が原形質連絡によって互いに連絡している(注11)。

〈注11〉
伴細胞は師管に沿って存在する柔組織。師部繊維は師部を物理的に保護している。師部柔組織は師部を構成する他の細胞のあいだを埋める柔組織である。

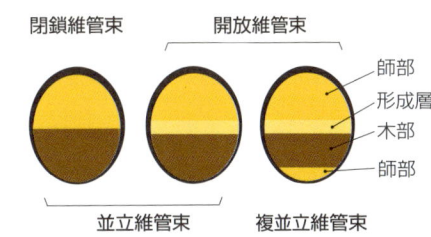

図2-14 並立維管束と複並立維管束
木部と師部のあいだに形成層がないものを閉鎖維管束，あるものを開放維管束という

茎の維管束は，木部と師部が対になっている並立維管束が多いが，ウリ科やナス科では木部をはさんだ内外両側に師部がある複並立維管束をもつ（図2-14）。

○形成層と髄

形成層（cambium）は二次分裂組織で，内側に二次木部を，外側に二次師部をつくる。茎の形成層は維管束内形成層と維管束間形成層(注12)からなり，互いにつながって環状になって発達し，茎を肥大成長させる。

髄は茎の中心部にある組織で，維管束より内側の部分をいう。通常は柔組織でできており，細胞間隙も多い。

○中心柱

維管束系と髄を含む部分を中心柱（central cylinder）という。ほとんどの双子葉植物の茎の中心柱は，維管束が環状に配列し，外側に共通の内皮がある真正中心柱である。一方，単子葉植物の茎の中心柱は並立維管束が散在する不整中心柱で，形成層はない（図2-15）。

〈注12〉
維管束内形成層は，始原細胞に由来する前形成層の一部からできたもので，維管束内の木部と師部のあいだにある。維管束間形成層は，維管束のあいだの柔組織に由来する。

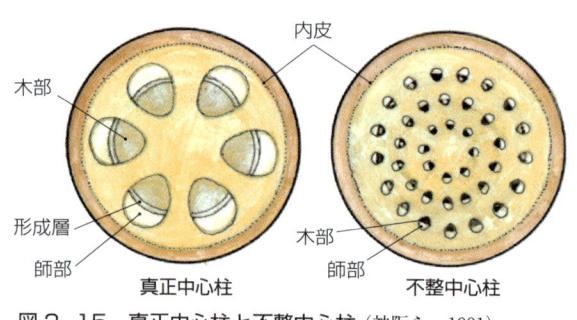

図2-15 真正中心柱と不整中心柱（神阪ら，1991）

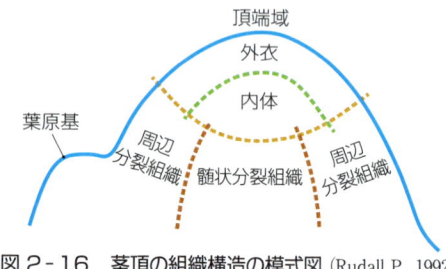

図2-16 茎頂の組織構造の模式図（Rudall P., 1992）
中央体に外衣と内体があり，内体の下側は髄状分裂組織に，それを取り巻く部分が周辺分裂組織となる

2 茎の成長

茎は，先端にある茎頂分裂組織で細胞分裂がおこり，細胞数が増えるとともに周辺分裂組織で葉原基などをつくりながら上方へ伸びる（図2-16）。外衣（tunica）は水平方向に分裂して茎の表層をつくる。外衣に包まれた細胞群である内体（corpus）は縦横に分裂・伸長して茎をつくる。周辺分裂組織は側生突起として葉原基を，髄状分裂組織は節間組織をつくって茎の伸長に関与する。

茎の肥大成長は，形成層で分裂した細胞が平面的に体積を増やすことによっておこる。しかし，単子葉植物では形成層が分化しないので，このような肥大成長はしない(注13)。

〈注13〉
単子葉植物は，茎頂分裂組織によってつくられた細胞が成長することで茎が肥大する「一次肥大成長」をする。これは双子葉植物を含むすべての植物でみられる。形成層に由来する双子葉植物の茎肥大は「二次肥大成長」という。

3 分枝と頂芽優勢

❶分枝と仮軸成長

茎が成長し葉が展開するにつれて，葉腋に多くの腋芽（axillary bud）をつくる。腋芽が成長して枝になることを分枝（branching）という。分枝は茎の成長にともなってさかんにおこるが，果菜類では栽培上の必要から，茎の本数や長さを整理する整枝や摘心を行なうことが多い(注14)。

ネギやショウガなどの単子葉植物では分枝が地ぎわでおこり，成長がす

〈注14〉
ウリ科果菜類の花は葉腋につくが，ナス科果菜類は茎の先端の頂芽が花芽となり，花芽分化後は側枝が伸びる。トマトやナスでは直下の側枝が分化の早い段階からよく伸びるために，あたかも頂芽が伸びて，花や花房が側成しているようにみえる（仮軸成長）。

すむと株元から多数の短い茎が叢生する（分げつ；tillering）。

❷頂芽優勢

茎の先端部にある頂芽が活発に伸長を続けているときは、頂芽に近い腋芽の伸長がおさえられ、休眠状態にある。しかし、頂芽が損傷すると、腋芽が伸長を開始する。この現象を頂芽優勢（apical dominance）といい、トマト、ナス、キュウリなどの果菜類でみられる。頂芽優勢の強い植物は分枝が少なく、弱い植物は分枝が多い。

頂芽優勢は植物ホルモンが深く関与しており、最もよく知られているのがオーキシンの働きである。オーキシンが生成する頂芽を除去すると腋芽は伸長を開始するが、頂芽除去部にオーキシンを与えると腋芽の伸長は抑制される。また、オーキシンの移動阻害剤であるTIBA（2, 3, 5-triiodobenzonic acid）を、頂芽直下に与えると腋芽は伸長を開始する。これらは、頂芽優勢が頂芽からのオーキシン輸送に起因していることを示している。

一方、抑制されている腋芽にサイトカイニンを与えると、腋芽は成長を開始する。オーキシンは腋芽基部でのサイトカイニン合成を抑制しており、茎頂の切除によってオーキシン濃度が低下すると、サイトカイニンが合成されて腋芽が成長を開始する。

4 根の構造

根は先端から基部に向かって、根冠（root cap）、根端分裂組織（root apical meristem）、伸長域、成熟域に分けられる（図2-17）。

❶根冠と根端分裂組織

根冠は、根端分裂組織を保護するとともに、根冠細胞から根冠粘性物質を分泌して根が伸長するときに土壌との摩擦をやわらげる。根冠の外層では細胞間の接着がゆるく、はがれやすくなっており、土壌との摩擦をさらにやわらげる。根冠細胞は根端分裂組織から常に供給されている。

根冠の中央部には平衡細胞があり、重力刺激を感じとって根の重力屈性を引き起こす。

❷根端分裂組織と身長域、成熟域

根端分裂組織は、活発に細胞分裂をくり返し、根の先端部と分裂組織の後方に細胞を送り出している。伸長域付近の中心部では、維管束系がつくられはじめる。外側の表皮細胞と皮相細胞は、この部分で長軸方向にいちじるしく伸長する。

伸長域の上部付近では根毛（root hair）が発生する。根毛は表皮細胞の外側の細胞壁が突出し伸長したもので、単一の細胞である。成熟域では表面に根毛が密生し、中心部には根の維管束系がみられる。

❸側根

側根は母根の長軸に沿って発生し、側根の原基は原生木部

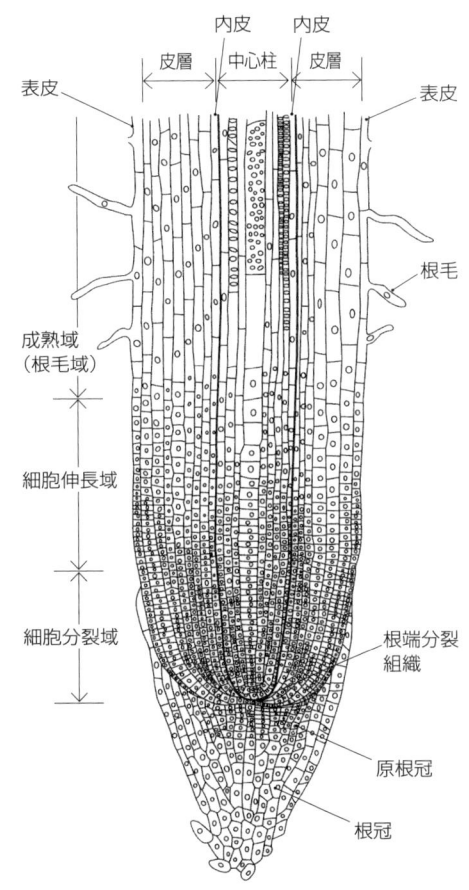

図2-17 根の断面図（Holman・Robbins）

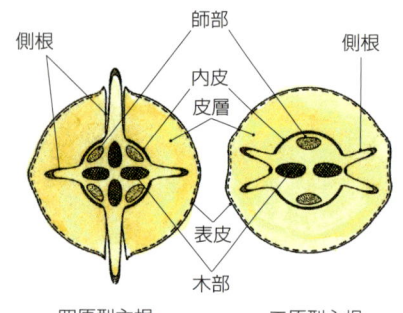

図 2-18 主根の内部形態と側根の発生

に外接する内鞘細胞でつくられる。双子葉植物では，4 カ所の原生木部からなる四原型構造が圧倒的に多く，側根が四方に列をなして伸びる。一方，ダイコンやニンジンでは，2 カ所の原生木部からなる二原型構造をもち，側根は根の両側面から出る（図 2-18）。

5 根の成長

❶ 主根と側根

種子中にある胚の幼根が伸びて初生根（primary root）になり，それが発育したのが主根（main root）である。根菜類のうち，双子葉植物のダイコン，カブ，ニンジンなどは，主根が地下に向かってまっすぐ伸びて直根（tap root）になる。

双子葉の野菜は，主根から側根が発生して根系をつくり植物体をささえる。ネギ，タマネギ，トウモロコシなど単子葉の野菜は，幼根に由来する主根はあまり発達せず，短縮茎（dwarf stem）の下部節から発生する多数の不定根（adventitious root）が植物体をささえる。イネ科植物では，不定根の発達がとくに顕著で，土壌の表層を覆うので冠根（crown root）とよばれる。

❷ 根の伸長

根が伸びるのは，根端分裂組織や伸長域の細胞の分裂と伸長による。根端細胞の分裂と伸長には各種の植物ホルモンが関与しており，とくにオーキシンの作用が大きい。伸長域の細胞はオーキシンに敏感で，オーキシンによって伸長が促進されるが，オーキシン濃度が高くなると伸長速度は低下する。根の伸長速度は速く，トウモロコシやエンドウなどの幼植物体では 1 日に数センチ伸びる。

6 養水分の吸収

❶ 水の吸収

根の最も重要な生理機能は，水と無機養分の吸収である。水の吸収は根毛の発達した部分でさかんである。根毛は土壌粒子とよく密着し，根毛の発達によって根と土壌との接触面積はかくだんに増える。根毛の発達は土壌中の水分含量によってちがい，乾燥土壌では多湿土壌よりいちじるしい。

根毛から吸収された水は，細胞内の浸透濃度勾配によって細胞間を移動し，中心柱の木部通道組織へ達する（図 2-19）。一部の水は細胞壁中の自由相や細胞間隙であるアポプラスト（apoplast）を通って移動する。中心柱を取り囲む皮層細胞の最内層に内皮があり，ここにはカスパリー線（casparian band）とよばれる細胞壁の肥厚した構造がある。カスパリー線は水を通さないため，水が中心柱に到達するためには，内皮細胞の細胞質を通過しなければならない。

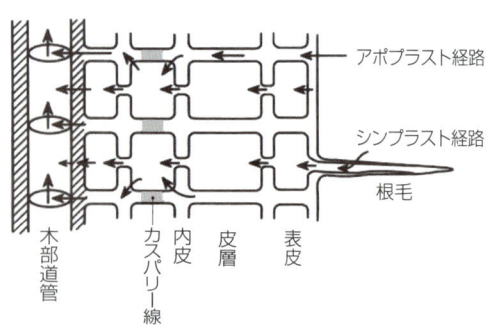

図 2-19 水の道管への移動経路（西谷，1991）

❷ 無機養分の吸収

無機養分としては硝酸（NO_3^-），リン酸（PO_4^{3-}）などの陰イオンや，カリウム（K^+），カルシウム（Ca^{2+}），マグネシウム（Mg^{2+}）などの陽イオンが，根の先端分裂域付近から若い伸長域部分でさかんに吸収される。

吸収されたイオンが内皮の細胞に到達するためには，水と同様に2つの経路がある。1つは，アポプラストを通って内皮層のカスパリー線に到達し，内皮細胞に取り込まれる経路である。もう1つは，表皮細胞にある各イオンチャネル（注15）が選択的かつ積極的に各イオンを原形質内に取り込み，表皮や皮層細胞間の原形質連絡を通って移動していく経路である。

表皮から皮層を通って中心柱内の道管に到達するまで，細胞間には細胞壁を貫く原形質連絡がある。外側の表皮細胞と内側の維管束細胞は，皮層細胞と内皮細胞を介してつながっており，このように原形質でつながった一連の空間をシンプラスト（symplast）という。

〈注15〉
細胞膜など生体膜にある特定のイオンを通過させる孔で，イオンによる選択性がある。イオンは電気化学的勾配によって移動し，エネルギーを必要としない受動輸送が主体である。

7 根の肥大

根菜類のうち，ダイコン，カブ，ニンジン，ビートなどは，主根または不定根が数カ月で急速に肥大成長する。根の急速な肥大は，植物の正常肥大成長に加えて異常肥大成長することによっておこる。この肥大成長をつかさどる分裂組織が形成層であり，二次木部（secondary xylem）と二次師部（secondary phloem）がつくられる。肥大の様式には木部肥大型，師部肥大型，環状肥大型がある（図2-20）。

❶ 木部肥大型

木部肥大型のダイコンは，中心柱内の形成層の活動が活発に続くので，根は正常肥大成長を続けるが，二次師部よりも二次木部のほうが活発で，二次木部内の道管は放射状に配列されながら根の中心を取り巻いて環状に配列される。道管の環状配列がはじまるころ，中心部の道管付近の木部柔組織が分裂を開始してさかんに柔組織をつくるが，これが異常肥大成長である。こうして，正常肥大成長に異常肥大成長がともない短期間で急速に肥大する。

❷ 師部肥大型と環状肥大型

師部肥大型のニンジンは，胚軸部と主根上部が肥大するが，二次木部とともに二次師部がよく発達する。幼根は二原型の放射中心柱をもち，肥大の様式は基本的にダイコンと同様である。ニンジンでは，ダイコンでみられるような二次木部内の異常肥大成長がほとんどないかわりに，二次師部の成長がとくに顕著で，収穫時のニンジン肥大根の横断面をみると形成層環の外側の二次師部が厚

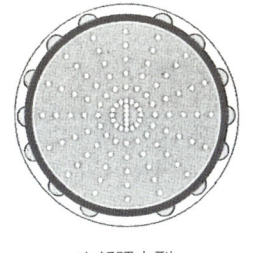

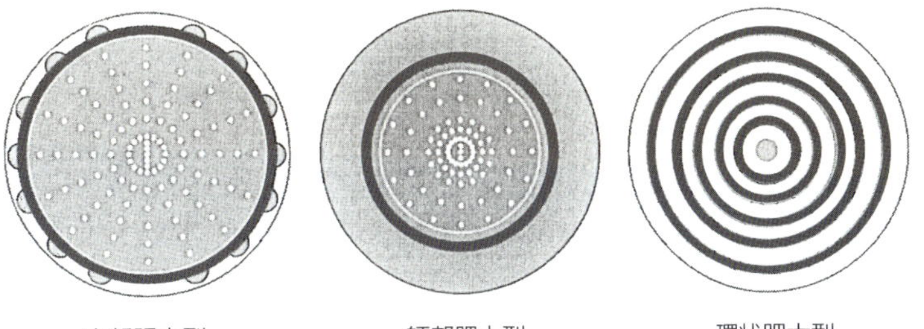

木部肥大型　　　師部肥大型　　　環状肥大型

図2-20　肥大根の内部形態
木部肥大型（渡辺，1958，加納改変），師部肥大型（加納，1996）
環状肥大型（高野，1973，加納改変）
━━：木部柔組織，　　：師部柔組織，━━：形成層，○：道管

くなっている。

環状肥大型は，ビートなどでみられ，初期の肥大様相はダイコンやニンジンとかわらないが，最初の形成層は活動を停止し，その外側に新たな形成層が次つぎにできて活動をくり返し，何層もの輪をつくる。

❸根の肥大とT‐R率

根菜類では，一般に根の肥大よりも茎葉の成長が先行するので，生育の前半にはT‐R率（top‐root ratio，地上部と地下部の生体重比）が高いが，生育後半から根部の発育が急速にすすんで，T‐R率は低下する。

直根類では，生育初期のT‐R率が10程度と大きいが，生育中期には1.0に近づき，生育後期には1.0以下になる（注16）。

〈注16〉
ダイコンでは，品種によって1.0以下になると，根への養水分供給が不足し，細胞が破壊されス入りになることがある。

8 塊茎・塊根類の形成

塊茎・塊根類は，地下茎または不定根の一部が肥大成長し，地下貯蔵器官としてデンプンや多糖類などを集積する。おもなものに，ジャガイモ，サツマイモ，サトイモ，レンコンなどがあり，多くは熱帯や亜熱帯が原産地である。また，休眠芽をもっているので，繁殖器官としても用いられる（栄養繁殖；vegetative propagation）。塊茎・塊根類の形成は，機能的には頂芽部の若返りであり，種子と同様の役割がある。

❶塊茎，球茎，担根体

塊茎（tuber）や球茎は（corm）は，親株の基部から発生した地下の側枝が肥大したものである。側枝がただちに肥大するのがサトイモやショウガなど，側枝が細いまま匐枝になって地中を伸び，先端で肥大するのがジャガイモ，クワイ，チョロギなどである。いずれも頂芽と複数の腋芽をもつ。なお，サトイモの親イモは主茎基部が肥大したものである。塊茎や球茎は茎の変態であり，内部構造は茎である。

ジャガイモの肥大は，茎葉の成長が最盛期になるころから急速にすすみ，地上部が枯れるころに完成する。匐枝の伸長が停止し，その先端部が肥大してイモがつくられる。塊茎内部組織の大部分は髄で，髄，師部柔細胞層，皮層細胞の分裂と体積増加によって肥大がすすむ。細胞内にはデンプン粒が蓄えられ，塊茎の最外層は周皮で包まれる（図2‐21A）。

ヤマイモのイモは根のようであるが，組織的には塊茎である。茎と根の中間的な性質をもっており担根体（rizophore）とよばれる。芽は頂部に1個あるだけだが，イモを切ると部位によらず切り口に不定芽をつくる。

❷塊根

塊根（tuberous root）は根が肥大したもので，根の特徴である放射維管束をもち，木部，師部の数に応じて側根が原生木部から出て縦に配列する。サツマイモの

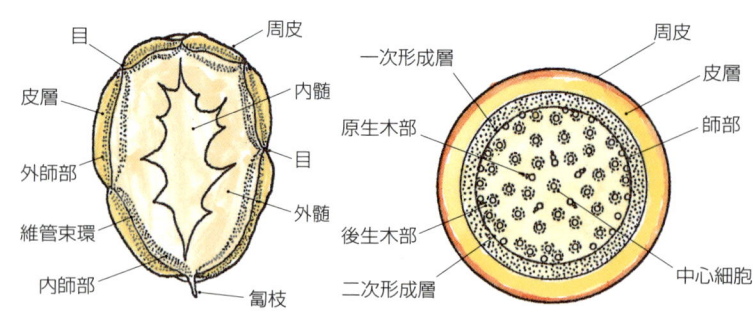

A. ジャガイモの塊茎（田口, 1962)　　B. サツマイモの塊根（小倉, 1947）

図2‐21　塊茎・塊根の内部形態

塊根は，不定根がある程度まで伸びたのち，先端から少し離れた部分が肥大してできる。中心柱は皮層の内側すべてで，デンプンに富む大型の柔細胞からなる貯蔵組織である。中心柱には多数の維管束群が散在し，大型の道管や師管，乳管 (注17) がある（図2-21B）。

〈注17〉
サツマイモを切ると粘り気のある乳液が出てくるが，それを貯蔵する細長い細胞のこと。

4 休眠

休眠（dormancy）は植物の環境に対する適応現象であり，成長を停止することで不良環境でも生命を保つ。

1 種子の休眠

❶種子の自発休眠と他発休眠

完熟して親植物から離れた種子は，呼吸などの生理活性がいちじるしく低く，休眠状態にあるものが多い。休眠状態にある種子は不良環境に対して高度な抵抗力をもち，生命を長く維持できる。また，種皮や果皮が強固になって，種子の内部を保護するものも多い。

休眠は自発休眠と他発休眠に分けられる。自発休眠（endodormancy）は，発芽温度や水分条件などの外的条件が最適であっても，発芽や成長が停止した状態を継続する休眠である。他発休眠（ecodormancy）(注18) は，種子や芽自身は発芽や成長能力をもっているが，外的条件が整わないために発芽や成長が抑制される休眠で，自発休眠しているようにみえる。

〈注18〉
強制休眠（forced dormancy）とよばれることもある。

❷種子の休眠原因

種子の休眠原因としては，胚の未熟，発芽抑制物質（germination inhibitor），種皮および果皮による物理的阻害があげられる。

果実が親植物から離脱したとき，胚が未熟で発芽できず，離脱後に一定期間の後熟を経て発芽が可能となる。また，種子の乾燥が不十分な場合も十分な発芽能力が認められない。トウモロコシなどでは，貯蔵によって乾燥がすすみ発芽能力が高まる。

胚が十分に発達していても，果肉や種子に含まれるアブシジン酸などの発芽阻害物質によって発芽が抑制される場合もある。発芽阻害物質は，外的条件が発芽や発芽後の成長に適した状態になるまで種子を休眠させる働きがある。低温や光で発芽抑制物質を生理的に分解するか，水洗処理で発芽阻害物質を物理的に洗い流すことで発芽できるようになる。

休眠打破に低温や光が必要な種子では，ジベレリン処理によって発芽が可能になるものが多い。

胚を取り囲む種皮が，構造的に水分や酸素の透過性が低い場合にも発芽できない。このような種子を硬実種子（hard seed）という。自然条件では，砂や微生物などによって種皮や種皮の構造が損傷することで吸水が可能になる。人為的には，種皮を傷つけたり，種子を濃硫酸に浸漬するなどで吸水可能な状態にする。

2 植物体の休眠

　植物体の休眠は，成長を停止しているか，成長が非常に緩慢になっている状態をいう。種子と同様に，原因が植物体内の生理的状態による場合を自発休眠，温度や水分など環境不適な場合を他発休眠という。

❶ 鱗茎や塊茎の休眠

　鱗茎や塊茎の自発休眠は，芽の成長が停止する完全な休眠であり，体内の生理的変化によって覚醒し，環境の影響をあまり受けない。タマネギ，ニンニク，ワケギなどの鱗茎は完成後 30 ～ 60 日間深い自発休眠にはいり，その期間は生育適温においても芽は成長しない。休眠期を過ぎると休眠覚醒期にはいって芽が徐々に成長するが，芽が鱗茎の外にあらわれるにはさらに約 30 日必要である。休眠期中の鱗茎は品質変化が非常に小さいので，長期貯蔵が可能である。

　ジャガイモの塊茎も完成すると休眠にはいる。休眠期間は品種による差が大きい。貯蔵には長期休眠するものがよいが，暖地での二期作には適度な休眠期間の品種を選ぶ必要がある。サトイモの塊茎は自発休眠期間がなく，適温があればいつでも成長をはじめる。

❷ イチゴの休眠

　イチゴの株も休眠する。多くのイチゴ品種は，低温短日条件で花芽分化するが，この条件が一定期間以上続くと株の休眠が誘導される。休眠にはいった株は葉がロゼット化し，ランナーの発生も止まる。休眠にはいった株を加温すると，成長は貧弱であるが開花・結果する。

　このようにイチゴの株の休眠は完全に成長を停止するのではなく，成長にかかわる代謝活性がいちじるしく低下した状態である。覚醒には 5 ℃以下の低温に一定時間以上おかれることが必要で，低温要求量は品種によってちがう。イチゴの促成栽培では，電照による長日処理によって株の休眠を抑制している。

■ まとめの問題

1. 種子が発芽に必要な要素と発芽までの過程を述べよ。
2. 頂芽優勢での植物ホルモンの働きを説明せよ。
3. 根の養水分吸収過程について述べよ。
4. 種子の休眠原因について述べよ。
5. イチゴの休眠および覚醒条件について述べよ。

第3章 成長と発育② 花成と開花・受精・果実肥大

1 花成

1 花成とは

❶ 花成と花芽の発達

花成（flowering）とは，茎頂分裂組織の栄養成長から生殖成長への切り替えをさし，催花（flower induction），花芽原基の形成（花芽分化；flower bud differentiation），花芽の発達（flower bud development）の3段階をたどる。催花とは花芽原基の形成を誘導する段階である。花芽の発達の段階では，がく（calyx）や花弁（petal）などがつくられるとともに，花芽の数が増える。

花の構造は下から，がく，花弁，雄ずい（stamen），雌ずい（pistil）の順となり，一部の変異体（注1）を除いてすべての植物に共通である（図3-1）。

〈注1〉
遺伝子に変異がおき，表現型が変化した個体のこと。

❷ 花成誘導の要因

花成の誘導は，遺伝的要因や環境条件によって影響される。

1937年にチャイラキアン（ロシア）は，植物が日長変化の刺激を受けると，葉で合成された花成ホルモン（フロリゲン；florigen）が茎頂へ移動して花芽分化を誘導するというモデルを提唱した（図3-2）。

このホルモンの実態は長いあいだ不明であったが，近年，シロイヌナズナでFT遺伝子，イネでHd3a遺伝子が花芽分化を促進することがわかった（両遺伝子は相同性が高く，FT/Hd3a遺伝子と表記されることが多い）。

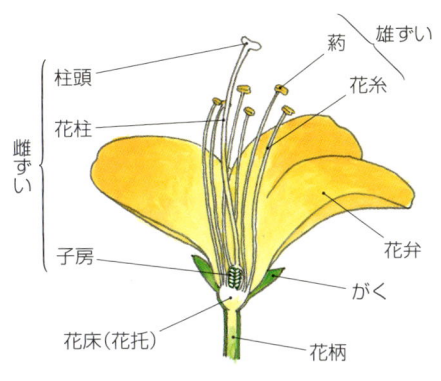

図3-1 花の基本的な構造と各部の名称

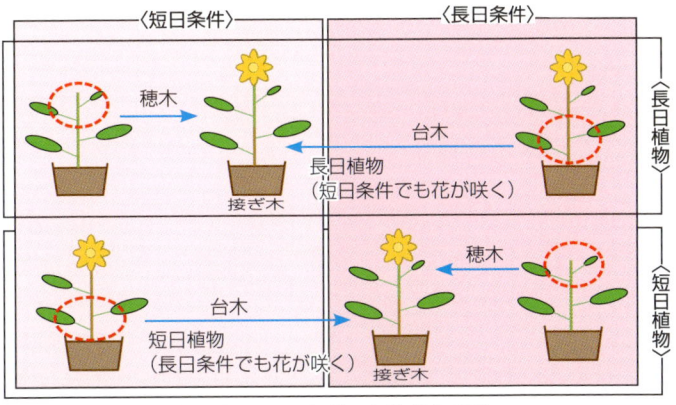

図3-2 フロリゲンの提唱につながった接ぎ木実験

> **花のABCモデル**
>
> 変異体を用いた解析から，花の器官分化はA，B，C 3種類の遺伝子によって制御されることがわかった。領域1ではA遺伝子のみが作用してがくが，領域2ではA+Bで花弁が，領域3ではB+Cで雄しべが，領域4ではCのみで雌ずいがつくられる。AとCは互いに発現を抑制するので，同一細胞で同時に作用することはない。これを花のABCモデルとよぶ（図3-3）。

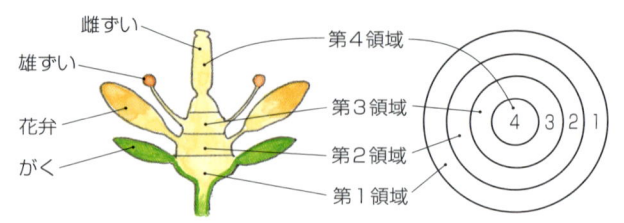

図3-3 花の形態形成のABCモデル

表3-1 野菜類のおもな花芽分化要因

要因			野菜名
日長	長日		ホウレンソウ，タカナ，シュンギク，ラッキョウ，ニラ
	短日		シソ，食用ギク，サトイモ，サツマイモ
温度	低温	種子春化型	ダイコン，ハクサイ，カブ，コマツナなどのツケナ類，エンドウ，ソラマメ
		緑植物春化型	キャベツ，カリフラワー，ブロッコリー，セルリー，ネギ，タマネギ，ニンニク，ニンジン，パセリ，ゴボウ，イチゴ
	高温		レタス
栄養			トマト，ナス，ピーマン，キュウリ，インゲンマメ

この遺伝子は葉で発現し，それによって合成されたFT/Hd3aタンパク質が茎頂に移動して，花の器官分化を制御する遺伝子の発現を促進することがわかり，フロリゲンの実体だと考えられている。

花成は低温によっても誘導されるが，低温刺激を感受するのは胚（embryo）や茎頂分裂組織であると考えられている。

❸花成と栽培

果菜類（fruit vegetables）の栽培では，栄養器官である茎葉や根を十分に成長させながら，積極的に花成を促進し開花・結実させる必要がある。つまり，栄養成長（vegetative growth）と生殖成長（reproductive growth）を同時にバランスよくすすめなければならない。葉菜類（leaf vegetables）や根菜類（root vegetables）の栽培では，花芽分化によって葉数増加が望めなくなったり，花芽の発達に養分が消費され，収穫部位の品質が低下するので，花芽分化をさせない管理が必要になる。

したがって，野菜の種類別に花成に影響する要因について理解しておくことはたいへん重要である（表3-1）。

2 温度と花成

❶春化（バーナリゼーション）

低温で花芽分化が誘導されることを春化（バーナリゼーション；vernalization）という。春化に有効な温度帯は－5～15℃である。低温刺激は累積され，一定量を満たすと花芽分化が誘導されるので，刺激を連続して感受する必要はないが，効果的な温度帯（表3-2参照）から離れ

るほど，長期間あうことが必要である。

春化は，低温を感受する時期によって2つのタイプがある。

種子春化型　1つは種子が発芽（吸水）の第2過程（第2章図2-2参照）にはいれば，それ以降はいつでも低温に感応するタイプで，種子春化型（seed vernalization type）とよばれ，0〜5℃が春化に最も効果的であると考えられている (注2)。種子春化型の葉根菜類は原則として冬越しの栽培ができない。また，春播き栽培では，播種期の気温が低いと早期抽苔（premature bolting）が発生する。

緑植物春化型　もう1つは，植物が一定の大きさになってから低温に感応するタイプで，緑植物春化型（green plant vernalization type）とよばれ，5〜10℃程度が最も効果的と考えられている。このタイプの野菜は，低温感応しない幼若期（juvenile phase）と，感応する成熟期（adult phase）に分けられるので，生育に支障のない程度の低温であれば，幼若期の状態で冬越しさせる栽培が可能である（表3-2）。

❷**脱春化（ディバーナリゼーション）**

低温による刺激は，直後の高温によって消去される（図3-4）。この現象を脱春化（ディバーナリゼーション；devernalization）という。脱春化は20℃以上に6時間程度あえばおこるが，効果的な温度は25〜30℃程度で，長くあうほど花芽分化は抑制される。

早春に播種するハクサイやダイコンのトンネル栽培は，保温による夜間の低温刺激の緩和と，昼間の温度上昇による脱春化を組み合わせて花芽分化を回避する栽培技術である。日照不足でトンネル内の温度上昇が不十分だと脱春化できず，花芽がつくられてしまう。

❸**高温と花成**

レタスなど一部の植物では，高温に感応して花芽を分化する。レタスは，10〜15℃程度で生育させても，積算温度（cumulative temperature）が1,500〜1,700℃になると花芽分化する。しかし，効果的な温度帯は20〜30℃と考えられており，20℃以上の高温に長時間あうと，より少ない積算温度で花芽分化する。

また，レタスが高温に強く感応するのは苗の茎径が5〜6mmになったころからで，これ以降は成長がすすむにつれて感受性が高まる。ただし，高温遭遇期間の影響

〈注2〉
種子春化型の野菜種子が親植物体上で登熟しているあいだでも，胚が低温に感応することがあり，登熟中春化という。アブラナ科やマメ科の野菜がこの性質を強くもち，この刺激は種子が完熟，乾燥しても消去されず，春化に有効な刺激として累積される。

表3-2　葉根菜類の春化に必要な温度と感応する苗齢（斎藤, 2008を一部改変）

感応型	種類	感応温度（℃）	適温（℃）	苗齢（茎・根茎, mm）
種子春化型	ハクサイ	0〜13	2〜5	―
	ダイコン	0〜13	5〜7	―
	カブ	0〜13	2〜4	―
緑植物春化型	キャベツ	0〜17	8〜9	5〜15
	カリフラワー　早生	5〜20	10〜17	3〜7
	中生	2〜15	5〜10	5〜10
	晩生	0〜15	2〜5	9〜10
	ブロッコリー	5〜20	7〜9	3〜10
	セルリー	0〜15	4〜8	10〜30
	タマネギ	2〜15	8〜10	6〜11
	ネギ	2〜18	6〜10	5〜7
	ニンジン	0〜15	4〜6	10〜20
	ゴボウ	0〜6	2	15

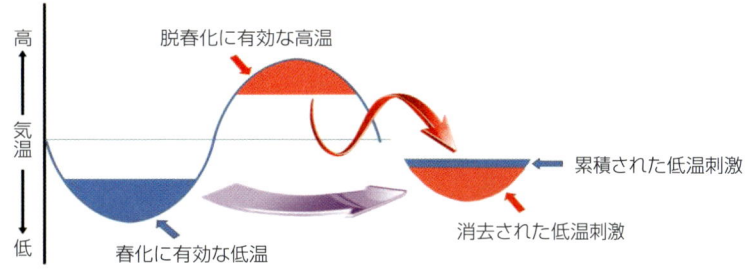

図3-4　春化と脱春化の関係
春化に有効な低温の積算値（青色部分）から脱春化に有効な高温の積算値（赤色部分）を引き算した残りが，低温刺激として累積される

表3-3 光周性と植物の花成反応のタイプ

タイプ	日長への反応
長日植物 (long-day plant)	日長が一定時間（限界日長；critical day length）以上になると花成がおきる植物
短日植物 (short-day plant)	日長が一定時間以下になると花成がおきる植物
質的長日（短日）植物 (qualitative long(short)-day plant)	日長が花成の絶対条件である植物
量的長日（短日）植物 (quantitative long(short)-day plant)	日長が花成に影響するが必ずしも絶対条件ではない植物

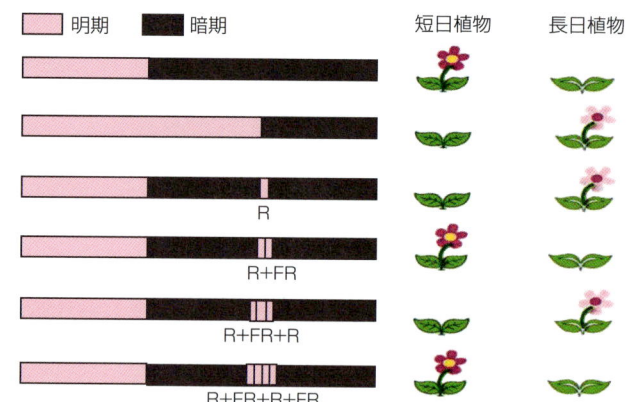

図3-5 光質と暗期中断刺激の可逆性（石川ら，2006を一部改変）
R：赤色光（波長660nm） FR：遠赤色光（波長730nm）

は品種によって大きくちがう。

なお，春化と脱春化の関係と同様に，夜間の低温によって，昼間の高温刺激が消去される。

3 光周性と花成

光周性（photoperiodism）(注3)，すなわち日長変化によっても花成が誘導され，表3-3に示すように4つのタイプがある。花成を誘導する日長刺激は1～数回で十分という特徴がある(注4)。また，光周性に必要な刺激は，実際には暗期（dark period）の連続時間である。

短日植物では，暗期の中間付近で短時間の光照射（暗期中断；night break）を行なうと花成が抑制される。限界日長が14時間程度の長日植物では，明期：暗期を16：8時間にしても8：8時間にしても花成がおきるので，やはり暗期の長さが影響していることがわかる。

日長への反応は品種によって大きくちがう。たとえば，現在のホウレンソウ品種は長日で花成が促進されるが，限界日長は品種によってちがい，温度や栄養状態によっては短日でも花成がおきる。さらに，限界日長は温度や生育ステージなどによっても変化する。

光周性には，フィトクロム（phytochrome）（第2章1-2-④参照）が関与しており，暗期中断による光周性反応は非常に弱い光を数分照射するだけでおこる。また，赤色光による暗期中断の影響は，その後の遠赤色光照射で打ち消すことができる（図3-5）(注5)。

4 栄養条件と花成

果菜類の多くは中性植物（day-neutral plant）であり，成長がすすみ，体内の炭素と窒素の比率（C/N比；C/N ratio）が高くなってくると，温度や日長に関係なく花芽分化する（表3-4）。通常の環境であれば，第1花が分化する時期は，ナス科果菜類で本葉2～3枚展開時，ウリ科果菜類で本葉展開前から本葉1枚展開時，インゲンマメやエダマメで本葉1枚展開時ころである。

〈注3〉
日長変化によって生物が示す現象を光周性という。

〈注4〉
「小春日和」のように冬でも暖かい日があれば，「梅雨寒」のように夏でも寒い日がある。温度刺激によって花芽分化と抽苔がおきるのに，ある程度長期間の累積が必要なのは，植物が季節をかんちがいしないためと考えられている。一方，日長変化の刺激に1から数回で作用するのは，日長には温度のような特異日がないためと考えられている。

〈注5〉
電照（lighting）は光周性を利用した栽培技術で，野菜ではイチゴやシソなどに利用され，前者はロゼット（rosette）の回避，後者は花成の回避が目的である。電照で長日処理をするには20 lx以上の光が必要とされる（イチゴについては第9章参照）。

イチゴは，低温・短日条件で花芽分化が促進され，体内 C/N 比が高いと感応性が高まる。品種によってちがうが，一季成り（June-bearing）品種では，4～5℃から13～15℃の範囲では日長に関係なく花芽分化する。しかし，13～15℃から22～26℃の範囲では短日条件であれば花芽分化し，それ以上の温度では短日条件でも花芽分化しない（注6）。

ウリ科果菜類の雌花着生は低温・短日条件で促進されるが，その多くは成長するにつれて，つまり主枝の高位節や側枝ほど雌花（pistillate flower）の着生率が高まる。主枝の摘心によって伸び出した側枝に雌花がつきやすいのは，摘心によって頂芽優勢（apical dominance）が破れ，体内のホルモンバランスが変化するためと考えられている。

表3-4 体内の栄養状態と果菜類の花芽分化との関係

炭水化物	窒素	花芽分化
少ない	多い	栄養成長が不十分で花芽分化しないか，花芽の発達が不良になる
多い	多い	栄養成長が旺盛になりすぎて，花芽分化しにくい
多い	やや少ない	栄養成長と生殖成長の両方が良好で，充実した花芽がつくられ，花芽の発達も良好
多い	少ない	栄養成長が不十分で花芽分化しないか，花芽の発達が不良になる

〈注6〉
イチゴの花芽分化促進技術として，ポット育苗による窒素の制限や，夜冷短日処理（short-day and night chilling treatment）などが確立されている（詳しくは第9章参照）。

5 花芽の発達と異常果

果菜類で正常な果実を収穫するには，花芽の正常な発達が必要である。この過程でなんらかの障害が生じると，乱形果（malformed fruit）の発生につながる。トマトやナスの乱形果は，花芽分化期前後から花芽の発達期に，低温や養水分の過剰によって通常よりも多くの心皮（carpel）からなる子房（ovary）がつくられ，さらにその後の心皮の発達が不ぞろいになって発生する。

イチゴの乱形果も，花芽の分化・発達時の栄養過剰によって，花芽の細胞分裂が旺盛になりすぎるためと考えられている。逆に，環境条件や栄養状態の不良によって子房の細胞分裂が早く停止すると，果実が小型になる。

2 抽苔，開花，受精

1 抽苔と花蕾の形成

❶抽苔

抽苔（bolting）とは，短縮茎（dwarf stem）の頂部での花芽の分化と発達によって，根出葉（radical leaf）から花茎（flower stalk）が伸びる現象で，葉根菜類の多くにみられる。たんなる茎の伸長は節間伸長（internode growth）とよばれ，抽苔とは区別される（注7）。

抽苔しやすい条件はほとんどの野菜に共通で，高温と長日である。そのため，秋作のキャベツやハクサイでは，収穫時に花芽分化していても，抽苔しないので収穫できる。しかし，春夏作のホウレンソウ（長日で花芽分化）やレタス（高温で花芽分化）は花芽分化と抽苔の両方に適した条件での栽培なので，花芽分化すると引き続いて抽苔がはじまり，商品価値を失う（図3-6）。

❷花蕾の形成

花蕾（curd）を収穫するブロッコリーとカリフラワーは，生育途中で

〈注7〉
ニンニクの芽として販売されているのは，花茎である。ニンニクはネギやタマネギなどと同じネギ属植物なので，芽として最初に出てくるのは葉である。

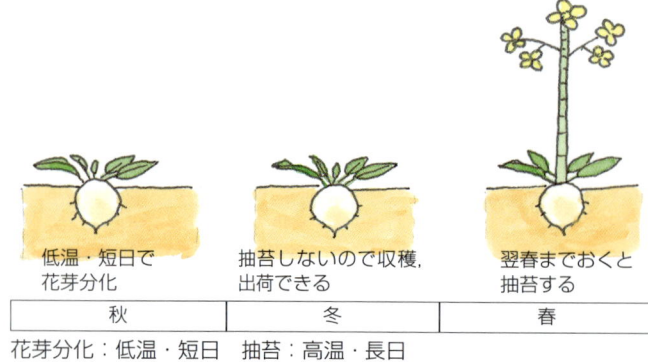

図3-6 花芽分化と抽苔におよぼす環境条件と野菜栽培との関係

（左側）花芽分化：低温・短日　抽苔：高温・長日
- 低温・短日で花芽分化（秋）
- 抽苔しないので収穫，出荷できる（冬）
- 翌春までおくと抽苔する（春）

（右側）花芽分化：高温・長日　抽苔：高温・長日
- 高温・長日で花芽分化（初夏〜夏）
- 引き続いて抽苔する（夏）

表3-5 受精の様式による分類

受精の様式			野菜の種類	植物の特徴
自家受精が主	自然交雑率1％以下		エンドウ，インゲンマメ，エダマメ，レタス	昆虫の訪花が少ない，開花前に受精するなどの特徴をもつものが多い
	自然交雑率3〜4％		ナス，トマト，ソラマメ，ゴボウ	
自家受精もするが他家受精も多い			ピーマン，イチゴ，タマネギ，ネギ，セルリー，ニンジン	昆虫の訪花が多く，雌雄異熟性※（dichogamy）などの特徴をもつものが多い
他家受精が主	雌雄異花同株	両性花	ハクサイ，キャベツ，カリフラワー，ブロッコリー，ダイコン，カブ	雌雄異花，自家不和合性（self incompatibility），葯の裂開したところが雌ずいと反対など，遺伝的，構造的に自家受精しにくい植物が多い
		単性花	キュウリ，スイカ，カボチャ，スイートコーン	
		両性花＋雄花	メロン	
	雌雄異株		ホウレンソウ，アスパラガス	

注）※：雄しべの花粉放出時期と雌しべの受粉可能時期がずれる

花芽分化させる必要がある。カリフラワーは，極早生品種（extremely early cultivar）は25〜30℃でも花芽分化して花蕾をつくるが，中生品種（mid-season cultivar）や晩生品種（late cultivar）では10〜15℃，あるいはより低い温度にできるだけ長時間あう必要がある。ブロッコリーは，15℃以下ならほとんどの品種で日長に関係なく花蕾をつくるが，20℃程度では長日条件による促進効果があらわれる。

異常花蕾は，不十分な茎葉の成長や，花芽分化に必要な低温の不足，花蕾の発達中の高温や低温によって発生する。

2 開花と受精

❶ 野菜の受精様式

花芽が正常に発達して花粉（pollen），胚珠（ovule），花蕾が成熟し，外的条件が適当だと開花（flower opening），受粉（pollination），受精（fertilization）する。

受精の様式で野菜を分類すると，おもに自家受精（self-fertilization）するもの，自家受精もするが他家受精（cross-fertilization）も多くするもの，おもに他家受精をするものに大別できる（表3-5）。

❷ 花粉と雌ずいの受精能力

ナス科やウリ科果菜類，イチゴでは，開花開始と同時かわずかに遅れて開葯（anthesis）がはじまるが，トマトでは開花開始の翌日ころになる。

マメ科果菜類は開花前にはじまり，開葯と同時に受粉も行なわれる。

花粉の受精能力は，ナス科では開花（開葯）2日後まではほとんど低下しないが，ウリ科では開葯後4〜5時間で急速に低下する。イチゴは開葯後3〜4日は受精能力をもつ。

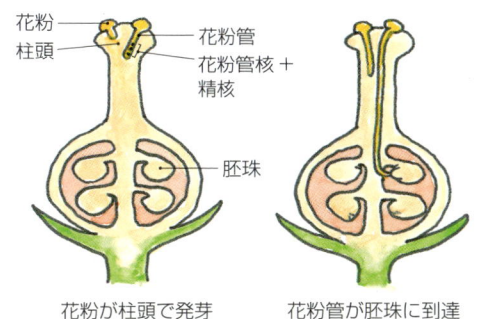

図3-7 受精のしくみ

雌ずいの受精能力は，ナス科では開花日を中心に4〜5日間維持される。ウリ科では，開花前日の午後から受精能力をもつが，開花日の昼までに急速に低下する。イチゴは，開花前日から開花5日後くらいまで受精能力があるとされる。

マメ科では，花粉は開葯2〜3日前から発芽能力をもち，雌ずいも開花2〜3日前から開花2日後くらいまで受精能力をもつ。

❸ 花粉の発芽・伸張と受精

柱頭（stigma）に付着した花粉は，発芽して花柱（style）内に花粉管（pollen tube）を伸ばす。花粉管は花柱のなかを胚珠に向かって伸びていくが，卵細胞（egg cell）に到達できるのは，助細胞（synergid）から放出される誘引物質のためと考えられている。

花粉管が胚珠に到達すると精核（male nucleus）の1つが卵核（egg nucleus）と結合して胚に，もう1つが極核（polar nucleus）と結合して胚乳（albumen）に発達する（図3-7）(注8)。なお，花粉管核（pollen tube nucleus）は，花粉管の伸長に必要な栄養をつかさどり，のちに消失する。

❹ 花粉発芽と温度，湿度

ナス科の花粉発芽の最低限界温度は15℃前後である。最高限界温度は38〜40℃とされているが，35℃以上で花粉の発芽率が急激に低下するので，実際には30〜33℃が限界と考えられる。ウリ科の最低限界温度は10〜16℃，最高限界温度は30℃前後である。イチゴは20℃以下や30℃以上で花粉の発芽率が低下するので，25℃程度が最適と考えられる。また，花粉は水に弱く，ウリ科では降雨で湿った花を用いて人工交配してもほとんど結実しない。雨よけしても，雨天では高湿度になり，気温も低くなるので結実率が低下する。ナス科も雨天で結実率はやや低下するが，ウリ科ほどではない。

〈注8〉
受粉から受精完了までに必要な時間は，トマト，ナス，キュウリ，イチゴでは24〜50時間，ピーマン，カボチャ，スイカ，メロンが24時間，マメ類では8〜10時間とされる。

3 果実の発育と肥大

1 真果と偽果

果実（fruit）は花器の一部が発達してできる器官で，内部に種子（seed）をもっているが，単為結果などでは種子はない。果実には子房のみが肥大

図3-8 果実の構造

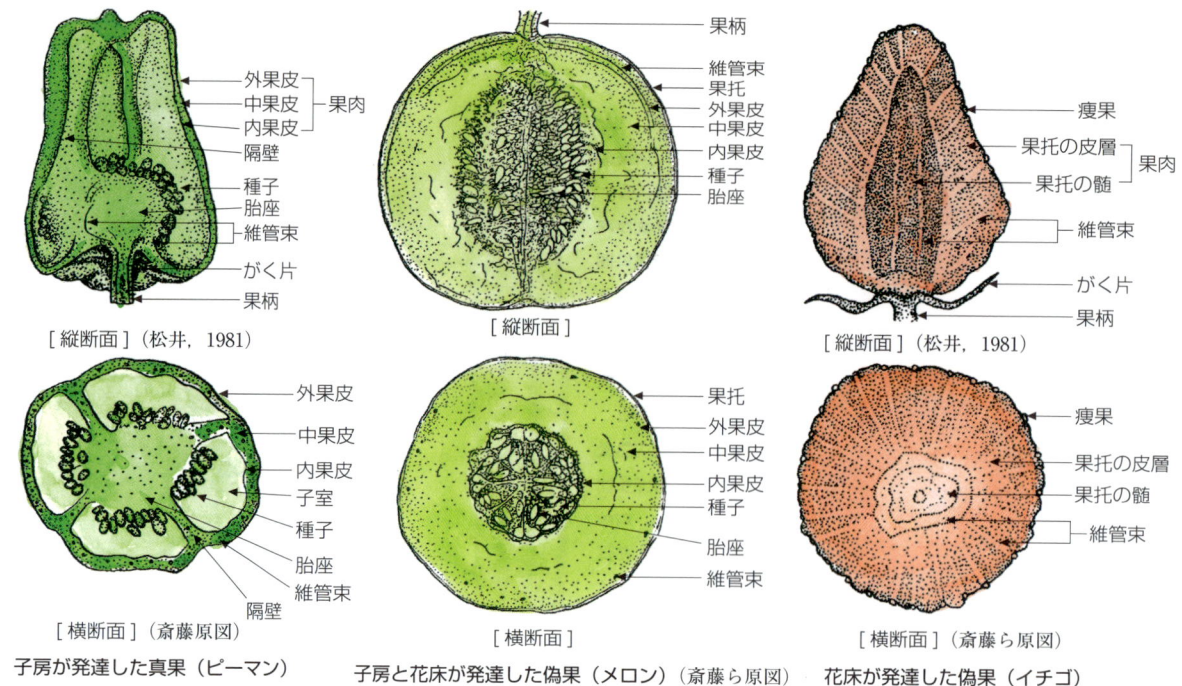

子房が発達した真果（ピーマン）　　子房と花床が発達した偽果（メロン）（斎藤ら原図）　　花床が発達した偽果（イチゴ）

してできる真果（true fruit）と，子房に加えて花床（receptacle）などの周辺組織も肥大してできる偽果（false fruit）がある。

　ナス科やマメ科の果実は真果である。ウリ科は子房と花床部の両方が発達してできる偽果である。イチゴも偽果だが，大部分は花床が肥大したもので，子房はほとんど肥大せず，果実表面に点在する痩果（achene）になる（図3-8，トマト，ナス，キュウリの果実は第7章参照）。

2 受精と果実の発育・肥大

❶ 種子数の影響

　果実を構成する組織は開花から肥大初期に細胞分裂がほぼ完了しているので，開花後の果実肥大のほとんどは細胞の伸長・肥大による。細胞の伸長や肥大には，発育中の胚から供給される植物ホルモンのオーキシン，ジベレリン，サイトカイニンなどが重要な役割をはたしている。そのため，果実の大きさは1果実当たりの種子数と高い相関関係にあり，種子ができない子房は成長を停止して脱落する。

　イチゴでは，受精して痩果が発達した部分は花床が肥大するが，痩果が発達しなかった部分は肥大しないので奇形果になる。スイカの花は3つの子室（locule）をもつが，花粉量や花粉稔性（pollen fertility）が低下すると，各子室の種子数にかたよりができて肥大に差ができるため変形果になる。ナスも，低温などで受精が正常に行なわれないと，石ナスとよばれる果肉の硬い発育不良果が発生する。

❷ 単為結果

　多くの植物で，受精や種子がつくられなくても果実が肥大することが

たねなしスイカ

2倍体（染色体数 2n）のスイカにコルヒチン処理して得られた4倍体（4n）を育て，その雌しべに2倍体の花粉を受粉すると3倍体（3n）の種子ができる。しかし，3倍体は正常な減数分裂ができないので，正常な卵細胞がつくられない。種子をつくる能力がないので，たねなしの果実が得られる。なお，たねなしスイカの果実を肥大させるには，3倍体の雌しべに2倍体の花粉を刺激として受粉させる必要がある（図3-9）。

最近では，2倍体のスイカの花粉に軟X線を照射し，不活性化した花粉を受粉してたねなしの果実を得る方法も開発されている。しかし，いずれの方法でもしいな（不稔種子）が残る。

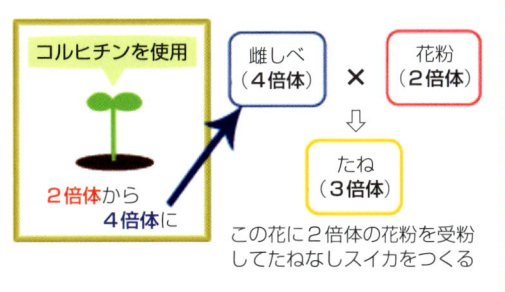

図3-9 たねなしスイカのつくり方

表3-6 果菜類の着果・果実肥大促進に利用される植物ホルモン（2013年3月現在）

成分名	対象	目的	使用方法
4-CPA（オーキシン）	トマト，ミニトマト	着果・果実肥大・熟期促進	花房に散布
	ナス	着果・果実肥大・熟期促進	花に散布
	メロン	着果・果実肥大・熟期促進	花梗部に塗布または花に散布
	シロウリ，ズッキーニ	着果促進	花に散布
ジベレリン	トマト	空洞果防止	花房に散布
	ナス	着果数増加	葉面散布
	イチゴ	着果数増加，熟期促進	茎葉散布
	キュウリ	着果肥大促進	花に散布
	メロン	着果促進	花に散布
ホルクロルフェニュロン（サイトカイニン）	メロン，スイカ，カボチャ	着果促進	花梗部塗布または子房部に散布

ある。その現象を単為結果（parthenocarpy）とよぶ。2つのタイプがあり，1つは受粉せずに単為結果するタイプで，自動的単為結果（autonomic parthenocarpy）といい，キュウリでおこり，そのまま正常に果実が肥大する。もう1つは，受精しないが受粉の刺激によって果実が肥大するタイプで，他動的単為結果（stimulative parthenocarpy）といい，トマトやナスがそうである。トマトにナス，カボチャにヒルガオの花粉を受粉すると果実が肥大する。

単為結果しやすい種類，品種は，子房などに含まれるオーキシンなどのホルモン濃度の高いものが多い。実際にオーキシンなどを花に処理すると，人為的に単為結果させることができる。トマトやナスでは，花粉稔性が低下する低・高温期のオーキシン（4-CPA：4-クロロフェノキシ酢酸）処理が広く普及している。メロン，スイカ，カボチャの着果促進にサイトカイニン（ホルクロルフェニュロン）処理をすることもある（表3-6）(注9)。

〈注9〉
トマトではホルモン処理による奇形果や空洞果の発生が問題となることがあり，メロン，スイカ，カボチャでは花梗部に塗布する手間が問題になっている。

3 果実の発育・肥大と養分
❶発育・肥大の経過

果実の大きさや重さなどの発育過程は，S字型成長曲線（sigmoid growth curve）を描いてすすむ。また，縦方向への肥大が先にはじまり，続いて横方向への肥大がはじまる。

表3-7 果菜類の可食部と熟度（種子の成熟）

可食部	熟度（種子の成熟）	野菜名
果実	未熟	キュウリ，シロウリ，ニガウリ，ナス，ピーマン，サヤインゲン，サヤエンドウ，オクラ，スイートコーン
	成熟	スイカ，メロン，カボチャ，トマト，イチゴ
種子	未熟	エダマメ，エンドウ（グリーンピース），ソラマメ
	成熟	実とり用マメ類（ダイズ，インゲン，ハナマメなど）

なお，果菜類の可食部を熟度によって分類すると，種子が成熟する前に収穫して利用するものがほとんどであることがわかる（表3-7）。

❷果実の発育と養分

肥大に重要なのは光合成産物や無機養分，水分の果実への流入量や流入時期である。果実肥大の前半はおもに細胞質（cytoplasm）が増える時期であり，タンパク質や脂肪，炭水化物や窒素などが十分に供給されることが重要である。

その後の肥大は，おもに液胞（vacuole）が発達して果汁（juice）が増え，膨圧（turgor pressure）が増大することによるので，水分と果汁に含まれる糖や塩類を十分に供給する必要がある。とくにカリウムは，果汁に溶けて直接浸透ポテンシャル（osmotic potential）〈注10〉に影響するだけでなく，光合成産物の転流（translocation）に重要な役割をはたしている。

〈注10〉
水は，水ポテンシャルの高いほうから低いほうへ移動する。水ポテンシャルは浸透ポテンシャルと圧ポテンシャルの和であり，浸透ポテンシャルは溶けている物質が多いほど低くなるので，果汁のなかの糖や塩類が多いほど，より多くの水が果実細胞内に移動する。

❸根や茎葉の働き

このように，果実の肥大には光合成産物と無機養分の十分な供給が必要不可欠なので，ソース（source）である葉や根とシンク（sink）である果実の関係も重要である。環境条件の悪化や養水分の不足などで葉や根の成長が抑制されると，果実の肥大も抑制される。逆に，養水分の供給過多や高温などで茎葉が過繁茂（luxuriant growth）になっても，着果や果実の肥大が抑制される。果菜類の栽培では，生殖成長とのバランスを保ちながら，活性の高い根系（root system）と健全な同化葉を収穫が終わるまで維持することが重要である。

環境要因や養水分条件は，果実の生理障害（physiological disorder）の発生と密接に関係している（表3-8）。

表3-8 果実の障害とおもな要因

野菜名	障害名	おもな要因
トマト	乱形果	低温，養水分の過剰
	空洞果	日照不足，高温や低温，不適切なホルモン処理
	尻腐れ果	カルシウム欠乏，乾燥や高温，高湿度
	条腐れ果	日照不足，低温，過繁茂，カリ欠乏
	裂果	急激な吸水の増加，果実のぬれ
ナス	乱形果	低温，養水分の過剰
	石ナス	受精障害，日照不足，低温，過繁茂
	がく割れ果	ホルモンの高温時の処理，高濃度処理
	つやなし果	水分不足
ピーマン	尻腐れ果	カルシウム欠乏，乾燥や高温，高湿度
	変形果・石果	種子形成のかたより
	着色果	直射光＋低温
キュウリ	曲がり果	日照不足，低温，水分不足，着果過多，過繁茂
	尻太り果	株の老化，その他曲がり果に同じ
	尻細り果	高温・乾燥による草勢の衰え，肥料不足
メロン	発酵果	カルシウム欠乏，窒素過多，カボチャ台木
スイカ	繊維質果	接ぎ木
	空洞果	果実肥大の遅れによる過熟
イチゴ	乱形果	花芽発達時の栄養過剰
	奇形果	受精不良による痩果着生のかたより
	白ろう果	低温，日照不足，有機物の多用，土壌の低pH

■まとめの問題

1. 春化と脱春化とは，どのような現象か。
2. 脱春化を利用した野菜の栽培技術について述べよ。
3. 単為結果とはどのような現象か。
4. 日長反応に関与するタンパク質の特徴を述べよ。
5. 真果と偽果のちがいを述べよ。

第4章 環境反応と代謝

1 光，温度，湿度（水）環境と成長

1 野菜の成長を左右する環境要因

　野菜の成長は，さまざまな環境の影響を受けて，代謝反応の方向と強さが決まる。影響が大きい環境要因は，地上部では光，温度，湿度，二酸化炭素（CO_2）濃度，風速（気流速度）など，地下部では地温，土壌水分，肥料濃度，pHなどがある。さらに，地下部では土壌など栽培培地の物理的，化学的，生物的特性にも大きく影響される。なかでも影響の大きい環境要因は，光，温度，湿度（地上部：空気湿度，地下部：土壌水分），CO_2濃度であり，これらを通して野菜の成長を制御することが多い。

2 光環境と野菜の成長

❶太陽放射の波長分類と作用

　地表に到達する太陽放射（solar radiation）の波長域は，季節，天候，時刻，標高，緯度などによって変化するが，おおむね300〜2,000nmの範囲で，そのうち人間が感知できる可視光はおおよそ380〜780nmとされている。

　太陽放射のうち，植物が光合成に利用できる400〜700nmの波長を光合成有効放射（photosynthetically active radiation；PAR），400nm以下を紫外線（ultraviolet light；UV），700nm以上を赤外線（infrared light；IR）とよんでいる（図4-1）。また，700〜800nmの波長域をとくに遠赤色光（far red light；FR）とよぶ場合もある。紫外線や赤外線は，光合成には直接関与していないが，植物の発芽，花成，抽苔，休眠などには大きく関与している。

　このように，野菜への光の作用は，①光強度，波長などが光合成に関与するエネルギー的影響，②日長や波長などが発芽，花成，抽苔，色素発現などに関与する刺激的影響に大別できる。

　また，野菜栽培を光利用から，太陽放射をそのまま利用する露地栽培，波長域の一部を遮断して利用する施設栽培，太陽放射のすべてを遮断して人工光源のみを利用する人工光型植物工場に分類できる。

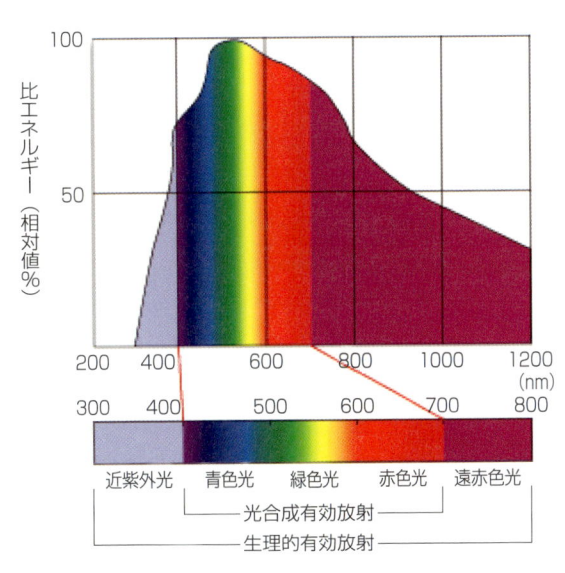

図4-1　太陽放射の波長別分類

〈注1〉
クロロフィルaの吸光のピークは430nmと663nmに，クロロフィルbの吸光のピークは460nmと645nm付近にある。

〈注2〉
長日植物であるホウレンソウを道路沿いの畑で栽培したら，街路灯の周辺部の株が抽苔したという失敗例があるが，これは日長反応が比較的弱い光にも感じる（最低限界光強度が低い）ためである。街路灯から10mほど離れると抽苔のリスクは小さくなる

❷ 光環境と光合成—エネルギー的影響

光合成に利用可能なのは400〜700nmの光であるが，主要な光合成色素である葉緑素（クロロフィルa, b, chlorophyll）は，450nm（青色）と650nm（赤色）の2つの波長に吸光のピークがある（図4-2）〈注1〉。中間の500〜600nmの波長帯（緑色）はほとんどクロロフィルに吸光されない。しかし，植物の光合成の波長別感度をみると，この波長帯でも光合成が行なわれており，クロロフィル以外の色素も光合成にかかわっていることがわかる（図4-3）。

光合成速度は光強度が強いほど大きくなるが，光強度は季節や天候により大きく変化する。個々の野菜の種類によって光強度の最適値はちがうが，個葉よりも群落全体の光合成速度を最大化する栽培技術が重要であり，栽植密度（planting density），整枝（trimming, training），誘引（training），摘心（topping），摘葉（defoliation）などが大きく影響する。また，夏の過剰の光強度や高温は光合成速度を低下させるので，それを抑制する目的で遮光フィルムやネット資材を用いた遮光栽培も行なわれている。

❸ 光環境と生理生態—刺激的影響

植物への日長などの影響は，エネルギーの少ない弱い光でも感知して反応するため，刺激的影響としてエネルギー的影響と区別される。花芽分化，抽苔，休眠，結球などの生理生態的反応が刺激的影響を受け，おもに葉の先端部分が赤色光や遠赤色光に感応しておこる。作物の種類によってちがうが，およそ $0.1\,\mu\mathrm{mol\cdot m^{-2}\cdot s^{-1}}$ 程度の弱い光にも反応する〈注2〉。

野菜だけでなく，多くの昆虫類や微生物も刺激的影響を受けるため，病虫害防除の面からも光環境制御の技術は重要である。具体的には，光線選択性被覆資材の開発やLED（発光ダイオード）など人工光光源を利用した生育制御や病害虫防除技術が検討されている。

葉色や果皮色などの色素類も，光によって大きく影響される。

ナス果実の紺色の果皮色素は，紫外線によって発現するアントシアニンである。果実が葉で覆われると，紫外線不足で果皮色が淡くなるため，葉面積が小さくなるような栽培管理や摘葉などの作業が必要になる。

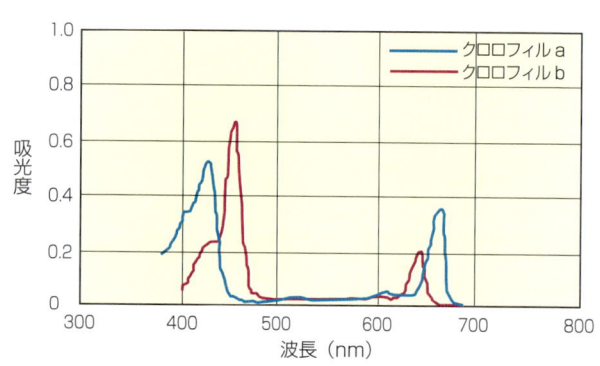

図4-2 クロロフィルa, bの吸光特性

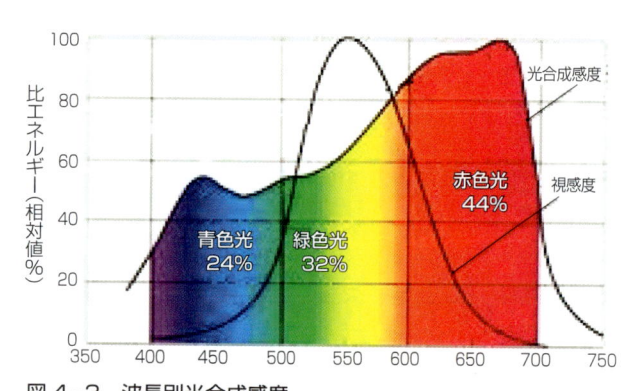

図4-3 波長別光合成感度
クロロフィルに吸光されない波長でも光合成が行なわれている

3 ┃ 温度環境と制御技術
❶ 野菜の成長と温度環境

野菜には，成長に適した適温域と困難または不可能になる不適温域があるが（第1章表1-2参照），成長は適温より不適温により強く支配される。

したがって，野菜の栽培は，まず低温や高温など不適な温度環境をなくし，その後，徐々に適した温度域に制御する方向へと発展してきた。

日本列島は，北海道から沖縄まで緯度や標高の差が大きいのと，四季が明瞭なのが特徴である。気温の差も15〜20℃と大きく，適温域のちがう多種類の野菜が各地で栽培されている。同じ地域でも年間の気温差が大きいので，季節によってちがう種類や品種が栽培されている。また，多様な被覆・保温資材や加温施設を用いて温度を人為的に制御する栽培技術も開発され，同じ種類の野菜の周年栽培も行なわれている。このように野菜の生理的反応は，とくに温度に強く影響されるため，温度環境の制御が優先的に行なわれてきたのである。

また，温度は湿度とともに野菜栽培の重要課題である病害発生にも大きく影響している（表4-1）。

❷保温技術

野菜の保温栽培は，稲わらなどのマルチやコモ，ヨシズなどを利用した覆下(おおいした)栽培からはじまり，油紙などを利用した被覆栽培に発展した。その後，プラスチックフィルム(注3)の開発・普及によって，マルチ栽培，トンネル栽培，施設栽培が一般化した。

現在では，フィルムの多様化とともに，不織布などを利用したべたがけ栽培も普及している。また，施設栽培では，可動式保温カーテンの利用や被覆資材を2重，3重に被覆する多重（多層）被覆などによって保温性を高めている。

❸暖房技術

暖房技術は，より積極的な温度制御技術として，育苗施設からはじまった。育苗では，発酵熱を利用した踏み込み温床から，電熱線を利用した電熱温床に発展した。施設栽培では，重油や灯油を利用した小型の温湯暖房や温風暖房装置の利用が一般化し，現在ではLPガスの利用や，よりエネルギー効率のよいヒートポンプ（heat pump；HP）（図4-4）(注4)の利用も増えている。

❹冷房技術

日本の野菜栽培では夏の過度な高温が問題で，経済的に栽培可能な温度まで低下させる冷房技術が求められている。これ

表4-1　病害の発生しやすい温湿度条件
(高橋，1987)

	病害名	多湿	乾燥	発病適温(℃)
トマト	葉かび病	○		20〜25
	うどんこ病		○	20〜25
	灰色かび病	○		20
	斑点細菌病	○		27〜30
	疫病	○		18〜20
ナス	うどんこ病		○	28
	灰色かび病	○		20
	黒枯病	○		20〜25
	菌核病	○		15〜24
ピーマン	うどんこ病		○	25
	灰色かび病	○		22〜23
	疫病	○		28〜30
キュウリ	べと病	○		20〜25
	うどんこ病		○	25
	黒星病	○		17
	灰色かび病	○		20
	菌核病	○		18〜20
	斑点細菌病	○		20〜25
	疫病	○		24
	つる枯病	○		20〜24
メロン	うどんこ病		○	25
	つる枯病	○		20〜24
イチゴ	うどんこ病		○	20
	灰色かび病	○		20

〈注3〉
塩化ビニルフィルム（農ビ，PVCフィルム），ポリエチレンフィルム（農ポリ，PEフィルム）など。

〈注4〉
電気などのエネルギーを使って低温部分から高温部分へ（あるいはその逆に）熱を移動させる装置で，施設や培地などの冷暖房や除湿などに利用されている。

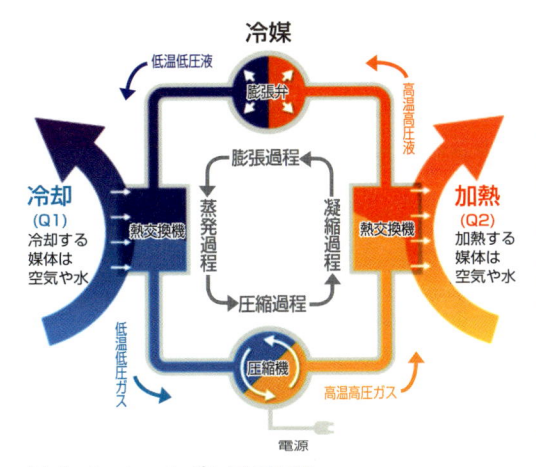

図4-4　ヒートポンプの原理

ヒートポンプは，圧縮機（コンプレッサー）と膨張弁で循環している冷媒の温度と圧力を調整して，冷たい冷媒に接している水や空気から，熱い冷媒に接している水や空気に熱を移動させる。冷たい液体の冷媒（低温低圧液）が水や空気に接すると，気化熱を奪って気化し，水や空気を冷やす。気化した冷媒（低温低圧ガス）を圧縮すると高温高圧ガスになる。熱い冷媒（高温高圧ガス）が水や空気に接すると，冷やされて凝結熱を放出して液化し，水や空気を温める。液化した冷媒（高温高圧液）は膨張弁で急激に圧力と温度を低下させ（低温低圧液），サイクルのはじめにもどる。エネルギーは圧縮機を稼働させるために使うことになる

1-光，温度，湿度（水）環境と成長　41

までは，気化潜熱を利用した細霧冷房やパッド・アンド・ファンシステム（第10章4-4参照）が主流であったが，湿度が高い環境では十分な効果が得られなかった。とくに花芽分化の制御などにはより積極的な高温の制御が必要になるが，近年，ヒートポンプを利用した夜冷技術やより高度な細霧冷房技術の検討がすすんでいる。

4 湿度・土壌水分と野菜の成長
❶日本の湿度・土壌水分環境
　日本は島国で降水量も多いため，年間を通して湿度が高い。そのため，野菜の生育環境として湿度が高すぎたり，気化潜熱を利用した冷房に十分な効果が期待できないことが多い。湿度環境は降水量に大きく影響され，太平洋沿岸などでは，降雨の多い夏に高く，晴天の続く冬は低くなる。
　降水量は土壌水分にも大きく影響するが，土壌水分は土壌の種類や有機物施用量，畝の高さや栽植密度，マルチや被覆の有無など栽培条件の影響を大きく受ける。

❷湿度制御技術
　これまで，施設の加湿，除湿技術は相対的に軽視されてきた。しかし，湿度は気孔の開閉に直接かかわり，その結果，光合成にも間接的に影響している。また，葉面積や側枝の発生にも関係があり，近年，湿度制御の重要性が再認識されている。実際には湿度（相対湿度）よりも飽差 (注5) が重要である。施設内の飽差の制御には細霧や灌水を利用した加湿制御や，換気，ヒートポンプなどを用いた除湿技術の体系化が重要であるが，飽差は植物からの蒸散や土壌からの蒸発，被覆資材の結露によって大きく変化するため，簡易に測定する機器の開発が望まれている。

❸灌水技術
　灌水技術は，野菜栽培の中核技術として重視されてきた。これは，温度や湿度，CO_2制御はエネルギーやコストが必要なのに対して，灌水や施肥は相対的に低コストで行なえるためであると思われる。また，野菜栽培では生育制御が不可欠であるが，灌水によって効果的な制御が可能である。それは，灌水技術は水分ストレスの制御だけでなく，並行して間接的に肥料吸収の制御も行なう技術でもあるからである (注6)。
　近年は，点滴灌水技術や灌水と施肥を同時に行なう灌水同時施肥技術（ファーティゲーション，養液土耕）が開発され，灌水精度の向上や大面積での灌水の自動化・合理化が可能になっている。

2 光合成と呼吸，転流，代謝

　野菜の成長に，直接的に最も大きく影響しているのが光合成である。すべての器官の成長は，光合成でつくられた同化産物の利用によって行なわれている。したがって，収量や品質を高めるためには，野菜に十分な光合成を行なわせることが必要で，そのためには環境条件を光合成に適したレベルに維持・制御することが重要になる。

〈注5〉
当該空気中にあとどれだけ水分（水蒸気）を含むことができるかを示す水蒸気量値（単位：hPa または g/m³）（第10章4-7の囲みも参照）。

〈注6〉
肥料成分の溶出速度は，灌水速度（量）により大きく影響されるので，灌水により肥料の溶出速度を制御することが可能で，それにより肥料吸収を制御する。

1 光合成

　光合成とは，光エネルギーを利用して，葉緑体内で水と空気中のCO_2から炭水化物（糖類：ショ糖やグルコースやデンプンなど）を合成する反応である（図4-5）。この反応の水を分解する過程で酸素（O_2）がつくられる。光合成はチラコイド反応とカルビン回路に大別できる（図4-6）。

❶ チラコイド反応

　チラコイド反応は光エネルギーを利用して，化学エネルギーを合成する反応で，葉緑体のチラコイドで行なわれる。具体的には，まず光エネルギーで，水を水素と酸素に分解する。得られた水素は，NADP(注7)と反応して還元型のNADPHをつくる。また，アデノシン二リン酸（ADP）とリン酸から，アデノシン三リン酸（ATP）がつくられる。

❷ カルビン回路（カルビン・ベンソン回路）

　チラコイド反応でつくられたNADPHとATPによって，CO_2を固定してブドウ糖を合成する反応である。CO_2はリブロース二リン酸（RuBP）に取り込まれ，炭素数6となり，引き続いてホスホグリセリン酸（PGA）に分解して炭素数3となる。次にPGAは，NADPHやATPの働きにより，一部はブドウ糖となり，残りはRuBPとなって，新たなCO_2の固定に用いられる。このCO_2を固定する回路は，葉緑体のストロマで行なわれている。

❸ 光合成の日変化と光呼吸

　図4-7に，トマトの群落光合成の日変化と光の強さを示した(注8)。光合成速度は光の強さに対応して経時変化していることがわかる。

　さらに光合成速度を光の強さとの関連で詳細に解析すると，正午前後に光の強さに対して光合成速度がやや低下する，いわゆる光合成の「日中低下現象」（mid-day depression），または「昼寝現象」（mid-day nap）がおきていることが確認される。この現象は，作物体内水分の低下によって気孔開度が低下し，葉緑体内のCO_2濃度が低下するためと説明されている。

　また，光強度が過剰な（あるいはCO_2が不足するような）条件では，光呼吸反応がみられることがある。光呼吸反応では，エネルギーの消費を

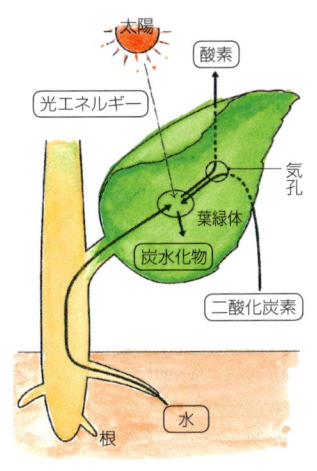

図4-5 光合成のしくみ

〈注7〉
ニコチンアミドアデニンジヌクレオチドリン酸のことで，光合成経路や解糖系の電子伝達物質。NADPHはその還元型。

〈注8〉
光合成・呼吸速度の測定は，植物体や個葉を同化箱などに入れ，CO_2の吸収・放出速度を測定することが多い。近年，高性能の赤外線吸収式CO_2センサを用いた，携帯型光合成測定器が開発されている。

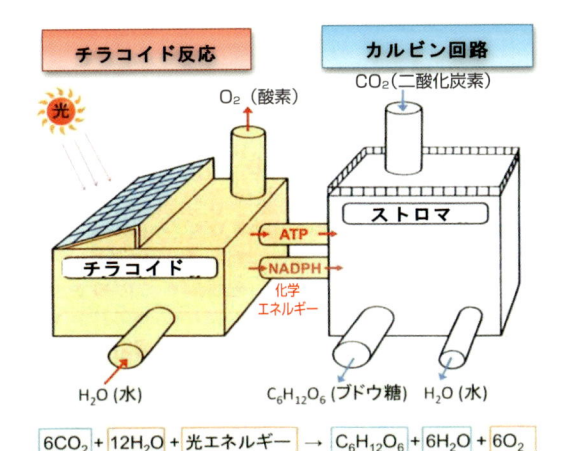

$6CO_2 + 12H_2O + 光エネルギー \rightarrow C_6H_{12}O_6 + 6H_2O + 6O_2$

図4-6 チラコイド反応とカルビン回路

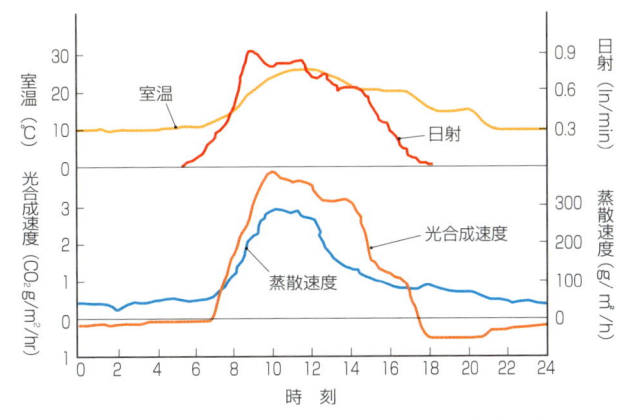

図4-7 トマト苗（12葉期）の光合成速度と蒸散速度・日射の日変化 （伊東，1979）

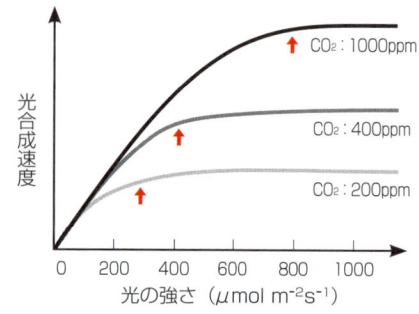

図4-8 光合成速度と光強度，CO₂濃度
温度が一定あれば，光強度が高いほど光合成速度は高まるが，飽和点（↑）はCO₂濃度が高いほど高くなる

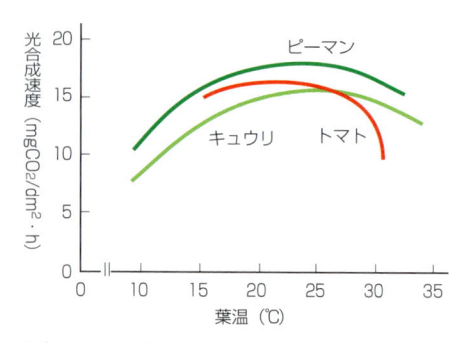

図4-9 果菜類の葉温と光合成曲線

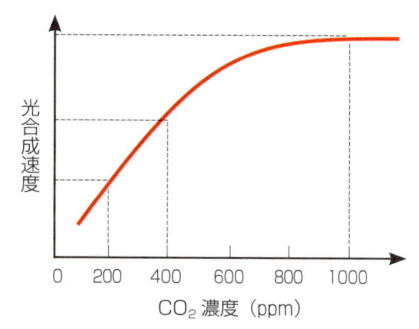

図4-10 光合成速度とCO₂濃度

ともなって炭素の酸化がおこり，CO_2がつくられる。

2 光合成に影響する要因

光合成は，葉齢，葉肉炭水化物，体内水分，無機成分，植物ホルモンなどの内的要因と，光強度，温度，CO_2濃度，気流速度，湿度（飽差）などの環境要因（外的要因）によって大きく影響される。

❶ 光強度

光の強さは光合成に直接影響している。温度やCO_2濃度などの条件が一定であれば，光補償点から飽和点までは，光の強さと光合成速度はほぼ直線的な関係にある（図4-8）。

❷ 温度

多くの野菜類では，葉温が10～15℃以上になると光合成速度が高まり，18～28℃のあいだで最高になる（図4-9）。最高になる温度は野菜の種類によってちがうが，CO_2濃度にも影響される。なお，それ以上の温度になると光合成速度は急速に低下する。

❸ CO_2濃度

大気中のCO_2濃度は400ppm程度であるが，光の強さが同じであれば，光合成速度はCO_2濃度に比例して高まる。しかし，やがてCO_2飽和点に達して，それ以上濃度が上がっても光合成速度は高まらない（図4-10）。CO_2飽和点は光が強いほど高い。施設栽培では，換気が十分行なわれない冬はもちろん，夏に換気を最大限行なっていても外気より100ppm以上低くなることがあるため，CO_2の施用技術が収量の向上には重要である。

❹ 気流速度と湿度（飽差）

気流は，大気のCO_2を葉面まで運ぶ大切な役目をはたしており，毎秒0.6m程度の速度が望ましいとされている。ただし，気流速度が過大に大きくなると，蒸散が過剰になり，逆に気孔開度が小さくなって光合成が低下することもあるので注意が必要である。

空気中の湿度（飽差）も気孔開度に大きく影響するので，CO_2の植物体内への取り込み速度に間接的に影響する。

ゼロ濃度差 CO_2 施用法

施設栽培で，野菜の光合成速度を高めるには，施設内のCO_2濃度を高めることが重要である。これまでもCO_2施用は行なわれてきたが，早朝のみの施用に限定され，換気と同時に施用を停止するのが一般的であった。日本では栽培期間の大部分は，換気による温度制御を行なっており，結果的に換気時のCO_2施用技術が生産性向上のポイントになる。そこで，現在検討されているのが，CO_2のゼロ濃度差施用技術で，施設内外のCO_2が同じ濃度になるようにCO_2を施用する方法である。この方法で，CO_2を施設外にもらさず効率的に施設内のCO_2濃度を維持することが可能になり，光合成速度を20%程度向上できる可能性がある。

> **オランダの1％理論（1％ルール）**
>
> オランダでは，1980年代から温室内の1％の光の減少は，1％の収量の減少につながると広く認識され，施設の光透過率の向上が重要な課題・関心になってきた。北緯50度のオランダでは，光合成速度は光強度によって決まる。そのことは，温度，湿度，CO_2濃度など，他の要因は最適化されていることを意味している。そのため，施設の高軒高化（図4-11），骨材のスリム化，高反射塗料による骨材塗装，ガラスの大型化，低反射率ガラスの利用，栽植方法の最適化，葉面積指数（LAI）重視の栽培管理，補光技術の開発などがすすんでいる。

図4-11
高軒高ハウスでのトマト栽培

3 光合成産物の転流・代謝

　光合成器官である葉が収穫・利用部位である葉菜類では，光合成速度の増加が収量増に直結するため，光合成速度の促進が最も重要になる。しかし果菜類や根菜類では，同化産物が収穫対象器官である果実や根に運ばれ，それらの器官を成長・発達させて収穫するので，光合成速度の促進だけでなく，同化産物を効率的に目的器官に移動させることが必要になる。同化産物の移動を転流とよぶが，温度管理など効率的に転流させる管理技術が重要である。なお，同化産物の供給や供給の場（器官・部位）をソース，需要や需要の場（器官・部位）をシンクとよぶ。

4 呼吸

　呼吸は光合成とは逆の反応で，空気中の酸素と光合成でつくられた炭水化物を消費して，代謝に必要なエネルギーをつくると同時にCO_2を排出する過程である。

3 無機養分の働きと吸収・移行

　植物は根から吸収した無機養分と光合成でつくられた炭水化物から，タンパク質など必要な成分を合成している。炭水化物と無機養分から必要なすべての成分を代謝・合成できるが，無機成分の1つでも不足すると健全な成長ができず，生理障害を発生する。

1 無機養分と吸収

　植物の生育に欠かせない元素は17種類 (注9) あり，必須元素（essential element）とよばれている。Cは空気中の二酸化炭素ガスから，OとHはおもに水から根を通して吸収する（Oの一部は二酸化炭素ガスからも供給される）。それ以外の14元素は，土壌などから吸収するが，不足する場合は人為的に供給する必要がある。

　N，P，K，Ca，Mg，Sの6元素は比較的多く必要とするので多量要素（macro nutrient element），その他の元素は少量でたりるので微量要素（micro nutrient element）とよんで区別しているが，いずれも植物体内で重要な働きをしている。野菜の養分吸収量は，K＞N＞Ca＞P＞Mgの傾向があり，他の作物よりCaの要求度が高い特徴がある。

〈注9〉
窒素（N），リン（P），カリウム（K），カルシウム（Ca），酸素（O），水素（H），炭素（C），マグネシウム（Mg），イオウ（S），鉄（Fe），マンガン（Mn），ホウ素（B），亜鉛（Zn），モリブデン（Mo），銅（Cu），塩素（Cl），ニッケル（Ni）。

必須元素ではないが，植物に与えると成長を助けるナトリウム（Na），ケイ素（Si）などの元素を，有用元素とよんでいる。

無機養分の吸収は，根の周辺のごく薄い溶液中から行なわれる。外液よりも養分濃度の高い根の細胞中に，溶液に含まれた無機養分が吸収・集積されるが，エネルギー消費をともなう能動的な生理作用である。

2 無機養分の体内移動

根から地上部への無機養分の移動は，木部道管の水分上昇の影響を強く受ける。とくにCaやBは大きな影響を受け，日中は蒸散流（transpiration flow）によって蒸散のさかんな成熟葉へ多く移動し，蒸散の少ない成長点部や未展開葉，果実へはおもに蒸散速度が低下する夜間に，根圧による水移動（根圧流；root pressure flow）によって移動する。したがって，無機養分の移動には夜間の気象環境も重要であり，たとえば夜間の飽差が過度に大きくなると，蒸散速度が高くなってCaなどの移動が減り，生理障害を発生することがある。

3 生理障害

野菜の栽培では，Ca，Mg，Fe，Bなど微量元素の欠乏による生理障害が発生しやすいが，栽培している土壌や培養液中の元素濃度の低下による発生は多くない。欠乏症が出ている元素の濃度が適切であっても，KやMgの過剰でCaの吸収が阻害（拮抗作用という）されたり，pHの極端なかたよりで吸収できず発生することが多い（図4-12）<注10>。養液栽培や人工光植物工場では，野菜の成長速度が速く，養分の吸収・移動が要求に追いつかないため欠乏症が発生しやすいので，とくに注意が必要である。

野菜栽培では過剰症も比較的多い。これは，連作が多く，施肥量が多くなりやすいことや，無機成分の吸収組成にもとづいた施肥がむずかしいため，結果的に特定成分が過剰になることなどが原因である。トマトなどは，幼果の成長・肥大速度がきわだって速いため，Ca欠乏である尻腐れ果など特定成分の過不足による生理障害が発生しやすい。

<注10>
Fe，Mn，Znなどの元素は，土壌や培養液が酸性側（pHが低い）では，吸収されやすいが，アルカリ側（pHが高い）に傾くと吸収されにくい。

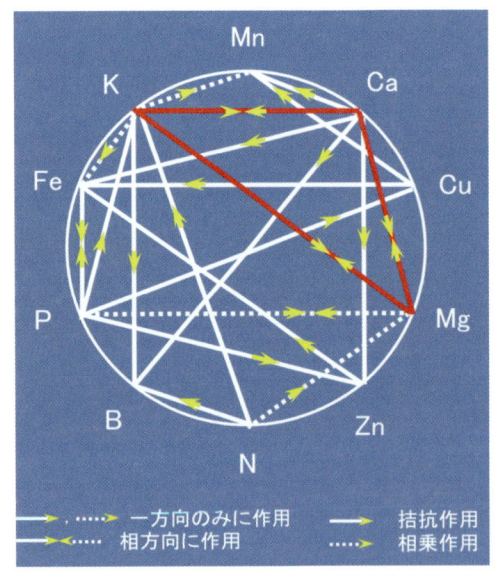

図4-12 元素の拮抗作用と相乗作用
赤線はとくに強い拮抗作用を示す
Mn: マンガン，Ca: カルシウム，Cu: 銅，Mg: マグネシウム，Zn: 亜鉛，N: 窒素，B: ホウ素，P: リン，Fe: 鉄，K: カリウム

4 窒素同化

1 窒素同化

窒素（nitrogen）は，植物の原形質や細胞膜などのタンパク質や，酵素，核酸，葉緑素，ビタミン類，植物ホルモンなどの構成成分として，野菜の成長や発育にきわめて重要な役割をはたしている。吸収された窒素から，タンパクや窒素を含む各種成分をつくる作用を窒素同化とよぶ。

2 アンモニア態窒素と硝酸態窒素

❶硝化作用

作物が吸収する窒素のおもな形態は，アンモニア態と硝酸態の無機態窒素で，ほとんどの有機態窒素は土壌微生物によって無機化されて吸収される。土耕栽培用の肥料は，おもにアンモニア態窒素が用いられる。これは，アンモニウム塩のほうが硝酸塩よりも安価であることと，アンモニウムイオンは陽イオンなので，負に帯電している土壌コロイド粒子に吸着保持されるが，硝酸イオンは陰イオンなので吸着されず流亡しやすいことなどが理由である。アンモニア態窒素は，酸素が多い畑土壌では，亜硝酸化成菌と硝酸化成菌によって亜硝酸態窒素を経て硝酸態窒素にすみやかに酸化される。この過程を硝化作用（nitrification）という（図4-13上）。

養液栽培ではおもに硝酸態窒素が用いられるが，これは培養液中では硝化作用が低いため，植物にアンモニア害が発生しやすいためである。

微生物による硝化作用

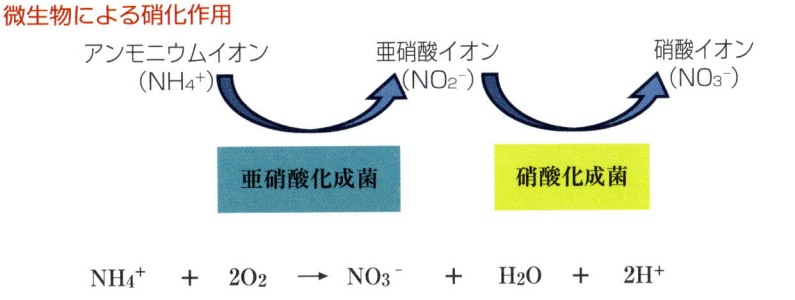

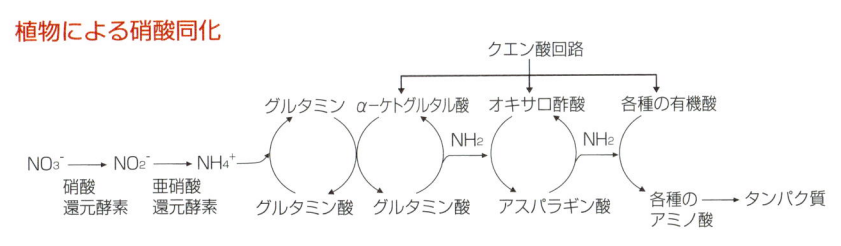

アンモニウムイオン (NH_4^+) →[亜硝酸化成菌]→ 亜硝酸イオン (NO_2^-) →[硝酸化成菌]→ 硝酸イオン (NO_3^-)

$$NH_4^+ + 2O_2 \rightarrow NO_3^- + H_2O + 2H^+$$

植物による硝酸同化

$NO_3^- \rightarrow NO_2^- \rightarrow NH_4^+$ （硝酸還元酵素，亜硝酸還元酵素）→ グルタミン／グルタミン酸 → α-ケトグルタル酸／グルタミン酸 →[NH_2]→ オキサロ酢酸／アスパラギン酸 →[NH_2]→ 各種の有機酸／各種のアミノ酸 → タンパク質（クエン酸回路）

図4-13 硝化作用（土壌中）と硝酸同化（植物体）の過程

❷硝酸同化

野菜の多くは好硝酸性作物であり，硝酸態窒素が最も有効かつ安全な窒素源である。硝酸態窒素がアミノ酸やタンパク質に同化されるには，体内でアンモニア態窒素に還元される必要があり，硝酸同化（nitrate assimilation）とよばれているが，硝酸還元酵素と亜硝酸還元酵素に触媒されて行なわれる（図4-13下）。多くの野菜では硝酸同化は葉で行なわれ（ネギなど一部を除く），光が必要であるため，弱光下では抑制され，体内に硝酸態窒素が蓄積しやすい (注11)。

〈注11〉
野菜は硝酸態窒素濃度が過剰になっても無害であるが，人間や動物が摂取すると毒性（メトヘモグロビン血症やニトロソアミンによる発がん性）が問題になり，とくに乳幼児用では濃度を低くする必要がある。

■ **まとめの問題**

1. 植物が光合成に利用できる光合成有効放射の波長範囲を説明せよ。
2. ホウレンソウの日長反応の最低限界光強度はどの程度か説明せよ。
3. 施設栽培での CO_2 施用の意義と効率的施用方法を説明せよ。
4. 野菜栽培で Ca や Mg 欠乏などの生理障害が出やすい理由を述べよ。
5. 土耕の窒素肥料にアンモニア態窒素が多く使われる理由を説明せよ。

第5章 野菜園芸の育種

〈注1〉
育種の過程や方法は，遺伝学の基礎的知見を必要とし，やや複雑なこともあるので，巻末に参考図書として紹介した植物育種学の専門書にあたってほしい。

　野菜園芸での育種（breeding）とは，野菜の経済作物としての性能を高めるとともに，機能性などプラスアルファ機能の追加をめざすものである。本章では，育種の基本的なことを紹介して，野菜育種の概念を理解してもらうことを目的にした（注1）。

1 品種の育成と課題

1 育種の目的と手法

　育種とは，人間が希望する方向へ植物の生産機能を改変し，新しい有用な遺伝子型（genotype）をもつ植物集団を育成するための技術である。育種の対象になる形質は単一遺伝子型で決まるものは少なく，実際には多数の遺伝子型で決まるものがほとんどである。育種は品種改良ともいわれるが，多くの場合，既存品種の不良形質の改良に主体がおかれてきたためである。

　育種は育種目標の設定からはじまり，図5-1にある3つの工程を経て行なわれる。このうち，育種家の手腕が最も反映されるのが③にあたる選抜操作である。育種方法は変異の由来などで決まり，図5-1で示した7つの方法に分けられ，現在は交雑育種法（cross-breeding method）が主流である（注2）。

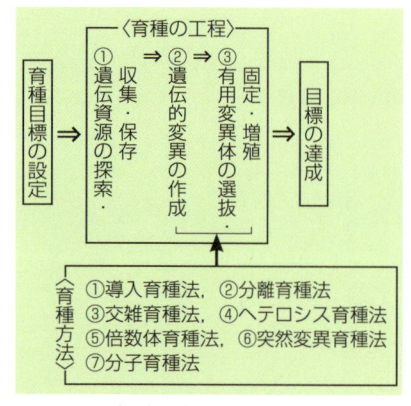

図5-1　育種の流れと育種法

〈注2〉
遺伝学に基礎をおいた近代育種が組織的に行なわれるようになったのは，1900年のメンデルの法則再発見以後であり，それ以前の育種のおもな担い手は農民であった。農耕文化がはじまって以来，農民による意識的ないし無意識的選抜によって，野生種の栽培化や栽培種の改良がたえず行なわれてきた。メンデルの遺伝法則を知らなくとも，動植物を人間の都合のいいようにかえてきたのである。このことを最初に明確に述べたのはおそらくダーウィンであろう。

2 ダーウィンにはじまる育種小史

　ダーウィン（図5-2）は有名な『種の起原』のなかで，49ページの囲みのような記述をしている。この記述は，メンデル遺伝学以前の育種を明確に規定している。また，現在の育種学は，自然変異を目的によって集積し品種にしているという意味では，手法の改良はあるものの，ダーウィンが記述した育種を科学的に再現しているともいえる。

　イネ，コムギ，トウモロコシ，ナス科野菜，アブラナ科野菜などの大部分は，農耕の長い歴史のあいだに人の手によって作物

図5-2
チャールズ・ダーウィン
（1809〜1882）
1880年の肖像写真

になったものである。近代育種によってまったく新しく育成された作物は，ライコムギ，ハクラン，ノリアサなどごくわずかであり，野生種あるいは地方在来種から作物になったものもアマランサスやキノアなどしかない。

しかし，育種の効率は科学的な近代育種法の導入によって加速されてきた。さらに遺伝子組換え技術の開発と実用化によって，従来の育種の大きな制限要因となっていた交雑の障壁が取り除かれ，遺伝形質の導入の幅が格段に広がるとともに，細胞やＤＮＡレベルでの選抜が可能になった。ただし，導入できる遺伝子の情報が不可欠であり，求められる形質すべてへの対応はまだ先のことといえよう。

コールラビ
（写真提供：赤松富仁氏）

ブロッコリー
（写真提供：赤松富仁氏）

カリフラワー
（写真提供：赤松富仁氏）

キャベツ
（写真提供：赤松富仁氏）

メキャベツ
（写真提供：タキイ種苗）

キャベツの花（写真提供：農文協）

図5-3　キャベツの仲間の変異
これらはいずれも *Brassica oleracea* に属する。もとはケールのような植物で，イベリア半島に居住していた民族の利用に起源するとされている。長い栽培過程の選抜によって形態がまったくちがった野菜になった

ダーウイン『種の起源』第1章「飼育栽培のもとでの変異」より

「いろいろちがった季節や目的のそれぞれで人間にもっとも有用な，あるいは人間に美しく見える多数の農作物，蔬菜，果樹，草花の品種を比較してみるなら，われわれは単に変異を見るだけにとどまっていられなくなると私は考える。すべての品種がいまみられるような完全な，また有用なものとして，突然に生じたとは想像できない。実際，いろいろな例で，品種の歴史はそのようなものではないことがわかる。そのかぎは，選択をつみかさねていかれる人間の能力にある。自然は継起する変異を与え，人間はそれを自分に有用な一方向に合算していく。この意味で人間は自分自身に役立つ品種をつくりだしていくのであるといえる。もしも，選択がただたんに，非常にはっきりした変種を分離し，そのものを繁殖させるだけのことであるなら，その原理はとくに注目するまでもない明白なものであろう。

この原理の重要性は，それとはちがって，経験をつまない眼では絶対に認められないほどの差異――私はあるものでそのような差異を認知しようと骨をおったが，だめであった――を，世代を重ねて一定の方向に集積させることによって大きな効果を生じさせるところにある。植物にかんしては，選択の集積効果についての観察方法がある。……キャベツの葉がいかにさまざまにちがっているか，だが花はいかによく似ているかを見よ（具体例 図5-3）。……一般的な法則として，葉でも，花でも，果実でも，軽微な変異を続けて選択していけば，おもにそれら選択した形質において相互に異なる品種が生じるのを，私は疑うことができないのである。」

（『種の起原（上）』ダーウィン著，八杉竜一訳，岩波書店，1979年）

1- 品種の育成と課題　49

韓国ですすむ品種の画一化

　遺伝資源の喪失は，優良品種の普及や経済発展による生活習慣の変化などからも引き起こされる。韓国の農村振興庁は1985年と1993年に全国で栽培されている作物品種の調査を行なった。1985年は5,171品種が収集されたが，1993年は908品種のみで，18％に減っていた。わずか8年のあいだに，品種の消失と画一化が急速にすすんだことが明らかになっている（表5-1）。

　この背景には，農家収入がこの8年の間に約3倍となるような韓国経済の高度成長があり，農家は収益が上がらない在来種栽培を避けるようになったことがある。

表5-1　韓国の農村における作物品種の消失
(Ahn et al, 1996)

作物名	1985年	1993年	B／A
イネ	22	4	0.18
オオムギ	56	6	0.11
コムギ	22	4	0.18
ダイズ	993	226	0.23
アズキ	483	92	0.19
リョクトウ	199	25	0.13
ササゲ	240	20	0.08
インゲンマメ	215	44	0.20
トウモロコシ	293	60	0.21
ソルガム	293	67	0.23
アワ	177	82	0.46
キビ	64	44	0.69
ソバ	143	41	0.29
ゴマ	162	37	0.23
ナタネ	7	―	―
エゴマ	215	70	0.33
ハトムギ	183	3	0.02
トウガラシ	211	―	―
ホウレンソウ	57	―	―
その他	1,136	83	0.07
合計	5,171	908	0.18

3　遺伝的画一化の危険―歴史が教える教訓

　育種の進展で品種の集中化や画一化（遺伝的画一化（genetic uniformity））がすすみ，在来種（local variety）の消滅や，環境破壊による野生種などの遺伝資源（genetic resources）の枯渇が顕著になってきた。

❶ すすむ品種の画一化―日本のイネ，野菜の例

　明治政府は品種改良をはじめるにあたり，各県からイネの品種を集めた。同名異種，同種異名などを整理しても3,500種類も集まり，最終的には約600種類に分類された。このように，100年ほど前までは多様なイネの品種が栽培されていたのである。

　それから今日まで300以上もの新品種が育成され，多収性，食味，栽培適性などが向上した。しかし，2009（平成21）年度のうるち米作付面積の4割が'コシヒカリ'であり，上位10位までも'コシヒカリ'の血統を引き継いだ品種であった（注3）。'コシヒカリ'は良食味であり，福島県から沖縄県まで広い範囲で栽培できるが，限られた品種への集中は遺伝的多様性（genetic diversity）の消失につながる危険がある。日本の米品種は，きわめて狭い遺伝的多様性によって成り立っている事実は知っておいてほしい。

　普通作物は品種の系譜が明文化されていることが多く，遺伝的画一性も想定ができる。しかし，野菜は民間育種（personal breeding）が中心であったこともあり，系譜が明らかでないことが多く，遺伝的脆弱性（genetic vulnerability）への予想がたてられないのが現状である。今後，DNAマーカー（注4）などによる，遺伝的多様性解析などが必要になると思われる。

〈注3〉
近年，青森県で育成された優良品種'まっしぐら'の系譜を図5-4に示したが，日本のイネ品種がいかにコシヒカリと関連しているかがよくわかる。

〈注4〉
ゲノムDNA中の塩基配列に生じる置換，挿入，欠失，反復配列のちがいによる多型を利用した標識のこと。

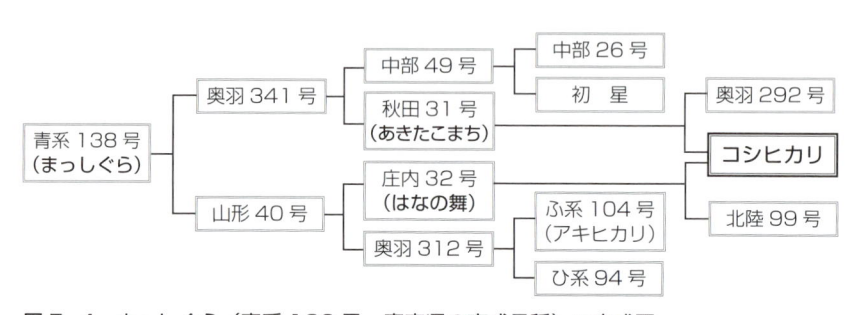

図5-4　まっしぐら（青系138号，青森県の育成品種）の育成図

❷ 品種画一化の教訓―アメリカのトウモロコシの例

1970年，アメリカ合衆国のF₁ハイブリッド・トウモロコシにごま葉枯病が蔓延し，壊滅的な被害を受け世界的な食糧危機に陥ったことは有名である。トウモロコシ育種ではヘテロシス（雑種強勢）(heterosis, hybrid vigor) を利用し，片親は細胞質雄性不稔性（cytoplasmic male sterility）の系統を用いるが，すべての品種にT型雄性不稔細胞質が導入されたことが原因である。運悪くこの細胞質をもっている品種はごま葉枯病に弱かったため，アメリカ中に広がってしまった。

たった1種類の雄性不稔細胞質を使って品種育成を行ない，広い面積に栽培したために引き起こされたもので，これも人為的災害（人災）ということができる（注5）。

〈注5〉
農家経営では小規模なので多作物・多品種栽培が可能であるが，企業的農業では大規模で少作物・少品種栽培にならざるをえない。そのため，作物の寡占化，品種の画一化がおこりやすく，遺伝的多様性が損なわれやすい。

4 遺伝資源の利用と課題

野生種を含む遺伝資源の保全とともに，新育種技術を駆使して新しい遺伝資源を積極的につくっていくことが，今後の育種の重要課題になる。2002年にはイネの全ゲノム塩基配列の解読が完了し，遺伝子の機能解析もすすみ，人工遺伝子あるいは人工生命の創造に向けて，分子遺伝学的研究が着実にすすんでいる。しかし，現在の作物育種は圃場生産を対象とした個体の品種育成が最終目標となることが圧倒的に多い。そのため，遺伝子組換えによって新しい遺伝子が導入されたとしても，実用品種に仕上げるには，多くの場合，従来からの交雑育種法にたよらなければならない。

今後は，分子育種技術などの革新技術と従来の育種技術を有機的に結びつけた育種法を再構築していく必要がある。原産国が保有する，遺伝的多様性が高い遺伝資源へのアクセスが制限されるため，今後，国内に現存する遺伝資源の多様性を拡大する手法の開発も重要になってくる。

5 野菜育種の課題と方向
❶ ますます求められる新品種の育成

野菜の新品種育成の意欲は，生産者の農業所得の向上が期待できることと，消費者に安全・安心の生産物を届けられることによってささえられている。生産者と消費者，さらに流通業界の動向を顧みない「優れた品種」はありえないのである。ただし，育種には時間がかかるため，育種家は将来をみすえて品種育成する必要があり，近々の育種目標と将来に備えた育種目標が求められる。野菜育種は対象品目が多いので，それぞれに目配りした育種をすすめるためには，主要穀類以上に生産・消費・流通など多岐にわたる情報収集と予測が求められる。

近年，野菜消費量の減少，輸入野菜の急激な増加，外食・中食化，野菜農家数の減少と高齢化，温暖化による栽培環境の急変などの影響で，農業所得の低迷と野菜生産基盤の不安定化がすすんでいる。これらの打開に品種育成も一役買うべきであるが，1980年代から2000年までは300〜400品種が登録されていたが，その後，2006〜2009年は250〜280品種と減少傾向にあり，品種改良への意欲が低下しているかのようである。

〈注6〉
近年，果菜類では高温着果性に優れているトマトの'桃太郎グランデ''りんか４０９''麗夏'，キュウリの'ずばり163'など，葉茎菜類では，ホウレンソウの'ミラージュ'，レタスの'マイヤー'などが育成されている。病害虫抵抗性では，たとえばキャベツの根こぶ病への強度抵抗性品種の育成がはじまっている。

しかし，地球規模での環境不安定化によって，世界的にも野菜の安定供給が懸念されており，国産野菜の安定供給は重要な課題である。また，健康維持の面からも，野菜消費量の減少に歯止めをかけることが求められている。安定生産と高機能性の両面から，野菜の新品種の育成はきわめて重要な国民的課題である。

❷これからの野菜育種の目標

これからの育種目標としては，温暖化による夏場の高温でおこる生育の遅れや生理障害，品質の劣化，さらに低緯度（熱帯や亜熱帯）地域でしか発生しなかった病虫害へ対応などがあげられる（注6）。

また，高齢化や生産者数の減少に対応した作業効率のいい品種も求められている。たとえば，ナスは受粉しないと果実が肥大しないので，冬の施設栽培などでは植物ホルモン剤や訪花昆虫（insect pollinator）が利用されている。しかし，植物ホルモン剤処理には多くの労力がかかる。また，訪花昆虫利用は花粉形成に必要な最低温度を確保する暖房費がかかり，広く使われているセイヨウオオマルハナバチは特定外来生物に指定されていて安易に利用できない。

そこで，（独）農研機構野菜茶業研究所では，受粉や着果促進処理をしなくても果実が肥大する，単為結果性（parthenocarpy）ナス品種'あのみのり'（図5-5）を育成した。さらに，愛知県農業総合試験場は野菜茶業研究所と共同で，単為結果性とトゲなし性をあわせもつ系統を育成した。この新品種によって，手間のかかる受粉作業と痛いトゲから解放され，省力で快適なナス栽培が可能になり，消費者もトゲを気にせずにナスを利用できる。野菜育種は収量や品質の安定性だけでなく，機械化がむずかしいので作業性の向上も重要な育種目標である。

図5-5
単為結果性ナス'あのみのり'
（写真提供：齋藤猛雄氏）

2 野菜の育種技術の特徴

1 複合形質の選抜・集積

野菜の育種の特徴は，品種を評価する項目の多さと育種法にある。

野菜の品種登録の出願に必要な調査項目数を表5-2に示した。調査項目数はイネやダイズと大差ないが，収穫物にかかわる評価項目数の割合は40～60%とイネの14%よりかなり高い。普通作物としては多いダイズでも43%である。野菜は収量よりも品質が重要視されるためである。

イネ，ムギ，ダイズなどでは子実（種子）が育種の対象であるが，野菜では栄養体や果実が対象になる。収量性もイネやムギでは子実重であるが，野菜では個体そのものの大きさや果実の大きさや数などであり，大きくちがう。また，収量では総収量と秀品率が，品質では大きさ，形，色，食味や食感，栄養性や機能性などが対象になる。

表5-2　品種登録出願時に必要な特性項目数

作物	すべての特性評価項目数（A）	収穫物にかかわる評価項目数（B）	割合（B/A）	項目内訳
キュウリ	64	31	48%	
トマト	69	27	39%	
ナス	43	26	60%	
メロン	81	49	60%	幼果：11，果実38
イネ	86	12	14%	玄米：9，胚乳：2，精米：1
ダイズ	57	25	43%	莢：9，子実：16

トマト'秀麗'の特性—複合的形質の集積例—

トマト品種の'秀麗'は㈱サカタのタネが育成した品種であるが（図5-6），萎凋病（race1とrace2），半身萎凋病，ToMV（トマトモザイクウイルス），斑点病，葉かび病に抵抗性で，黄化葉巻病と青枯病に耐病性，ネマトーダに耐虫性をもつ。さらに，草勢はやや強い，果実の日持ち性に優れるなど，10種類以上の優良特性がある。このように，野菜の育種では耐病性や果実特性を重点に，複合的形質が集積されることが特徴である。

生理・生態的特性も日長や温度反応性，抽苔性や早晩性，耐病虫性や耐暑性など環境ストレス耐性と多くの形質が対象になる。こうした複合的形質が検討・選抜・集積されて１つの品種が誕生するのである（囲み参照）。

図5-6 黄化葉巻病抵抗性など複合的形質が集積されたトマト品種'秀麗'（写真提供：サカタのタネ）

２ 野菜でのDNAマーカーの利用

❶育種の効率化に不可欠

現在は多くの作物でDNA解析が可能となり，DNAマーカーを活用した育種が行なわれている。複合的な形質改良が必要な野菜育種でも，個別の形質をそれぞれみて選抜するのでは時間，場所，労力が大きな負担なので，各形質に強く連鎖したDNAマーカーや，形質にかかわる遺伝子座の対立遺伝子をマーカーにして選抜が行なわれている（図5-7）。野菜でも，ＤＮＡマーカーの利用は，育種の効率化に不可欠な技術になっている。

トマトでは1990年代からＤＮＡマーカーによる選抜が普及し，ToMV（トマトモザイクウイルス），ネコブセンチュウ，青枯病，葉かび病などトマトの重要病害の抵抗性選抜への利用が一般化している。虫媒感染のために抵抗性選抜が困難であったトマト黄化葉巻病（TYLCV），結実期の評価しかできなかった単為結果遺伝子などもマーカー

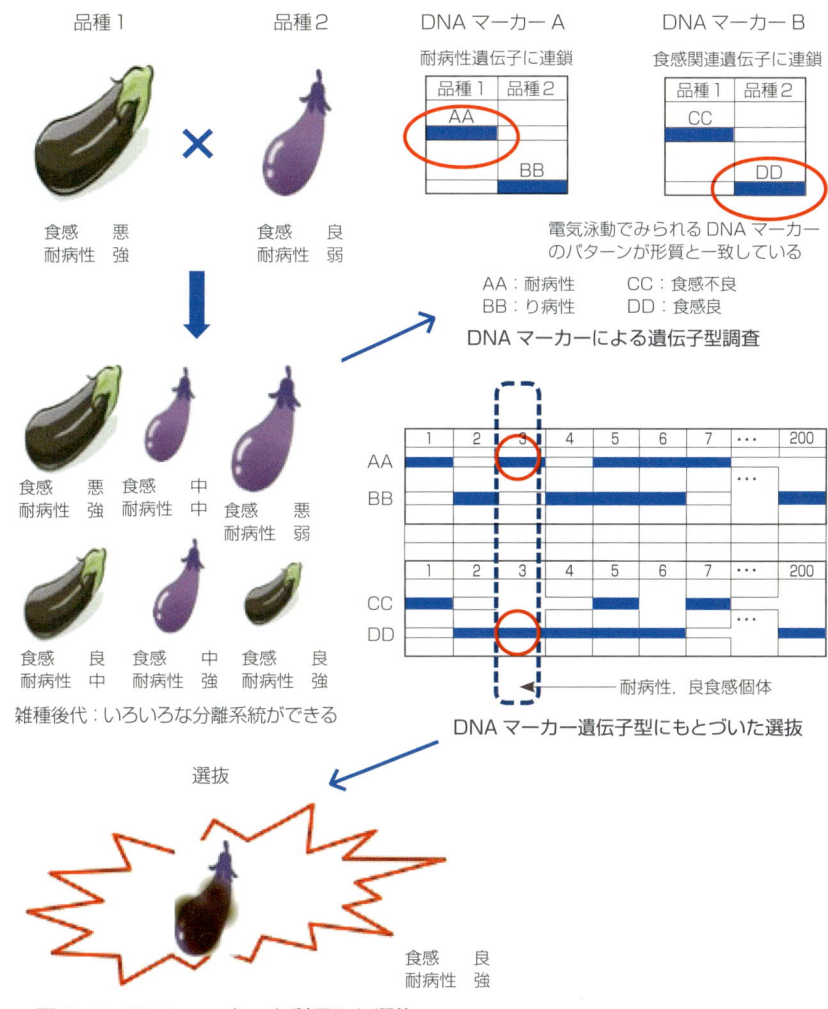

図5-7 DNAマーカーを利用した選抜

図5-8　ハクサイの根こぶ病
（写真提供：松元哲氏）

〈注7〉
〔ほとんどが一代雑種品種の野菜〕果菜類：トマト，ナス，ピーマン，キュウリ，スイカ，カボチャ，メロンの近年育成された品種／葉菜類：キャベツ，ハクサイ，ホウレンソウ／根菜類：ダイコン，カブ，ニンジンの近年育成された品種
〔固定品種が多い野菜〕レタス，オクラは純系種が主流。タマネギやネギ類では6割ぐらいが一代雑種品種。

〈注8〉
自花花粉で結実できない。

選抜が行なわれている。

❷ 'はくさい中間母本農9号' の例

ハクサイの難防除土壌病害である根こぶ病（図5-8）に強い抵抗性をもつ 'はくさい中間母本農9号' の育成は，DNAマーカー利用の典型的な例である。根こぶ病抵抗性は2つの遺伝子（Crr1とCrr2）によって制御されているので，2つの遺伝子に連鎖するDNAマーカーを用いることで， 'はくさい中間母本農9号' と根こぶ病に弱い品種を交配してできたハクサイから，強い抵抗性をもつものが効率的に選抜できる。

❸ 「育種家の眼」の重要性はかわらない

果実重や草型など量的形質（quantitative trait）は，関与する遺伝子の多さ，遺伝子間の関係の複雑さから，遺伝子型による選抜が簡単に行なえるまでにはまだ時間がかかるであろう。しかし，ゲノム上の多数の遺伝子座の遺伝子型を同時並行的に読みとる次世代シーケンサーも開発されるなど，分子生物学の進歩によって複雑な形質の育種にもゲノム情報の利用が期待できる。ただし，育種はきわめて多様な遺伝子の組み合わせの総体として表現されたものを，多様な環境での反応を検討しながら選抜する技術であり，その総体の適性を見抜く「育種家の眼（breeder's eye）」は依然として重要である。

3 野菜の一代雑種育種

現在は，タマネギなどを除いて，野菜の品種のほとんどが一代雑種（雑種第一代；first filial generation；F₁）である（図5-9）〈注7〉。一代雑種育種とは，遺伝的に遠縁な品種間同士あるいは自殖系統間で交雑してできる雑種第一代を品種として利用する育種のことである。

一代雑種品種は固定品種（open pollinated）より強健で生産力が高く，斉一性に優れているという特長がある。普通作物では生産力の向上を目的に利用するので，ヘテロシス（雑種強勢）育種ともよばれている。しかし，野菜では生産力だけでなく，斉一性や早熟性を生かしつつ，両親の病害抵抗性（disease resistance）や品質などの優性遺伝子を集積する目的でも利用されるので，一代雑種育種というほうがふさわしい。

野菜では，他殖性〈注8〉

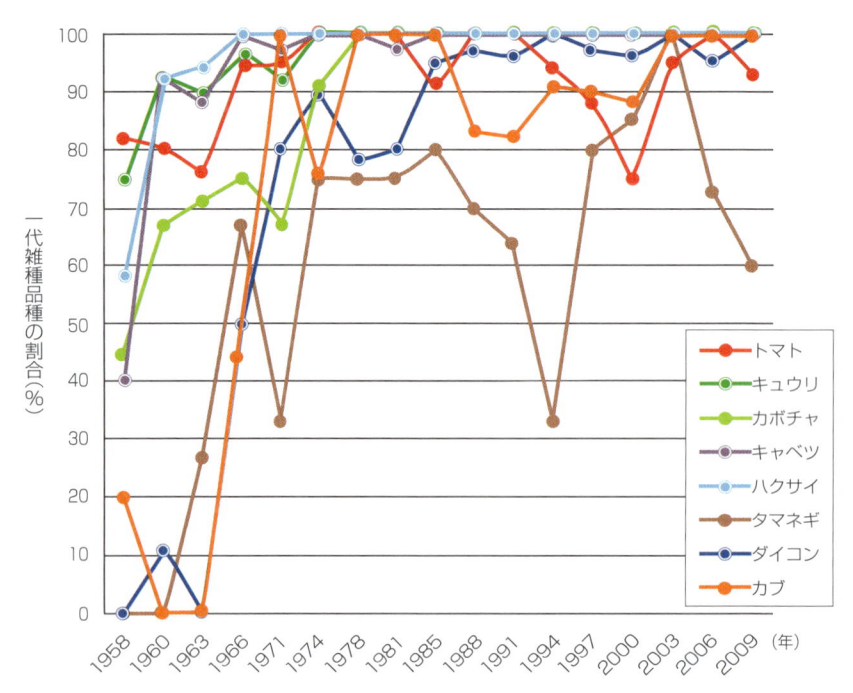

図5-9　野菜品種の一代雑種の割合の変遷（『蔬菜の新品種』第17巻より改変）

> **在来品種（local variety）をどう守るか**
>
> 種苗会社が，生産者の要望に応え，消費者のニーズを反映した品種を開発して安定的に供給することは批判されることではない。ただし，種苗会社は当然であるが，生産者も消費者も本章1-3で述べたような非常に狭い遺伝資源にたよっていないかという自己点検が必要である。品種名がちがい，新しい形質が加わっていても，ゲノム全体からみた遺伝的均一性が考慮されるべきである。在来品種を守ることは遺伝資源の多様性を確保し続けるために重要であり，在来品種を種子庫のなかではなく，採種，栽培，流通のなかで守ることを考える時期にきている。

のキャベツ，ハクサイ，タマネギなどだけでなく，自殖性(注9)のトマトやナスなどでも，優良形質が導入できることや，育種年限が短いなどの理由によって，1個体当たりの採種量が多いものは一代雑種育種がすすめられている(注10)。

一代雑種品種は自家採種ができないので，親や交雑の組み合わせを公表しなければ，同じ品種をつくることはむずかしい。そのため，商業的価値が大きく，一代雑種品種の普及は種子産業の飛躍的な発展につながった。

〈注9〉
自花花粉で結実できる。
〈注10〉
自殖性の野菜の育種は，手作業による人工交配で行なっているため，採種の手間がかかる。しかし，トマトやナスなどは果実当たりの種子量が多く利益が上がるため一代雑種品種が普及した。

4 一代雑種品種の有効性

❶育成者権（Breeder's right）の保護

有効性の第1に育成品種の保護があげられる。野菜の育種はほとんどが種苗会社で行なわれているが，一代雑種品種にすることで，農家の自家採種や，他社による品種の模倣を防ぐことができる。農家が自家採種しても，雑種第二代として遺伝的に分離するので同じ品種の種子が得られない。

種苗会社の一代雑種品種の育成が農家の自家採種をさまたげ，もうけのための手法であるかのような論調もみられる。しかし，農家が種苗を購入することは特別なことではなく，一代雑種品種とか固定品種にかかわらず，品質のよいものを安定して生産したいという目的で，昔から新しい品種を求めていた。一方で，固定種を自家採種して栽培している多くの農家もおり，自家採種という付加価値がついていることも事実である。

❷優性遺伝子が支配している優良形質の集積

優性遺伝子（dominant gene）が支配している優良形質を，一代雑種品種に同時にもたせることができるのも大きな有利性である。

有名な例が，トマトの耐暑性と果実の大きさの関係である。トマトの耐暑性と果実の大きさは負の相関なので，耐暑性で果実が大きい固定品種をつくるのはむずかしい。しかし，耐暑性で果実が小さい品種と，耐暑性は低いが果実が大きい品種を交配して，耐暑性で果実が大きい'桃太郎'という一代雑種品種が育成された。つまり，耐暑性と果実が大きいという優性遺伝子が支配している2つの優良形質が集積されて'桃太郎'という品種がつくられたのである。

❸品種育成年限の短縮

1つの品種に複数の有用形質を集積するためには，複数の系統を交配したのちに，長い世代での選抜の過程が必要となる。しかし，一代雑種品種

では，交配後の選抜が不要のため，1つの品種に多くの有用形質をもたせなくても，親のあいだで互いの欠点を補うような組み合わせにすれば育種目標を達成できる。そのため，短期間に育成できる。

❹ 均質性の確保

一代雑種品種は目的にした形質の均一性が高く，環境変動に対しても安定している。野菜では，品種ごとの生産物のそろいが重要なことが多いため，これらはきわめて重要である。

❺ ヘテロシス（雑種強勢）の利用

野菜では，子実の収量性が高まるというヘテロシスより，前述した育種年限の短縮や均質性などのほうが期待されている。しかし，トマトの収量性，早生性，果実成分量を高めることや，タマネギの貯蔵性の向上などでヘテロシスが利用されることもある。

5 遺伝子組換え技術

1994年に遺伝子組換え作物の第1号として，日持ちのよいトマト'フレーバー・セーバー・トマト'がはじめて実用化された。それ以来，世界中でさまざまな遺伝子組換え作物（transgenic crop, genetically modified crop；GMC）が誕生している。除草剤耐性トウモロコシやBtトウモロコシ（注11）にはじまり，数多くの穀類で遺伝子組換え作物が育成され流通している。

野菜については，日本でも，1990年代後半にウイルス抵抗性トマトやメロン，高ペクチン含有トマト，日持ち性が改良されたトマトなどの育成がすすんだが，実用化にはいたっていない。アブラナ科野菜でもアブラムシ抵抗性やコナガ抵抗性などの系統が育成されており，今後大いに発展する育種技術であるといえる。しかし，野菜は直接口にいれるため，遺伝子組換え品種の利用は，トウモロコシやダイズなど飼料や油糧として利用するものよりも社会的ハードルがまだ高い。

一方，花粉症緩和イネなどが薬用として開発が待たれているなど，特定の機能性成分の付与については期待されている面もある。たとえばトマトでは，西アフリカ原産の熱帯小木であるミラクルフルーツ（*Richardella dulcifica*）（図5-10）の果実に集積するミラクリン（注12）を生産させる，遺伝子組換え系統が開発されている。

遺伝子組換え技術の課題は多いが，多くの病気への耐性や，食品としての機能性が求められる野菜の育種には有効な方法である。また，次ページの囲みで紹介したように，突然変異でつ

〈注11〉
昆虫病原菌であるバチルスチューリンゲンシス（*Bacillus thuringiensis*, Bt）の遺伝子を導入した害虫抵抗性（おもな対象はアワノメイガ）の遺伝子組換えトウモロコシ。

図5-10 ミラクルフルーツ
（写真提供：インプランタイノベーションズ社）

〈注12〉
ミラクリンは糖タンパク質で，それ自体に味はないが，酸味を甘味に感じさせる味覚修飾作用が知られており，カロリーゼロの甘味として日本だけでなく欧米でも注目を集めている。

収穫後0日／収穫後60日
野生型
変異型（*Sletr1-2*）

図5-11 TILLING法でみつけた遺伝子の新しい変異
（*Solanum lycopersicum ETHYLENE RESPONSE1*（*SLETR1*））収穫後60日での野生型と変異型の日持ちのちがいは明らかである（写真提供：江面浩氏）

トマト研究最前線

近年，トマトを対象としたゲノム研究が急速にすすんでいる。それを支えるのがわい性トマト品種'マイクロトム'である。草丈が15cm程度で，蛍光灯の光でも栽培可能で，播種から結実まで約3カ月である。筑波大学の江面浩のグループは'マイクロトム'に化学変異原EMS (ethyl methane sulfonate)を処理して，果実の大きさ，形，色などさまざまな変異形質をもっている変異体の収集とデータベース「TOMATOMA」(http://tomatoma.nbrp.jp/)の構築を行なっている。

ゲノムや遺伝子上で野生型とは1から数個の塩基がちがう個体を知ることができるTILLING (targeting induced local lesions in genomes)技術を用いて，果実成熟に関連するトマトエチレン受容体遺伝子の新しい変異(Solanum lycopersicum ETHYLENE RESPONSE1 (SlETR1))を単離した。その1つは，果実の赤熟も日持ちもよいという，おだやかなエチレン非感受性表現型を示すことが明らかになった。

EMSの処理は従来から知られている「突然変異育種法」の技術であるが，従来みつけられなかった変異も捕まえることができたもので，有用遺伝資源の人為的拡大の可能性を示したともいえる。今後，多くの野菜でも同様な方法による変異拡大，育種への利用が予想される（図5-11）。

くられた有用な形質を，遺伝子を調べることによって迅速に選抜する方法も開発されており，トマトだけでなくメロンなどでも期待されている。

3 野菜（一代雑種）採種の課題

1 不安定な一代雑種の純度（purity）

一代雑種の採種では，種子を安定的に高純度でしかも低コストで得られるように，自家不和合性（self incompatibility）や雄性不稔性（male sterility）などが母親に付与されてきた。こうした生殖生理学的研究やゲノム解析はすすんでいるが，採種圃場での収量や純度の不安定性の原因解明は十分とはいえない。アブラナ科野菜の一代雑種の採種で，人工自家受粉で高い自家不和合性と評価された系統でも，純度の低い一代雑種しか得られないことが多い。そのため，高い自家不和合性を安定して発現する系統の選抜が，ミツバチ交配による自家不和合性の検定（虫媒自家不和合性検定）によって行なわれている。

より安定した一代雑種の採種のためには，高い自家不和合性を得るだけではなく，両親間の訪花昆虫（insect pollinator）の往来の活発化や他家受粉率を高めるための花器の研究も必要である。開花期間中に多くの昆虫が飛来し受粉していても，圃場の場所によって一代雑種の純度がちがい，昆虫の行動や両親間の開花の同調性が影響していることが明らかにされている。

2 採種の安定化に向けて

❶ 花の色の多様性

花の形や色は，ミツバチの訪花行動に重要な手がかりを与えると考えられており，定花性（flower constancy）（注13）にはそれらの多様性が影響するとされている。アブラナ（Brassica）属植物の花は人間には黄色にみえるが，人間の可視領域外に紫外線吸収部位をもっていることが知られて

〈注13〉
昆虫が特定の花を優先的に訪花する現象で，形，色，匂いを統合したものと考えられている。

〈可視領域：人間の目でみている菜の花〉

〈紫外線領域：ミツバチにはこのような模様（蜜標）のちがいとしてみえる〉

図5-12　可視領域と紫外線領域でのみえ方のちがい
紫外線領域での模様（蜜標）のちがいは品種間変異

〈注14〉
1種類のゲノムで構成されている2倍体（diploid）のことで，ハクサイやカブなどはゲノム構成はAA，キャベツはCCである。

〈注15〉
2種類のゲノムで構成されている倍数体（2n = 4x）を複二倍体（amphidiploid）という。ナタネはゲノム構成AACC，カラシナはAABBであり，それぞれ2種類のゲノムを保有する。ハクランはハクサイ（AA）とキャベツ（CC）から人工的に複二倍体をつくった例である。

いる。この部位は蜜標（nectar guide）とよばれ，ミツバチなどが採餌行動をする手がかりを与えている（図5-12）。蜜標は遺伝子型ごとに多様であるが，環境の影響を受けにくい形質であり，蜜量や花粉量など報酬がより多い花をミツバチが記憶することにかかわっていると考えられる。このことはミツバチなどの定花性と強く結びついている。

❷花の香りの多様性

花の香りは，昆虫の訪花にとって色や形以上に重要な手がかりであるとされている。アブラナ属野菜には自家不和合性の高い，ハクサイやカブ，キャベツなど基本ゲノム種（注14）と，自家和合性（self compatibility）が高い複二倍体種（注15）があるが，いずれも安定した結実には昆虫の訪花が不可欠である。おもな香り成分の調査で，ゲノム種ごとに特異的な香り成分をもっていること，同じアブラナ科でもアブラナ属より訪花性が悪いダイコン（ダイコン属）の香り成分はまったくちがうことがわかってきた。

❸花蜜量の多様性

花からミツバチへの報酬は花蜜であるが，量の多少は受粉に大きく影響すると考えられている。花蜜の分泌は，ハクサイやコマツナなどブラシカ・ラパ（*Brassica rapa* L.）では日中最もさかんになる。花蜜量は系統内でもばらつきはあるが，開花期間全体では系統間でちがい，遺伝的な形質であることが明らかにされている。

❹今後の研究

花器形質のゲノム解析は，2000年ごろから生殖様式の進化学的解析の視点からすすめられ，一部の植物で花の大きさと花蜜量を支配するQTL（量的形質遺伝子座）はわかってきた。おそらくダイコンやハクサイなどアブラナ科でもこれらを支配するQTLがみつかるであろう。

今後，より詳細なゲノム解析により，個々の形質の遺伝様式が明らかになると同時に，より詳細な生態学的解析によって純度の高い一代雑種の効率的採種が可能になるだろう。

■まとめの問題

1. 育種の基本的構成要素を3つあげよ。
2. 野菜の育種の特徴を，穀類育種と比較しながら述べよ。
3. 野菜の一代雑種育種の特徴を，穀物と比較しながら説明せよ。
4. 遺伝子組換え技術が育種に貢献する場面を考察せよ。

第6章 栽培技術の基本

1 作型と成り立ち

1 作型の概念

　わが国は、四季の変化が明確で、土壌条件も複雑である。そのため、野菜栽培は、栽培時期の気象条件と地域の土壌条件に適した種類や品種を選び、より経済的な耐寒や耐暑、灌水や排水、施肥、整枝、病害虫防除方法を組み合わせて行なわなければならない。

　作型（cropping type）とは、目的とする時期に野菜を収穫・出荷するための品種別、作付け時期別、産地別の栽培体系である。品種特性（内在的遺伝要素）に、栽培環境と適用技術（品種特性に働きかける外部環境要素）を組み合わせた栽培技術体系ということができる。作型は品種、栽培技術、経済情勢などの要因によって変化しており、固定したものではない。

　近年の各野菜の生理生態的解明と品種改良、施設栽培や養液栽培の発展によって、生産・出荷の季節的変動がより小さくなり、周年生産（year-round production）化がすすんでいる。

2 作型の類型 ─品種利用型と施設利用型─

　作型は野菜の種類や地域によって多様に分化し、よび方もさまざまであるが、大きく品種利用型と施設利用型の2つの類型に分けられる(注1)。

　品種利用型は、品種の生態分化を利用したもので、播種期（seeding time）や収穫期（harvest time）によって、春播き栽培とか冬どり栽培というように季節名をつけてよばれる。露地栽培（open field culture）を前提に、温度適応性や光環境適応性の異なる品種を利用して多様な作型が分化しており、トンネルや簡易な無加温ハウスを利用した作型もある（表6-1）。葉菜類（leaf vegetables）や根菜類（root vegetables）の多くがこの類型である。

　施設利用型は、温度適応性の幅が狭い野菜を環境調節技術で補って栽培するもので、温室やプラスチックハウス（以下ハウス）などの施設利用、加温・保温方法やその組み合わせによって多くの作型が分化している（表6-2）。高温性の果菜類（fruit vegetables）などにこのタイプが多く、周年栽培されている。

〈注1〉
詳しくは第7, 8章参照。
なお、イチゴ（第9章参照）やアスパラガス（第14章参照）、ウドなどの作型分化は2つの類型とは異なる要因によって分化している。

表6-1　品種利用型作型（温暖地のダイコン）の例
（野菜・茶業試，1998）

基本作型	播種期（月旬）	収穫期（月旬）	作型呼称
春播き栽培	1中～4下 3上～5中	4中～7上 5中～7上	春播きトンネル 春播き
夏播き栽培	5中～6上 6上～8中	7中～8下 8上～10下	初夏播き 夏播き
秋播き栽培	8中～9上 9上～10下	10上～12下 12中～3下	初秋播き 秋播き
冬播き栽培	11上～1中 11中～3中 11上～1中	2中～5中 3下～6上 3中～5中	冬播きハウス 冬播きトンネル 冬播き

表6-2 施設利用型野菜の作型分類

作型	作型の概略	作型の説明
普通（露地）栽培 open field culture	播種から収穫まで，自然または自然に近い気象条件で栽培する作型	育苗後，自然に近い気象条件で行なう栽培や，雨よけなどの保温や加温以外の目的で行なう被覆栽培も「普通栽培」に含まれる
早熟栽培 semiforcing culture under plastic tunnel	「普通栽培」より早期に収穫する作型	トンネル被覆内に播種または定植する「トンネル早熟栽培」と，普通栽培と同じ時期に播種してハウスを利用する「ハウス早熟栽培」がある
半促成栽培 semiforcing culture	「早熟栽培」よりさらに早期に収穫する作型	冬から早春にかけてハウス内に播種または定植し，生育前半のみを保温または加温したのち，自然の気象条件での栽培に移す。保温のみの「無加温半促成栽培」と長期間の加温を前提とする「加温半促成栽培」がある
促成栽培 forcing culture	「半促成栽培」よりさらに早期に収穫する作型	晩秋から春までの低温期間の大部分をハウスなどにより保温または加温するが，一般に長期間の加温を必要とするため，加温栽培を「促成栽培」，無加温栽培を「無加温促成栽培」とよぶ
抑制栽培 delayed-start culture	「普通栽培」より遅い時期に収穫する作型	盛夏から秋の生育が重要なため，夏の冷涼や晩秋の温暖といった地域性を活かす作型である。降霜前に収穫を打ち切る「露地抑制栽培」と，生育後半を保温または加温する「トンネル抑制栽培」または「ハウス抑制栽培」があり，さらにハウス抑制栽培のなかに加温を前提とする「加温抑制栽培」がある

2 育苗

1 育苗の目的と注意点

❶育苗の目的

　果菜類や葉菜類は，育苗床（nursery bed）や育苗箱に播種して苗を育て，ある程度の大きさになってから本圃に植えるのが一般的である。播種から本圃に植えるまでの作業が育苗（raising seedling）である（注2）。

　育苗の目的は，集約的で効率的な苗の管理である。生育初期は，病害虫や不良環境への抵抗力が弱いが，育苗床や育苗箱であれば管理しやすく，低温や高温，乾燥，降雨，強風，雑草害，病害虫などへの対応もしやすい。不良苗の淘汰もできる。また，育苗中は，本圃でほかの作物を栽培したり，定植の準備ができるなど有効に活用できる。さらに，本圃での栽培期間が短くなり，収穫期の前進ができるという利点もある。

❷育苗での注意点

　育苗はきわめて重要な作業であり，「苗半作」という言葉があるように，苗の良否によって作柄が大きく左右される。とくに果菜類は，育苗期間が30日前後から種類によっては70日以上かかり，育苗中に花芽がつくられ

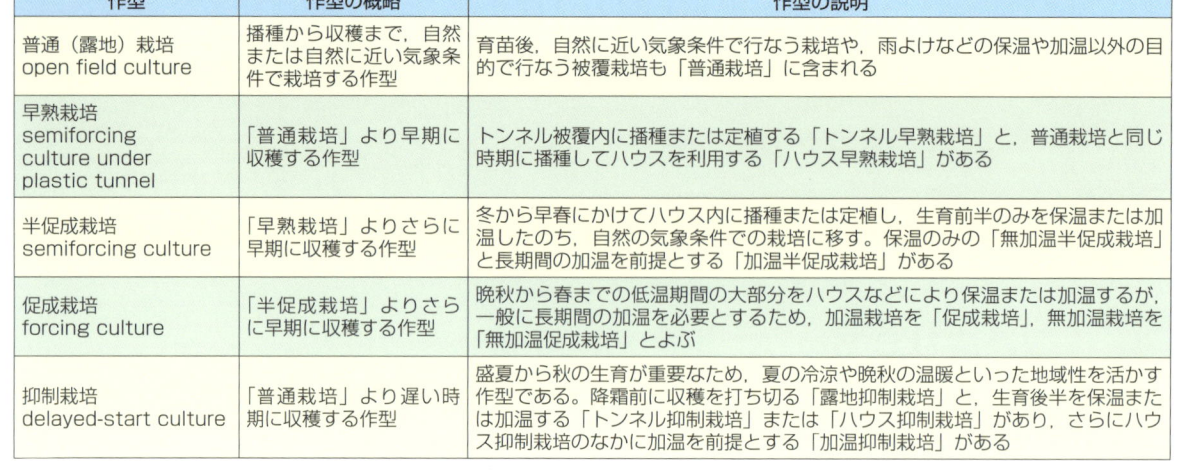

〈注2〉
育苗には，ハウスなど育苗圃場全体の保温や加温に加えて，育苗床や育苗箱の加温も行なわれる。人工的に加温した育苗床を温床（hot bed），電熱線で加温した温床を電熱温床（electric hot bed）（図6-1）という。苗床枠は設けるが，積極的な加温を行なわない育苗方法を冷床（cold frame）育苗という。

電熱線は，枠に近い部分は間隔を狭く，中央部は間隔を広げ，温度にムラが出ないようにする

図6-1 電熱温床（ポット育苗）の例（池田・川城，2004）

図6-2 セルトレイによる葉菜類の育苗

60　第6章　栽培技術の基本

る（表6-3）。健全な花芽を分化・発達させるには，きめ細かい環境調節（environmental control）を行ない，地上部（茎葉）と地下部（根）のバランスのとれた苗を育てることが重要である。そうでないと，着果不良や障害果が発生するだけでなく，栄養成長（茎葉の成長）と生殖成長（果実の成長）のバランスがくずれてしまう。

また，キャベツやブロッコリーなど，低温にあうことで花芽分化（flower bud differentiation）する春化（vernalization）型の葉菜類や花菜類（flower vegetables）では，花芽分化しない温度で育苗しなければならない。

表6-3 果菜類の花芽分化期
（池田・川城，2004）

品目	発芽後日数（日）	展開葉数（枚）
キュウリ	10～15	1.0～2.0
メロン	10～15	1.0～2.0
トマト	15～25	2.0～2.5
ナス	25～30	2.5～3.0
ピーマン	30～40	3.0～4.0

最近は育苗の分業化がすすみ，とくに果菜類の接ぎ木苗を購入して栽培する農家が増えているが，購入してから定植するまでの管理をきちんと行なう必要がある。

❸セル成型苗

育苗を専門的に行なう企業や農家では，セルトレイ（cell tray）での育苗が増えている（図6-3）。セルトレイで育苗した苗を，セル成型苗（cell seedling）またはプラグ苗（plug seedling）とよぶ。いろいろな大きさのセル（穴）のトレイがあり，それによって1トレイ当たりのセル数（苗数）が決まり，野菜の種類や目標にする苗の大きさによって使い分けられている。セルトレイを利用した，接ぎ木苗も生産されている（図6-3）。

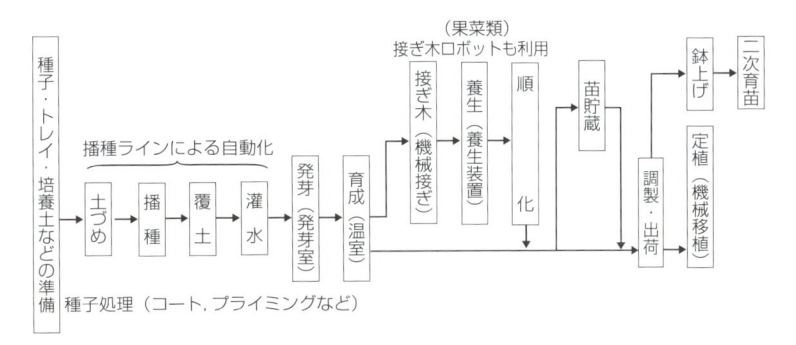

図6-3 セル成型苗生産の作業手順（伊東ら，2003を一部改変）

2 培養土の選択

育苗期間中は根域が制限されるため，培養土（substrate）の良否は苗の生育に大きく影響する。播種床やセルトレイ，育苗ポットなどの培養土は，無病で通気性や透水性がよく，保水性のあるものを用いる。種子の発芽時には，種子重量の50～150％程度の吸水が行なわれ，呼吸も旺盛になるため，水と空気をよく含む膨軟な培養土を選ぶことが重要である。

3 育苗管理の実際

❶播種

播種日は定植日から逆算して決める。育苗期間は，果菜類のトマトが55～60日，ピーマンやナスが60～75日，キュウリが35～40日，葉菜類のキャベツやハクサイと花菜類のブロッコリーが夏秋播種で20～30日，冬春播種で30～35日程度が目安である。

播種（seeding）は，発芽後に葉が重ならないように，播種箱などを用いて条播きにする（図6-4）。最近ではセルトレイへの直接播種も増えている（図6-5）。播種後は覆土をして軽くおさえ，十分に灌水する。

❷発芽不良や不ぞろいの回避

販売している種子の標準発芽率は保証されているが，発芽不良や不ぞろ

図6-4
育苗箱利用のピーマンの播種（上）と発芽（下）

図6-5 セルトレイに直接播種したトマトの発芽

2-育苗　61

表6-4 発芽適温，発芽温度と発芽後の夜温

品目		発芽適温 (℃)	発芽温度 (℃)	発芽後の夜温（℃）		
				前期	中期	後期
果菜類	ナス	35～25	40～15	23～20	20～18	
	キュウリ	35～25	40～16	20～17	18～15	16～13
	ピーマン	32～25	35～15	20～18		
	メロン	30～28	42～15	22～18	18～17	
	カボチャ	30～28	40～15	16～15	13～10	
	スイカ	30～25	40～16	20～18		
	トマト	30～25	35～15	25～18	23～13	18～15
葉菜類	ハクサイ	30～15	40～10以下	13以上		
	キャベツ	30～15	35～10以下	15～20		
	レタス	20～18	30～10以下	10以上		

果菜類，葉菜類別に発芽適温または発芽温度の高い順に並べた

いになることもある。原因はおもに温度管理で，夏秋播きでは高温が，冬春播きでは低温が影響することが多い。種子の発芽適温で温度管理することが大切になる（表6-4）。なお，1日をとおして適温を維持するのではなく，発芽適温の範囲で，夜間は低く日中は高くというように変化させるほうが，発芽ぞろいがよくなる。

❸ 発芽から鉢上げ（移植）までの管理

発芽（germination）までは，土を乾燥させないことと，培養土の温度を適正に保つことが大切である。発芽後は太陽光をよく当て，換気を十分に行なうとともに，生育適温は発芽適温より低いので夜温を徐々に下げ，苗の軟弱徒長（succulent growth）を防ぐ（表6-4参照）。

灌水は午前中に行ない，苗の軟弱徒長を防ぐため，夕方には土の表面が乾くようにする。

鉢上げ（potting）や移植（transplanting）は，苗の生育に十分な広さを確保し，根の発達をうながすために行なう。多くは1回目の移植時に鉢上げする(注3)。

育苗が長期にわたる場合は，途中でひと回り大きいサイズの鉢に植え替えるか，1回目の移植で間隔を広げ，2回目の移植時に鉢上げする。長期間同じ鉢で育苗すると，鉢の内側に根が巻き，定植後新しい根が伸びにくくなる。

鉢上げは，ウリ科野菜では子葉が展開したころ，ナス科野菜では本葉2～3枚のころ（図6-6）に行なう。

鉢上げで子葉や本葉を損傷すると，その後の生育だけでなく，収量にも影響するので注意する。

❹ 鉢上げから育苗後半の管理

○灌水と温度管理

鉢上げ後も灌水は午前中に行ない，夕方は床土の表面が乾くように管理する。育苗時の低温や高温は，生育や果実品質に大きく影響するので，温度管理をしっかり行なうことも大切である（図6-7）。

温室やハウスの育苗では，夜間の温度を一定にせず，時間により設定温度を変えて管理する。これによって，暖房費の節約に加えて，同化養分の転流をよくする，徒長を防ぐ，花芽分化を早め花数を増やすなど，苗の素質（performance of seedling）も向上する。

○ずらし（spacing）

育苗後半，となり合う株の葉が重なってきたら，となりの株との間隔をあける「ずらし」を行なう。通気性をよくし，株ごとに十分に光を当て，

〈注3〉
セルトレイ育苗では，鉢上げせず直接定植することもある。葉菜類はセルトレイ育苗による直接定植が多い。

①鉢上げ適期の苗

②鉢上げ後の苗

図6-6 トマトの鉢上げ

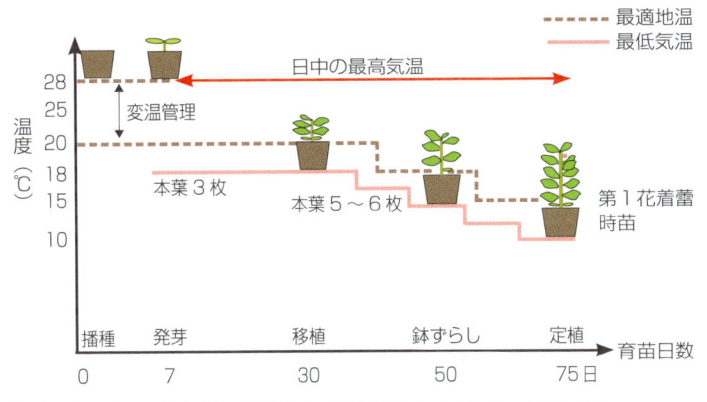

図6-7 ナス育苗での温度管理の例（横川・木村，2009を改変）

図6-8 ずらして間隔をあけたトマト苗

節間がつまった強健で良質な苗に仕上げることが目的である（図6-8）。

○施肥

元肥は遅効性で長期間肥効が続く肥料を選ぶ (注4)。

育苗は限られた量の培養土で行なうため，追肥が必要になることがある。果菜類の花芽は育苗中につくられるため，肥料不足になると葉数を確保する前に花芽分化しやすいので，薄めの液体肥料（液肥；liquid fertilizer）を灌水がわりにやるとよい。

❺苗の診断と評価

ポット苗とセル成型苗の，定植時のよい苗の条件を図6-9に示した。よい苗を育てるには，毎日，成長や草姿，葉色などの生育診断を行ない，それによって修正しながら管理することが大切である。

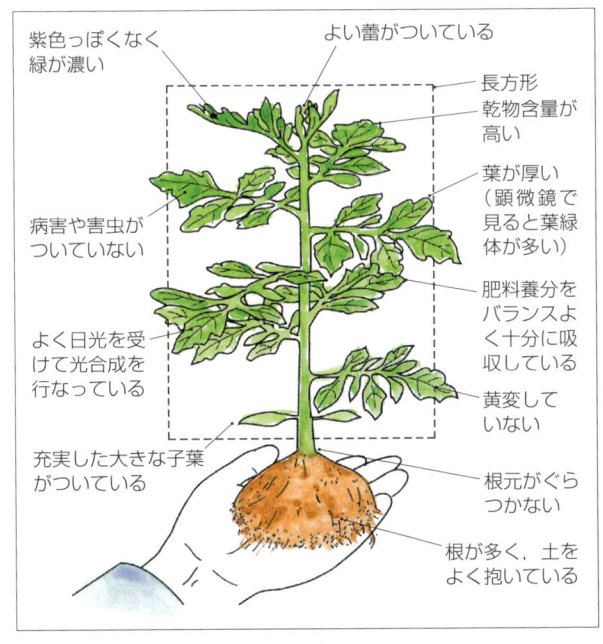

〈注4〉
適度な肥料分が含まれ，病原菌や雑草の種子を死滅させる処理がしてある，市販の園芸培養土を利用すると便利である。

①トマトのポット苗の例（森，1989）

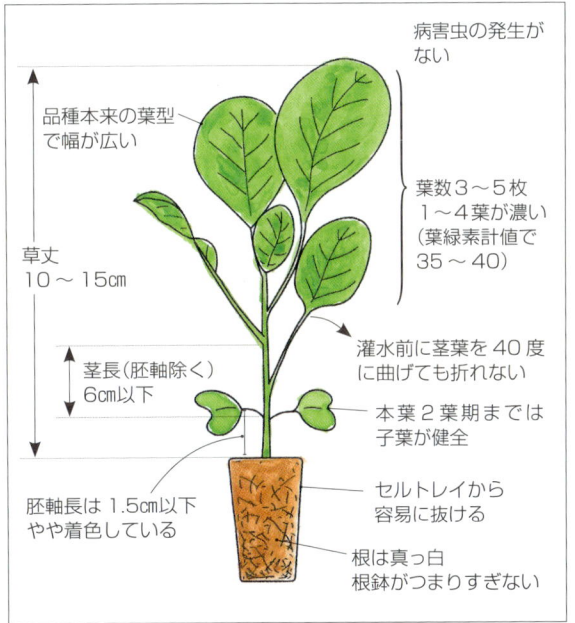

②キャベツのセル成型苗の例（池田・川城，2004）

図6-9 定植適期のよい苗の条件

2-育苗 63

低節位の障害果の原因

苗の徒長を防ぐために，水やりを極度にひかえたり，育苗床の温度を低く管理しすぎると，みかけは徒長がおさえられたしまった感じの苗に育つが，影響を受けている低節位の果実に障害が出ることがある。石ナスやトマトの奇形果などがその例である。育苗期の温度の影響は，定植後の果実品質にも出るので注意が必要である。

4 接ぎ木

❶接ぎ木の目的と方法

接ぎ木（grafting）は，土壌伝染性病害（soil-borne disease）の回避，低温伸長性や吸肥力を高める，草勢の強化や収量および果実品質の向上などを目的に行なわれる（表6-5）。図6-10，11のような方法があり，野菜の種類や栽培時期などによって適した方法を用いる（注5）。

土壌伝染性病害を回避する接ぎ木は，キュウリやスイカなどウリ科，ナスやトマトなどナス科の果菜類で行なわれており，抵抗性の強い植物や品種を台木（root stock）に用いる。現在では多くの抵抗性が付与された台木品種が育成されているが，すべての土壌伝染性病害に抵抗性のある台木はないので，完全に回避することはむずかしい。

〈注5〉
接ぎ木には，穂木（scion）と台木が完全に活着しないため，穂木が枯れたり生育不良や品質が低下する現象がある。これを接ぎ木不親和といい，穂木と台木が遺伝的に遠縁になるほど発生しやすい。

表6-5 接ぎ木の目的とおもな野菜

目的	野菜の種類 穂木	野菜の種類 台木	内容
土壌伝染性病害の回避	トマト	共台	青枯病，萎凋病などの回避
	ナス	アカナス，トルバム・ビガー，共台	青枯病，半身萎凋病などの回避
	ピーマン	共台	疫病，青枯病などの回避
	キュウリ	カボチャ	つる割病などの回避
	スイカ	ユウガオ，カボチャ，トウガン，共台	つる割病などの回避
	メロン	カボチャ，トウガン，共台	つる割病などの回避
	シロウリ	カボチャ	つる割病などの回避
経済的価値（品質，収量）の向上	トマト	共台	収穫数の増加，果実品質の向上
	ナス	アカナス，トルバム・ビガー，共台	収穫数の増加，収穫期間の拡大
	ピーマン	共台	収穫数の増加，果実品質の向上
	キュウリ	カボチャ	ブルームレス果実の生産，収穫期間の拡大
低温伸長性，草勢の向上	トマト	共台	草勢のコントロール
	ナス	アカナス，トルバム・ビガー，共台	草勢の強化，吸肥力の向上
	ピーマン	共台	草勢の強化，耐湿性の向上
	キュウリ	カボチャ	低温伸長性の向上，吸肥力の向上
	スイカ	ユウガオ，カボチャ	低温伸長性の向上，草勢の強化
	メロン	カボチャ	低温伸長性の向上，草勢の強化
	シロウリ	カボチャ	低温伸長性の向上，草勢の強化

注）共台とは，同じ作物のなかで，耐病性などの優れた品種の台木

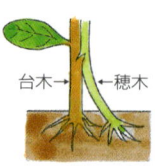

挿し接ぎ　スイカ，ナスなど
呼び接ぎ　キュウリ，メロン，トマト，スイカなど
割り接ぎ　ナス，トマトなど
断根挿し接ぎ　スイカ，キュウリ，メロンなど
斜め接ぎ　（セル成型苗）トマト，ナス，ピーマン（カラーピーマン），キュウリなど

図6-10　接ぎ木の方法と利用する野菜（池田・川城，2004を一部改変）

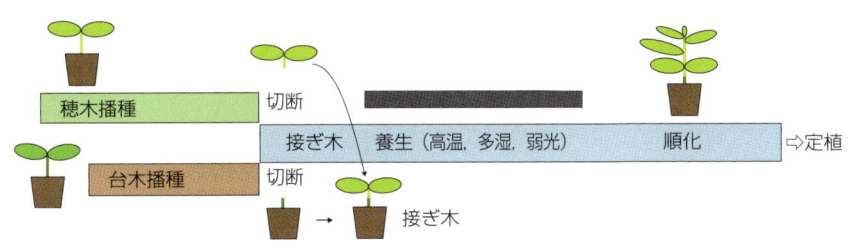

図6-11 水平合わせ接ぎ（セル成型苗）の例
トマト，ナス，ピーマン（カラーピーマン），キュウリなど

表6-6 接ぎ木作業のポイント
（『TAKII Seed net 野菜前線』を一部改変）

- 作業は日陰で，風が当たらない場所で行なう
- よく切れる新品の安全カミソリを使う
- 作業は穂木のほうからはじめる
- とくに「割り接ぎ」や「挿し接ぎ」の場合は，穂木の調製が終わったら，切り口を乾かさないようにする。接ぎ木が終わった苗は，すぐ鉢上げしないで，苗を横に寝かせ湿ったタオルなどで覆う。しばらくすると切り口の樹液が固まるのでそれから鉢上げする。
- 接ぎ木部を水でぬらさないように灌水する
- 活着するまで，高温多湿を保ち，日陰でトンネルをかけて白寒冷紗などで遮光し，活着したらときどき日光に当てて順化させる。もし途中でしおれる場合は，霧吹きで軽く葉を湿らせておく

❷接ぎ木作業のポイント

　接ぎ木作業のポイントを表6-6に示した。接ぎ木の成否は，接ぎ木作業そのものに加え，接ぎ木後の養生（healing）にも左右される。降雨や曇天が続くと癒合(ゆごう)が悪くなるので，接ぎ木作業前後の日射量が大切である。とくに，接ぎ木前日に十分な日射があると，穂木や台木の同化養分が充実するので，癒合率は高くなる（注6）。

〈注6〉
接ぎ木3日後くらいから癒合がはじまるが，この段階で拒絶反応をおこして接着できないと，接ぎ木は成功しない。その後，切り口が癒合して細胞が肥大しはじめ，1週間後くらいに完全に癒着する。

3 土壌管理と施肥

1 土壌管理

　野菜の生育を支えている根が十分に能力を発揮するためには，土壌環境を整えることが重要である。そのために行なう有機物の施用や耕起，施肥，整地，畝立て，中耕，土寄せ，除草などの作業を土壌管理（soil management）という。

❶耕起，施肥，整地，畝立て

　播種や定植前にするのがこれらの作業である。耕起（plowing）は，畑を深く耕して土壌を反転し，固くしまった土をやわらかくする。耕起によって土壌の物理性が改善されるので，透水性や通気性がよくなり根の呼吸を助ける（注7）。耕起と同時に堆肥などの有機物や元肥を施す。耕起したのち，整地（field preparation）を行ない，畝立てして播種や定植を行なう。

❷中耕，土寄せ，除草

　中耕（cultivation）は栽培期間中に畝間を耕すことで，降雨や灌水で固くなった土壌表面をほぐし，排水性や通気性をよくする効果がある。除草（weed control）も中耕の大きな目的で，野菜が小さく雑草の影響を受けやすい生育前半の効果が大きい。

　土寄せ（ridging，培土ともいう）は株間の表層土を株元に寄せる作業で，中耕と同時にすることが多く，中耕・土寄せと熟語的にいうことも多い。土寄せの目的は株元の雑草防除，倒伏防止，地ぎわ部の茎からの萌芽抑制，追肥の覆土，軟白などである。

❸マルチ

　定植後の土壌管理を容易にするため，プラスチックフィルムによるマルチ（mulching）が行なわれている。マルチの効果には，地温調節，土壌水分の保持，雑草防除，肥料成分の流亡抑制，土の跳ね上がり抑制による病害の予防，土壌の膨軟性を保つ，害虫の飛来防止などがある。さまざま

〈注7〉
土壌の酸素濃度低下の影響は野菜によって大きくちがい，ナスやキュウリはほとんど影響を受けないが，ピーマンやメロンは根の伸長がいちじるしく抑制される（図6-12）。

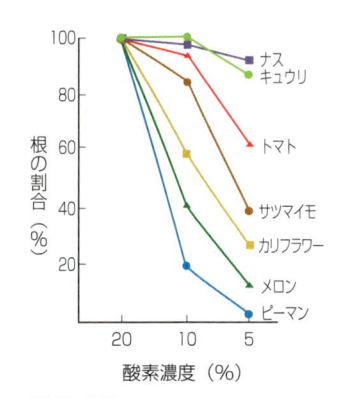

図6-12
土壌中の酸素濃度と野菜の根の生育（木村ら，2001を一部改変）
根重割合は酸素濃度20％の場合を100とした相対値（％）を示す

3- 土壌管理と施肥　65

表6-7 マルチの目的とフィルムの種類（板木・川城，2010を一部改変）

目的		種類
低温期に使う	地温上昇	・地温上昇効果が高い順に，透明＞緑色＞黒色＞シルバー
	地温上昇 ＋雑草防止	・着色フィルム（透明以外のもの）…光合成に必要な可視光線の透過率を低下させ，雑草の生育を抑制する ・除草効果は，色が濃いほど高く，黒＞緑＞透明の順
	地温上昇 ＋雑草防止 ＋アブラムシ類忌避 （光反射によって，アブラムシ類を防ぐ）	・透明・黒色フィルムに銀色の筋を一定間隔に印刷したもの ・透明，緑，黒色フィルムに少量のアルミ粉末を添付したもの
高温期に使う	地温上昇の抑制 ＋アブラムシ類忌避 ＋雑草防止	・シルバーフィルム，白黒フィルム（表面が白色，裏面が黒色）銀黒フィルム（表面が銀色，裏面が黒色） ・地温上昇抑制効果は，白黒＞銀黒，シルバーの順 ・アブラムシ類の忌避効果は，銀黒，シルバー＞白黒の順
	地温を下げる	・敷きわら…イネ，ムギ，刈り草などを用いる。マルチのなかで，地温を下げる効果が最も高い

このほか，直径3mmほどの小穴をあけ，空気や熱，水分の流通をよくした「通気性フィルム」や，光崩壊性フィルム（紫外線で崩壊），生分解性フィルムなどもある

なフィルムが開発されており，目的に合わせて選ばれている（表6-7）。

2 施肥

❶ 施肥の基本

必要とする養分を補給することを施肥（fertilization），補給する養分を肥料（fertilizer）という。播種や定植前に施す肥料を元肥（preplanting fertilizer），生育中に施す肥料を追肥（supplement application）とよんでいる。

施肥の基本は，野菜の生育特性や土壌の特性に合わせて，必要な養分（肥料）を，必要な時期（施肥時期）に，必要な量（施肥量）を，必要な場所（施肥位置）に施用することである（図6-13）。おもな土壌の特徴と改善，施肥のポイントを表6-8に示した。

❷ 多量元素と微量元素

野菜の生育に不可欠な元素を必須元素（essential element）といい，必要量によって多量元素（macro nutrient element）と微量元素（micro nutrient element）に大別される（表6-9）。炭素，酸素，水素は水や二酸化炭素として取り込まれるが，ほかの元素は補給が必要である。

窒素，リン，カリウムの3つはとくに要求量が多く，施肥の効果も高いため，肥料の三要素とよばれる。カルシウムやマグネシウムも要求量が多く，施肥で補給する必要がある。微量元素は要求量が少なく，不足したときだけ施すことが多い。

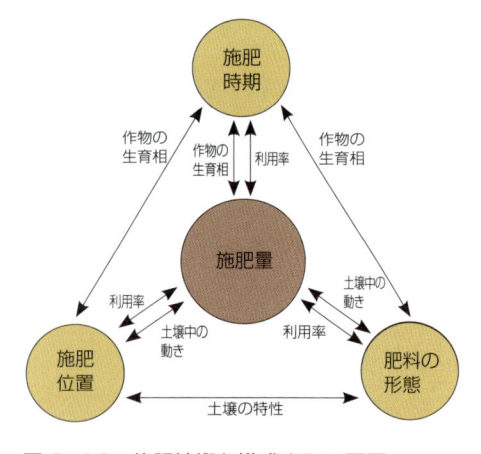

図6-13 施肥技術を構成する4要因（藤原，1994）

表6-8 土壌の種類と特徴，改善のポイント（板木・川城，2010を一部改変）

土壌の種類	特徴	改善のポイント
砂質土	保水力や養分に乏しく，乾燥害を受けやすいが，灌水をすれば各種野菜を栽培できる。養分保持力が小さく，肥料が流亡しやすいため，生育の後半に肥料切れをおこしやすい	堆肥の施用や緑肥作物の作付け・すき込みにより，保水力や養分保持力を高める。マルチや灌水によって水分を保つ。数回に分けて追肥したり，緩効性肥料を使って，効率的に効かせる
粘質土	保水性がよく水分不足にはなりにくいが，通気性が悪く根が酸素不足をおこしやすい。養分保持力が大きいため肥もちがよい。根の長い根菜類の栽培には不適	堆肥の施用や高畝，排水溝などで，排水性，通気性を良好にする
火山灰土	耕土が深くてやわらかいため，根菜類をはじめ，各種野菜の栽培に適する。リン酸の固定力が強いため，作物がリン酸を吸収しにくい	石灰質肥料を施用して酸性土壌を改善する。不足しやすいリン酸を補給する

表6-9 元素のおもな働きと欠乏症，過剰症（鈴木ら，2012を改変）

	元素	おもな働き	欠乏症	過剰症
多量必須元素	炭素（C） 酸素（O） 水素（H）	炭水化物，タンパク質などの有機物の骨格を構成。炭素と酸素は空気，水素は土壌中の水から供給される	－	
	窒素（N）	作物の生育・収量に大きく影響しており，要求量が多く，最も不足しやすい	葉色が薄くなり，黄色にかわる。症状は古い下位葉からはじまり，上位葉へ移行	葉色は暗緑色になる。軟弱になり，病害虫の被害を受けやすい
	リン（P）	タンパク質合成や遺伝情報を伝達する有機リン酸化合物の構成要素。エネルギー移動や光合成に重要な働き	生育が悪くなり，葉が濃緑色になる。下位葉は黄色や赤紫色になる	外観症状にあらわれることは非常に少ない
	カリウム（K）	pHの安定化，浸透圧の維持，酵素の活性化，気孔の開閉（浸透圧による）などに関与	葉の縁から黄化したり，褐色の斑点ができて，しだいに枯れる。症状は下位葉からあらわれる	過剰障害は出にくい。マグネシウム，カルシウムの吸収を阻害
	カルシウム（Ca）	細胞壁，細胞膜の構造維持と透過性に関与	新葉の先端が黄白色になり，しだいに枯れる。トマトの尻腐れ，ハクサイの心腐れなどの原因	過剰障害は出にくい。マグネシウム，カリウムの吸収を阻害
	マグネシウム（Mg）	光合成色素（クロロフィル）の構成要素。タンパク質のリン酸化反応に関与する酵素の働きを助ける	葉脈間が黄白化や褐変。古い下位葉から出て，新しい上位葉へ移行	外観症状は出にくい
	硫黄（S）	メチオニン，活性酸素の解毒作用のあるグルタチオン，タンパク質などの構成要素	窒素欠乏のように黄化するが，わが国の土壌では欠乏しにくい	土壌が酸性になり，生育を阻害
微量必須元素	塩素（Cl）	浸透圧調節やイオンバランスの維持などに働く	欠乏症が問題になった例はない	過剰障害は出にくい
	鉄（Fe）	クロロフィルの合成などに関与。微量必須元素では最も多く含まれている	新葉から発生し，葉脈間が黄白化する。土壌のアルカリ化で発生しやすい	畑作では発生しない
	マンガン（Mn）	光合成での酸素の放出に関与。酸化還元反応での酵素の中心元素	葉脈を残して葉が淡緑色から黄白化する	新葉の黄化や紫黒色の斑点などが出る
	ホウ素（B）	細胞壁ペクチンの成分の構成要素。糖の移動や成長ホルモンの調節に関与	先端の葉が黄化や奇形化。肥大根の空洞化などの発生	黄化や褐変などが，下位葉から発生し，枯死する
	亜鉛（Zn）	タンパク質合成，核酸代謝などに関与	ロゼット化，葉の黄化，葉脈間に褐色の斑点を発生	工場排水などが原因で発生することがある
	銅（Cu）	光合成と呼吸に重要な働き。電子伝達に関与し，銅酵素の構成要素	葉脈間に黄白色の小斑点が発生。上～中位葉が淡くなり，垂れたり，湾曲	上位葉から淡緑化する。鉄欠乏症を誘発
	ニッケル（Ni）	ウレアーゼ（尿素をアンモニアと二酸化炭素に分解する酵素）の構成要素	欠乏症はほとんど出ない	－
	モリブデン（Mo）	硝酸から亜硝酸への還元を触媒する硝酸還元酵素などの構成要素	古い葉に黄色から淡橙色の斑点ができ，湾曲	葉に灰白色の斑点ができ，しおれて落葉

❸施肥量の考え方

　施肥量（fertilizer application dosage）は，野菜が吸収する養分量を補給することが基本である。施肥量の過不足は生育や収量だけでなく，品質，貯蔵性，病害虫抵抗性などにも影響する（注8）。多くの都道府県では野菜の種類や作型ごとに基準施肥量を示しており，それを目安に施肥することができる。

　より適正な施肥には，生育の観察に加え，土壌分析によって養分量やpH（水素イオン濃度；potential of hydrogen），EC（電気伝導度；electric conductivity）などを把握して施肥量を決めることが必要である。肥料が野菜にむだなく利用されるためにも，適正量の施肥が大切である。

❹多様な施肥方法

　元肥は，作土層全体に施肥する全面施肥（broadcast application）が一般的であるが，特定の位置に施肥する局所施肥（localized placement）も行なわれている（注9）。また，元肥をまったく施さず，必要な肥料成分を

〈注8〉
たとえばタマネギでは，多窒素によって葉の生育は旺盛になるが，晩生化し，青立ちや軟腐病が多発したり，貯蔵性が低下する。

〈注9〉
定植後に施肥できない下層部に元肥を埋めて，根が張りやすい土壌条件にすることを作条施肥（row application）という。土壌に施した肥料だけでは十分な肥効が得られない場合は，応急処置として液肥を葉面散布（foliar spray）することもある。

3- 土壌管理と施肥　67

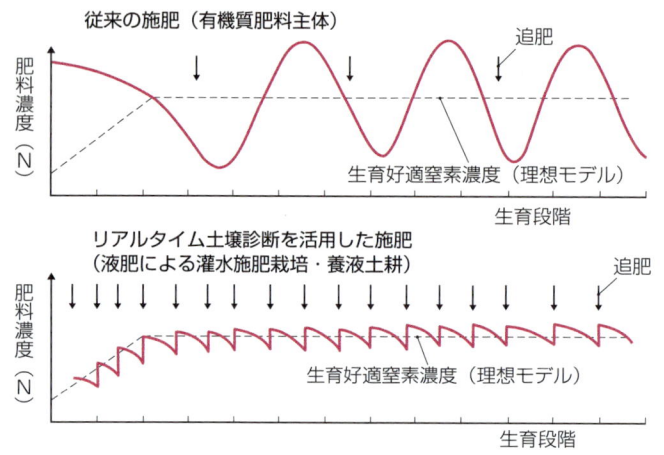

図6-14 養液土耕栽培での施肥管理の特徴（加藤，2000）

すべて液肥で点滴給液する養液土耕（灌水同時施肥法，fertigation）栽培（図6-14）も広がっている。これらは肥料成分の利用率が高い。

追肥は，マルチ栽培の普及によって，あらかじめマルチフィルムの下に設置した灌水チューブで液肥をやる方法も増えている。

❺**肥料の種類**

肥料には，窒素，リン，カリウムの成分を1種類だけ含む単肥（straight fertilizer）と，2種類以上を含む複合肥料（化成肥料，配合肥料，compound fertilizer）がある。また，施用後すみやかに肥効があらわれる速効性肥料（quick-acting fertilizer）と，少しずつ肥料成分が溶け出して長期間肥効のある緩効性肥料（slow release fertilizer）がある。追肥を省略したり回数を減らすために，緩効性肥料の利用が多くなっている。

最近は，成分の溶出がコントロールできる，肥効調節型肥料の利用も広がっている。さまざまな溶出期間や溶出タイプがあるので，追肥を省略しても野菜の吸収に合った施肥が可能になっている。

3 土づくりと有機物施用

野菜の根が健全に伸び，適度な養水分が供給できる土壌環境を整えることが土づくりの基本である（表6-10）。野菜に適した土壌は，物理的，化学的，生物的性質が，それぞれ優れた土壌であり，3つの性質を合わせたものを地力（soil fertility）とよぶ（図6-15）。

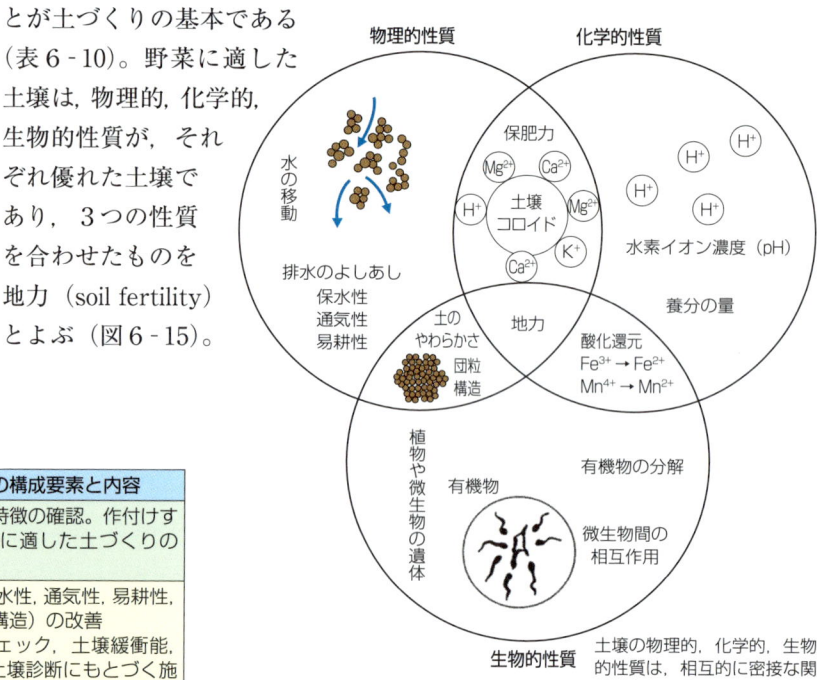

表6-10　土づくりの基本

土づくりの方法	改良する土壌の構成要素と内容
作付けする畑の確認	畑の土壌の種類と特徴の確認。作付けする野菜の生育特性に適した土づくりの計画
土壌物理性の改良	保水性，透水性，排水性，通気性，易耕性，土壌の硬さ（団粒構造）の改善
土壌化学性の改良	養分バランスのチェック，土壌緩衝能，土壌養分供給能（土壌診断にもとづく施肥），保肥力，土壌pHの改善
土壌生物性の改良	有機物の補給＝土壌（微）生物の餌，良好な土壌環境（有機物の分解），生物多様性（病害虫の抑制），生態系の改善

図6-15　土壌の3つの性質と地力
（『JA施肥診断ハンドブック』，1999を一部改変）

土壌の物理的，化学的，生物的性質は，相互的に密接な関係があり，その3つの性質を合わせたものが，地力である

表6-11 有機物の種類と成分含量，施用効果
(『土と施肥の新知識』農文協, 2012,『野菜講座 基礎編』日本園芸協会, 2000 を参考に作成)

有機物の種類	原材料	水分(%)	含有成分含量 (kg/t)					施用効果		
			窒素	リン酸	カリ	石灰	苦土	肥料的	化学性改善	物理性改善
植物素材堆肥	稲わら，麦わら，野菜くずなど	75	4	2	4	5	1	中	小	中
もみがら堆肥	もみがら	55	5	6	5	7	1	小	小	大
木質素材堆肥	バーク，オガクズ，チップなど	61	5	3	3	11	2	小	小	大
牛糞堆肥	牛糞尿と敷料	66	7	7	7	8	3	中	中	中
豚糞堆肥	豚糞尿と敷料	53	14	20	11	19	6	大	大	小
鶏糞堆肥	鶏糞とわらなど	39	18	32	16	69	8	大	大	小
都市ゴミコンポスト	家庭のちゅう芥類など	47	9	5	5	24	3	中	中	中
下水汚泥堆積物	下水汚泥，水分調整剤	58	15	22	1	43	5	大	大	小
食品産業廃棄物	食品産業廃棄物，水分調整剤	63	14	10	4	18	3	大	中	小

　有機物 (organic substance) は動植物に由来し，肥効と次のような土づくり効果がある。土壌を膨軟にし，通気性や透水性の改善，土壌養水分の保持能力や土壌の緩衝能を高める，微生物相の多様化，さらに植物生理活性に対する効果 (注9) も期待できる。

　有機物の効果は原料や製造方法によって大きくちがうので，それぞれの特性を把握して利用することが必要である (表6-11)。最近は有機物の多施用による，土壌の富栄養化や養分のアンバランス化が問題になっている。畑の腐植 (humus) 含量の維持には，稲わら堆肥で1年間に10a当たり2t程度が目安である。

〈注9〉
有機物が分解されると，アミノ酸，糖類，ビタミンやさまざまな植物生理活性物質ができる。植物ホルモン的に作用する生理活性物質も含まれており，根の増加や生育促進効果がある。

4 栽培管理 (culture practice)

1 直播きと間引き

　小型の葉菜類や根菜類は直播き (direct seeding) が一般的で，播種方法には散播 (broadcast seeding, ばら播き)，条播 (stripe seeding, 条播き)，点播 (hill seeding, 点播き) がある (図6-16)。

　発芽後に，生育が遅れたり極端に早かったり，形が悪いものを取り除き，株間を広くする作業が間引き (thinning) である。直播きは収穫株数よりも多めに播種するので，発芽後は密生した状態になる。適した株間になるように，子葉が開いたころから数回に分けて間引く。間引きは，早すぎると個体間の助け合い効果をなくし，遅いと競合によって生育が悪くなるので適切な時期に行なう。

　最近は，間引きの労力軽減と種子の節約のため，シードテープ (seed tape) (第2章1-4-④参照) や播種機による点播が行なわれている。

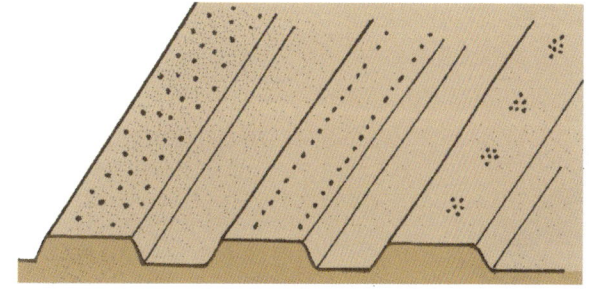

散播(ばら播き)　　条播(条播き)　　点播(点播き)

播種方法	特徴	適した野菜
散播	収量は最も多いが，種子を大量に使い，管理の手間がかかる。苗床や生育期間の短い野菜に用いる	ベビーリーフ，タマネギの苗床など
条播	間引きや土寄せなどの作業がしやすい。密植して栽培する野菜に用いる	コマツナやホウレンソウなどの軟弱野菜全般
点播	種子のむだが少なく，間引きがしやすい。適正な株間をとって栽培する野菜に用いる	ダイコンやゴボウなどの根菜類，エダマメ，トウモロコシなど

図6-16 播種の方法と特徴 (板木・川城, 2010を一部改変)

2 ▌定植
❶ 定植前の苗の管理
　定植（transplanting, setting）は苗を本圃に植付けることである。

　苗をそのまま定植すると，育苗床と本圃の環境が大きくちがうので，一時的に生育が停滞することがある。定植後の環境に順応させるため，育苗の最終段階で順化（acclimation）を行なう。順化では，苗を硬化させるために強い光に当て，温度を低めに管理し，灌水量もしおれない程度に制限する。順化した苗は，定植の1～2日前から温度をやや高めにしたり灌水量を多めにする，「もどし」操作をして定植する。

❷ 定植方法
　定植は機械植えと手植えがあるが，葉菜類ではセル成型苗の普及とともに機械植えが増えている。植傷みを少なくし，すみやかに活着させることが定植作業の基本である。定植位置に十分に灌水しておき，根鉢がわずかにかくれる程度の深さに植える(注8)。低温期の定植では，マルチなどで地温を高めておくことも重要である。

3 ▌栽植密度
　播種や定植するときは，最終的な茎葉の広がりによって栽植密度（planting density）を決める。直播きでは，播種密度（seeding density）と間引きによって栽植密度が決まる。栽植密度は，野菜の生育や収量，品質を決定する重要な栽培管理であり，最高の生産物が期待できる栽植密度を最適栽植密度（optimun planting density）という。

　密植（dense planting）すると初期収量が増えるが，密植しすぎると日陰が多くなって光合成速度が低下したり，風通しが悪くなり病害虫の発生が多くなって減収につながる。逆に疎植（sparse planting）にすると，初期収量は上がらない。

4 ▌整枝
　果菜類で，草姿（plant shape）を整える作業を整枝（training）といい，摘心（topping），せん定（pruning），芽かき（disbudding），誘引（training）などの作業を組み合わせて行なう(注9)。整枝による主枝や側枝の適切な管理と，摘葉（defoliation），摘果（fruit thinning）を的確に行なうことにより，適度な草勢と通風や採光を維持し，品質の確保や安定生産が実現できる。

　整枝は，おもにナス科やウリ科野菜で行なわれ，多様な方法があるが，各野菜の着果習性にあった整枝が重要になる。各野菜の整枝法は，第7，13章を参照のこと。

5 ▌開花，受粉，結実
　果菜類や採種栽培（seed production）では，開花（flowering）や受粉（pollination）が正常に行なわれる必要がある。受粉は風や昆虫などによって行なわれ，果菜類は昆虫による虫媒（insect pollination）が多い

〈注8〉
乾燥期には根鉢からの水分の蒸発をおさえ，地中からの水分供給が容易になるよう，やや深植えにするのが望ましい。

〈注9〉
摘心：茎頂部を除去することで，側枝を伸ばしたり，草丈を制限するために行なう。
せん定：余分な枝を切ることで，形を整えたり，通風や採光をよくする。
芽かき：不要な腋芽などを取り除くことで，残した枝に養分を集中させたり，形を整える目的で行なう。
誘引：茎やつるを支柱に結びつけて，目的の方向に成長させたり，形を整えること。

が，メロンやスイカなどでは確実に着果（fruit set）させるため人工受粉（artificial pollination）が行なわれている。ハウス栽培では，イチゴにミツバチ，トマトやナスにマルハナバチが交配用昆虫（insect pollinator）として導入されている。

野菜のなかには，受精しなくても結実して肥大するものがある。単為結果（parthenocarpy）とよばれ，自動的単為結果（autonomic parthenocarpy）と他動的単為結果（stimulative parthenocarpy）があり（第3章3-2-②参照），キュウリは自動的単為結果である。トマトやナスは他動的単為結果で，結実・肥大に植物ホルモンが利用されている。なお，トマトやナスなどでは自動的単為結果性品種が育成され，実用化されている。

6 軟白

野菜の全体や一部に光を当てずに成長させる栽培を軟白栽培（blanching culture）という。通常栽培ではだせないやわらかさや色，香気などに特徴がある（図6-17）。ウドは野菜全体を軟白する例で，秋に掘り上げた根株を地下3m程度の深さに掘った軟白室（blanching cellar）に伏せ込んで，もやし状に茎葉を成長させる。ネギは一部を軟白する例で，掘り下げた溝に定植し，葉鞘部の伸長にあわせて土寄せを行なって軟白する。

7 収穫・調製

収穫（harvesting）後はただちに選別（grading）し，調製（preparation）後に出荷（shipping）される。収穫物は産地や栽培時期によって，鮮度保持（freshness retention）のために生産地であらかじめ冷却（予冷；precoolingという）され，鮮度を保ったまま保冷車で農産物市場（青果市場；fresh market）まで運搬される。

①トンネル内での栽培

②軟白栽培されたホワイトアスパラガス

図6-17
トンネルで軟白栽培されるホワイトアスパラガス

5 病害虫防除，雑草防除，障害対策

1 病害虫防除

病害虫（disease and pest）の効率的な防除には，病原菌や害虫の生態や発生消長，発生条件などを把握し，病害虫が発生しにくい環境をつくるとともに，病害虫の早期発見と的確な診断を行ない，早めに適切な防除をすることが重要である。

化学農薬（pesticide）による防除が一般的であるが，生態系（ecosystem）や残留農薬（residual agricultural chemicals）による人体への悪影響の懸念や，無農薬や減農薬栽培の広がりによって，使用量が減っている。特定の病害虫のみに効果のある，低毒性の農薬の開発・利用も広がっている。農薬にかわって，物理的防除（physical control），生物的防除（biological control），耕種的防除（cultural control）も行なわれている（表6-12）。生物的防除では，害虫の天敵（natural enemy）や性フェロモンを利用した防除が実用化されている。さらに，化学農薬に過度に依存せず，多様な防除法を組み合わせ，環境負荷を低下させながら経済的被害をおさえよう

表6-12 化学農薬にたよらない病害虫の防除

防除法	種別	防除の内容
物理的防除	病害	紫外線および近紫外線カットフィルム被覆，太陽熱や蒸気利用の土壌消毒など
	虫害	物理的遮へいによる飛来防止[1]，捕殺や網かけ，害虫の視覚反応を利用した防除（光反射テープ，粘着板，黄色蛍光灯など），紫外線カットフィルム被覆など
生物的防除	病害	土壌への拮抗菌の接種，野菜への弱毒ウイルスの接種など
	虫害	天敵利用[2]，性フェロモン利用，害虫の雄を不妊化して放飼など
耕種的防除	病害	遺伝的に病害抵抗性を高めた耐病性品種の育成，病害抵抗性台木の利用，輪作や間作[3]，被覆資材による温度や湿度の制御など
	虫害	遺伝的に害虫の寄生が少ない耐虫性品種の利用，輪作や間作[3]，除草など

注) 1) ハウス栽培では，開口部を目の細かいネットで覆って害虫の侵入を防ぐ。葉菜類では，不織布でべたがけ栽培するなど，食害や害虫によるウイルスなどの伝搬を防ぐ
 2) 天敵利用では，土着天敵に加え，生物農薬として登録されている天敵もあり，今後も増える傾向にある
 3) 野菜のあいだにムギや陸稲を間作してアブラムシ類の飛来や定着を抑制したり，キク科のマリーゴールドを間作や輪作して，土壌センチュウ害を回避したりする

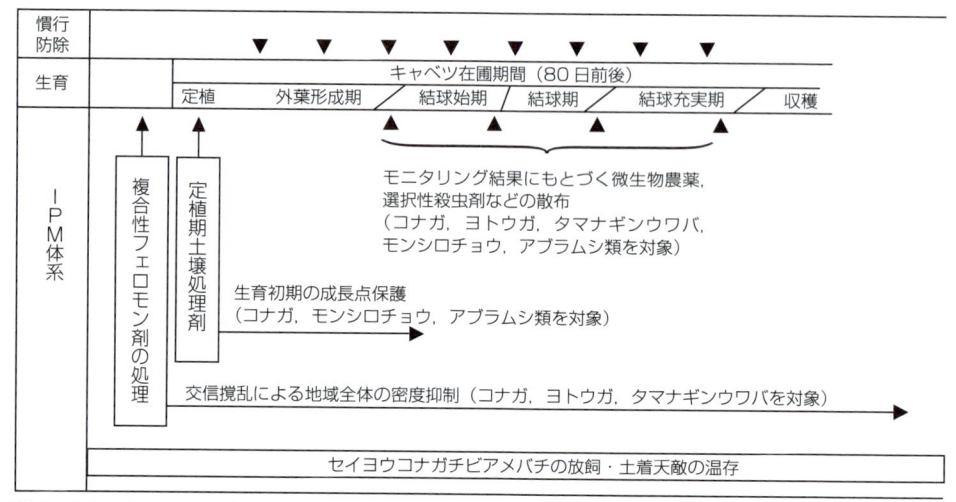

図6-18 キャベツの大規模露地栽培での慣行防除とIPM防除の比較
（『平成18年野菜振興研修会』，2006を一部改変）

という，IPM（integrated pest management，総合的有害生物管理）の考え方が普及してきている（図6-18）。

2 雑草防除

野菜は生育初期に雑草（weed）の被害を受けやすく，畑周辺の雑草は病害虫の発生源になりやすい。雑草防除（weed control）の基本は，①持ち込まない，②小さいうちに防除し，雑草の種子を落とさない，③雑草の発芽を抑制する条件をつくる，などである。マルチ栽培は雑草防除に効果があり，中耕や土寄せは雑草防除も目的の1つである。

除草剤（herbicide）も利用されており，①除草効果が高く，持続性が期待できる，②簡便で能率的かつ省力的である，③選択的除草ができる，などの利点がある。

3 生理障害対策

生理障害（physiological disorder）は養分の過不足，高温や低温，日照不足，土壌の乾湿によって発生する。

養分の過不足によって発生するおもな生理障害は表6-9のとおりで，発生部位や症状からある程度診断できる（表6-13）。防ぐには，土壌診断や生育診断によるバランスのとれた肥培管理（nutrient management）が重要である。生育診断は，葉色，葉の大きさ，茎の太さ，新葉の展開など外観のほかに，葉柄や茎の汁液の無機栄養素濃度を分析して判断する。

発生した場合，不足した養分を含む濃度の薄い液肥の葉面散布で軽減できることがある。

表6-13 野菜の部位，土壌pHと要素の欠乏・過剰症

		要素欠乏	要素過剰
部位	全体	窒素，リン	窒素
	上位葉（新葉）	カルシウム，ホウ素，マンガン，鉄，銅，亜鉛	銅，亜鉛，マンガン，モリブデン
	果実	カルシウム，ホウ素，カリウム	－
	下位葉（古葉）	カリウム，マグネシウム，モリブデン	マンガン，ホウ素
	根	ホウ素，鉄	マンガン，銅，モリブデン
土壌pH	酸性	カルシウム，マグネシウム，リン，モリブデン	銅，亜鉛，アルミニウム，マンガン，ホウ素，硫黄
	アルカリ性	銅，亜鉛，鉄，マンガン，ホウ素	－
拮抗作用		－	・カリウムの過剰はカルシウムおよびマグネシウムの吸収を阻害する ・カルシウムの過剰はマグネシウムおよびカリウムの吸収を阻害する ・銅の過剰は鉄欠乏を誘発する

果菜類の乱形果，曲がり果，変形果などの奇形果（malformed fruit）や，ブロッコリーなどの異常花蕾，根菜類（直根類）の岐根などの奇形（malformation）の発生には，土壌水分や養分の過不足，光の強さ，品種，温度などさまざまな要因が関係している。したがって，実際の栽培では品種選定と栽培環境の改善が重要になる。

4 連作障害対策

同じ野菜を同じ場所で続けて栽培することを連作（continuous cropping），連作によって生産性がしだいに低下することを連作障害（replant problem）という。おもな原因は土壌病害虫であるが，土壌の理化学性の悪化や根からの生育阻害物質の分泌によっても発生する。

対策は，輪作（crop rotation），土壌改良（soil improvement），耐病性品種の利用，果菜類では接ぎ木，土壌病害虫に対しては薬剤や太陽熱利用などによる土壌消毒（soil disinfection）などがある。また，水田でイネ（水田）と野菜（畑）とを交互に栽培する田畑輪換（paddy-upland rotation）を行なうのも効果的である（注10）。

施設栽培では降雨が遮断されており，土壌水分は下から上に動き土壌表面から蒸発する。そのとき，水と一緒に移動した肥料分（塩類）が地表面に集積する。これが塩類集積（salt accumulation）である（図6-19）。

作物の健全な生育は望めないので，緑肥作物（green manure crop）を作付け，土壌中の肥料分を吸収させ，茎葉を施設外に持ち出して除塩

〈注10〉
水田の湛水状態と畑の乾燥状態のくり返しにより，土壌の理化学性の変化や土壌病害虫の死滅など，土壌の若返りがはかられる。雑草も少なくなる。野菜が作付けされた水田を水田転換畑（upland field converted from paddy field）とよぶ。

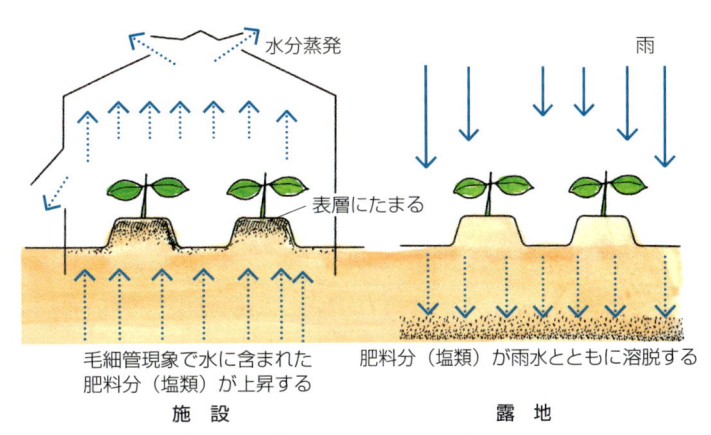

図6-19 施設での塩類集積のしくみ（池田・川城，2005）

5- 病害虫防除，雑草防除，障害対策　73

表6-14　野菜で利用できるおもな植物成長調整剤

薬剤名	成分	対象野菜	使用目的
ジベレリン	ジベレリン	トマト	空洞果防止
		セルリー	生育促進，肥大促進
トマトトーン	4-CPA	トマト，ミニトマト，ナス	着果促進，果実の肥大促進，熟期の促進
		メロン，シロウリ，ズッキーニ	着果促進
エスレル10	エテホン	トマト，ミニトマト	熟期促進
		カボチャ	雌花花成促進
		未成熟トウモロコシ	稈長短縮による倒伏軽減
スミセブンP	ウニコナゾールP	キャベツ	育苗期の徒長防止
ビーエー	ベンジルアミノプリン（サイトカイニン類似作用）	アスパラガス	萌芽促進
サンキャッチ	塩化コリン	サツマイモ，タマネギ，ニンニク	肥大促進
		葉ネギ	生育促進
フルメット	ホルクロルフェニュロン	イチゴ，メロン，スイカ，カボチャ	着果促進

〈注11〉
このように利用する緑肥作物をクリーニングクロップ（cleaning crop）とよぶ。

〈注12〉
現在知られている植物ホルモンは，オーキシン，ジベレリン，サイトカイニン，アブシジン酸，エチレン，ブラシノステロイド，ジャスモン酸の7種類である。

（desalinization）する (注11)。

6　植物成長調整剤の利用

　植物の成長を促進または抑制したり，着果や果実肥大を促進するなど，成長調整作用がある薬剤が植物成長調整剤（plant growth regulator；PGR）である。植物ホルモン（plant hormone）(注12) またはそれに拮抗する作用がある薬剤が多い。

　植物ホルモンは，微量でも重要な生理活性をもち，発芽，成長，開花，果実の発育など，植物の一生のさまざまな場面で作用している。ほかの植物ホルモンとの組み合わせ，濃度，作用する器官などで反応がちがうものも多い。

　植物成長調整剤は，植物に由来する天然型化合物や人工的に合成されたもの，逆に植物ホルモンの作用を抑制したりする阻害剤も合成され利用されている。野菜栽培で使用できる植物成長調整剤を表6-14に示した。

■まとめの問題

1. 野菜の作型を品種利用型と施設利用型に分けて説明せよ。
2. 育苗の目的と育苗時の温度管理，灌水方法について述べよ。
3. 接ぎ木の目的と種類，方法について述べよ。
4. 土壌管理でのマルチの目的と効果について述べよ。
5. 生理障害と連作障害の具体例と対策について述べよ。

第7章 作型と栽培体系① 施設利用型野菜

1 施設利用型野菜の作型

1 施設利用型野菜とは

多くの果菜類と一部の葉茎菜類は，温度適応性の幅が狭く，プラスチックハウス（以下ハウス）などの施設を利用して，おもに保温・加温による環境調節によって周年栽培が行なわれており，施設利用型野菜（注1）とか環境調節型野菜とよばれている。多様な作型分化がみられるが，次のような5つの基本作型に分類される（注2）。

2 基本になる作型

露地栽培 生育の全期間を自然条件かそれに近い環境で栽培する作型である。雨よけ栽培は施設を利用するが，雨を回避するだけで温度調節を目的にしていないので，作型としては露地栽培に含める。

早熟栽培 露地栽培より収穫を早くするために，人為的に保護した環境（保温・加温した施設内など）で育苗を行ない，晩霜がなくなってから露地に定植する作型（普通早熟栽培）や，霜害や寒害を避けるため生育初期にトンネル被覆内で栽培する作型（トンネル早熟栽培）がある。

半促成栽培 早熟栽培よりさらに収穫期を早めるため，生育前半のみ人為的に保護して栽培し，生育後期から収穫期は露地やそれに近い環境で栽培する作型である。

促成栽培 半促成栽培よりさらに早く収穫をするため，晩秋から春までの低温期間の大部分か生育の全期間を，施設内などで保温や加温をして栽培する作型である。

抑制栽培 露地栽培より遅い時期の収穫を目的に，秋の生育適期を利用して栽培する作型である。生育適期をできるだけ利用する露地抑制栽培や夏秋抑制栽培，秋から冬の気温の低いときに施設内などで保温や加温をして収穫期間の延長をはかるハウス抑制栽培などの作型がある。

〈注1〉
これらの野菜には，周年の需要がある，集約性が高い，多様な生育調節技術の利用が可能，などの共通点がある。

〈注2〉
イチゴは独特の作型分化をしており，第9章参照。

2 トマトの作型と栽培

学名　*Solanum lycopersicum* L.（ナス科トマト属）
英名：tomato
別名：赤茄子（あかなす），蕃茄（ばんか）
原産地：南米

1 原産地と日本への渡来

トマトは南米のペルー・エクアドル圏に原生し，栽培化されていたが，有史以前にアンデスの高原からトウモロコシと同じ経路で，中央アメリカやメキシコに伝播したと考えられている。

日本には，17世紀後半から18世紀初期に中国を経て渡来したと推定されている。食用にされたのは明治の初めに再導入されてからであるが，当時の日本人の食生活になじまなかった。広く普及し，生食用として生産が増えたのは1935（昭和10）年以降である。

2 品種成立の過程

❶ 栽培種と野生種

トマト属には9種が知られているが，食用として栽培されているのは *S. lycopersicum* のみである。ミニトマト（cherry tomato）は栽培種の1変種 *S. lycopersicum* L. var. *cerasiforme* (Dunal) A. Gray である。

栽培種のトマトを用途によって分類すると，生食用トマト（fresh tomato）と加工用トマト（processing tomato）に分けられる。生食用トマトは，果実の大きさ，形，色が多様で，日本では果実重200g前後の大玉トマト（common tomato，beef tomato），果径2～3cm程度，果実重30g前後のミニトマト，これらの中間で果径5cm程度，果実重50～100g程度の中玉トマト（middy tomato）に分類される（図7-1）。

トマトの野生種は，1930年代からアメリカ農務省が世界各国のトマトの栽培種と野生種を大規模に収集しはじめたのをきっかけに，育種素材として注目されるようになった（図7-2）。この時期に，野生種のなかから次つぎと病害に抵抗性のある系統が発見された。野生種には高色素，高ビタミン，耐寒性などの形質を備えているものも多く育種的価値が高い。

❷ 桃色系多収性品種の育成

わが国で生食用トマトの品種改良がさかんになったのは昭和初期で，明治維新から昭和初期までは輸入品種をそのまま栽培していた。大正初めには赤色で小果系のベストオブオールなどが栽培されていたが，大正末期に大きな果実をつけ，酸味が少なく，トマト臭の少ない桃色系の品種(注3)ポンデローザが普及した。そのため，生食用大玉トマトは，とくに桃色系品種が好まれる風潮になり，昭和初期には桃色系品種を中心としたわが国独自の品種改良が行なわれた。なお，最近は急速にすすむ作型分化や病虫害発生，消費者の好みの変化に対応するため，生食用の赤系トマト品種も増えつつある。また，加工用トマトはほぼ100％赤色系であり，生食用で

図7-1　トマト果実
（左から大玉，中玉，ミニトマト）

図7-2　野生トマト
（写真提供：池部誠氏）

〈注3〉
トマトの桃色と赤色のちがいは，果皮（果実の表面にある薄皮）が桃色品種では半透明，赤色品種ではオレンジ色のちがいによる。

もミニや中玉トマトは，おもに赤色系である。

❸耐病性品種の育成

昭和30（1955）年代前半には，急速にすすむ作型分化や病虫害発生への対応が課題になった。1960年に萎凋病抵抗性品種'興津1号～6号'が発表され，これらを交配親とする萎凋病抵抗性F_1品種が多数育成された。さらに，興津系統以外の耐病性系統を親とする耐病性F_1品種も育成され，本格的な耐病性F_1品種育成時代の幕明けとなった。

トマトは耐病性育種が最もすすんだ野菜で，現在では複数の病害に抵抗性（複合抵抗性）をもつように育種されている。なお，現在日本で栽培されているトマトのほとんどがF_1品種である（注4）。

❹樹上赤熟系品種の育成

しだいに消費者が果実品質にも注目するようになり，糖度も高く樹上で赤熟しても果肉がしまったトマトが望まれ，1985年に'桃太郎'が発売された。それまでも樹状赤熟系のトマトは育成されていたが，加工用のイメージがあり，消費者に避けられていた。'桃太郎'は，果肉の硬さはアメリカの機械収穫用品種，糖度はアメリカのミニトマト，ピンクの色調と味のよさは日本産の大玉トマト，耐病性はアメリカの抵抗性素材など，多様な育種素材を組み合わせたといわれている。

その後，多くの樹上赤熟系品種が育成され，品種競争は激しさを増している。なお，糖度が高い品種ほど収量性が劣る傾向にある。

3 トマトの生理生態

❶着花習性

トマトは，主枝に本葉が8～9枚程度つくと，その頂端に花房（第1花房）を分化する。その後，第1花房直下の葉の腋芽（図7-4参照，G：新茎頂がこれにあたる）が伸びて葉を3枚つけると，その頂端に花房（第2花房）をつける。この側枝を第1次側枝または第1次仮軸分枝とよぶ。さらに，第2花房直下の葉の腋芽が伸びて葉を3枚つけ，その頂端に花房（第3花房）をつける。これを第2次側枝または第2次仮軸分枝とよぶ。以後，3枚の葉と花房をもった側枝を次つぎと無限に分化し続けて成長していく。

各花房は側枝に押し出されて側出するが，側枝は真上に伸びる。しかも，実際栽培では花房直下の葉以外の葉腋からの側枝は摘除するので，外観上は1本の主枝が成長して，3葉ごとの節間に花房をつけているようにみえる。しかし，主枝は第1花房直下の茎までである（図7-3）。このように主枝の伸びが止まり，主枝にかわって側枝が伸びることを仮軸分枝という。仮軸分枝が無限に分化して成長し，心止まりにならないタイプを非心止まり型（indeterminate type，俗称で主枝型ともよばれる）という。

これに対して，主枝に第1花房が分化しても仮軸分枝が伸びず，

〈注4〉
F_1品種の育成に大きな役割をはたしたのは，アメリカ系のアーリアナ群，グローブ群，フルーツ群，ポンデローザ群，イギリス系のベスト・オブ・オール群，イタリア系のサンマルツアーノ群である。なお，これらはすべて固定種である。

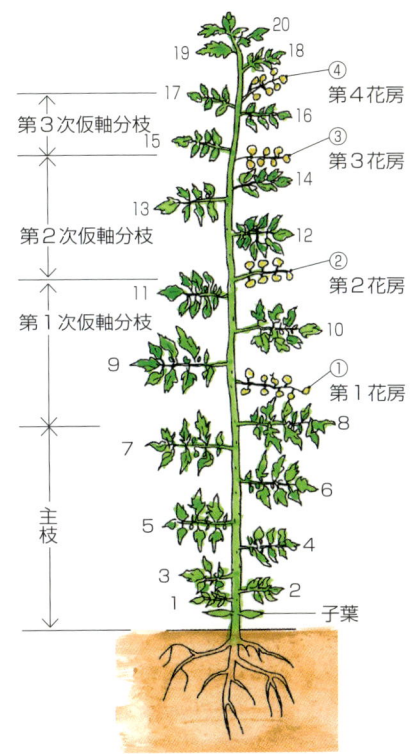

図7-3 トマトの着花習性と1本整枝
（斎藤，2008）

数字（1～20）は葉位を示す。1～8葉までの茎は主枝，9～11葉までの茎は主枝の花序（①第1花房）の直下節から発生した第1次仮軸分枝，12～14葉までの茎は第1次仮軸分枝の花序（②第2花房）の直下節から発生した第2次仮軸分枝で，以下同様なくり返しとなる。各葉腋から腋芽が発生し，とくに花房直下の腋芽から強い腋芽が発生するが，すべて除去し1本整枝とする。

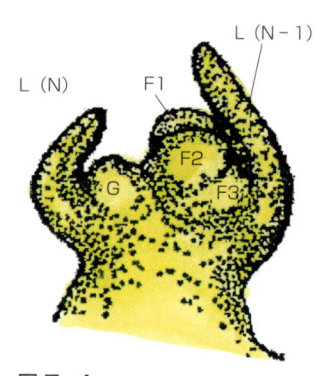

主枝から多数の腋芽（側枝）が発生するタイプを心止まり型（determinate type）とよび，完熟果を一斉収穫する加工用の品種に多い。

❷花芽の分化と発育

トマトの花芽は，茎頂分裂組織に分化した第1番花に続き，第2番花，第3番花と順に分化して花房をつくる（図7-4）。

花芽は，最初に肥厚して隆起した花芽原基の外側に5～6枚のがく片の始原細胞が分化し，次いで花弁（petal），雄ずい（stamen），雌ずい（pistil）と，花の外側の器官から内側の器官へと分化・発達する。雄ずいにつくられた葯（anther）では，減数分裂によって花粉四分子がつくられ花粉粒になる。雌ずいには心皮（carpel）が分化・発達して，柱頭（stigma），花柱（style），子房（ovary）がつくられる。子房は心皮の数に対応して2～8の子室（locule）に分かれ，子室の内部は胎座になる。

花芽分化は，日長条件に影響されない中性植物（day neutral plant）で，ある程度の大きさに生育すると分化がはじまる。温度，光量，肥料，水分条件は，花芽分化の開始時期や花芽の質に影響する。昼と夜の温度較差の影響は大きく，昼温25℃，夜温15℃程度で花の各器官が最も充実する。

❸開花と結実

トマトは，雄ずいと雌ずいがある両性花（bisexual flower）である（図7-5）。合弁花で花弁裂片が5～7枚あり，開花時に平開する。花弁の内側には5～7個の雄ずいがあり，さらに内側には雌ずいがある。雄ずいは長さ10mm程度の筒状になって雌ずいを取り巻くように葯筒をつくり，開花後に葯筒の内側が縦に裂け，開葯して花粉を放出する（図7-6）。

正常な花の開花時の花柱は，葯筒と同じ長さ（中花柱花；medium-styled flower）であるが，高夜温，低日照，密植，肥料不足などでは花柱が短い短花柱花（short-styled flower）になり，受粉しにくくなる。受粉・受精が不完全だと種子ができないので，単為結果性のない品種では，子房の成長が止まり，花柄の離層（abscission zone）から花が離脱する。

受粉・受精を確実に行なうには，バイブレーターによる振動受粉や，人為的に単為結果させるために開花時の花に植物成長調整物質の4-CPA（商品名トマトトーン）などの処理を行なう。これらの方法には多くの労力が必要なので，訪花昆虫のマルハナバチによる受粉も行なわれている〈注5〉。

❹果実の構造

トマトは子房上位花（hypogynous flower）で，果実は子房の発達した真果で，可食部は子房全体である。果実は外側から外果皮（exocarp），中果皮（mesocarp），内果皮（endocarp），

図7-4 トマトの花芽分化（米田，1978）
F1:第1花房第1番花，F2:第1花房第2番花，F3:第1花房第3番花，G:新茎頂，L(N):主茎上の最終葉，L(N-1):主茎上の最終直前葉

〈注5〉
大玉トマトの'ラクーナファースト''ルネッサンス''バルト'，ミニトマトの'京てまり''CFネネ'など，一部の品種は受粉しなくても着果する単為結果性をもっている。

A:外観

B:花弁を切除した内部形態

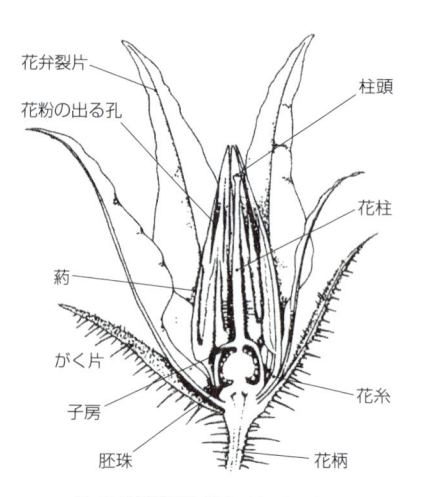

C:内部形態模式図（Audus）

図7-5 トマトの花

78　第7章　作型と栽培体系①　施設利用型野菜

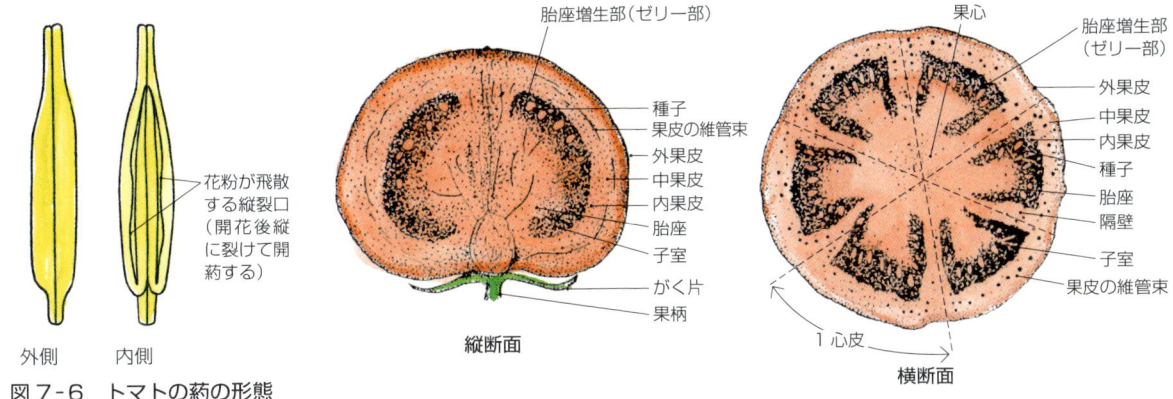

図7-6 トマトの葯の形態 (斎藤原図, 1973)

図7-7 トマトの果実 (左：松井，右：斎藤)

胎座（placenta），種子（seed）で構成されている（図7-7）。

中果皮は多肉質で水分を多く含み，内果皮は胎座増生部（胎座の柔組織）に密着し，子室の境界になっている。中果皮と果心とを結ぶ隔壁（septum）によって，2～8室程度の子室に分かれている。各子室の中心部には胎座があり，多くの種子をつけている。受精後には胎座の柔組織が種子を包んで発達し，その柔組織の細胞壁が薄くなってゼリー状になる。ナス科果実は，胎座の発育のちがいによって独特の内部構造を示す（注6）。

❺ **果実の発育と成熟**

果実の肥大曲線は，単一のS字型成長曲線（single sigmoid growth curve）を描く。

果実の成分の主体は炭水化物で，葉からの転流によって供給される。転流物質はスクロースで，果実中に転流されるとグルコースやフルクトースなどの還元糖にかわる。有機酸はクエン酸が大部分で，発育初期は遊離酸として含まれているが，成熟にともなってカリウムなどのアルカリと結合して酸味が減る。そして，アミノ酸（グルタミン酸やアスパラギン酸）が急増する。

また，果実の成熟にともなってクロロフィルが分解してリコペン（lycopene）やβ-カロテン（β-carotene）などのカロテノイド色素も増える。このため，果実の成熟がすすむにつれて緑熟期（mature-green），催色期（breaker），桃熟期（turning），完熟期（matured）と赤味を増していく（図7-8）。

トマト果実はクライマクテリック型果実（climacteric fruit）なので，桃熟期に果実のエチレン生成量と呼吸量が増え，プロトペクチンの分解によって果実の軟化がおこり，芳香が増す。

❻ **果実の生理障害と発生要因**

表7-1，図7-9，10，第3章表3-8参照。

〈注6〉
ナスの胎座増生部はスポンジ状の柔組織になり，ピーマンは胎座増生部が発達しないため空洞になる。

図7-8 果実の成熟過程
左から緑熟期，催色期，桃熟期，完熟期

図7-9 尻腐れ果

図7-10 裂果

2- トマトの作型と栽培　79

表7-1 トマト果実の生理障害と発生要因

生理障害	発生要因
乱形果・変形果 (catface fruit)	花芽の分化前後から発育初期にかけて5～6℃の低温にあうとともに，養水分の過剰によって心皮数が異常に分化して多心皮の子房がつくられ，各心皮の発育が不均一になって発生する。程度が軽微なものは，変形果とよばれる
空洞果 (puffy fruit)	受粉・受精が完全に行なわれず種子の形成が不完全だったり，低日照の時期に植物成長調整物質を不適切に処理すると，ゼリー部の発達が不十分になって発生する
尻腐れ果 (blossom-end rotted fruit)	受粉後2～3週間程度のピンポン玉以下の果実が，根からの水分供給が不十分で地上部が萎凋症状になり果実に十分なカルシウムが供給されないか，果実が急激に肥大する時期に果実へのカルシウムの取り込みが不足し，果頂部にカルシウム欠乏がおこって細胞が褐変，壊死する
裂果 (cracked fruit)	果実の成熟期近くになって果皮が裂片する現象と，生育途中からがくのまわりに放射状あるいは同心円状の裂片がみられる現象がある。前者の裂果は急激な水分の吸収により助長され，裂皮とよばれることもある。後者は強光や高温により引き起こされると思われるが，原因は特定できていない
条腐れ果	果皮部の維管束が壊死し，黒変や褐変した果実。日照不足による同化産物の不足やカリの吸収不足により発生する
チャック果	果実の表面に，がく周辺部から果頂部にかけてコルク化した細いチャック状のすじがはいる。子房発育時の軽度の低温により発生する
窓あき果	果実の肥大にともないコルク化したすじの部分が裂開して，果実が窓を開けたようにゼリー部がみえるようになった果実。子房発育時の強度の低温により発生する

4 作型と栽培管理（図7-11）

❶おもな作型と品種

促成栽培 栽培期間が長く高度な技術が必要で，抵抗性品種の利用や接ぎ木栽培も多い。育苗，栽培ともに加温が必要である。冬の低温，低日照条件で着果・肥大し，黄化葉巻病にかかりにくく，葉かび病，根腐萎凋病などに抵抗性のある品種が望まれる。

半促成栽培 最も多い作型で，栽培条件がよいので高品質多収になる。6～10段どりが多い。着色や肥大が早く，葉かび病，黄化葉巻病，根腐萎凋病抵抗性のある品種が望まれる。

早熟栽培 露地栽培より早く出荷できるため収益性は高まるが，作業性は劣る。早生種かこれに近い品種が望まれる。

露地栽培 資材費はかからないが，果実の肥大や成熟が梅雨や高温などの

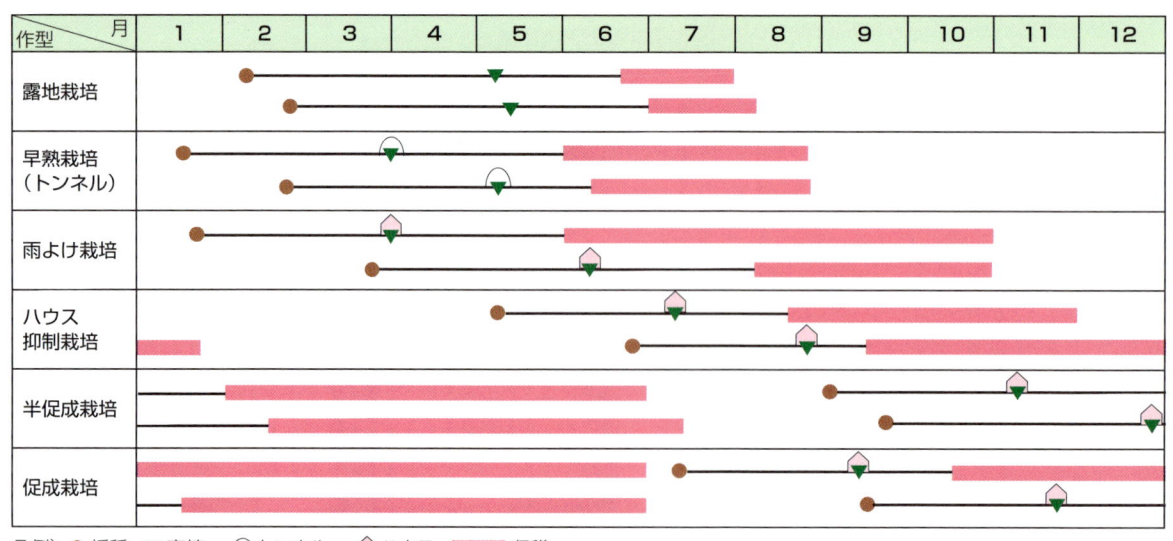

図7-11 トマトの作型

自然条件に大きく影響される。着果が安定し，肥大がよく，萎凋病やウイルス病に抵抗性があり，裂果の少ない品種を選ぶ。

抑制栽培　ハウス抑制栽培は大型ハウスで栽培され，栽培期間が長いので後期には加温する。露地抑制（夏秋）栽培は梅雨や秋雨時期と重なるため，パイプハウスによる雨よけが必要であるが，全期間無加温で栽培する。高冷地や北海道，青森，福島，群馬などで栽培が多い。着果性がよく，裂果が少なく，葉かび病や黄化葉巻病などに抵抗性のある品種が望まれる。

❷作型と栽培の動向

　作型は固定したものではなく，品種，栽培技術，経済情勢などさまざまな要因によって年々かわり，同じ産地でも常に変化している。

　日本では軒高の低いハウスを利用した，半促成栽培（12月定植，2～6月収穫）＋抑制栽培（7月定植，8～12月収穫）の組み合わせが一般的である。また，促成栽培は，9月播種，11～12月定植，1～6月収穫（収穫期間5.5カ月）が基本であり，栽培面積も多い。これに対して，収穫期間の前進化と延長，生産コストの削減，市場外流通などに対応するため，軒の高いハウスを導入し，9月定植，10～6月収穫（収穫期間9カ月）という越冬作型（年1作型長期多段栽培）を行なっている産地もある。この作型では，夏の育苗技術の向上（セル苗の直接定植技術の確立）で，収穫開始をさらに1カ月早めることができ高収量が期待できる（注7）。

　長期多段栽培の対極にあるのが低段密植栽培である。低段密植栽培とは，密植して1～3段果房までしか収穫しない短期栽培法の総称で，3段収穫で1年に4作まで可能である（図7-12）。播種は随時行なうので，作型の名称はない。作付け計画を立てて，収穫終了から次作の定植までの間隔をあけないよう，人工気象室などを用いて育苗を計画的に行なうこと，季節にあった品種を選択することが重要である。

3 ナスの作型と栽培

　学名　*Solanum melongena* L.（ナス科トマト属）
　英名：egg plant
　別名：茄子，崑崙紫瓜，落蘇
　原産地：インド

1 原産地と日本への渡来

　ナスの変異はインドに多くみられるので，インドが原産地であると考えられている。また，インドに広く自生する *S. incanum* L. は，*S. melongena* との交雑によって稔性のある種子が得られ，最も近縁な野生種と考えられている。中国への伝播は，『斉民要術』（注8）にナスの栽培法の記述があるのでかなり古いが，ヨーロッパへの伝播は13世紀ころとされている。

　日本へは，東大寺正倉院文書（750年）にナスの記載があり，千数百年前に中国から渡来したとされている。『倭名類聚抄』（931～938年）に「奈

〈注7〉
近年，トマトの企業的大規模栽培に導入されているオランダ式の軒の高いフェンロー型温室で行なわれている，固形培地耕によるハイワイヤー栽培（第10章2-3-❷参照）は，ほとんどが年1作型の長期多段栽培である。

図7-12
トマトの低段密植栽培

図7-13
ナスの果実（千両2号）
（写真提供：濱登尚徳氏）

〈注8〉
成立は405～556年（532～549年説もある）ころで，完本として現存している中国最古の農書。

図7-14 '民田ナス'
（写真提供：本間光廣氏）

図7-15 '越後白ナス'
（写真提供：濱登尚徳氏）

図7-16 '笹神白ナス'
（写真提供：濱登尚徳氏）

須比」の記載や『延喜式』（927年）に栽培法や利用法の記述があること，また江戸時代初期には早出し栽培がはじまったとされることなどから，渡来後急速に全国各地に広まり，古くから重要な野菜として位置づけられていたことがうかがえる。

2 品種成立の過程

ナスは古くから栽培されて各地に広く分布し，交雑育種も容易で150にもおよぶ地方品種ができ，利用範囲も広いので地方ごとに独自のナスの食文化が発達してきた。関東では中型の品種が好まれており，代表的な品種に濃紫色で中長形，卵形の'真黒ナス'がある。関西では長卵形ナスが多く，西日本では長ナス，大長ナスが好まれる。丸ナスはかつて全国的に栽培されていたが，近年では秋田，山形，新潟，福島，京都などに残っているだけである。

そのほか京都の'賀茂ナス'，山形の'民田ナス'（図7-14），'窪田ナス'などの有名品種がある。形は，丸形から長形まで幅広いが，果色は黒紫色が中心で，中国やアメリカなどでみられる白（図7-15），緑（図7-16），白紫やそれらの縞のものなどは，日本にはあまりみられない。

最近はF_1（一代雑種）品種に集中している。収量だけでなく草勢を強化して耐暑性を高めるために，あらゆる品種の組み合わせが検討された結果，栽培が容易で色がよい，中長形や長卵形のF_1品種が全国的に広く栽培され，地方色豊かないろいろな形のナスはしだいに姿を消している。

3 ナスの生理生態

❶ 着花習性と整枝

ナスは，本葉を7～14枚つけると主枝の頂端に第1花を分化し，その直下節から仮軸分枝をくり返して第1側枝を伸ばす。

さらに，第1花の直下葉の葉腋から第2側枝を，2節下の葉腋から第3側枝を伸ばす。仮軸分枝（側枝）は2葉ごとに花をつけながら成長をする（図7-17）。ナスは花房にならないので，着果数を多くするには花芽をつける枝を多く発生させる必要があり，図7-17のように3本仕立て整枝にすることが多い。

❷ 花芽の分化と発育

花芽の分化と発育過程は，トマトとほぼ同じである（図7-18）。花の各器官は，分化後に昼温25℃，夜温20℃で生育させると充実する。

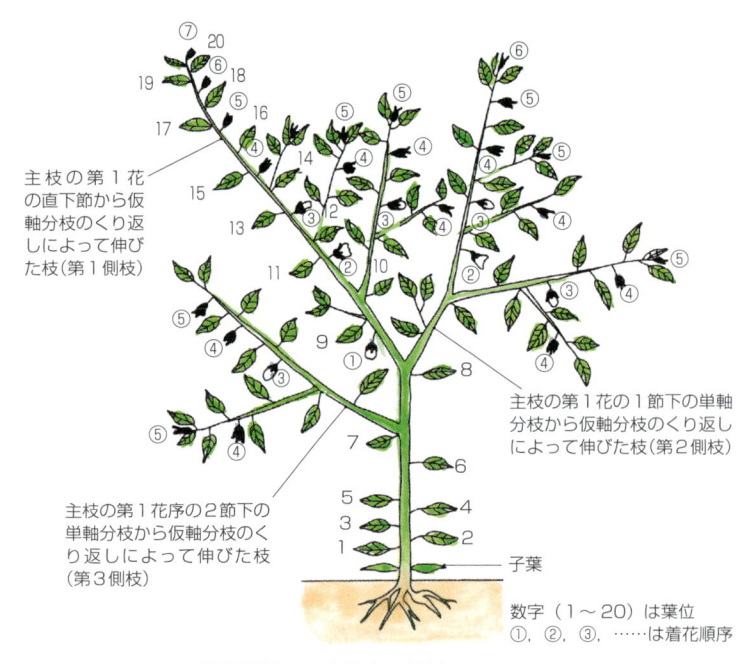

図7-17 ナスの着果習性と3本仕立て整枝（柿崎，1924を一部改変）
1～9葉までの茎は主枝，10～11葉の茎は主枝の第1花の直下節から発生した第1次仮軸分枝，12以上は第2，第3，……次仮軸分枝（第1側枝）。7葉，8葉の葉腋から腋芽が伸び（第2,3側枝），3本仕立てとなっている。主枝上の側枝（単軸分枝）は第6節まで摘除してある。

82　第7章 作型と栽培体系① 施設利用型野菜

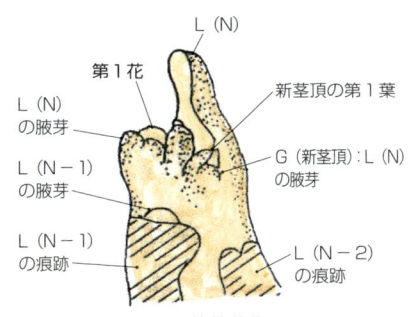

図7-18 ナスの花芽分化（江口，1951）
L（N）：主茎上の最終葉，L（N-1）：主茎上の最終直前葉，L（N-2）：主茎上の最終葉の2枚下位葉，G：新茎頂は第1花のまわりに2つ発生する

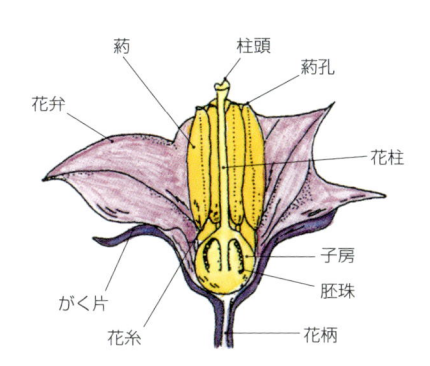

図7-19 ナスの花

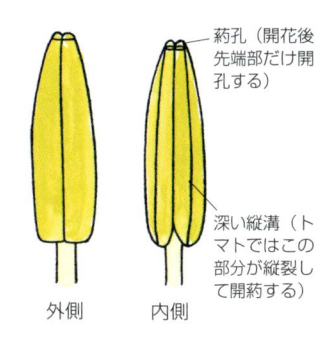

図7-20 ナスの葯

❸開花と結実

花の形（図7-19）は基本的にはトマトと同じであるが，ナスでは葯筒の先端に葯孔があり，開花後に開いて花粉を放出する（図7-20）。正常な花では，雄ずいより雌ずいが長い長花柱花（long-styled flower）である。花粉は多数つくられるが，花の構造上トマトより自家受粉しにくい(注9)。

❹果実の発育と成熟

果実はトマトと同じ形態であるが，中果皮はやや水分が少ないこと，子室中心部の胎座は細胞間隙の多いスポンジ状の柔組織として発達することが，トマトとちがう（図7-21）。

果実の発育過程もトマト同様であるが，ナスの子房は，開花期前後はがくの内側にあるので白色だが，果実が肥大してがく片の外側に出ると紫色に着色する。

その後，果実の発育にともなって黒紫色になるが，成熟すると黄褐色になる。

ナスの果実は開花後15～20日の未熟時に収穫されるので，収穫時期によって含まれる成分の種類や量がちがう。果実には93％程度の水分のほかに，アントシアニン系のデルフィニジンと，その配糖体のヒアチン，ナスニンが含まれている。紫外線カットフィルムを被覆して栽培すると，これらの色素の発現が悪くなる。

❺果実の生理障害と発生要因

表7-2，第3章表3-8参照。

〈注9〉
ナスは，花粉が飛散する孔が葯の先端にしかないので，花粉が柱頭上に落果する率がトマトより低い。なお，ピーマンは葯と花柱のあいだが離れているので柱頭が露出しやすく，雄ずい先熟傾向でもあり他家受粉しやすい。他家受粉の確率はピーマン＞ナス＞トマトの順で高い。

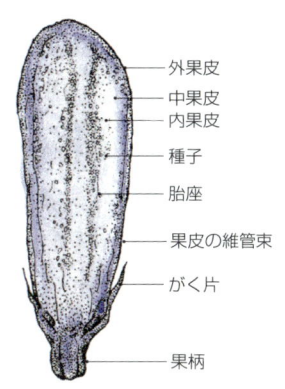

図7-21 ナスの果実
縦断面（斎藤，1982）　横断面（斎藤，1974）

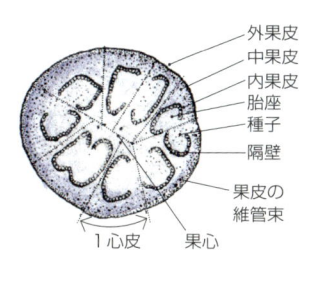

表7-2 ナス果実の生理障害と発生要因

生理障害	発生要因
石ナス	低温により受粉・受精が不完全になり，果実が発育せずに小さいままになる
凹凸果	果実が部分的に肥大して凹凸になる症状で，着色不良やつやなし症状をともなうことが多い
着色不良果	低日照，または紫外線の不足によってアントシアニン系色素が不足して発生する
つやなし果	果皮に光沢がなくなり，ぼやけた色になるもので，果実の肥大盛期に果実表面の細胞が発達異常をおこし，表面に凹凸ができて乱反射する症状である

4 作型と栽培管理

❶ナスの作型分化

ナスは耐暑性が強く，暖地でも越夏栽培が成り立つ。また，着果習性から長期作ほど収量的に有利となるので，作型の基本形は初春から晩

3-ナスの作型と栽培　83

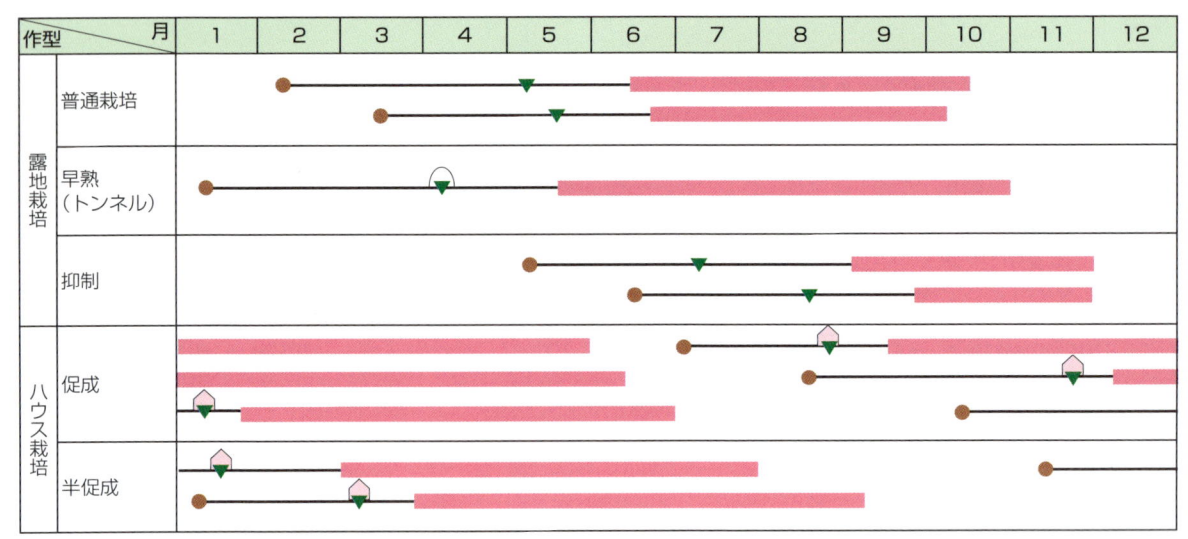

図7-22 ナスの作型

秋までの生育可能期間を十分に利用する早熟（トンネル）長期栽培である。しかし，越夏栽培が可能といっても夏の高温・乾燥はナスにとって厳しく，価格の低迷や秋野菜の作業との競合もあり，7月で収穫を打ち切るタイプと夏をこして10〜11月まで収穫するタイプに別れる。なお，ナスは長期間連続して栽培できるので，トマトほどいちじるしい作型分化はみられない（図7-22）。

❷ おもな作型と品種

普通露地栽培 最も基本的な作型で，2〜3月に播種して晩霜のおそれがなくなる5月上旬に定植し，6月から10月に収穫する（図7-23）。

早熟（トンネル）栽培 普通露地栽培よりも2〜4週間早く定植してトンネルなどで保温し，晩霜のおそれがなくなってからトンネルなどを除去する。品種は'千両2号'などの中長型品種が多い。

露地抑制栽培 早熟栽培後期の果実は草勢が衰え品質が低下するので，草勢の強い収穫初期の高品質な果実により高値販売を期待する作型である。栽培が短期間なので，他の作物との有利な組み合わせが条件となる。品種は'千両2号'などの中長型品種が多い。

ハウス促成栽培 夏から晩秋までに播種し，冬期間暖房して12〜6月まで収穫する。栽培が長期になるので接ぎ木による草勢維持や，低温期のホルモン処理による着果促進などの管理が必要になる。品種は葉が小さくてあまり茂らず，短期密植の場合は立性の草姿のもの，長期栽培では開張性で整枝しやすいものがよい。

ハウス半促成栽培 3〜9月の出荷をねらうために，11〜1月に播種し，1〜3月の定植期に十分に保温することが必要である。促成栽培と同様に接ぎ木やホルモン処理による管理が重要である。品種は早期の収量が多いものを選ぶが，更新せん定して秋まで収穫する場合は，草勢が強くて品質劣化しないものを選ぶ。

図7-23 ナスの普通露地栽培
（写真提供：濱登尚徳氏）

4 キュウリの作型と栽培

学名：*Cucumis sativus* L.（ウリ科キュウリ属）
英名：cucumber
別名：黄瓜(きうり)，胡瓜(こか)
原産地：インド西北部（ヒマラヤ南山麓）

1 原産地と日本への渡来

原産地はインド西北部のヒマラヤ南山麓である。インドでキュウリが栽培化されたのは3000年前で，漢の時代にシルクロードを経て中国に導入され，華北に土着して華北キュウリ（早生で夏秋栽培に適する品種群）になった。これとは別に，インドからミャンマーや中国雲南の山岳地方を経て華南に渡来し，そこで分化したと推定されるのが華南キュウリ（晩生で短日環境に適応し，春作で能力を発揮する品種群）である。このほかにシベリアを経て伝えられたピクルス型がある。

日本には10世紀ころに照葉樹林文化圏の華南キュウリが，江戸末期にサバンナ文化圏育ちの華北キュウリが渡来した。日本の主要な品種は，この2つの品種群を基本にして成り立っている。

1 品種成立の過程

日本に渡来後，華北，華南それぞれの品種群が地方に分布・順化して，独自の品種・系統ができたが，第二次世界大戦後にキュウリの育種がF_1時代にはいり，固定種はごく特殊な用途でしかみられなくなった。しかし，作型への適応性からみると，2つの品種群に大別できる。

❶ 夏型キュウリ群

華北型の性質が強く，耐暑性は強いが低温伸長性は劣る。主枝には飛び節で着果するが，この性質は環境に左右されにくい。側枝の発生はよく，収量の大部分は1～3次分枝や節成り，成りもどり(注10)による。

果実は短型（約21cm）で緑色，白いぼである。低温期には収量が劣り，かんざし症状や褐色小斑症になりやすい。夏の露地栽培を中心に，半促成栽培から年をこさないハウス抑制栽培に利用される。

❷ 冬型キュウリ群

品質がよい華北型夏キュウリに，低温伸長性やその他の施設栽培適応性を加えた品種群である。施設での白いぼキュウリ栽培の発端になった'さつきみどり'は，夏型キュウリの性質が濃い品種であったが，その後の品種には冬型キュウリの性質が導入され，栽培が容易になった。

主枝の雌花着生性は飛び節になりやすいが，環境や栽培法によって飛び節にならなかったり連続着生したりする。側枝は節成りになる。果実は短型（約21cm）で緑色，白いぼである。初期に雌花が多い短期作型（抑制，半促成）向きの品種と，初期の成りが遅いが株の老化も遅い長期作型（促成）向きの品種がある。

図7-24 キュウリ果実の成長
右から開花日，2日，4日，6日，8日，10日
（写真提供：川城英夫氏）

〈注10〉
節成りは，各節の葉腋に連続して複数の雌花がつくこと。成りもどりは，一度収穫した葉腋に再度雌花がつき収穫できること。

図7-25 キュウリの雄花（左）と雌花（右）

図7-26 主枝の葉腋についた雌花（左）と雄花（右）

〈注11〉
腋芽や腋芽が伸びた枝を葉腋につけている葉。葉をもつ枝（栄養枝，花や花序をつける生殖枝）を抱いている葉についてもいう。

〈注12〉
雄花と両性花（bisexual flower）が同じ株に混在する「雄花両性花同株型」もあり，Lemon（レモンキュウリ）がこの型の唯一の品種である。

❸白いぼキュウリと黒いぼキュウリ

　キュウリの果実は，白あるいは黒いぼとよばれるトゲをもつ。華北型キュウリは白いぼを，華南型キュウリは黒いぼをもつものが多い。

　以前は，冬型キュウリは華南系黒いぼ種が，夏型キュウリは華北系白いぼ種がおもに栽培されていた。しかし，華北系白いぼ種は果実全体が緑色で生食用としてみばえがし，皮が薄く歯切れがよいため，めざましい品種改良によって，早春の促成用から露地栽培夏秋用の品種まで，すべて白いぼの品種が育成された。現在では，冬型キュウリ群も白いぼに改良され，90％以上が白いぼ種になっている。

3 キュウリの生理生態

❶着果習性

　キュウリの茎はつる性で粗毛に覆われ，葉腋には側枝と単性花（雄花または雌花，図7-25）ができるほか，蓋葉（注11）とその側枝が融合した巻きひげ（tendril）をつける。

　現在のキュウリの品種は，大部分が同一株の各節に雌花（female flower）か雄花（male flower）の単性花（unisexual flower）をつける，雌雄異花同株（monoecious）である。雌花と雄花のつき方には，下位節から上位節まで雌花節と雄花節が混在する「混性型」，下位節は混性型で上位節は雌性型となる「混性・雌性型」，下位節から上位節まで雌花節が連続する「雌性型」の3つがある。

　なお，雄花節には数花から十数花の雄花が叢生し，雌花節には1〜3花の雌花をつける（図7-26）(注12)。

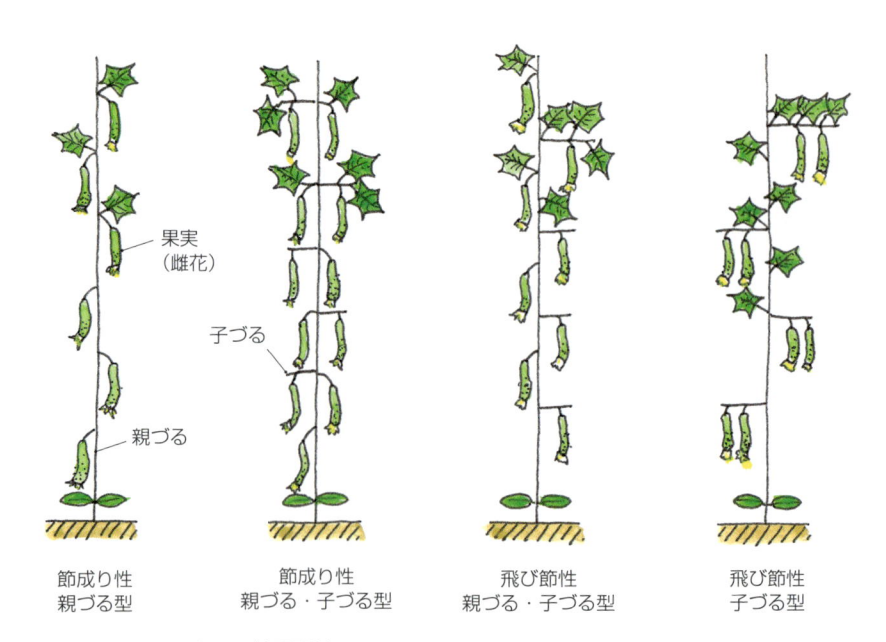

果実（雌花）
子づる
親づる

節成り性　　節成り性　　飛び節性　　飛び節性
親づる型　　親づる・子づる型　親づる・子づる型　子づる型

図7-27　キュウリの着果習性（池田・川城ら，2005）

なお，着果習性は品種によってちがい，雌花節が連続する場合を節成り型，雌花節が連続することが少ない場合を飛び節型，雌花が連続したりしなかったりする場合を中間型という。節成り型はさらに，節成り性親づる型，節成り性親づる・子づる型，飛び節型では飛び節性親づる・子づる型，飛び節性子づる型の4タイプに分けられる（図7-27）。

❷花芽の分化と発育

キュウリの主茎の頂芽は，花芽分化せず栄養成長のみを続ける単軸分枝性（monopodial branching）である。花芽は，発芽後ある程度栄養成長がすすんでから各葉腋に腋花芽（lateral flower bud）として分化・発育する。

葉腋に分化した花芽には，最も外側にがく片の初生突起が，その内側に花弁の初生突起が発生する。これらが発達しながら，その内側に5つの雄ずい初生突起が，さらにその内側に3枚の心皮をもつ雌ずい初生突起が発生する。雄花，雌花，両性花のいずれも，この過程はまったく同じで，最初は両性花的な発生・発達をする（図7-28）。

雌花や両性花の分化は低温で促進され，とくに低夜温によって強く促進される。また，日長時間が6〜8時間までは，日長が短いほど花芽形成と雌花の分化が促進される量的短日植物でもある（表7-3）。

❸花の形態と結実

花（合弁花冠）は黄色が多く，5つに深く裂けている。がく片の先端も5つに細く裂け，黒または白色の毛茸を密生している。子房は3心皮からできており，多数の胚珠が含まれている。花柱は1本で短く，柱頭は3つに分かれているものが多く，厚くて大きい。子房の大きさは長さ35〜55mm，径5〜7mm程度の円筒形で，子房のときからはっきりしたキュウリ果実の形になっている。

キュウリは単為結果（parthenocarpy）性なので受粉の必要はないが，種子生産では確実に受粉，受精させる必要がある。

❹果実の発育と成熟

キュウリの雌花と両性花は，子房ががく片に包まれている子房下位花（epigynous flower）で，果実は子房とそれを取り巻く花托（receptacle）が発達した偽果である。花托組織，子房壁，胎座部などが発達したすべてが可食部であり（図7-29），未熟果を食用にしている。果実の外皮といわれる部分は花托の外皮にあたり，メロンやカボチャより

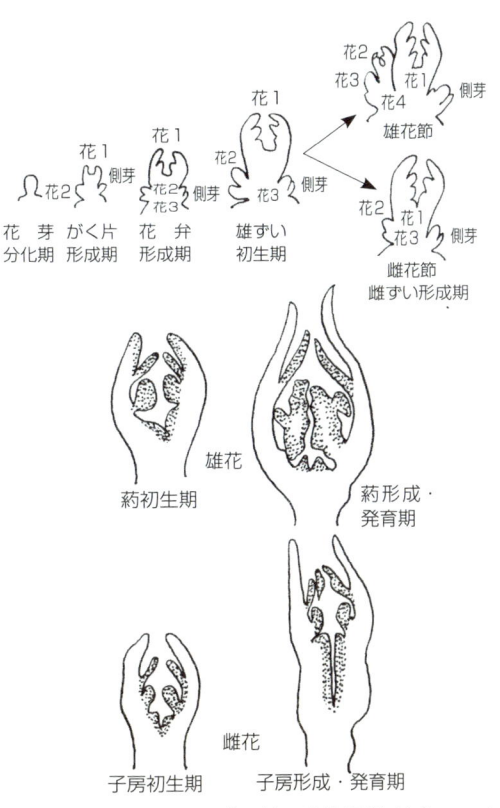

図7-28 キュウリの花の性の分化過程（斎藤，1977）
注）花芽分化期，がく片形成期，花弁形成期，雄ずい初生期の花1，花2，花3はそれぞれ雄花または雌花分化前の花形成の順序を示す。また，雌ずい形成期の雄花節では雄花の，雌花節では雌花の形成の順序を示す

表7-3
キュウリの花芽分化，花の性表現と日長，夜温（品種：相模半白）

夜温 (℃)	日長 (時間)	第1花着生節位***	第1雌花着生節位***	連続第1雌花着生節位	雄花節数*	雌花節数*
17	8	2.0	4.5	5.3	2.9	16.1
	12	2.0	6.0	8.4	6.3	12.7
	16	2.0	7.8	14.5	11.1	7.9
	24	2.4	10.1	16.2	12.8	5.8
24	8	2.0	7.9	13.4	10.4	8.6
	12	2.3	10.5	16.8	12.6	6.1
	16	3.0	15.8	—	16.2	1.8
	24	6.2	—	—	14.8	0.0

注）*** 主茎上に雄花または雌花がついた最初の節位
　　** 雌花が連続してついた場合の最初の節位
　　* 主茎第20節までの着生節位

薄い。

キュウリの果実には栄養成分が少ない。糖は単糖類がほとんどで，濃度は開花後7日目ころに最も高くなるが，それでも新鮮重の約2％にすぎない。苦味物質としてククルビタシンC（$C_{32}H_{50}O_8$）が知られている。

成熟にともなう肉質の変化は小さいが，成熟がすすむほど果托部が硬く，果皮部がやわらかくなる。

❺**果実の生理障害と発生要因**（第3章表3-8参照）

曲がり果　キュウリ果実は，3枚の心皮が合わさってできている（図7-29）。果実への光合成産物の流入が不足すると，巻きひげ側（内側）の小さい心皮より外側の心皮への流入が多くなる。そのため，流入の少ない巻きひげ側を内側にして曲がる障害である。曲がりの程度は，光合成産物が不足するほど大きくなる。

ブルーム　果実の表面に白い粉がついたようにみえることをいう。果托の表皮にある毛（トリコーム）と，それから分泌される物質（ケイ酸を多量に含む物質，糖の一種とみられている）が集まって発生する。普通に栽培したキュウリには必ず発生するが，高夜温や多湿で多くなる。ケイ酸吸収の少ないカボチャ台木用品種（ブルームレス台木）に接ぎ木すると発生が少ない。

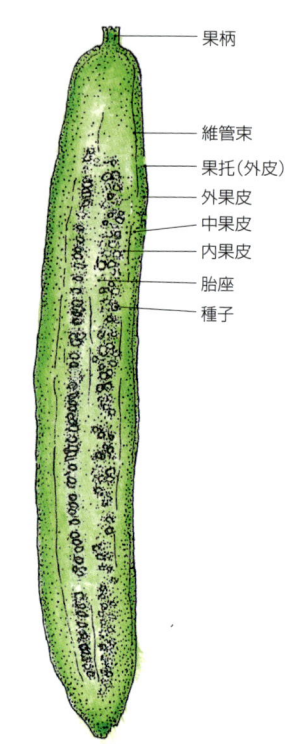

4 作型と栽培管理

施設栽培が普及し，周年出荷されている（図7-30）。冬から初夏にかけては西南暖地や関東，夏から秋にかけては東北での生産が多い。

露地栽培　夏型キュウリを用いて露地で栽培する作型で，晩霜がなくなってから定植し，夏から秋にかけて収穫する。収穫期が盛夏期のため，生育や収量は気象条件に左右される。耐暑性，耐病性が強い，高温・長日でも雌花がつきやすい，草勢が強く側枝の発生が安定しているなどの品種が望まれる。夏キュウリ栽培，普通露地栽培ともよばれる。

早熟栽培　初期をトンネル内で育て，晩霜がなくなってから支柱に誘引し

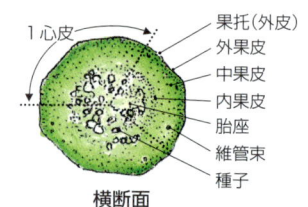

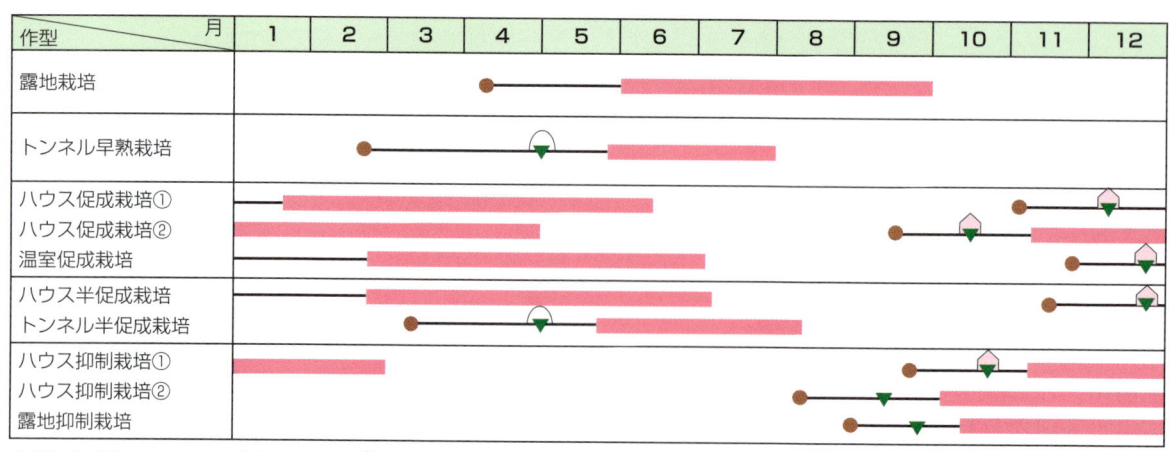

図7-29　キュウリの果実
（齋藤，1997）

図7-30　キュウリの作型

て露地栽培する。短い適温期間を効率的に利用しなければならないので，低温伸長性，早生性があり，植え傷みが少ない節成り性で主枝中心に着果するタイプの品種が有利である。トンネル早熟栽培ともよばれる。

促成栽培 秋から冬にかけて育苗・定植して，施設で暖房しながら栽培し，冬から春に収穫する。11〜6月収穫と，年明けの1〜2月から6月まで収穫する作型がある。11月から収穫する栽培では，収穫初期が低温寡日照期になるため，低温肥大性，果形安定性のある品種が望まれる。多少飛び節性のある品種が栽培しやすい。

半促成栽培 11〜3月に播種し，12月以降に定植して施設で栽培する作型である。促成栽培より温度や日照などの条件はよいが，より簡易な施設や装置での栽培になるので環境条件はやや厳しい。果形・果色が安定し，低温肥大性がよく初期収量の上がる品種が望ましい。

抑制栽培 秋から冬にかけての栽培で，普通露地栽培より収穫時期が遅い作型である。暖地で10〜12月に収穫する露地抑制栽培，秋に日照の多い温暖地で秋から冬に収穫する施設でのハウス抑制栽培などがある。露地抑制栽培は台風の影響が大きい。雌性型の夏キュウリが用いられる。

図7-31 促成栽培キュウリ
（写真提供：川城英夫氏）

■まとめの問題

1. 施設利用型野菜の促成栽培，抑制栽培の作型の定義を述べよ。
2. 子房上位果と真果，子房下位果と偽果の関係について説明せよ。
3. トマトとキュウリの整枝法と仮軸分枝，単軸分枝の関係を述べよ。
4. キュウリの曲がり果の発生要因と内側に曲がる理由を説明せよ。
5. トマトとキュウリの生理生態と栽培管理の相違点を列挙せよ。

第8章 作型と栽培体系② 品種利用型野菜

1 品種利用型野菜と周年生産

　キャベツやタマネギなど多くの葉根菜類では，生育だけでなく，結球や収量・品質を左右する花芽分化，抽苔・開花が，気温や日長の影響を強く受ける。これらの野菜は露地栽培されることが多く，果菜類のように施設を利用した周年栽培はできない。また，梅雨期の高温・多湿によって病害虫が多発するので，営利栽培の大きな障害になっている。

　年間の気象変動が大きいわが国では，露地栽培で野菜を周年生産するには，生育特性のちがう多様な品種利用，栽培地の移動，さらに補完的な資材・施設の利用が必要になる。たとえばキャベツは，栽培地の移動とともに，地域や作型に対応した生育特性のちがう品種(注1)を利用することで，国内での周年生産が可能になっている(注2)。

〈注1〉
高温結球性，低温結球性，耐暑性，耐寒性，耐病性，低温感応性などがちがう多様な品種が育成されている。

〈注2〉
野菜品種にはこうした生育特性だけでなく，貯蔵性，食味，加工適性など品質のよさも求められる。

2 キャベツの作型と栽培

学名：*Brassica oleracea* var. *capitata* L.（アブラナ科アブラナ属）
英名：cabbage
別名：甘藍(かんらん)，タマナ
原産地：ヨーロッパ

1 原産地と日本への渡来

　原産地はヨーロッパで，地中海沿岸，北海から大西洋沿岸に自生する多年草の野生種（*Brassica oleracea* var. *sylvestris* L.）から進化したと考えられている。有史前からフランスとスペイン国境近くに住むバスク人がこの野生種を栽培・利用していたとされ，紀元前600年ごろに地中海に侵入してきたケルト人によって栽培がすすみ，全ヨーロッパに伝播した。もとは非結球性であったが，13世紀になって結球性キャベツが出てきた。

　日本へは，江戸時代の末期に非結球性のキャベツ，明治時代に結球性のキャベツが導入され，明治・大正時代に急速に普及した。

2 品種成立の過程

　導入当初は冷涼地の春播き秋どり栽培として普及したが，収穫期の幅を広げるために早生品種と晩生品種が生まれた。さらに，抽苔が遅い晩抽性

図8-1　結球したキャベツ

キャベツは食べる胃腸薬

　日本でキャベツを生で食べるようになったのは，東京のトンカツのお店で出されたのが最初といわれている。キャベツには胃腸の粘膜修復に効果のあるビタミンUや同様の働きをする成分（リゾホスファチジン酸）生成にかかわる酵素が含まれているが，これら成分は熱に弱い。生でよくかんで食べるキャベツは，まさに食べる胃腸薬である。
　なお，シュークリームの「シュー」はフランス語でキャベツを意味し，焼き上がった皮の形がキャベツの形に似ているところからつけられた。

品種がつくられ，温暖な地域では秋播き栽培が可能になった。
　寒暖差の激しい日本では，成長とともに気温が高くなる春播き栽培と，低くなる秋播き栽培の両方の作型を成立させるために，耐暑性と耐寒性，高温結球性と低温結球性，早晩生，晩抽性などの形質を中心に品種改良がすすめられた。現在では，外国品種の導入 (注3) と交雑育種によって，結球性，早晩生，低温感応性，耐暑・耐寒性などがちがう多様な品種が育成され，それらを使い分けることで周年生産が実現している。
　戦後，自家不和合性利用による一代雑種（F_1）品種の採種が確立され，数多くのF_1品種が育成された。現在，日本で栽培されているキャベツはほとんどF_1品種である。

〈注3〉
'サクセッション'、'アーリーサマー'（夏播き用），'オータムキング'（春播き用），耐暑性の強い'葉深'（春播き用）などがある。

3 キャベツの生理・生態
❶環境と生育

　種子の発芽適温は15～20℃である（表8-1）。種子の休眠は浅く，低温あるいは乾燥によって休眠期間は容易に短くなる。休眠の程度は品種によってちがい，亜熱帯性の'葉深'はほとんど休眠しない。
　生育適温は15～20℃と冷涼な気候を好み，30℃以上になると生育は衰える。生育前半の外葉成長期の適温は，平均20℃程度と比較的高い。耐寒性は強いが，結球すると低下し凍害を受けやすくなる (注4)。
　発芽後，一定数の葉を展開したのちに葉球形成を開始する。その後，低温にあうと花芽分化し，高温・長日で開花する。

❷結球（葉球形成）
○結球の経過

　キャベツ，ハクサイ，レタスなど葉球をつくる葉菜は，発芽間もない時期は長い葉柄をもつ葉形比（葉長/葉幅）の大きい葉が出る。生育がすすむにつれ，葉柄が短くなって葉形比が1に近い葉に変化し，発芽後70～80日で葉球形成開始期になる（図8-2）。キャベツでは葉数が18～20枚程度になると，葉が立ち上がり（屈曲），結球体勢をとりはじめる。葉球形成期になると，茎頂部では葉原基が何層にも重なって小さな球をつくる。これは他の結球性野菜でも同じである。

○結球の条件

　キャベツの結球適温は16～20℃で，気温がある程度高いほど結球開始は促進されるが，低いと葉の屈曲が少なくなり抑制される。葉球の肥大は，昼温20～25℃，夜温10～15℃と昼夜の温度差があると促進される。葉

表8-1　キャベツの好適環境

発芽適温	15～20℃
生育適温	15～20℃ 外葉形成期 20℃ 結球適温 16～20℃ 昼温 20～25℃，夜温 10～15℃と昼夜温度差があると球肥大促進
花芽分化	0～14℃で誘導
好適土壌pH	6.0～6.5

〈注4〉
外葉が葉球を包むもの，葉色の濃いもの，アントシアニン濃度の高いものは耐寒性が強い傾向がある。

図8-2　葉球形成前の生育

2- キャベツの作型と栽培

表8-2 葉球形態のちがいから区分したキャベツの種類

種　類	特　徴
冬系キャベツ（寒玉）	葉は硬く巻きが強い。葉球は扁平。葉球内の葉は白い。調理，加工適性大
春系キャベツ（春玉，サワー系）	葉はやわらかく巻きはゆるい。葉球は丸い。葉球内部まで黄緑色。サラダ，生食向き
グリーンボール	葉は肉厚でやわらかい。葉球は丸く小さめ。葉球内部まで黄緑色。調理，生食いずれにも向く
ちりめんキャベツ	葉がちりめん状に縮れる。中心部まで緑色。調理，生食いずれにも向く
紫キャベツ	葉は肉厚で巻きも強い。葉の表面は紫色，中肋と葉肉組織は白。サラダ，ピクルス向き
メキャベツ	キャベツの変種。腋芽が結球（直径2〜3cm）し，葉球の巻きは強く硬い。洋風煮込み料理向き

図8-3　冬系キャベツ（寒玉） 　　図8-4　春系キャベツ（春玉） 　　図8-5　グリーンボール 　　図8-6　紫キャベツ

（写真提供：小倉隆人氏）

球内部の成長は外葉の成長や働きに強く左右され，適温，強い光，長い日照で外葉の光合成が促進されるので，葉球の肥大が促進される。

高温期や低温期での結球のしやすさ，葉球の肥大速度や充実の程度，形態などは品種による差が大きい。

❸ **葉球の形態と不良球**

表8-2に示したように，日本では生産・出荷時期とともに，形態・品質が明らかにちがうタイプのキャベツが生産されている（図8-3〜6）。

○葉球構成葉の3つのタイプ

キャベツは葉球構成葉のちがいから，3つのタイプに分類される。

葉重型　葉数は比較的少なく，外側の十数枚の葉が大きく成長し，内側の葉は急に小さくなっているもので，早生品種に多い。

葉数型　1枚の葉重は軽く，葉数が多い。同じ程度の重さの葉が数多く重なり合っているもので，中晩生品種に多い。

中間型　葉数は比較的多く，外側の葉も比較的大きくて重い。内側の葉になるほど小さく軽くなる。

同じ品種でも栽培条件がよいと葉数型に，悪いと葉数が増加せず葉重型になる傾向がある。葉重型は葉数がある程度確保されていれば，花芽分化していても収穫が可能である。しかし，葉数型では葉数が多くなる前に花芽分化すると不時抽苔(注5)になりやすい。

〈注5〉
収穫前に花芽分化して抽苔すること。早期抽苔ともいう。

○葉球形成過程の2つのタイプ

さらに，葉球の形成過程のちがいから2つのタイプに分類される。

充実球型　葉球をつくるべき葉が成長してから外側から巻きはじめ，ゆるやかな比較的大きい球の輪郭をつくる。その後，しだいに内側の葉が増加・成長して球ができる。

肥大型　大きく展開した葉の中心部に，葉球をつくるべき葉が小さいときから屈曲（立ち上がり）して小さな球をつくり，そのまま成長・肥大を続け球ができる。現在の品種はこのタイプである。

表8-3 キャベツのおもな不良球

名称	症状	発生原因と条件
チャボ球	球が小型になる	春どりで大苗を早植えしたときや，冬期の乾燥が激しいときにおこりやすい
裂球	外側の結球葉が割れる	収穫適期が遅れると発生する。葉数，葉重増加がさかんな春期や秋期の収穫で発生が多い
分球（側芽形成）	球が複数できる	主茎の成長がなんらかの理由で停止すると，側芽が結球する（花芽分化が原因の場合もある）

表8-4 キャベツの播種期と花芽分化，抽苔期
（品種：野崎中生）

播種期	花芽分化期	花芽分化までの日数	抽苔期
7月 1日	12月15日	168	3月30日
7月15日	12月15日	152	4月 4日
8月 1日	12月15日	137	3月29日
8月15日	1月30日	153	4月 7日
9月 1日	3月2日まで未分化	－	不抽
9月15日	3月2日まで未分化	－	不抽
10月 1日	3月2日まで未分化	－	不抽
10月15日	3月2日まで未分化	－	不抽

図8-7 裂球したキャベツ

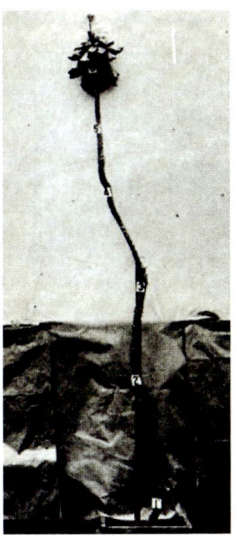

図8-8 2年間抽苔しなかったキャベツ

○不良球

　キャベツの不良球では，とくに，裂球発生による被害が大きく，いずれの作型でも収穫が遅れると多発する（図8-7，表8-3）。そのため，夏播き冬どり栽培のように収穫期間の長い作型では，収穫適期の個体を確認して収穫する必要がある。

❹花芽分化・抽苔を左右する条件

　キャベツは緑植物春化型（green plant vernalization type）で，一定の大きさになった苗が，0〜14℃の低温にあうと花芽分化が誘導される。発達した花芽は，高温・長日によって花茎が伸びて開花する(注6)。

　花芽分化を誘導する低温と低温期間は，品種と苗の大きさによって大きくちがう（図8-9）。春播き栽培では栄養成長盛期に低温にあうことがないので，抽苔はほとんど問題にならない。

　夏播き栽培では11月中旬以降になると花芽分化しているが，強く結球しており不時抽苔のリスクは小さい。しかし，秋播き栽培では，暖冬などで苗が大きく成長しすぎると，低温感応して不時抽苔することがある。夏播きで15日播種が早いだけで，花芽分化・抽苔反応がまったくちがうので，各作型で適品種を使う場合でも，適播種期を外さないことが大切である（表8-4）。

〈注6〉
Miller（1929）の実験では，結球したキャベツを16〜22℃の温室で低温にあわせず栽培すると2年間で6回結球し，低温にあわせると数カ月後に抽苔・開花した（図8-8）。

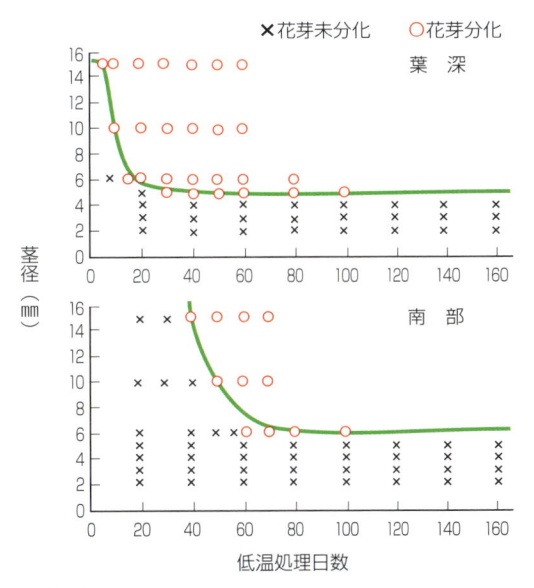

図8-9
キャベツの花芽形成と苗の大きさ，低温処理（9℃）期間（Itoら，1961のデータより抜粋）
'葉深'は10日の処理期間で感応するが，晩生種の'南部'は茎径が太くても40日以上必要である

2-キャベツの作型と栽培

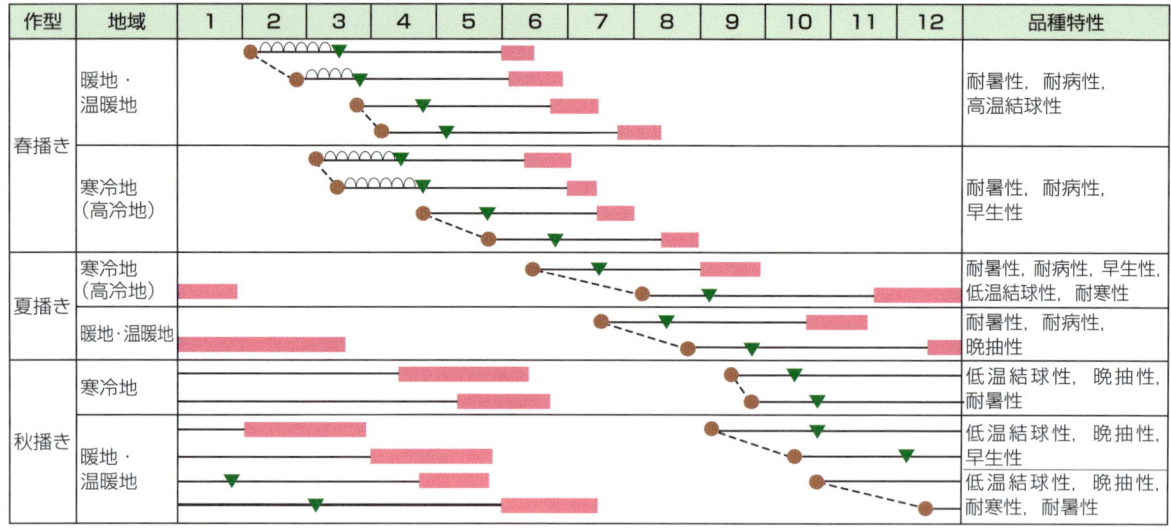

作型	地域	1	2	3	4	5	6	7	8	9	10	11	12	品種特性
春播き	暖地・温暖地													耐暑性, 耐病性, 高温結球性
	寒冷地（高冷地）													耐暑性, 耐病性, 早生性
夏播き	寒冷地（高冷地）													耐暑性, 耐病性, 早生性, 低温結球性, 耐寒性
	暖地・温暖地													耐暑性, 耐病性, 晩抽性
秋播き	寒冷地													低温結球性, 晩抽性, 耐暑性
	暖地・温暖地													低温結球性, 晩抽性, 早生性
														低温結球性, 晩抽性, 耐寒性, 耐暑性

（凡例）● 播種　▼ 定植　⌒ トンネルあるいはハウス　▬ 収穫

図8-10　キャベツのおもな作型と品種特性

図8-11　防虫ネットを被覆した定植直後の苗

〈注7〉
4～5月ごろの温暖な時期には，アブラムシ，アオムシ，ヨトウムシ，シンクイムシ，ハスモンヨトウ，オオタバコガなど，害虫の発生による食害，ウイルス媒介を回避するため，薬剤や資材利用による防除が必須である（図8-11）。

4 作型と栽培管理

❶ 作型と求められる品種特性（図8-10）

○結球性への温度反応

　キャベツの結球は低温でも高温でも抑制されるため，春播きでは高温結球性が，夏播き，秋播きでは低温結球性が求められる。さらに寒冷地の夏播き冬どり栽培では，葉球の強い耐寒性が求められる。しかし，同時にこの作型では幼苗期が高温のため耐暑性も求められる。また，平坦地の春播き夏どり栽培も，生育期間が高温期なので耐暑性が強く求められる。

　このように，キャベツは作型によって幼苗期から葉球肥大期にかけて高温から低温に向かうものと，まったく逆に低温から高温に向かうものがあるので，それに対応した品種を選ばなければならない。

○花芽分化・抽苔性

　キャベツの作型成立を左右するもう1つの要因は，低温感応による花芽分化と抽苔である。日本では，秋播きで花芽分化しない温度で栽培できる地域はないので，大きい苗でも花芽分化しにくい品種を使わなければならない。また，夏播き栽培（越冬収穫）は温暖地で可能な栽培であるが，低温のため収穫前に花芽分化を完全に回避するのはむずかしい。そのため，収穫期の高温による抽苔と裂球が発生しやすいので，晩抽性品種を用いる。

○耐病性

　キャベツの主要病害には，立枯病，萎黄病，軟腐病，黒腐病などがあり，高温，多湿条件で発生が多い。農薬などによる防除はもちろんのこと，耐病性品種の利用も重要である（注7）。

❷ 春播き栽培（6～8月どり）

　結球期の高温を回避するため，温暖地や暖地では2月播種，3月定植，寒冷地では3～4月播種，4～5月定植する。いずれもハウス内で育苗し，凍害回避のためトンネルをかけて保温する。ハウス，トンネルを利用しな

い露地育苗では，暖地で3月下旬～4月上旬播種で，1カ月後に定植する。

キャベツは移植に強い野菜で，苗床やセルトレイで育苗した苗を定植する。セル成型苗は定植後の活着がよく，移植機の利用で省力化できる。定植は1条植えで条間50～60cm，株間25～35cmとする。

キャベツの施肥は，外葉形成期から結球開始期に効かして，その後の肥効は緩慢になるようにするのが基本で，作型共通である。

春播き栽培の収穫期はおおよそ6～8月である。6月の梅雨の時期は立枯性の病害の発生が多く，さらに葉球形成開始期，葉球充実期とも高温なので，品種には耐湿性・耐病性と強い高温結球性が求められる。この性質は葉深群の品種に備わっているが，逆に低温感応性が高いので，早播きしすぎると抽苔のリスクが増す。

❸ **夏播き栽培（9～3月どり）**

生育盛期は冷涼でキャベツに適した気象条件になるため，病害発生も少ない。寒冷地では6～8月上旬播種，9～1月収穫となる。温暖地や暖地では寒気到来が遅いぶんだけ，播種期を遅らせることができる。しかし，遅くなりすぎると低温による結球不良がおこる。高温期の播種，育苗になるため立枯病，萎黄病，コナガ，ヨトウムシなどの病害虫発生に注意する。害虫防除と乾燥防止のため寒冷紗などでトンネル被覆する。定植は1条植えで条間60cm，株間35～40cm。定植後も1～2週間は寒冷紗被覆すると，風による葉の傷みや乾燥害が軽減できる。

夏の高温期と冬の低温期のあいだの比較的短い期間に栽培を終える栽培では早生性と低温結球性のある品種を，12～3月に収穫する栽培では晩抽性の品種を用いる。

❹ **秋播き栽培（4～7月どり）**

秋播きは日本で発達した作型で，9～10月播種，年内に定植して2～5月収穫，あるいは11～12月播種，越冬させて2月ごろ定植して4～7月に収穫する。栽植密度は夏播きとほぼ同様である。収穫期の5月ごろはキャベツの生育が早いため，収穫適期の幅が狭い（図8-12）。

この作型では低温にあうので低温感応性がにぶい品種，さらに早春どりでは低温結球性が強い早生の品種を用いる。一方，6～7月に収穫する栽培では，小苗で越冬するため抽苔のリスクは低いが，生育後半が梅雨から梅雨明けになるため，耐暑性，軟腐病など強い耐病性が求められる。

秋播き栽培は，夏の暑い時期を過ぎてからの播種であり，葉球の肥大期も春の冷涼な時期なので比較的栽培しやすい。しかし，10～11月ごろはべと病，さび病の発生が多く，これらの病害抵抗性が求められるが，春のアブラムシやアオムシ防除とともに，適切な薬剤散布による防除を行なう。

❺ **作型開発の動向**

加工・業務用（消費割合は全キャベツの約50％をしめる）には球のしまりが強く，葉が厚く，葉質が硬い寒玉系品種が使われるが，抽苔と不結球のリスクが高い4～5月の収穫はむずかしく品薄になる。この端境期を埋める方法として，従来の秋播き6月どり栽培にトンネル保温して収穫期を早める栽培や，寒冷地での8～9月播き栽培などが検討されている。

図8-12　収穫期のキャベツ畑
（写真提供：赤松富仁氏）

キャベツは露地栽培されるため，栄養成長，結球，抽苔，病害虫発生などが，気温や降雨などの天候に直接影響されるので，気象条件による豊凶や出荷期のずれが大きく，さらに作付面積の増減も大きいので市況の変動が激しい野菜である。

3 レタスの作型と栽培

学名：*Lactuca sativa* L. capitata group（キク科アキノノゲシ属）
英名：lettuce
別名：チシャ，萵苣
原産地：地中海地方

1 原産地と日本への渡来

レタスはチシャの一種で，チシャの原種とされる *L. scariola* L. は地中海地方，北アフリカ，西アジア，中央アジアから北部インド，シベリアに広く分布している。栽培の歴史は古く，古代エジプト，ギリシャ時代にすでに栽培・利用されていた。元来は不結球性であったが，16世紀のヨーロッパに結球性レタスがあらわれた。

チシャは奈良時代に中国を経て日本に導入された。明治以降になってアメリカ，フランスから多くの結球レタスの品種が導入され栽培が広まった。

2 品種成立の過程

当初は，ゆるく結球するバターヘッド型のいわゆるサラダナの栽培が中心で，クリスプヘッド型の結球レタス（玉チシャ，玉レタス）の栽培は1950年代ごろから急増した。アメリカで育成された品種(注8)を素材にして，日本に適した品種開発が行なわれた(注9)。現在の野菜栽培はF₁品種の利用が多くなったが，レタスは今でも大部分が固定品種である。

なお，レタスは植物形態，利用形態から5つの品種群に分類することができる（表8-5）（図8-14, 15）。

図8-13 収穫期のレタス

〈注8〉
サリナス系，エンパイア系，カルマー系，バンガード系など。

〈注9〉
たとえば，わが国では夏の高温が抽苔，結球不良の原因になるが，晩抽性，耐暑性，高温結球性を備えた品種育成により冷涼地での安定した夏播き栽培が可能になった。

レタスの学名の由来

レタスの学名「Lactuca」は「乳」の意味で，葉や茎を切ると乳白色の液が出てくることに由来する。和名のチシャも乳草がなまったものである。この乳液には苦みと渋みがあり，多窒素，乾燥条件で栽培されたり，抽苔した株で苦味が強くなる。乳液には樹脂，粘質物質，タンパク質，糖，アルカロイドなどが含まれ，種類によって成分はちがう。

表8-5 レタスのおもな品種群の分類

品種群	特徴
立ちチシャ（コスレタス）	南ヨーロッパ，北アフリカで発達。スプーン状の葉で中肋が大きい。葉数が多く結束して長い結球状になる。葉はやわらかい。生食
茎チシャ（ステムレタス）	中国で発達。葉は長く，先端がとがるものと丸味を帯びるものがある。茎は肥厚し，長さ30cmくらいになり，おもに茎を利用する。炒め物，乾燥野菜，漬物
かきチシャ（カッティングレタス）	茎立性で下葉をかきながら用いる。生食
葉チシャ（リーフレタス）	地中海地方の古来種。結球レタスの原種と考えられている。生食
玉チシャ（玉レタス，ヘッドレタス）	地中海地方で発達した品種。結球する（クリスプヘッド型とバターヘッド型がある）。生食

①結球レタス：クリスプヘッド型　②サラダナ：バターヘッド型
図8-14　玉チシャ（玉レタス，ヘッドレタス）

①グリーンリーフ　②サニーレタス
図8-15　葉チシャ（リーフレタス）

3 レタスの生理・生態

❶環境と生育

結球レタスは，ヨーロッパの冷涼地帯で発達した野菜である。代表的な好光性種子であるが，現在栽培されている品種は暗黒でもよく発芽する。発芽適温は18～20℃で，25℃以上ではいちじるしく発芽率が低下する（表8-6）。レタスの種子は痩果(注10)とよばれる果実である。

生育適温は18～23℃で暑さをきらう。本葉6～7枚までの幼苗期は低温への耐性は強いが結球がはじまると弱くなり，氷点下では凍結する。高温になると茎が伸長しはじめ，苦味を増す。葉球は日持ちが悪いため，高温期の収穫後は0～5℃の真空冷却装置で予冷する必要がある。

レタスは高温によって花芽分化・抽苔が誘導される。抽苔と開花は，温度条件が同じであれば，長日で促進される傾向がある。茎径が太く株が大きいほど，花芽分化は促進される。

表8-6　レタスの好適環境

発芽適温	18～20℃
生育適温	18～23℃ 昼温18～20℃，夜温15℃内外の夜冷状態で葉球が肥大・充実 日中平均気温10～20℃が栽培適温
花芽分化	25℃以上で誘導
抽苔	平均気温20℃内外で20～30日
好適土壌pH	6.0～6.5

〈注10〉
果皮が硬く熟すと乾燥する果実。

❷結球（葉球形成）

○結球の経過と条件

発芽まもない株は葉形比（葉長/葉幅）の大きい葉が展開する。生育がすすむにつれ，葉柄が短くなって葉形比が1に近い葉になり，発芽後40～50日で葉球形成開始期になる。葉数が18～20枚程度になると，葉が立ち上がり（屈曲），結球体勢をとりはじめる。この新葉の立ち上がりは，外葉の遮光によっておこる。葉球形成期になると，茎頂部では葉原基が何層にも重なり，小さな結球をつくる。

葉球の肥大・充実の適温は，昼間18～20℃，夜温15℃内外の夜冷状態がよく，日中の平均気温10～20℃の時期が栽培適期とされている。

○葉球の形態

結球性の玉レタスにはバターヘッド型（サラダナ）とクリスプヘッド型（玉レタス，結球レタス）の2種類がある。バターヘッド型の結球はゆるいが，クリスプヘッド型の葉球は硬くしまり，葉は比較的厚く，先端が互いに内側に巻き込むように重なりあっている。

クリスプヘッド型には葉数の増加とともに充実する葉数型（肥大型），葉球の外形ができ外側から内側に向かって葉が充実する葉重型（充実型），葉数型と葉重型の中間型の3タイプがある。

○不良球

レタスは葉球の形が変化しやすく，安定した良形につくることが重要で，

3-レタスの作型と栽培　97

表8-7 レタスのおもな不良球

名称	症状	発生原因および条件
チャボ球	球が小型になる	低温期の強い乾燥，肥料不足などで発生しやすい
分球	1株に小型の球が2個できる	主茎が成長を停止し，側芽が結球。ホウ素欠乏（カリウム，カルシウム過多）
裂球	外側の結球葉が割れる	肥大中の乾燥後の多雨で発生しやすい
不結球	結球しない	冬どり栽培での異常低温
タコ足球（中肋部突出）	結球葉基部の中肋部が細く盛り上がったもので，小球になりやすい	高温乾燥で発生。早生でコンパクトな品種に出やすい
変形球	球内の花茎伸長による変形	球肥大中の花芽分化
タケノコ球	結球葉の最外葉が球にならないで巻きつき，タケノコのような形になったもの	温度上昇期に発生多い。結球開始期の急激な肥効で発生しやすい

適切な品種選定と栽培管理が求められる。おもな不良球を表8-7に示した。施肥の過不足，気温，乾燥，抽苔，降雨などが不良球発生の原因ないし発生条件となっている。

球形成の安定性は，結球性，耐病性，食味と同様，品種選びの重要な形質である。

❸花芽分化

レタスの花芽分化は高温で誘導され，その後の高温・長日条件で抽苔・開花する。生育期間を通して，25℃以上の最高気温が継続する地帯では，抽苔のリスクが高まる。

花芽は，生育中の5℃以上の積算温度がある一定以上になると誘導されるといわれている。花芽分化は日長にも影響され，長日は促進的に，短日は抑制的に働く。温度感応性は苗の大きさにも影響され，茎径5〜6mmで強く高温に反応し，大苗ほど短い高温遭遇期間で花芽分化する。

花芽分化した株は平均気温25℃以上で10〜15日程度，20℃内外で20〜30日程度で抽苔する。しかし，15℃以下では抽苔しないので，球内抽苔が肉眼でわかるまでに発達していなければ収穫・出荷は可能である。

4 作型と栽培管理

❶作型と求められる品種特性（図8-16）

レタスは冷涼な気候を好む野菜で，高温では生育の阻害だけでなく抽苔のリスクも高くなるので，日本では季節ともに栽培適地が移動する(注11)。

生育は栽培環境の影響を受けやすいが，育苗方法の改良，ハウスやトンネル，保温資材などの利用が栽培期間や栽培地を広げ，作型を分化させている。なお，環境適応性，結球性，抽苔性，球形成安定性などの品種間差が大きいので，栽培地と栽培時期に最もあった品種選びが大切である。

〈注11〉
12〜2月は静岡県，香川県，兵庫県など温暖な地域，3〜5月の春は茨城県，群馬県など関東地方，5〜9月の初夏〜初秋は夏冷涼な長野県，岩手県，秋〜冬にかけては再び関東地方からの出荷が多くなる。

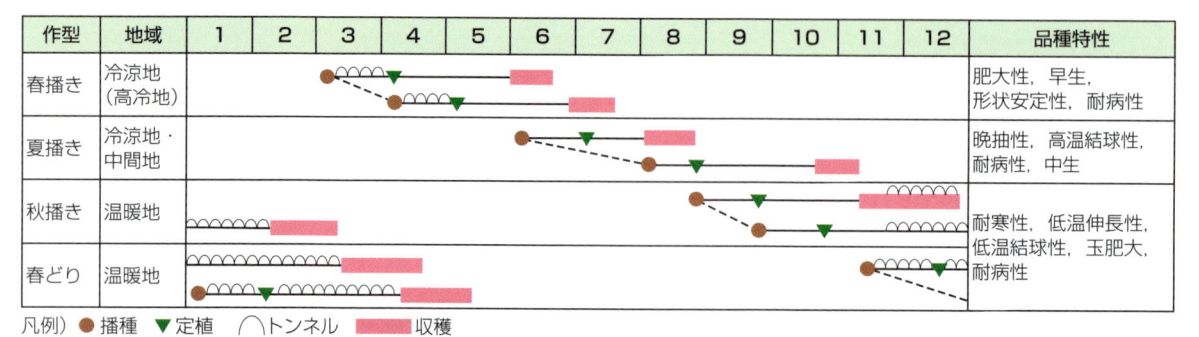

作型	地域	1	2	3	4	5	6	7	8	9	10	11	12	品種特性
春播き	冷涼地（高冷地）													肥大性，早生，形状安定性，耐病性
夏播き	冷涼地・中間地													晩抽性，高温結球性，耐病性，中生
秋播き	温暖地													耐寒性，低温伸長性，低温結球性，玉肥大，耐病性
春どり	温暖地													

凡例：● 播種　▼ 定植　⌒ トンネル　▬ 収穫

図8-16 結球レタスのおもな作型と品種特性

❷ 栽培管理の基本

○育苗と定植

播種床あるいは育苗箱に播種し，間引きしながら定植まで育苗する方法，ペーパーポット，セルトレイやポットに直接播種し，定植まで育苗する方法がある。レタスの種子はたいへん小さいので，播種後は薄めに覆土し，軽く鎮圧して十分灌水する。

本葉5～6枚程度で定植する。セル成型苗利用の機械植えの場合は，本葉3～4枚程度が定植時期である（図8-17）。栽植密度は1条植えで畝幅40～45cm，株間25～30cm，3～4条植えでは条間30～35cmとする。

○定植後の管理

温度や水分の急激な変動に敏感なので，マルチをして急激な温湿度変化を緩和する。マルチは土の跳ね返りを防いで，病害防除にもつながる。高温期の白色の反射マルチは地温上昇を防ぎ（図8-18），低温期の透明マルチ，黒マルチは保温効果がある。外葉が成長する時期の干ばつは，葉球形成と肥大をいちじるしく低下させるため，土壌を乾燥させない適切な灌水が重要である。

レタスは土壌の酸性に弱く，適土壌pHは6.0～6.5である。カリウムは球の肥大充実に必要な養分であるが，過剰になるとカルシウムの吸収が阻害され，チップバーンの発生が多くなる。

多湿条件で腐敗性の病害発生が多い。葉球形成までに薬剤散布で腐敗病，灰色かび病の発生を予防する。

❸ 春播き栽培

3～4月に播種し，6～7月に収穫する作型である。播種期，育苗期が低温なので，トンネル，マルチ，べたがけなどで保温する。通気性のあるべたがけ資材は，トンネルで使用するポリエチレンフィルムよりも放射冷却がおこる晴天時の夜間の保温効果が高い。結球期は高温になるため，抽苔，変形球，病害発生，球腐敗などが発生しやすく，晩抽性，球形安定性が高い耐病性品種が求められる。

高冷地は夏冷涼であるが，収穫物を平坦地に出荷すると，輸送中の高温のため品質が大きく低下する。そのため，3～5℃に品温を下げてから出荷する予冷処理が必要になる。予冷技術，品質を保持する輸送技術，包装資材の開発によって夏の高冷地のレタス栽培が成り立っている。

❹ 夏播き栽培

夏播き栽培は玉レタスの中心的な作型で，6～8月に播種し，8～11月に収穫する。気温の高い時期の播種では高温による発芽抑制がおこるため，播種箱は涼しい環境に置く。寒地，寒冷地，標高が高い地域ほど早まきし，盛夏の8～9月収穫が可能になる（図8-19）。

夏播き栽培は，秋の適温で生育，結球させ，冬の低温期にはいる前に収穫する作型である。生育期間中に高温にあうので，抽苔しにくい晩抽性品種を用い，収穫期の遅い栽培には耐寒性の強い品種を用いる。

❺ 秋播き栽培

9～10月に播種し，11～3月に収穫する作型である。冬の平均気温が

図8-17
定植適期のレタスのセル苗
（写真提供：赤松富仁氏）

図8-18
白色マルチ栽培（リーフレタス）
（写真提供：赤松富仁氏）

図8-19　収穫期の玉レタス
（写真提供：赤松富仁氏）

5℃以上の温暖な地帯がおもな産地であったが,トンネルやハウスなどの利用で暖地以外にも広がっている。結球開始ころから気温が低下するため,保温が必要で,品種には強い耐寒性が求められる。

近年,この作型や春どり栽培で,レタスビッグベイン病の発生が広がり,大きな問題となっている。本病気は低温・多湿条件で発病しやすい,土壌中のオルピディウム（Olpidium）菌によって媒介されるウイルス性の病気で,早急な対策が望まれている。

❻ 春どり栽培

11月播き3〜5月収穫の栽培は,厳冬期にトンネル被覆することで栽培を可能にしている。日平均気温10℃以下になればトンネルを設置するが,トンネル内が25℃以上にならないように換気する。暖地では9〜10月に播種し,12月ごろからべたがけだけで厳冬期を耐えて,1月下旬〜3月上旬収穫を可能にしているところもある。

この作型は低温期に成長,結球するので,耐寒性,低温伸長性,低温結球性が強く,変形球発生の少ない品種を用いる。トンネル被覆期間中は,トンネル内湿度が高くなりべと病,灰色かび病,菌核病などが発生しやすいため,こまめな換気と適切な農薬散布による防除が大切である。

4 タマネギの作型と栽培

学名：*Allium cepa* L.（ユリ科ネギ属）
英名：onion
別名：葱頭（たまねぎ）
原産地：中央アジア

1 原産地と日本への渡来

野生種は発見されていない。バビロフの説では,北西インド,ウズベク,天山山脈の西部地域などの中央アジアが一次中心地で,近東や地中海地域が二次中心地とされている。

栽培の歴史は古く,古代エジプトでは紀元数千年前から食用にされていた形跡がある。ヨーロッパに広がってからは,南欧で辛味の弱いマイルド系品種が,中東欧では辛味の強いストロング系品種がさかんに栽培されるようになった。16世紀以降にアメリカに伝わり,多くの品種が育成された。

日本では,江戸時代に栽培された形跡はあるが,定着したのは明治以降である。1871（明治4）年に北海道,1884〜1885（明治17〜18）年に大阪に導入され栽培化に成功した。

2 品種成立の過程

品種はおもにアメリカから導入され,'イエロー・グローブ・デンバース'からは春植えの主要品種'札幌黄'が,'イエロー・デンバース'からは秋植えの主要品種'泉州黄'ができた。また,フランス系の白タマネギ品種から'愛知白'ができた。これらは,導入品種をほとんど交雑させるこ

図8-20 収穫期のタマネギ

となく独自に分化した品種で，なかでも泉州系は多くの系統を分化させた。
　1970年ころから雄性不稔を利用したF₁品種の育種がさかんになり，現在では，北海道以外はほとんどF₁品種を栽培している。

3 タマネギの生理生態
❶環境と生育
　種子の発芽適温は15～25℃である（表8-8）。種子の発芽率は高いが，寿命は1年くらいと短い。生育適温は20～25℃と比較的冷涼な気候を好み，耐寒性は強い。乾燥には強いが，湿害に弱い。一定の日長以上になると鱗茎形成を開始するが，鱗茎形成が開始する限界日長 (注12) は品種による差が大きい（表8-9）。肥大を完了した鱗茎は休眠し，休眠覚醒後は低温によって花芽分化し，その後の高温・長日で抽苔・開花して一生を終える。

❷結球（鱗茎形成）
〇鱗茎の形成過程と休眠覚醒
　タマネギは長日条件によって鱗茎形成が誘導される。冬の短日・低温期は地上部の成長はゆるやかにすすむが，長日・高温期になると地上部はさかんに成長し，同時に鱗片葉がつくられ鱗茎が肥大しはじめる。その後，新葉も出なくなり成長が衰えると同時に鱗茎が急速に肥大する。鱗茎の肥大期間中に地上部は倒伏するが，鱗茎は肥大を続ける。

　タマネギは苗の大きさにかかわらず，長日に感応し鱗茎形成が開始されるため，苗がまだ小さいときに鱗茎形成がはじまると玉は小さくなる。鱗茎形成は温度にも影響され，低温で肥大が抑制される。肥大に必要な温度は13～20℃で，適温は15～20℃である。

　成熟した鱗茎は休眠しているが，掘り上げ40～50日後くらいから，球内の萌芽葉が動き出し，約1カ月後に球外に芽が出る。鱗茎の休眠は高温で打破されるため，0～5℃の低温貯蔵によって覚醒を遅らせることができる (注13)。

〇鱗茎の形態
　鱗茎は葉鞘基部が肥大したものである。外側から，非常に薄い保護葉，葉身をもっていた肥厚葉，葉身をもっていなかった貯蔵葉，肥厚程度の弱い萌芽葉，萌芽葉内にある普通葉で構成されている（図8-21）。'愛知早生'は構成葉数が少なく各葉の肥厚度が大きい葉重型品種，'札幌黄'は肥厚度が中程度で葉数が多い。前者は早生で扁平球，後者は晩生で球形である。

❸花芽分化
　タマネギは一定の大きさになった株が，越冬中に10～12℃以下の低温に1～2カ月間あうと花芽分化し，その後の長日・高温条件で抽苔・開花

表8-8　タマネギの好適環境

発芽適温	15～25℃
生育適温	20～25℃ 鱗茎肥大適温 15～20℃
花芽分化	10～12℃に1～2カ月
好適土壌 pH	6.3～7.8

〈注12〉
タマネギは，一定以上の日長で鱗茎をつくる。この一定の日長を限界日長とよぶ。

〈注13〉
貯蔵中に休眠が破れて萌芽すると品質をいちじるしく損ねるので，ガンマ線などの照射によって萌芽抑制を行なっている。

表8-9　タマネギ品種と鱗茎形成のための限界日長

限界日長 （時間）	品種	播種時期
11.50	愛知白（極早生）	秋播き
12.00	貝塚早生（早生系）	
12.50	貝塚早生（晩生系），愛知黄早生	
13.00	早生泉州，今井早生，黄魁，中生泉州	
13.50	中生泉州，晩生泉州，淡路甲高，山口丸	
14.25	札幌黄	春播き

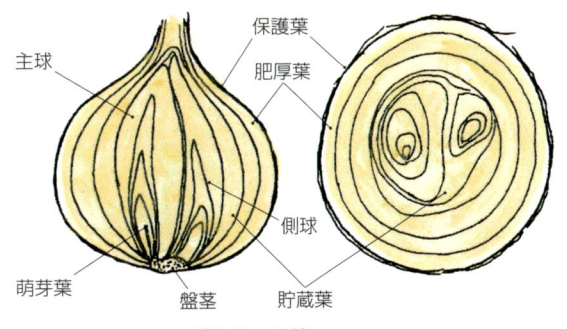

図8-21　タマネギ鱗茎の形態

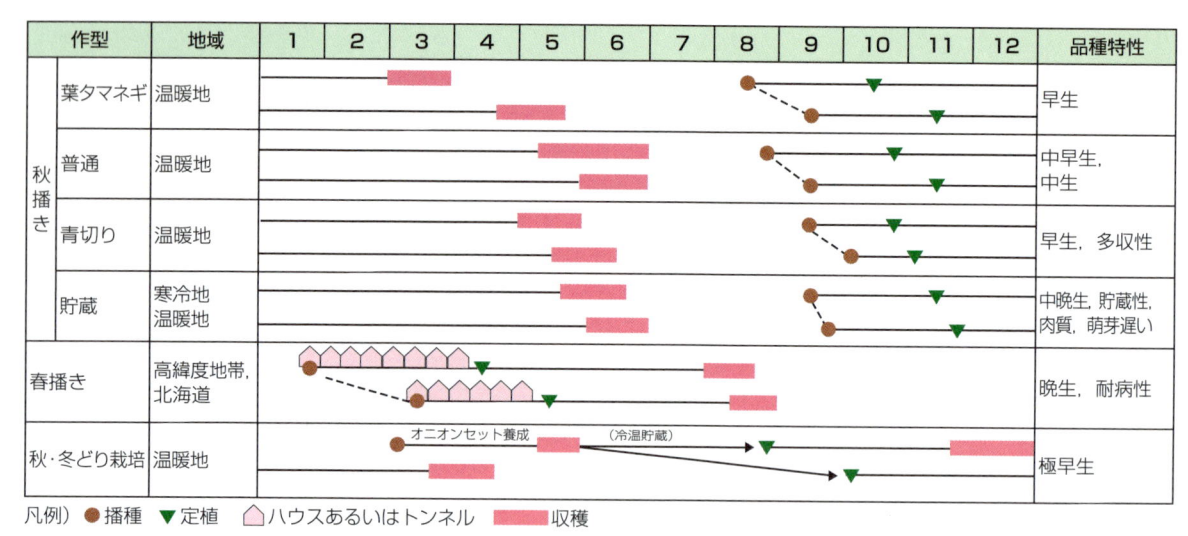

図8-22 タマネギのおもな作型と品種特性

4 作型と栽培管理

❶作型と求められる品種特性（図8-22）

鱗茎形成は長日によって誘導されるが，気温が低いと鱗茎の肥大は抑制される。北海道のような寒冷地では鱗茎肥大に適した気温になるのが遅いので，栽培する品種は，気温が低いときに鱗茎形成が誘導されないよう，限界日長が長くなければならない。さらに，鱗茎形成を開始するまでの幼苗期の気温も重要である (注14)。

タマネギには，ネギの出荷が減る時期の代用として若い葉を食べる葉タマネギ栽培，生育中の葉を切って出荷する青切り（切り玉）栽培，成熟球を貯蔵して適宜出荷する栽培などがあり，それぞれに適した早生性，多収性，貯蔵性が求められる。また，砂質土壌では生育が促進され早出しが可能になり，粘土質土壌では充実した貯蔵性の高い球がえられるなど，土壌環境の影響も大きい。

このように，タマネギでは結球を決定する日長と気温条件，病害の原因になる降雨などの気象条件，生育の早晩や貯蔵性に影響する土壌条件など，地理的環境や気象条件と品種特性の関係で作型が分化している。

❷栽培管理の基本

○育苗と定植

播種は苗床に条播きかばら播きする。本葉が1.5～2枚のころに1～2回間引きを行ない，1～2cmの株間を確保する。タマネギの収量は定植時の苗質の影響が大きく，葉数4～5枚，草丈25～30cm，葉鞘径6～7mm，

〈注14〉
たとえば暖冬では，苗の生育がすすんで大苗になり早期抽苔の危険性が高まる。また，冬の寒さが厳しく，かつ降雪量が多い地域では，苗が十分生育せず収量が上がらないため，秋播きして翌春収穫する作型はむずかしい。

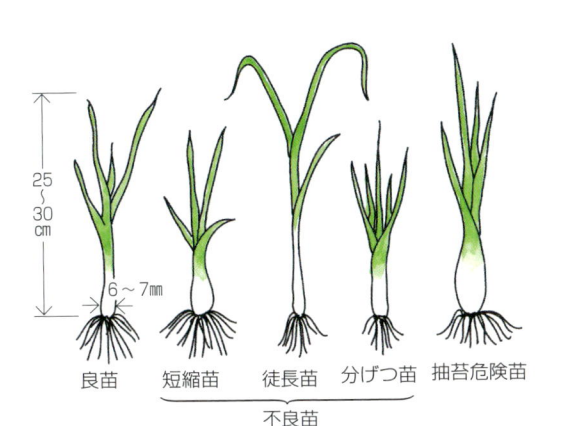

図8-23 タマネギ定植時のよい苗，不良苗の形態（加藤）

図8-24 タマネギの生育
①地表に肥大した鱗茎が確認できない
②鱗茎の肥大が確認できる

苗重4～5gが良苗とされる（図8-23）。越冬性，乾燥耐性を高め，高収量を得るには大きい苗ほどよいが，大きすぎると低温感応しやすいため抽苔のリスクが大きくなる。

栽植距離は通常，株間10～12cm，条間20～25cmの2～4条植えとする（注15）。栽植密度は2～3万本/10aで，2万本/10aをこえると球は小さくなるが，総収量は増える。

○施肥と栽培管理

施肥の基本は，鱗茎形成開始までに根群の発達，葉身の成長をうながし球形成に備える（図8-24）。窒素が不足すると抽苔のリスクが高まり，リンが不足すると根群の発達が悪くなり，同時に耐寒性が低下する。ただし，窒素が過剰になると鱗茎の成熟が遅れ，貯蔵性も低下する。

タマネギは雑草に弱いので，除草は早期に行ない球の肥大中期ごろまでに終える。鱗茎肥大がすすむと地上部を支えることができなくなり，葉身部が倒伏する（図8-25）。倒伏は収穫期が近づいた目安であり，地上部が80％以上倒伏したら収穫する。

タマネギの病害は，栽培中だけでなく貯蔵中にも発生するが（注16），いずれも栽培中の防除が大切で，薬剤防除を行なう。害虫（注17）は定植時の防除が大切である。

タマネギは貯蔵性が高く，貯蔵球を出荷することで周年出荷できる。

❸ 春播き栽培

春分以降日長はしだいに長くなるが，北海道のような高緯度地帯では気温の上昇が遅く，鱗茎形成が遅れる。また，降雪や冬の厳しい低温のため冬に生育させることは困難なので，春に播種し，8～9月に収穫する。このような高緯度，寒冷地帯の春播き栽培用には，気温が上昇してから日長に感応する限界日長の長い‘札幌黄’などの晩生品種が用いられる。

春播きでは，早く播きすぎると苗が大きくなりすぎて抽苔のリスクが高まる一方，遅く播くと鱗茎形成開始までの栄養成長期間が短く，十分に株が成長しないまま鱗茎形成がはじまるため小球になる。この作型は高温期に生育するので病害虫の被害を受けやすく，適期防除が大切である。

図8-25 収穫直前にみられるタマネギの地上部葉身の倒伏現象

〈注15〉
近年は作業性の向上，省力化をはかるため，大産地ではセル成型苗による機械移植が一般的である。

〈注16〉
おもな病害は，圃場で発生が多い：べと病，黒斑病，貯蔵中に発生が多い：軟腐病，乾腐病，育苗期から貯蔵期間を通して発生する：灰色腐敗病など。

〈注17〉
おもな害虫は，タマネギバエ，ネギアザミウマ，ネギコガなど。

4- タマネギの作型と栽培　103

図 8-26
収穫後の乾燥（吊り玉）

〈注 18〉
地上部倒伏後に掘り上げ，小屋内に吊り下げて貯蔵する（図8-26）。

〈注 19〉
オニオンセット苗は生葉数3〜4枚程度，球径2〜2.5cmが適している。10月植え（春どり）ではオニオンセットの休眠は完全に破れているので，定植後は容易に発根・萌芽する。しかし，9月植え（冬どり）では休眠打破が完全でなく，定植後の斉一な萌芽をうながすため20℃の冷温処理が必要である。

❹ 秋播き栽培

　低緯度地帯，温暖地では秋播きが可能で，この地域では早くから気温が上昇するため，日長の短い時期から鱗茎形成が可能になる。限界日長の短い'愛知白''貝塚早生'のような早生品種が栽培に適する。また，栄養成長期の早い段階から低温にあうため，低温感応性のにぶい品種を用いる。

　適期より早く播くと大苗になりすぎて抽苔・分球しやすい。逆に，播種期が遅れると苗が小さく越冬率が低下し，収量も低下する。

　秋播き栽培には，通常の鱗茎を収穫する普通栽培のほかに，葉タマネギ栽培，青切り栽培，貯蔵栽培（注18）がある。

　収穫した鱗茎を乾燥・調製後に2℃の冷蔵庫に搬入すれば，翌年の1月まで貯蔵が可能である。貯蔵する栽培では，地上部が完全に倒伏して枯れるころに，鱗茎上部の頸部の水分が抜け，よくしまったものを収穫する。重粘土壌や比較的乾燥した土壌で栽培すると貯蔵性が増す。

❺ 冬どり・春どり栽培

　2月中下旬に播種し育苗した苗を定植・栽培して，肥大しはじめた小球（オニオンセット）（注19）を5月ごろに掘り上げ，冷温貯蔵してから9〜10月に再度定植し，12〜3月に収穫する栽培である。貯蔵ものがほとんどの12〜3月ごろに，新鮮なタマネギを出荷することができる。

　品種は，極早生，早生系品種が適しているが，冬から早春に収穫するため，比較的短日長，低温で肥大するものを用いる。

■まとめの問題
1. キャベツ秋播き栽培で，暖冬で不時抽苔をおこす理由を述べよ。
2. 葉重型および葉数型キャベツの形態的特徴を述べよ。
3. 結球現象での外葉の働きについて述べよ。
4. レタスの不良球をあげ，症状と発生原因について述べよ。
5. 北海道で春播きするタマネギ品種の限界日長が長い理由を述べよ。

第9章 作型と栽培体系③ 特異な作型をもつ野菜（イチゴ）

自然条件で生育しているイチゴは，晩夏から初秋の短日低温条件で花芽を分化し，わい化（dwarfing，ロゼット化；rosetting，休眠；dormancy）状態で越冬したのち，翌春，開花結実する（図9-1）。その後，初夏から夏の長日高温条件でランナーが発生して増殖する。

このライフサイクルを人為的に調節して栽培するのが，促成栽培である。多年生植物であるイチゴの栽培には，花芽分化と休眠の制御が必要でそれによって作型が分化している（図9-2）。

1 来歴と品種，作型の変遷

1 起源，来歴

現在の栽培種（Fragaria × ananassa Duch.）は，北アメリカ東部原産のF. verginiana（バージニアーナ）と南アメリカのチリ原産のF. chiloensis（チロエンシス）が，18世紀にオランダで交雑された種間雑種に起源する。その後ヨーロッパと北アメリカ各地に広まり，日本へは江戸末期に観賞用として長崎へ渡来した。果実として本格的な栽培がはじまったのは明治時代末期から 'Victoria（ヴィクトリア）'，'Marshall（マーシャル）' などの導入品種が栽培された。

図9-1
開花盛期のイチゴの生育
頂芽が花芽分化してつくられるイチゴの花房は二出集散花序であり，中央の1番花（①，頂花）が開花し，2本発生する分枝の先端にそれぞれ2次花（②，③，2，3番花）が開花する。ランナー（R）は腋芽由来で第1，2節間が伸びたのち子株をつくり，第2節の腋芽が旺盛に成長して二次の子株をつくる（図9-4参照）

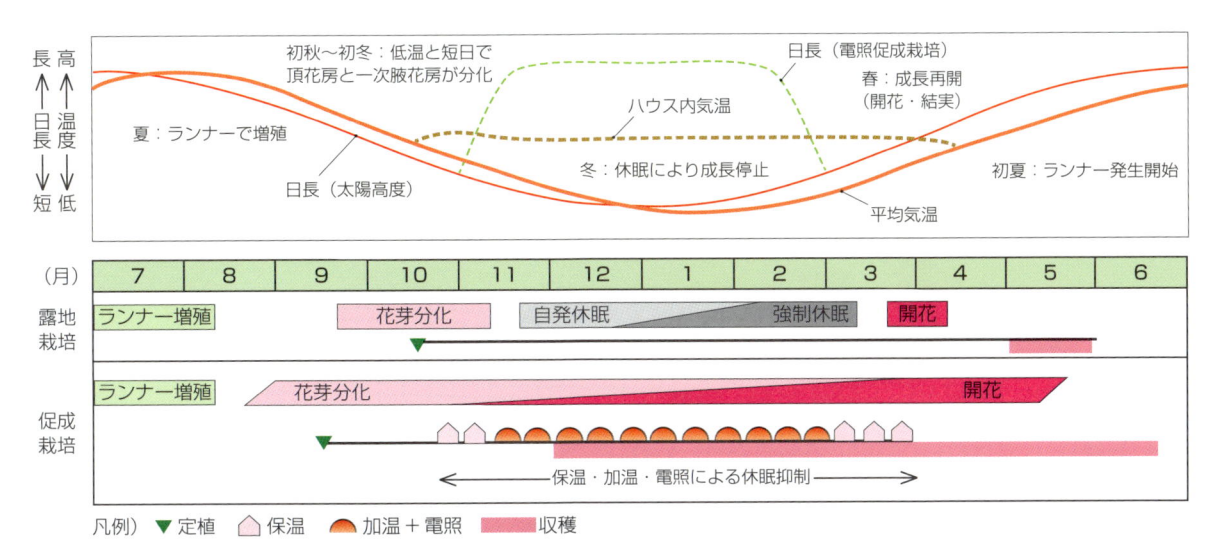

図9-2 日長・気温の変化と露地栽培・促成栽培での一季成りイチゴの発育・収穫パターン

表9-1　全国品種別面積占有率（%）の推移（全農系統あつかい）

品種（登録年）	1982	1990	2000	2011
宝交早生（1957）	55.0	4.0	1.1	
ダナー（1945）	17.0	0.2		
麗紅（1975）	13.0	5.0	1.2	
はるのか（1961）	8.0			
女峰（1985）		50.0	23.3	1.0
とよのか（1984）		37.0	42.7	1.1
章姫（1992）			6.4	4.2
とちおとめ（1996）			15.0	32.4
さちのか（2000）			3.9	10.7
さがほのか（2001）				16.6
福岡S6号（2005，あまおう）＊				12.6
紅ほっぺ（2002）				8.4
やよいひめ（2005）				2.1
熊研い548（2006，ひのしずく）＊				1.3
ゆめのか（2007）				1.1
その他	7.0	3.8	6.4	8.5

＊：種苗登録出願後は品種の名称変更が認められなくなり，系統番号などがそのまま正式な品種名として登録され，別に商標登録した通称でよばれる品種が増えはじめている

2 品種と作型の変遷

　日本での育種は，内藤新宿試験場（現在の新宿御苑）などの造成にあたった福羽逸人によってはじめられ，'General Chanzy（ジェネラル シャンジー）'を母本にして1899（明治32）年に'福羽'が育成された。当初は門外不出とされていたが，昭和になって普及し，静岡県，神奈川県を中心にイチゴの本格的な栽培がはじまった。

　農業用ビニル（農ビ）が普及した1960年代には'ダナー'や'宝交早生'を用いた半促成栽培が急速に広がり，小型トンネルからパイプハウスへと大型化し，しだいに保温開始時期が早くなった。冬の生産を目的とする促成栽培は，'福羽'などの休眠が浅い品種を利用して行なわれていたが，静岡県を中心とする暖地にかぎられていた（注1）。

　1970年代になって電照，ジベレリン処理による休眠制御と断根ズラシによる花芽分化促進を組み合わせた，'宝交早生'の促成栽培が奈良県で開発され，全国的に普及した。1980年ごろには全栽培面積の50％以上を'宝交早生'がしめるようになり，萎黄病の感染回避と窒素栄養制御を目的としたポット育苗が急速に普及した。1990年ごろには休眠が浅く，食味・輸送性に優れた'女峰''とよのか'の促成栽培が90％以上になった。これらの品種は炭疽病に弱く，降雨による感染拡大の回避のため，雨よけハウス内での鉢受けによるポット育苗が普及した。

　現在では，'とちおとめ''さがほのか''紅ほっぺ'などの栽培面積が多いが，各地で新品種が育成され，県のオリジナル品種が地域限定で栽培される例が増えはじめている（表9-1）（注2）。

　これまで紹介した，低温短日条件で花芽分化する一季成り（June-bearing）品種のほかに，長日条件でも花芽分化する四季成り（ever-bearing）品種があり（注3），寒高冷地の夏秋どり栽培に利用されている。

2 生育特性と作型

1 作型分化と休眠

❶生育と休眠特性

　生育適温は15〜25℃で，15℃以下では短日条件でわい化し，5℃以下になると休眠する。ただし，樹木の芽や球根とはちがい，冬の戸外でもわずかに成長しているため，相対的休眠（relative dormancy）とよばれる（注4）。自発休眠（endodormancy）にはいると，高温長日条件でもランナ

〈注1〉
現在の静岡市清水区久能の石垣イチゴはその代表であった。

〈注2〉
日本ではジャムなど加工用イチゴの栽培はごくわずかで，7〜10月の生食用とともに大半は輸入されている。

〈注3〉
'サマープリンセス''ペチカ''HS138'などの品種が育成されている。

〈注4〉
0〜1℃の冷蔵庫内でも成長するため，抑制栽培用の株冷蔵は−1.5℃で行なわれている。

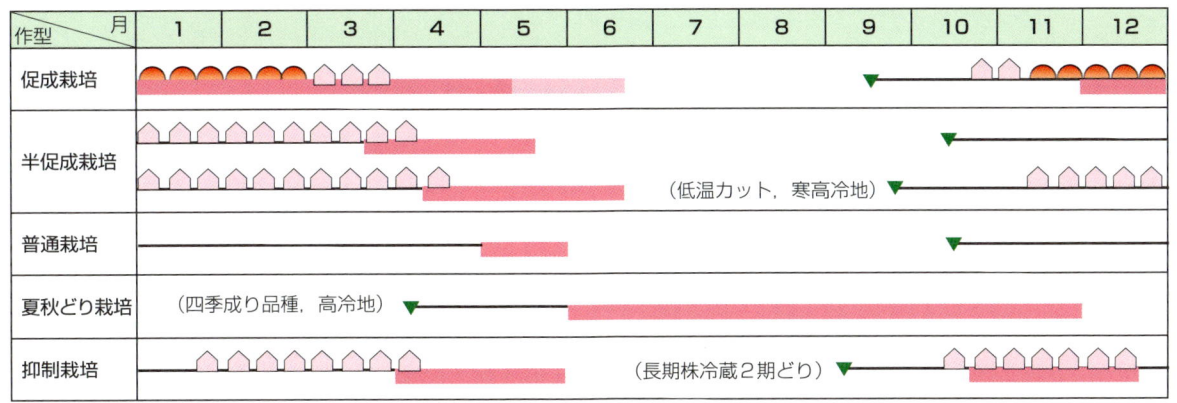

図9-3 イチゴの標準的な作型
夏秋どり以外は一季成り品種が利用され，出荷量の95％以上が促成栽培で生産されている。促成栽培では，他品目との労力の競合や病害虫防除のため5月上旬で収穫を打ち切る産地が多い

一発生や葉の伸長など栄養成長が抑制される。自発休眠は冬の低温で打破され，強制休眠（ecodormancy）へと移行し，春になって温度が上がると成長を再開して開花結実する (注5)。

トマトやキュウリは温度を中心に環境制御すれば施設での周年栽培が可能であるが，イチゴではさらに花芽分化と休眠の制御が重要な技術となっており，作型分化が他の果菜類とは大きくちがう（図9-2参照）。

❷イチゴの作型

おもな作型の概要を図9-3に示した。

促成栽培は，さまざまな方法で花芽分化（flower bud differentiation）させた苗を定植し，低温と短日によって休眠にはいる前に保温を開始する。電照による長日処理と温度管理によって半休眠状態を維持し，連続的に花芽を分化させ初夏まで収穫を継続する（図9-2参照）。

半促成栽培では，休眠にはいった株が一定の低温要求（chilling requirement）を満たしたのちに保温を開始する。低温が不十分で自発休眠状態の株を保温しても，花芽は発育して開花する。しかし，温度が低いうえ日射量も不十分なので，栄養成長が劣り，葉面積が不足して満足な果実生産ができない。逆に，過剰な低温にあうと花芽分化が停止するため，栄養成長過多になって十分な収量が得られない。東北地方などの半促成栽培では低温カット栽培が行なわれており，冬に開花しない程度に保温し，低温遭遇量を調節して腋芽の花芽数を確保している。

❸作型と品種利用

休眠打破（breaking endodormancy）に必要な低温要求量や花芽分化に必要な日長や温度は，品種で大きくちがう。促成栽培には花芽分化が早く休眠が浅い（低温要求量が少なく，低温伸長性に優れた）品種が，寒冷地の半促成栽培や露地栽培には休眠が深い品種が用いられる（表9-2）。

新しい品種は低温伸長性に優れており，'紅ほっぺ' や 'かおり野' などは無電照で促成栽培されることが多い。

四季成り品種 (注6) の栽培は寒高冷地の夏秋どりにかぎられており，品

〈注5〉
休眠は生育に不適な冬の低温への適応であり，温帯から亜寒帯に分布する多年生植物が越冬するための生存戦略である。

〈注6〉
四季成り性は一遺伝子支配の優性形質であり，長日条件でも花芽分化が抑制されない。

2- 生育特性と作型　107

表9-2 休眠の深さによるイチゴの品種分類（望月，2001に加筆・修正）

休眠程度	5℃以下遭遇時間	品種	適応作型など
ほとんどない	0～20	紅鶴，久留米103号，紅ほっぺ，かおり野	おもに促成栽培
	20～40	福羽，久能早生，章姫	
浅	30～50	はるのか，芳玉，さがほのか	
	50～100	麗紅，とよのか，女峰，さちのか，とちおとめ，アスカルビー，福岡S6号（あまおう）	
中	200～300	ひみこ，八千代	おもに半促成栽培，1980年ごろまでは促成栽培にも利用
	400～500	宝交早生，越後姫	
深	500～700	ダナー，千代田	
	800～	盛岡16号，ベルルージュ，北の輝，きたえくぼ	寒冷地の半促成栽培

質が優れている一季成り品種を利用した促成栽培が生産量の90％以上をしめている。

ただし，近年では四季成り品種を促成栽培に用いる試みもはじめられている。

2 ランナーによる繁殖

イチゴは，ランナー（匍匐茎；stolon，節間伸長した腋芽，図9-1参照）の先端につくられる子株（daughter plant）を利用して栄養繁殖する。ランナーによる増殖は容易だが，ウイルス病，炭疽病，萎黄病などに感染した株が混在していると蔓延することがある。これを回避するため，種子繁殖性品種の育成もすすめられており，実用化が期待されている。また，無病の親株育成に用いられてきた組織培養技術を利用して，栽培用の苗を確保する試みも行なわれているが，コスト面など残されている問題点は多い。

かつては，苗床で発生した子株を仮植床（waiting bed）に植付けて育苗したが，前述のように，その後ポット育苗にかわり，現在では雨よけ施設内のベンチ上でポットに子株を直接受ける方法が主流になっている。近年では空中採苗と育苗用トレイを組み合わせた，挿し苗育苗（注7）が普及している（図9-4）。

3 花芽分化
❶花芽分化の条件

イチゴの花芽は，25℃以上の高温条件ではまったく分化せず，15℃以下になると日長にかかわらず分化する。なお，15～25℃の範囲では短日条件で花成誘導（flower induction）がおこり花芽分化する（図9-5）。こ

〈注7〉
高い位置で親株を育てて，ランナーをぶら下げて子株を増殖する。必要な株数が確保できた時点で切り離し，専用の育苗トレイに挿してミスト散水で育てて発根させる。少ない培地量でつかいやすい苗を大量に生産できる。

雨よけハウス内でのポット受けによる増殖
①ポット育苗の例

栽培株を親株として利用した空中採苗
②挿し苗育苗の例

空中で発根した子株

トレイに挿した苗と萎凋防止のためのミスト散水

図9-4　ポット育苗と挿し苗育苗

図9-5 イチゴの花芽分化と温度，日長との関係

境界温度	
	花芽分化は停止する（休眠）
4〜5℃	
	日長に関係なく花芽分化する
13〜15℃	
	短日条件で花芽分化する
22〜26℃	
	日長に関係なく花芽分化しない

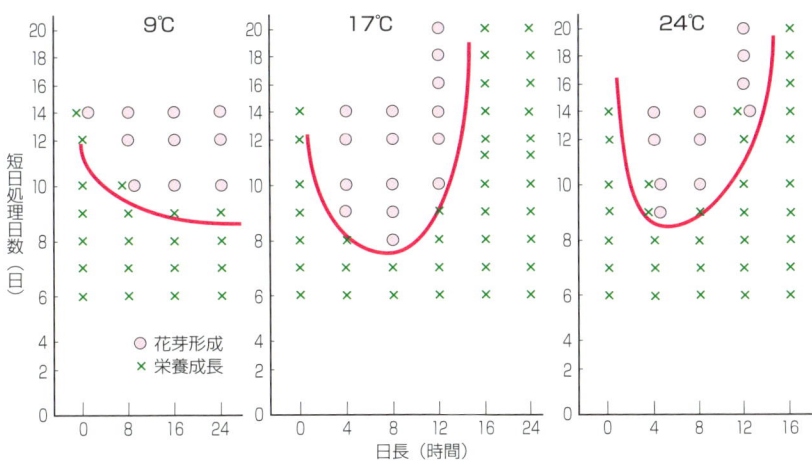

図9-6 温度，日長とイチゴの花芽形成（Ito & Saito，1962より抜粋）
9℃では日長に関係なく花芽分化する。17〜24℃では4〜12時間の短日で花芽分化するが，16時間以上の長日や暗黒では花芽分化しない。図には示していないが，30℃の高温ではどんな日長条件でも花芽分化しない

の境界になっている温度は，品種によって大きくちがい，近年育成された促成栽培用品種は比較的高い温度でも花芽分化し，寒冷地に適応した品種は低い温度にならなければ花芽分化しない。そのほか，花芽分化には窒素栄養，株の齢や大きさなどさまざまな要因が影響する。

❷日長と温度の影響

図9-6，7は，'Robinson（ロビンソン）' という露地栽培用の品種で調べられた結果で，イチゴの花芽分化でよく取り上げられる図である。ここに示されているように，気温11〜17℃，日長8〜10時間が，イチゴの花芽分化にとって最も適した条件だといえる。

❸窒素栄養，炭水化物栄養の影響

○窒素栄養

イチゴの花芽分化は，体内窒素濃度を低下させることによって促進される。8月下旬からの育苗後期に窒素施肥を中断するのは，促成栽培の育苗ではごく一般的な技術である。

高窒素栄養によって生殖成長への転換が抑制される現象は，多くの植物種に共通する反応であるが，イチゴでは花芽分化の促進と抑制の境界に近い温度，日長条件のときに高窒素栄養による影響が強くあらわれる。ただし，長期間の施肥中断によって窒素飢餓状態におちいると，茎頂分裂組織の細胞分裂活性が低下するため，花芽分化が抑制されることがある。

○C/N率と花芽分化

植物の花成反応を説明する指標として，炭素と窒素の比率であるC/N率がよく取り上げられる。窒素過剰や炭水化物不足でC/N率が低いと，栄養成長にかたむいて花芽が分化しにくくなり，分化しても結実不良になりやすい。一方，炭水化物が十分にありC/N率が高いと栄養成長はやや弱くなるが，充実した花芽がつくられ結実もよくなる。

幼苗期のイチゴは根が少なくて葉の割合が多いため，C/N率が低い。成長がすすんで光合成がさかんになり，根やクラウンが充実してくるとC/

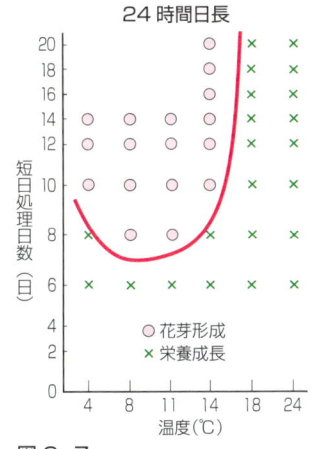

図9-7 温度と24時間日長条件でのイチゴの花芽形成（齋藤，1982）
24時間日長では，4〜14℃のあいだであれば花芽分化するが，18℃以上ではまったく花芽分化しない

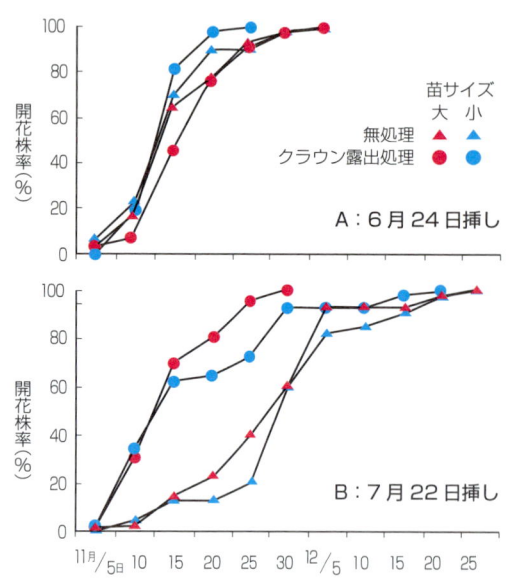

図9-8 挿し苗時期，苗のサイズ，クラウンの深さとトレイ育苗した'女峰'開花への影響
(Yoshida & Motomura, 2011)
注）8月30日最終追肥として施肥中断を行ない，9月17日にピートバックに定植

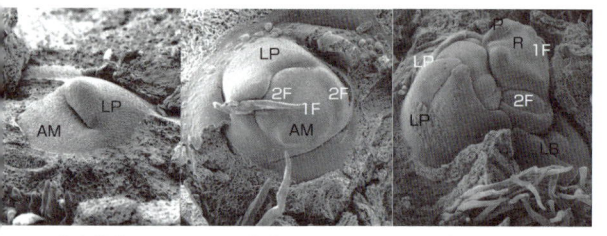

①未分化　②花房分化期　③がく片形成期

図9-9 イチゴ花芽の分化発育過程
AM：茎頂分裂組織，LP：葉原基，1F：一次花（頂花）原基，2F：二次花原基，P：がく片，R：花床，LB：一次腋芽
花芽分化がはじまると茎頂分裂組織が肥厚して3つに分かれ，中央が頂花（1番花）に発達する。両脇の突起はそれぞれ3つに分かれ，中央に二次花（2，3番花），両脇に三次花（4～7番花）の原基をつくる。②，③のLPは小葉3枚をもつ正常葉にはならず，花房の分枝節につく不完全葉になる。一次花（2次花）の数は通常2つだが，変化しやすく1～4の幅がある。③は3つの例で，頂花の後ろに2番目の分枝が隠れている

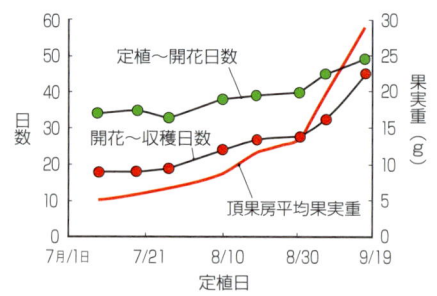

図9-10 低温暗黒処理した'とよのか'の定植時期と開花，果実肥大（伏原・高尾，1988）

N率が高くなる。齢がすすんで幼若性（juvenility）がなくなることと，C/N率の上昇（窒素濃度の低下と炭水化物濃度の上昇）は同時におこる現象である。

❹育苗日数と苗の大きさの影響

露地栽培や半促成栽培用の苗が，自然の温度・日長条件で花芽分化する場合は，花芽分化の早晩に苗の大きさや苗齢が影響することはほとんどない。しかし，促成栽培では苗齢によって花芽分化期が大きく左右されることがある。

図9-8に示したように，3カ月近く育苗した大苗であればクラウンの深さにかかわらず，そろって花芽分化して開花する。しかし，同じ育苗期間でも，小さな苗ではクラウンを露出して茎頂分裂組織付近の温度を下げないと，花芽分化が遅れる株が多くなる。また，育苗期間が2カ月程度では，クラウンが深いと開花のばらつきが大きくなり，小さな苗ほど影響が大きい。

栽培的には，花成抑制と花成促進の境界付近の温度・日長条件で花芽分化させることが重要なので，環境へのわずかな反応の差が大きなちがいとしてあらわれることになる。

4 花芽と果実の発育
❶花芽の分化と発育

図9-9はイチゴ花芽の初期の発育過程である。低温と短日条件で花成誘導されると，このような過程を経て，花房（二出集散花序）をつくる。品種や環境条件によってちがうが，この過程がある段階で停止して，花房の花数が決定される。

イチゴ花芽の発育は栄養成長と同じ条件，つまり高温と長日によって促進される。したがって，花芽分化後，長日で気温の高い時期に定植するほど早く開花するが，短日で気温が低くなるにしたがって開花までの期間が長くなる。ただし，花芽発育期の温度が高いほど雌ずい数が少なくなり，花そのものが小さくなってしまう。また，果実発育期の温度も高くて早く成熟するので，果実重は小さくなる（図9-10）。作型の前進化をすすめるあまり，高温期にイチゴを開花させると，大きな果実を得ることはきわめてむずかしい。

❷果実の発育

果実の赤色はアントシアニンで，ペラルゴニジン3-グルコシド（pelargonidin 3-glucoside）が最も多く含まれている。可食部は，茎に由来する果（花）床が肥大し

> **イチゴの食べ方**
>
> 　イチゴの成熟は果頂部（先端）からすすみ，先端ほど糖度が高く，香りも強い。へたに近づくほど糖度が低く，香りも弱くなるため，別々に食べれば先端部分がおいしいと感じる。
>
> 　最近テレビなどで，大きなイチゴのへたを取り除き，「へたの部分から食べて，最後においしい先端を食べると全部がおいしく味わえる」という場面を見ることがあるが，筆者の経験からいうと「まちがい」であるとしかいえない。味の薄い基部が口の中に残っているうちに，香り，甘さにまさる先端を食べると味も香りも薄まってしまう。先端を先に口にいれて強い香りを感じて味覚を十分に刺激し，その感覚が残っているうちに基部を食べるほうが，まちがいなく味覚を満足させられるはずである。
>
> 　また，冷やしすぎると甘味と香りの刺激が弱くなり，おいしさを感じにくくなる。ハウスでもぎたてを食べるイチゴ狩りと冷蔵庫で冷やして食べる家庭のイチゴとで味がちがうという要因の1つである。

たもので，偽果に分類される。一般には，種子とよばれるものが本来の果実で，痩果（注8）に分類される。

　果床上の雌ずいが一部でも受粉・受精せず正常な痩果がつくられなければ，果床の肥大・成熟が抑制され奇形果になる（図9-11）。花粉媒介に利用しているミツバチの活動不良のほか，光合成産物の不足や低温による花粉や雌ずいの稔性低下が原因になっていることも多い。

　乱形果とよばれる，花芽の分化・発育過程での果床の発育異常で発生する奇形果も，品種によって多発することがある。

〈注8〉
果皮が薄くて硬く，中に種子が1つだけ含まれる果実。

図9-11　受精不良による'女峰'の奇形果

3 イチゴの栽培と環境制御

1 花芽分化促進技術

　1990年ころまでは，富士山麓や日光戦場ヶ原など標高の高い地域で育苗し，自然の低温の刺激で花芽分化した苗を低地で促成栽培に利用する高冷地育苗が広く行なわれていた。その後，'女峰''とよのか'の普及とほぼ同時に10～15℃の人工的な低温処理によって花芽分化を促進する技術が開発された。

　'女峰'の産地を中心に普及した夜冷短日処理では，夜冷装置に16時間いれ，残り8時間は自然の温度・光条件におくという方法で，10～20日処理を続け花芽分化させる。処理効果は高いが，夜冷装置に多大な投資（250～300万円/10a）が必要となる。'とよのか'の産地を中心に普及した低温暗黒処理（株冷）は，既存の冷蔵庫で10～15日間低温処理する方法で，低コストで処理できる。

　ただし，齢のすすんだ大苗を育成する必要があり，処理効果が不安定で収量性が劣る（表9-3）。最近になって15℃暗黒での3～4日間の冷蔵と自然条件下で光合成をすすめる処理を2～3回くり返す，間欠冷蔵処理技術が確立され，普及が期待されている（図9-12）。

表9-3　イチゴの短日夜冷処理と低温暗黒処理の効果（野菜茶試，1995）

品種	処理	開花日	処理有効株率(%)	収穫開始日	収量(kg/10a) ～12月	収量(kg/10a) ～3月
とよのか	短日夜冷	10月19日	100	11月17日	1159	3517
	低温暗黒	10月19日	93.8	11月17日	1305	2605
	無処理	11月6日	—	12月11日	379	2733
さちのか	短日夜冷	10月19日	100	11月21日	1084	3781
	低温暗黒	10月18日	87.5	11月22日	796	2820
	無処理	11月6日	—	12月13日	298	3223

育苗の分業化

アメリカのフロリダでは，高緯度地域で増殖した苗を露地に定植して冬～初春のイチゴが大規模に生産されている。日本でもわずかだが北海道で暖地向けの「リレー苗」生産が行なわれている。耐病性の強い品種でなければ苗生産の規模拡大はむずかしいが，育苗の分業化による促成イチゴの生産について考えるべきときがきているように思われる。

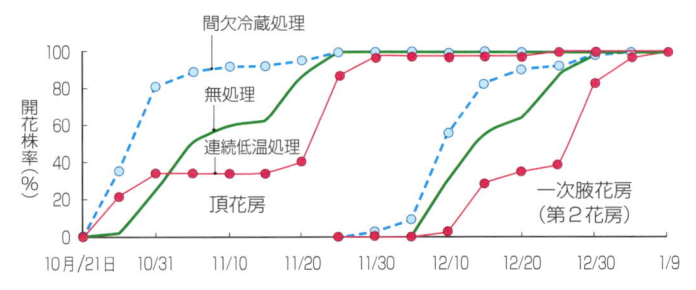

図9-12 間欠冷蔵処理（13℃，4日冷蔵／4日自然を2回）と12日間連続低温処理（13℃）の開花への影響（'女峰'トレイ育苗）（Yoshidaら，2012）

図9-13
電照栽培の様子（左が電球色，右が昼光色の光源）
明らかに左のほうの生育がよいのがわかる
注）内張りしているので電球はみえない

〈注9〉
キクをはじめ，電照による長日処理は，夕方から点灯する日長延長より，暗期中断のほうが短い点灯時間で効果が得られる。

〈注10〉
植物の細胞のなかにある，赤色光と遠赤色光を感じる光受容色素タンパク質。種子発芽や花芽形成などさまざまな反応にかかわっている（第2章1-2-4参照）。

〈注11〉
人間が明るいと感じる可視光線の波長は，380～780 nmとされている。

花芽分化した苗は早く定植することが望ましいが，未分化の苗を早期に定植すると，過剰の窒素を吸収していちじるしく開花が遅れることがある。定植前に花芽分化を実体顕微鏡で確認することが促成栽培の重要技術になっている。

2 電照（長日処理）
❶電照の方法

促成栽培では短日と低温による休眠を回避し，葉面積を拡大して光合成能力を維持するため，電照による長日処理をしている（図9-13）。前述のように，一定温度以下であれば長日でも花芽分化は抑制されないので，促成栽培で長日処理しても連続的に花房が発生する。

短日植物では，明るい時間の長さではなく，夜間の連続した暗期の長さが重要な意味をもっており，暗期中断（night break，光中断ともいう）による長日処理をすることが多い(注9)。イチゴの葉面積拡大と葉柄伸長には，深夜2時間程度の暗期中断が，16時間の日長延長とほぼ等しい効果を発揮する。1時間に5～10分の点灯を12回程度くり返す，間欠電照でも同様の効果が得られるが，光の強弱による効果のムラが出やすい。

❷電照の光源

植物の日長反応には，フィトクロム(注10)が強く関係しており，この色素による吸収のピークである波長650nm付近の赤色光と700～800nmの遠赤色光が大きく影響する。長日処理に一般的に用いられている白熱電球はこれらの波長の光を多く含んでいるが，電球型の蛍光灯や発光ダイオード（Light Emitting Diode；LED）が出す光には人間が明るいと感じる波長(注11)しか含まれていない。

一部で試験的に利用された結果をみると，人間が感じる照度が同じ程度であれば，電球型の蛍光灯やLEDは白熱電球より成長促進効果が劣る（図9-13）。こうした省エネルギー型光源の利用については，点灯方法などについて十分な検討が必要と思われる。

3 CO_2濃度と土つくり，CO_2施用

イチゴにかぎらず，施設で越冬長期栽培される作物では二酸化炭素

（CO_2）濃度が生育，収量に大きく影響する。イチゴのような C_3 植物の光合成速度は，1500ppm 程度までは CO_2 濃度が高いほど高くなるが，400ppm 以下になると直線的に低下し，50～100ppm 程度で CO_2 補償点になる。イチゴは低温寡日照期を中心に栽培されており，日中閉めきった状態の時間が長いため，施設内の CO_2 濃度にはとくに注意して環境を制御する必要がある。

有機物施用による土づくりは，土壌の物理性や化学性，微生物環境の改善のほかに，CO_2 発生源として大きな役割をはたしていることを忘れてはならない。図9-14には，イチゴハウス内 CO_2 濃度の典型的な変化を示したが，有機物投入量が多く，土壌中の炭素濃度が高いハウスでは，少ないハウスの約2倍もの CO_2 が土壌から供給されている。

灯油などを発生源とする人為的な CO_2 施用は土づくりが不十分なハウスほど効果的であり，次項で述べる高設栽培では有機物投入が行なわれないために必須の技術となっている。

4 高設栽培

イチゴは草丈が低く，腰をかがめた収穫・管理作業になるので，労働負荷の軽減を目的に高設栽培の導入が増えている。さまざまな高設栽培法が開発・導入されているが，大きく2つの方式に分けられる（表9-4）。

1つは，株当たり4～5ℓと多めの培地に固形肥料（被覆緩効性肥料）を施用する栽培である。土耕栽培の経験を生かした管理が可能だが，イチゴの生育や気象変動にあわせた細かな肥培管理がむずかしい。もう1つは，株当たり2ℓ程度の少ない培地で，液肥を利用した栽培である。養水分吸収量にあわせて液肥の濃度と量を調節して，適切な養水分の制御が可能だが，厳密で均一な給液管理が必要になる。

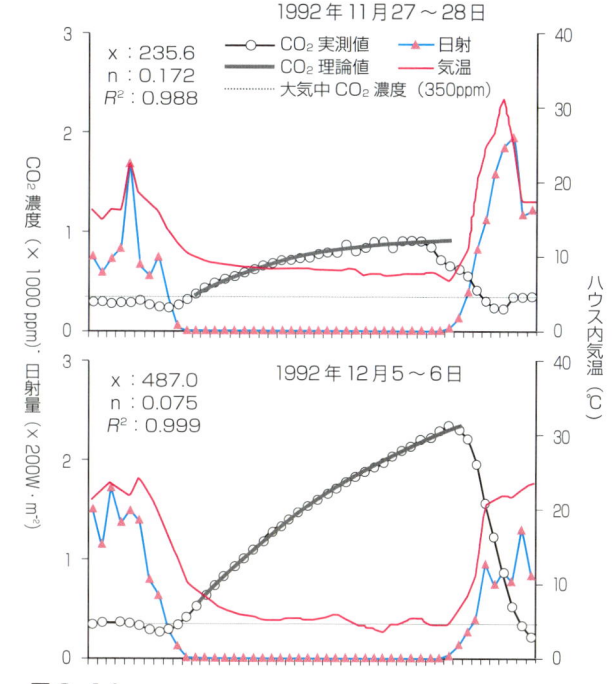

図9-14
イチゴハウス内の CO_2 濃度と気温，日射量の日変化

x：CO_2 発生速度（mℓ/m²/hr），n：換気回数（回/hr）
注）上：毎年2tの牛糞堆肥のみ施用したハウス。乾土中炭素濃度1.8％
　　下：10年以上イチゴの後作にソルゴーを緑肥として栽培し，さらに大量の有機物を施用しつづけたハウス。乾土中炭素濃度3.1％

下のハウスでは，土壌有機物由来の CO_2 によって夜明け前の濃度が2000ppm以上になり，長い時間高い濃度が維持される。しかし，有機物の少ない上のハウスでは1000ppm程度までしか上がらず，晴天日の9時すぎには外気の濃度以下になり CO_2 飢餓状態になる

表9-4　おもな高設栽培システムの概要

名称（地域）	栽培槽	おもな培地	培地加温	培地量（ℓ/株）
らくちん（香川）	ピートバッグ	ピートモス	×	2.2
ゆりかご（愛知）	発泡スチロール	ピートモス	×	2.0
のびのび（静岡）	発泡スチロール	ピートモス	×	1.1～2.8
長崎方式	発泡スチロール	鹿沼土	温湯	4.5～5.0
大分方式Y型	不織布	杉皮バーク	（温風）	4.0

■まとめの問題

1. イチゴの促成栽培と半促成栽培のちがいについて説明せよ。
2. イチゴの一季成り品種と四季成り品種の花芽分化特性について述べよ。
3. 一季成りイチゴ品種の花芽分化促進技術について説明せよ。
4. イチゴに対する長日処理（電照）の目的について説明せよ。
5. 施設土壌の「土つくり」と施設内 CO_2 環境の関係について述べよ。

第10章 施設環境と施設栽培

1 施設園芸の歴史

わが国の「施設生産」の歴史をひもとけば、江戸時代後期へとさかのぼる。当時の江戸周辺では、早出しナスなどの野菜類が都市部に出荷されており、珍重されていたという。現代の早熟栽培にあたるが、油紙を使った簡易施設が利用されていたという。日本での最初の近代的な温室は、1870（明治3）年に東京府（現東京都）の開拓使の試験場につくられたガラス温室である。その後、営利目的の温室は徐々に増えるが、戦前までは料理店や上流階級を対象とした栽培がおもなものであった。

本格的な施設園芸のはじまりは、第二次世界大戦後である。石油化学工業の発展で、1950年代から農業用塩化ビニルフィルム（農ビ）の生産がはじまり、マルチやトンネルを利用した栽培が広がり、やがてプラスチックハウスへと大型化した（図10-1，2）。その後、施設栽培技術の発展によって、抑制栽培や暖房施設の導入による促成栽培など作型の幅が大きく広がった。現在、野菜の施設栽培面積は約50,000haで、野菜類の安定供給に寄与している (注1)。

図10-1
竹幌を利用した初期の農ビトンネル栽培（写真提供：丸尾達氏）

図10-2
農ビと竹幌による初期のプラスチックハウス
（写真提供：丸尾達氏）

〈注1〉
オランダなど施設園芸の先進地にくらべ、日本の施設規模は小さく栽培技術の高度化や生産性の向上など遅れている側面もある。

2 施設の種類と特徴

1 トンネル（plastic tunnel）

❶目的と利用

U字型支柱に農ビなどの被覆資材をかぶせた、作業者が内部にはいって作業できない簡易施設である。トンネルは、おもに保温が目的で、保温性を高めるために二重被覆や、夜間には被覆資材の上に「こも」などをかけることもある。支柱は、当初は竹などを加工したものを利用していたが、現在では金属製のものが主流になっている。

トンネルは、おもに早熟栽培や半促成栽培などの作型で、葉菜類から果菜類まで幅広く利用されている。冬の夜間は閉め切るが、昼間は換気のためにフィルムの下部をまくり上げて、開口部をつくる必要がある。

❷構造

基本構造は、畝の真上に、70〜90cm程度の間隔で支柱を設置し、透明フィルムを、パッカーとよばれるプラスチック製の留め具で支柱に固定する。また、強度を増すために、マイカー線のようなワイヤーを支柱と支柱

のあいだにかけることもある（図10-3）。両端は、フィルムをひもなどで杭に結びつけて固定する。

トンネルは、土壌表面を被覆するマルチング（mulch、図10-4）と組み合わせることも多い。また、防虫や凍霜害防止などを目的に、トンネル支柱に白色の不織布を被覆する（べたがけ、図10-11）こともある。

2 プラスチックハウス（plastic greenhouse）

❶構造

プラスチックハウス（以下ハウス）とは、一般的には大型のU字型支柱に透明フィルムを被覆した簡易な施設のことで、専門的には「地中押し込み式パイプハウス」とよばれている（図10-5）。構造が単純で、材料も軽量・安価で、生産者自身が設置することが可能である。そのほか、温室のような構造でプラスチックフィルムを被覆したものもハウスとよばれている。これらのハウスで日本の園芸施設の80％以上をしめている。

地中押し込み式パイプハウスは、間口は4～5mないし8～10m、高さが2～3mのものが一般的であり、内部にはいって作業することができる。独立した単棟のものと、複数の棟を合わせた連棟型のものがある。内部には比較的広い空間があり、トマト、ナス、キュウリなどの果菜類をはじめ、さまざまな作物と作型に対応できる。

被覆資材を比較的簡単に張ったり外したりできるので、季節や作型に合わせて被覆を外したり、遮光資材をかぶせることもある。被覆資材は、野菜の種類や耐候性(注2)に合わせて1年から5年で張り替える。

❷利用と保温、換気

トンネル同様、保温をおもな目的にしており、保温性を高めるために二重被覆も一般に行なわれている。また、暖房機を利用してトマトやナスの促成栽培も広く行なわれている。換気は、側面の被覆資材の下部を巻き上げたり、妻面の出入り口を開けることによって行なう（後出図10-12参照）。

耐候性は鉄骨支柱の温室に劣り、強風や雪害によって損傷を受けることが多い。また、開口部分が制限されているので、側窓と天窓をもつ温室にくらべて換気が悪い。そのため、夏の暑熱期には作付けを休んだり、側面を完全に開放した雨よけ施設として利用されている。暑熱期のハウスの環境制御は重要な課題である。

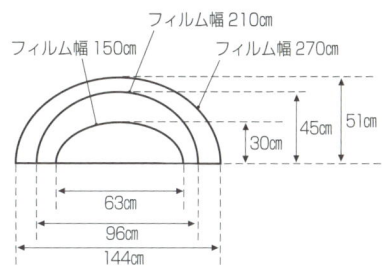

図10-3　トンネルとその構造

図10-4　マルチング
①イチゴのマルチング作業
②ナスのマルチング　白色フィルムで地温上昇を抑制

図10-5　ハウス（地中押し込み式パイプハウス）の構造
①一般的なハウス（単棟）
②ハウスの内部

〈注2〉
屋外環境（太陽光、風雨、温度変化など）による変質や劣化をおこしにくい性質。

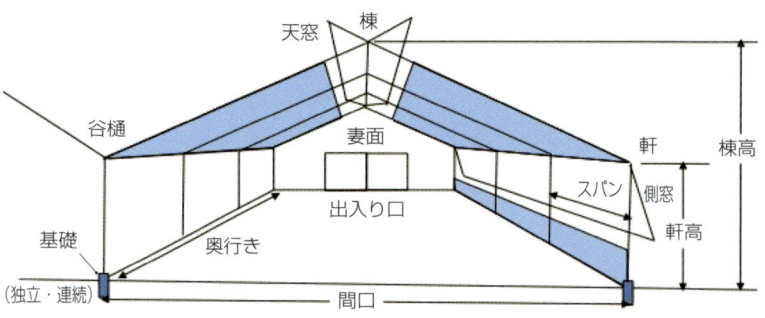

①構造と各部の名称

②温室外見（単棟） 　③温室内部

図10-6　両屋根切妻型温室

〈注3〉
静岡県の温室メロン栽培などで使われている温室である。

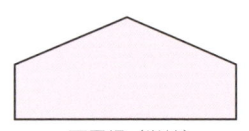

3 温室構造の大型施設

ここでは，ガラス温室（glass greenhouse）に代表される施設全般について解説する。

❶ ガラス温室の構造

わが国の温室は両屋根式の切妻構造で，ガラス板を被覆資材にしたものが一般的である（図10-6）。コンクリートの基礎と鉄製の柱と梁でガラス板を支え，ガラス板と梁のあいだにコーキング材を充填して気密性を保っている。そして，換気のための天窓（roof（top）vent）と側窓（side vent）がある。

ガラス温室は，幅20m程度，長さ40m程度の大きさが一般的で，単棟に加えて二連棟型や多連棟型のものもある（図10-7）。野菜の種類や施設構造でちがうが，連棟型では光環境がより均一になる南北棟にすることが多い。しかし，東西棟にして南方向の屋根面を大きくとる片屋根式や，スリークオータとよばれる温室もある（注3）。

わが国の鉄骨製ガラス温室は梁が太く（注4）光透過率が低いとされて

両屋根（単棟） 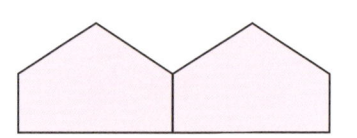　　両屋根（連棟）

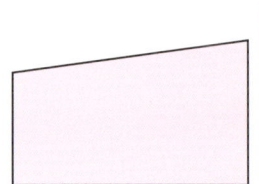

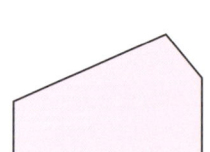

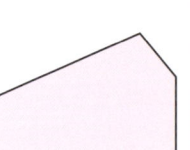

片屋根 　　スリークオータ

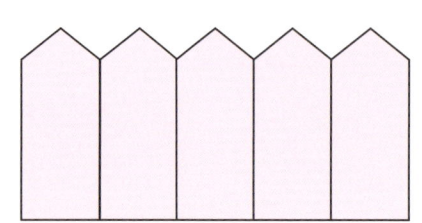

フェンロー

図10-7　代表的な温室構造

おり，実際，施設内への光透過率が50～60％ということもある。光透過率は野菜生産を左右する重要な要素であり，今後のガラス温室開発では考慮が必要である。

❷ フェンロー型温室の特徴

近年，わが国でも，オランダで開発されたフェンロー型温室が導入されるようになった。フェンロー（venlo）とは，多連棟型の大型温室であり，日本型の温室より間口に相当する部分が狭く，軒が高いのが特徴である（図10-7参照）。20年ほど前までは，2.5m程度の軒高であったが，最近ではハイワイヤー式（注5）の誘引方法に合わせて高くなり，5～6mのものもある。

フェンロー型温室は換気用の開口部分は少ないが，軒が高いため，日射の熱によって発生する対流を利用し，天窓での施設内の空気と外気との交換が効率的に行なえる特徴がある。そのほか，高い軒を利用して保温カーテンや遮光カーテン，補光用光源など各種設備の設置が容易に行なえる利点もある。また，日本の従来型温室より骨材が細く，光透過性が高いという特徴もあり，最新型では光透過率が90％ともいわれている。

❸ フルオープン温室

換気効率を高めるために，屋根面を開放できるフルオープン温室もある。フルオープン温室は，屋根の開閉方法によって，①樋部を軸にして棟部から開放，②棟部を軸として樋部から開放，③各屋根の片方の樋部を水平移動して開放，④フィルムの巻き取りによって開閉，⑤フィルムの折りたたみによる開閉，の5つに大きく分類できる。いずれも多連棟温室に適しており，被覆材はガラスとプラスチックフィルムの両方がある。強風時の安全性のため，風速センサーを用いて一定風速以上になると屋根が自動的に全閉されるものが多い（図10-8）。

リッシェル式（richelhouse）（注6）やフチュラ型（futura）（注7）がその例である。なお，欧米で開発されたものが多いため，屋根全閉時の耐風強度は風速35～40m/s程度で設計されているが，わが国への導入のために補強されているものもある。

〈注4〉
わが国では，台風や積雪，地震などの災害を考慮した温室設計になっている。

〈注5〉
高い位置から下げた誘引線を利用した，つる下ろし栽培。

〈注6〉
フランスのリッシェル社が開発した大型の丸屋根温室で，丸屋根の半面が開口できるなど，開口面積が大きいのが特徴。農PO（本章3-1-②参照）を素材にした二重フィルム構造で，このすき間に加圧して二重被覆ハウスと同様の構造になるので保温効果が高いとされている（図10-9）。

〈注7〉
イタリアのSerre Italia社製で，屋根全体の開閉が可能なタイプの代表である。暑熱期などの換気効率を飛躍的に高めることが期待されている（図10-10）。

図10-8　丸屋根型のフルオープンハウス
（写真提供：佐瀬勘紀氏）

図10-9　リッシェル式ハウス
（写真提供：豊田裕道氏）

図10-10　屋根面の完全開放が可能なフチュラ型温室
（写真提供：佐瀬勘紀氏）

3 被覆資材の種類と特徴

　園芸施設の被覆資材は，ガラス，硬質板，硬質フィルム，軟質フィルムならびにべたがけ資材，遮光ネットに分類することができる（表10-1）。ガラスのほかは，石油化学系の素材がほとんどである。

1 軟質フィルム

❶農ビ（農業用塩化ビニルフィルム）

　農ビは，安価で透明度が高いので，トンネルやハウスの被覆資材として園芸生産現場で長年活用されてきた。柔軟性や弾力性にすぐれ，赤外線など波長の長い光の透過率が低いので保温性がよい。また，付着した水滴を流下させる防曇効果も優れている。ただし，フィルムどうしのべとつきや汚れによる光線透過率の低下が早いので，定期的な交換が必要である。

　フィルムに含まれている塩素が，廃棄処分時に燃焼するとダイオキシン発生の原因になることがあり，産業廃棄物としての処理，あるいはリサイクルすることが決められている。

❷ポリオレフィン系フィルム（POフィルム）

○農ポリ（農業用ポリエチレンフィルム）

　わが国では，土壌表面を被覆するマルチには，農ポリなどの軟質フィルムが用いられる。マルチは，地温の上昇（透明ポリフィルム）や雑草繁茂

表10-1　用途別園芸施設用被覆資材（『施設園芸ハンドブック』を改変）

用途		被覆資材タイプ	適用被覆資材
外張り	ガラス温室	ガラス	普通板ガラス・型板ガラス・熱線吸収ガラス
	プラスチックハウス	軟質フィルム	農ビ・農ポリ・農酢ビ・農PO
		硬質フィルム	ポリエステルフィルム・フッ素フィルム
		硬質板	ポリエステル板・アクリル板・ポリカーボネート
	トンネル	軟質フィルム	農ビ・農ポリ・農酢ビ・農PO
		不織布	ポリエステル・ポリビニルアルコール・ポリプロピレン・綿
		寒冷紗	
内張り	固定	軟質フィルム	農ビ・農ポリ・農酢ビ・農PO
		硬質フィルム	ポリエステルフィルム・フッ素フィルム
	可動	軟質フィルム	農ビ・農ポリ・農酢ビ・農PO
		不織布	ポリエステル・ポリビニルアルコール・ポリプロピレン・綿
		反射フィルム	農ビ・農ポリ・農酢ビ・農PO
マルチ		軟質フィルム	農ビ・農ポリ・農酢ビ・農PO
		反射フィルム	
遮光		寒冷紗・ネット	ポリビニルアルコール・ポリエステル・ポリエチレン
		不織布	ポリエステルフィルム・フッ素フィルム
		軟質フィルム	農ビ・農ポリ・農酢ビ・農PO
		その他資材	ヨシズ
べたがけ		不織布他	ポリエステル・ポリビニルアルコール・ポリプロピレン・綿
防虫・防鳥		寒冷紗	ポリビニルアルコール・ポリエステル・ポリエチレン
		反射フィルム	農ビ・農ポリ・農酢ビ・農PO
防風・防雪		ネット	ポリビニルアルコール・ポリエステル・ポリエチレン

注）農ビ：農業用塩化ビニルフィルム，農ポリ：農業用ポリエチレンフィルム，
　　農酢ビ：農業用エチレン酢酸ビニル共重合体樹脂フィルム，
　　農PO：農業用ポリオレフィン系特殊フィルム

の防止（黒色ポリフィルム）を目的に行なうが，地温上昇の抑制を目的に白色のフィルムを使用する場合もある（図10-4-②参照）。マルチフィルムは，透明，黒色その他の着色，シルバーなど，用途に応じてさまざまな色や素材，あるいは加工された製品が開発・利用されている。たとえば，アブラムシの忌避効果をねらった銀黒マルチもある。

しかし，農ポリは農ビより赤外線を通しやすく保温性が劣るため，トンネルやハウスなどの外張りにはあまり利用されない。

○農酢ビ（農業用エチレン酢酸ビニル共重合体樹脂フィルム）

農ビのような可逆剤を含まないため，ほこりがつきにくくフィルムどうしのべとつきも少ない。ただし，赤外線を通しやすく，保温効果は農ビより劣る。ハウス内張やトンネルなどに利用されている。ハウス内など高温のところに放置すると，フィルムどうしが融着することがあるので保管には注意する。

○農PO（農業用ポリオレフィン系特殊フィルム）

農ポリや農酢ビは，土壌からの赤外線を通しやすく保温性が劣るが，それを改善したのが農POである。ポリオレフィン系樹脂を3～5層と多層にすると同時に，赤外線吸収剤を配合して保温性能を高めている。寿命も長いので，利用が広がっている。

❸べたがけ資材

べたがけとは，防寒，防霜，防風，防虫，防鳥を目的に，光透過性と通気性を兼ね備えた資材で作物を被覆する栽培技術である。ポリエステル繊維をシート状に加工した長繊維不織布（商品名：パオパオ）や，ポリエステルフィルムを繊維状に加工したうえでシート構造にした割繊維不織布（通称：ワリフ）がある。

作物に直接かける「じかがけ」と，トンネルなどの支柱を利用した「浮きがけ」がある（図10-11）。保温や防霜効果は，作物の上部に空間があり，地面からの熱放射を効率的に反射できる「浮きがけ」のほうが高い。ハウス栽培やトンネル栽培でもべたがけを併用することも多い。

❹遮光資材

遮光とは，光線の透過率を制限した被覆資材を設置し，作物や施設内への光線量を抑制する方法で，生育に適した日射量にしたり，温度の上昇を防ぐ目的で行なわれる。遮光用の被覆には，編み込みフィルム，不織布，ネット類が多く用いられており，遮光率は10～90%まであり，作物や用途に応じて使い分けることができる。

また，ハウスの外張りフィルムに塗料を吹き付けて遮光する方法もある。

2 硬質フィルム，硬質板，ガラス

❶硬質フィルム

軟質フィルムは，耐候性が低く，汚れたり劣化しやすく光線透過率の持続性が悪いなどの欠点がある。しかし，フッ素フィルム（農業用フッ素フィルム）に代表される硬質フィルムは耐候性に優れており，10年以上の連続使用が可能なものもある。そのほか，塩化ビニルフィルム系（可塑材

①じかがけ

②浮きがけ
図10-11　べたがけ

を含まない）とポリエステルフィルム系の硬質フィルムもある。厚さは0.1〜0.25mmほどである。硬質フィルムは長期の連続被覆ができるが，内側に結露防止剤を定期的に散布することが必要である。

❷硬質板

プラスチック系素材による硬質板も，温室被覆資材に利用されている。不飽和ポリエステル樹脂に補強材としてガラス繊維をいれ，表面をフッ素樹脂で処理して耐候性を高めた FRP 板，アクリル樹脂にガラス繊維を封入した FRA 板，同じくアクリル樹脂で厚手の MMA 板などがある。ガラスより軽く，90% 以上の高い光透過率などの優れた特徴をもつ。

❸ガラス

ガラスは高価であるが，光透過性とその持続性，対候性，保温性などが高く，温室の被覆資材として優れている。なお，日本の温室で使われているガラスの厚さは3mmであるが，フェンロー型温室ではガラスのパネルサイズが大きいので，強度をもたせるため4mmのものが使用されている。

3 機能性被覆資材

最近は，生分解性フィルムや光崩壊性フィルムが開発されており，廃棄物減に一役買っている。このようなフィルムの素材には，ポリ乳酸，ポリカプロラクトン系樹脂，ポリブチレンサクシネート系樹脂が使われている。

太陽光の特定の波長域を吸収や反射することができる，機能性被覆素材の開発もすすんでいる。紫外線の透過率を低下させて，施設内への昼行性害虫の侵入を防いだり，灰色かび病などの胞子の発芽を阻止するフィルムがある（表10-2）。ただし，紫外線透過率の低下は訪花昆虫の行動を妨げたり，ナスなどの着色が抑制されることがあるので，イチゴやナスなどの施設栽培ではフィルムの選択に注意する必要がある。

反対に，紫外線透過型や近紫外線強調型（近紫外線の透過を高めたタイプ）の被覆資材もあり，ミツバチなどの訪花昆虫の活動の促進や，ナスなどに含まれるアントシアニン色素の発色を促進させる効果がある。

近赤外線を遮断する農ビや農 PO も開発されており，これらのフィルムを利用すれば暑熱期のハウス内の温度上昇を抑制することが可能である。しかし，冬などの低日照期間はハウス内の温度上昇を阻害するので，利用には一定の制限がある。

表10-2 被覆資材のタイプ別近紫外線透過特性とその利用（『新訂 園芸用被覆資材』より）

種類	透過波長域	近紫外線透過率	適用場面	適用作物
近紫外線強調型	300nm以上	70%以上	アントシアニン色素による発色促進	ナス，イチゴなど
			ミツバチの行動促進	メロン，イチゴ，スイカ
紫外線透過型	300nm以上	50%±10	一般的被覆	ほとんどの作物
近紫外線透過抑制型	340nm±10nm	25%±10	葉茎菜類の生育促進	ニラ，ホウレンソウ，コカブ，レタスなど
近紫外線不透過型	380nm以上	0%	病害虫防止 ミナミキイロアザミウマ，ハモグリバエ，ネギコガ，アブラムシなど	トマト，キュウリ，ピーマンなど
			萎凋病，黒斑病，灰色かび病など	ホウレンソウ，ネギなど

日射を散乱させて植物群落の内部まで光を浸透させる，光散乱フィルムの開発もすすんでいる。従来のものは光透過率が低かったが，最近は90％近くのものも開発されており，実用的に利用できるものになっている。

4 施設環境と環境制御

1 環境制御の要素

植物の成長は，日射，気温，湿度，二酸化炭素（CO_2）濃度，気流速，土壌水分，植物栄養などのさまざまな環境要因によって制御されている。しかし，施設内の環境条件は，日変動や季節変動しているだけでなく，地上部は群落内の位置や地表面からの高さなどによってもちがうし，地下部も地表面からの深さや土壌水分など多様な影響を受けている。

生産者は，さまざまな装置を利用して施設内の環境を制御して栽培を行なっているが，環境制御の要素は，①換気，②施設内水平気流，③暖房・冷房，④遮光，⑤補光・電照，⑥ CO_2 施用である。

2 換気（ventilation）

ハウスや温室では，植物の成長に必要な温度，CO_2 濃度，湿度レベルを維持するために換気が不可欠である。外気とのガス交換が目的であり，風による自然換気とファンを利用した強制換気がある。

❶ 自然換気（natural ventilation）

ガラス温室のような施設では，天窓や側窓とよばれる開口部で換気する（図10-12）。手動あるいは温度センサーによって制御されており，温室内の温度変化にあわせて開閉される。太陽光の放射によって暖められた温室内の空気は，上昇気流になって天窓で外気と交換される。あるいは，外部からの風による風圧によって，側窓や天窓で外気と交換される。前述の屋根開放型温室では，さらに大きな開口部分があるので，暑熱期でも施設内気温を均一に維持できるとされている。

自然換気は，エネルギーを必要としない方法であるが，換気効率は風など気象条件に左右されるうえ，作物が植わっている温室内の複雑な気流を完全に制御することはむずかしい。

ハウスなど半円形構造をもつ施設では，妻面の出入り口と側面フィルム

①ガラス温室の天窓と側窓 　　②ハウスのフィルム巻き上げ装置 　　③連棟ハウスの屋根面換気口

図10-12　施設での自然換気のための開口部分

①妻面設置の換気扇

②換気ファンによる害虫などの吸い込みを防ぐためのネット

図 10-13 温室の強制換気システム

〈注8〉
一般的な強制換気用ファンは電気式サーミスターによって制御されているが，最近のシステムでは，日射，気温，湿度，CO_2 濃度などの環境要素を最適化するよう，コンピュータを利用したコントローラによって制御されている例もある。

図 10-14 循環扇の例

〈注9〉
施設の一方の妻面にファンを，その反対側の妻面にパッドを垂直に設置し，パッドの上に設置した孔のあいたパイプから水を散布してパッドを湿らせる。残った水は下から回収される。

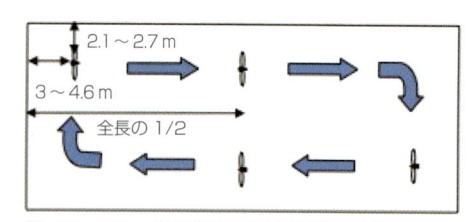

図 10-15 単棟温室での循環扇配置例

の巻き上げによって換気をしている。基本的には人力で行なうが，補助する器具や，コントローラと組み合わせた電動モーターも利用されている（図10-12-②）。換気量は開口部分の大きさによって制御する。また，巻き下げ式で，植物群落の上部に開口部分をつくる換気方法もある。

❷強制換気（forced ventilation）

　自然換気だけでは不十分な場合に補完するのが強制換気である（図10-13-①）。強制換気では，換気扇によって施設内の風圧を外部より大きくしたり小さくして，施設内へ外気を送り込む。強制換気用のファンは片側の壁に設置し反対側には吸気口が設置されるが，南側で暖められた空気を温室全体に引き込むために，ファンを北側の壁に吸気口は南側の壁に設置するのが望ましい。

　ファンの取り付け位置は，作物よりも高くしたほうがよい。また，ファンによって害虫などが施設内に取り込まれるのを防ぐために，ファンの外側にネットを張る必要がある（注8）（図10-13-②）。

3 循環扇（recirculation fan）

　施設内部の気流制御は，循環扇を利用して水平気流を発生させて行なう（図10-14）。施設内の温度の均一化と，暖房時の熱伝搬効率を高めることができ，小型のファン数台で可能である。また，0.25〜0.51m/s 程度の水平気流を発生させると，夜間の葉温と気温をほぼ同じにでき，葉の結露を防ぎ病気の発生を抑制できる。暑熱期の昼間には葉の表面温度を下げる効果もある。さらに，CO_2 を施用するときも，CO_2 を効率よく施設内の作物に届けることが可能になる。

　循環扇は，単棟施設では壁面から2〜4m離して設置する（図10-15）。

4 冷却（cooling）

❶気化冷却

　施設内の気温を，植物表面などから水を蒸発させることによって冷却することが可能である。これは，水が蒸発するときに熱を周囲の大気から奪う，気化熱を利用して冷却する方法である。パッド・アンド・ファン（pad and fan）とよばれる冷却システム（図10-16）では，外気を多孔質の湿ったパッド（気化冷却パッド）を通して吸引して室内を冷却する（注9）。

パッド部分 　　　　　　　ファン部分

図 10-16 施設内冷却用のパッド・アンド・ファンシステム

122　第10章 施設環境と施設栽培

❷ 細霧冷却

　水を施設内に噴霧し，その気化熱によって冷却するシステムである。高圧ノズルを使って，水を微細化すればさらに効率よく冷却することができる。ただし，施設内の湿度を下げて，冷却効果を持続させるためには，換気を行なって，たえず外部から乾いた空気を供給する必要がある。

❸ ヒートポンプによる冷却

　ヒートポンプ（heat pump）(注10)を活用した冷却も行なわれている。しかし，暑熱期の昼間に施設内を冷却するのはむずかしく，もっぱら夜温調節に利用されている。ヒートポンプには，空気熱利用型と地下水熱利用型の2種類あるが，エネルギー効率は後者がよい。とくに，地下の滞留水を利用する場合は，昼間の太陽熱を地下水に蓄熱して利用できるので，夜間の冷暖房のエネルギー消費をおさえることができる。

〈注10〉
熱を温度の高いところから低いところに移動する冷媒の流れをかえて暖房，冷房，除湿ができる空調装置（第4章1-3-③参照）。

5 暖房 (heating)

❶ 施設内の熱の移動と暖房

　ハウスや温室では，日中の日射による過剰な熱を，おもに換気によって施設外に放出している（図10-17）。反対に夜間は，施設の被覆資材と内張カーテンの活用によって施設内の空気対流を分断し，施設外への熱の移動を遮断している。しかし厳冬期には，夜間だけでなく日中でも曇天時には，失われる施設内の熱を補うために，暖房が必要になる。

　代表的な施設内暖房装置には，温湯を循環させる集中暖房システム（温湯暖房機），単体で作動するユニット式暖房装置（温風暖房機）がある(注11)。また，古くは育苗用の発酵醸熱利用の踏み込み温床や，電熱線を利用した温床もある。

〈注11〉
ヒートポンプは石油を燃焼させる暖房機よりエネルギー変換率が数倍も高いので，石油価格に左右されない空調装置として導入されている。

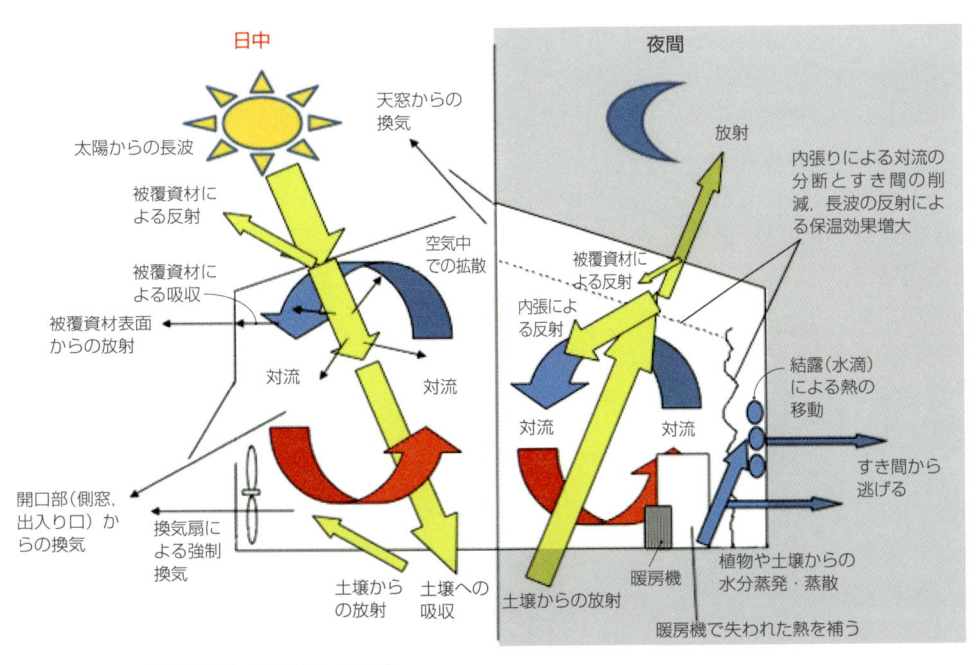

図10-17　園芸施設における熱の移動

①放熱フィンつき温湯管　　　②果房や成長点などを局所的に加温する温湯管 　　③通路に設置した温湯管（室内熱管）
　（エロフィンパイプ）　　　　　　　　　　　　　　　　　　　　　　　　　　　　作業車などのレールとして利用される

図10-18　暖房用温湯管

❷ 温湯暖房機

1つから複数のボイラーで温湯をつくり，施設内のパイプに通して暖房する（図10-18，19-①）。パイプは，側溝やベンチの下，通路に設置する(注12)。温湯の流れは，温室内の温度変化に応じて制御される仕組みになっている。

施設内全体の温度を，温湯管から放射される熱と暖められた空気の対流によって上昇させるので，ゆっくり施設全体を暖房することができ，温度も均一になりやすい特徴がある。また，茎頂や果房などのみを暖房する局所暖房方法も行なわれており，エネルギー消費を抑えることができる（図10-18-②）。

❸ 温風暖房機

ハウスや小型の温室で利用されている暖房機である。温湯暖房機より導入コストは安いが，寿命が短い欠点がある。燃焼室で暖めた空気を，送風機でダクトを通して施設内に放出して暖房する（図10-19-②）。施設内で燃焼させるため，一酸化炭素などの有毒ガスが発生しないように注意する必要がある。また，各ユニットに排気用の煙突が必要である。

6　CO_2 施用

冬など，日照不足とともに，低温で十分な換気が行なえず施設内の CO_2

〈注12〉
通路に設置した温湯管をレールにして，収穫用の台車などを移動する例もある（図10-18-③）。

①温湯暖房用大型ボイラー

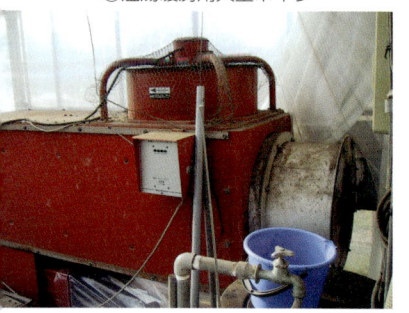

②温風暖房機
図10-19　暖房機の例

①灯油燃焼式 CO_2 発生装置 　　②液化 CO_2 ボンベ
図10-20　CO_2 施用システム

相対湿度と飽差

相対湿度：ある温度の空気が含むことができる最大の水蒸気重量（飽和水蒸気量，そのときの水蒸気分圧を飽和水蒸気圧という）に対して，実際に含まれている水蒸気量（水蒸気圧）を百分率（％）で示したもの。含まれている水分量が同じでも，温度が高くなると飽和水蒸気量が多くなるので湿度は低くなる。その，相対湿度は気温の高い昼間は下がるが，気温が下がる夜間は高くなる。

飽差：飽和水蒸気圧と大気中の蒸気圧の差のことで，大気圧（hPa）や大気中の水蒸気量（g/m³）であらわす。飽差が大きいほど空気が乾燥していることを示している。

濃度が低下するときに，作物の光合成を促進するために CO_2 の供給が行なわれており，これを CO_2 施用という。

CO_2 施用は，灯油やプロパンガスを燃焼させる CO_2 発生装置（carbon dioxide generator）(注13) や，液化 CO_2 ボンベ (注14) を利用して行なう（図10-20）(注15)。目標濃度は 800～1,500ppm で，施設内に均一に供給するために，小さな孔のあいたダクトが使われている。低濃度や過剰施用を避けるには，CO_2 濃度を計測して自動的に調整する，CO_2 ガスコントローラーが必要である。

7 湿度の調節

施設内の湿度環境は，病害，とくにカビによる病気の発生を防ぐため，過湿を避けるように管理している。しかし，乾燥しすぎるとうどんこ病が発生したり，植物がストレスを受け，気孔コンダクタンス（stomatal conductance）が低下して光合成速度が抑制され，結果として生育が遅延することになる。施設内の湿度は，相対湿度（RH；relative humidity）と飽差（VPD；vapor pressure deficit）によって表現される（囲み参照）。

湿度を高めるには，本章 4-4 冷却で述べた細霧冷却装置で直接噴霧する方法がある。パッドアンドファンの使用も湿度を高める。逆に，閉めきった施設内では，日中，植物の蒸散作用で相対湿度が 90％ をこえることがあるが，その場合は換気によって湿度を下げる。ヒートポンプを利用して，空気中の水蒸気を凝縮させて除湿することもできる。

8 遮光

遮光（shade）は，施設内にはいる太陽光線を抑制する技術で，光強度と気温を下げることができる。施設内で行なう内部遮光と，施設外で行なう外部遮光があるが，いずれも日射に応じて開閉できるようにする。

内部遮光は，遮光フィルムを施設の天井部分に設置して行なう（図10-21）。遮光フィルムには，ポリエチレンやポリエステルなどさまざま利用できるが，アルミ蒸着フィルムのように太陽光線を反射させるタイプは，太陽光線が熱に変換されるのを防ぐので温度上昇を抑制する効果が高い。

外部遮光は，太陽光線が温室内にはいる前に，遮断したり反射するので，内部遮光より効果的である。しかも，施設の外部に設置するので，作業のじゃまにならないという利点がある。

〈注13〉
灯油やプロパンガスを燃焼したときに発生する熱を暖房に利用することができるが，酸素濃度の低下による不完全燃焼と一酸化炭素ガス発生の危険があるので，外気を取り込んで燃焼させる装置の利用が望ましい。

〈注14〉
バルブの開閉だけで制御できるので簡便であるが，液化 CO_2 の価格が高いのが欠点である。

〈注15〉
温湯暖房機で天然ガスや LP ガスを利用している場合は，排気ガスの不純物が少ないので CO_2 施用に利用できる。

図10-21　温室内の遮光カーテン

〈注16〉
シソは抽苔防止，キクは開花調節（花芽形成と開花を遅らせる），イチゴは休眠回避（第9章3-2参照）を目的に行なわれている。

図10-22
ノルウェーでの鉢植えハーブ類の補光栽培
日射が7000lux以下になると8000～15000luxの光強度で補光を開始し，冬は1日に合計16～20時間程度補光する

9 電照，補光

❶ 電照，補光の目的

日本では，イチゴやシソ，秋ギクなどで，生育や花芽形成，開花期の調節を目的に，夜間に照明する電照（lighting）技術が普及している（注16）。成長に必要な光の不足を補うための補光（supplemental lighting）は，北欧や北米など冬の日照量がいちじるしく少ない地域で行なわれている（図10-22）が，太平洋側では冬でも晴天の日が多いので，日本ではあまり利用されていない。しかし，日本海側など冬の日射が不足する地域では有効ではないかと考えられる。

❷ 光源

電照や補光の光源には，白熱灯，蛍光灯，メタルハライドランプ（Metal halide lamp），高圧ナトリウムランプ（high pressure sodium lamp）などが使われている（表10-3）。白熱灯は波長分布特性が太陽光に近く，植物の成長に必要な波長域をもっており，従来から電照栽培などに広く使われている。しかし，発光効率が悪く寿命が短いのが欠点である。最近では，波長分布特性を白熱灯型に調整した蛍光灯が開発され，電照栽培に利用されるようになった。

メタルハライドランプや高圧ナトリウムランプなど高輝度放電ランプ（HID；high intensity discharged lamp）は，植物育成用の光源として使われてきた。とくに高圧ナトリウムランプは，照明用としてもっとも効率がよく，赤色や青色域の光を増やすなど波長分布特性を改善したランプも開発されており，開花調節などへの利用も期待されている。

❸ 発光ダイオードの利用

近年，発光ダイオード（LED）の利用も検討されている。LEDは特定波長域の光を放射し，発光面から熱をほとんど放射しないので，近接照明できるなどの特徴をもつ。また，青色や遠赤色光などさまざまな波長域の光を放射するものが開発されており，開花調節などへの利用が期待できる。

現状では，植物育成用の光源としては高価である。しかし，特定波長域のみ放射できるという特性を生かし，開花調節などを効率よく行なえる可能性がある。また，高出力型のLED光源も開発されており，植物工場な

表10-3 施設園芸で利用されているおもな光源

	白熱灯	蛍光灯	メタルハライドランプ	高圧ナトリウムランプ	LED
消費電力（W/ランプ）	75	40	400	360	0.04
可視光への変換率（％）	9	20	20	30	22
赤外線への変換率（％）	84	40	61	47	0
PAR効率（mW/W）	71	151	197	287	224
分光特性	連続（赤色大）	連続・白色	連続・白色	連続・橙色	単色・赤色
寿命（時間）	1,000～2,000	3,000～10,000	8,000～10,000	10,000～12,000	3,000～100,000
価格	安	安	高	高	高
おもな用途	キクやシソなどの開花調節	電球型蛍光灯は，イチゴ休眠やキクの開花調節。そのほか育苗用補光，棚下栽培補光に利用	光合成促進用補光，開花調節など。おもに研究用	光合成促進用補光。波長分布特性改善型の光源もあり，開花調節にも利用	光形態形成調節への利用や，植物工場の光源として開発中

注）1. 数値は，渡辺（2001），関山（1996）の各文献より抜粋，改変
　　2. PAR：光合成有効放射

どで利用できる LED 型光源の実用化も間近だと考えられている。

10 複合環境制御

複合環境制御とは，施設内外の気温，湿度，日射，CO_2 濃度，気流速度，地温・培地温，地下部の養水分環境など，複数の環境要因を環境センサー（environmental sensor）で測定し，作物の最大収量の実現とエネルギーの効率的利用を目的に，施設内環境を最適な状態に維持するために環境調節機器を総合的に制御することをいう。

単純に光合成産物量を増やすだけでも，複数の環境要素を同時に最適化することが求められるが，さらに農業生産を高めるとなると複雑になるだけでなく，目的の農産物によって調節する要素がちがってくる。したがって，野菜ごとに複数の環境要素のインプットと，成長速度や呼吸速度，収穫量・品質などをアウトプットとしたモデルの構築が必要になる。オランダのような施設園芸先進国では，こうした成長―環境モデルをもとに，温室内部の環境条件を最適化する高度統合環境制御システムがあり，たとえば，トマトで 60kg／㎡ 以上という超高収量を達成している (注17)。

〈注17〉
データを計測し，見える化したうえで ICT を利用し，遠隔地でも環境を調節できる技術はほぼ確立した。次のステップとして，データを解析し，常に作物に理想的な環境を提供する総合環境制御システムの開発がすすめられている。

■ まとめの問題

1．多連棟式温室の場合，南北方向に設置することが多いのはなぜか。
2．被覆資材に利用されている農ビフィルムの特徴について説明せよ。
3．紫外線を低減させる機能性被覆資材の目的と使用の注意点を説明せよ。
4．温室内部での循環扇の効果にはどんなものがあるのか説明せよ。
5．温室内で CO_2 発生装置を使うときの注意点を説明せよ。

第11章 環境保全，省力化などをねらった栽培法

1 養液栽培

1 養液栽培の特徴

❶養液栽培とは

養液栽培（hydroponics, soilless culture）(注1)（図11-1）とは，土壌を用いることなく，大地から隔離された栽培ベッド内で，水中や土壌以外の固形培地に根を張らせ，植物の生育に必要な必須元素（essential elements）（第4章3-1参照）を植物の吸収特性に合わせて溶かした液体肥料（培養液；nutrient solution）で与える栽培方法である。根に必要な酸素は栽培システムごとにちがう方法で与えられる。これらに温度やpHなどの環境も含めて，根域の環境制御を行なって栽培される。

養液栽培は，近年広がっている植物工場でも必須になっている。

❷養液栽培の利点

養液栽培の利点は以下のようである。
① 作物の生育が早い。
② 均一な生育が得られやすい。
③ 肥料と水の利用効率が高い。
④ 土壌のないところや土壌が作物の生育に適さない場所でも栽培できる。
⑤ 塩類集積，土壌病害，アレロパシーなどが原因の連作障害を回避し，安定した栽培が可能。
⑥ 土壌を用いた栽培で必要な土づくり，耕耘，畝づくり，除草などの作業が省略できる。
⑦ 灌水と施肥を給液で同時に行ない，自動化できる。
⑧ 栽培ベッドを高くして作業姿勢を改善し，労働の軽減が可能。
⑨ 土壌を用いないため，土ぼこりが立ったり，泥に足を踏み入れたりすることがなく，クリーンな環境で作業ができる。
⑩ 作業用の通路の確保や，栽培ベッドの高さの調節などによって車椅子の利用も可能で，身体的障害をもった人も作業に取り組みやすい。

❸養液栽培の欠点

養液栽培の欠点は以下のようである。
① 設備費が高い。
② ある程度の植物生理，とくに植物栄養についての知識が必要。
③ 多くのシステムでは電力が必要で，停電やシステムの故障などトラブ

〈注1〉
Hydroponics 語源は，ギリシャ語のHydro（水）とPonos（働く）からの造語とされている。

① トマトの栽培

② ミツバの栽培

図11-1 養液栽培の例

ルに対するリスクが高い。
④土壌を用いないために根の緩衝能が低く，培養液の組成が適切でないと，過剰症や欠乏症が発生しやすい。
⑤根の温度が気温の影響を受けやすい。

養液栽培 ─┬─ 水耕（固形培地を使用しない） ─┬─ DFT
　　　　　│　　　　　　　　　　　　　　　├─ NFT
　　　　　│　　　　　　　　　　　　　　　└─ 噴霧耕
　　　　　└─ 固形培地耕（固形培地を使用する） ─┬─ ロックウール耕
　　　　　　　　　　　　　　　　　　　　　　├─ ヤシ殻耕
　　　　　　　　　　　　　　　　　　　　　　├─ 樹皮培地耕
　　　　　　　　　　　　　　　　　　　　　　├─ 砂耕
　　　　　　　　　　　　　　　　　　　　　　└─ れき耕

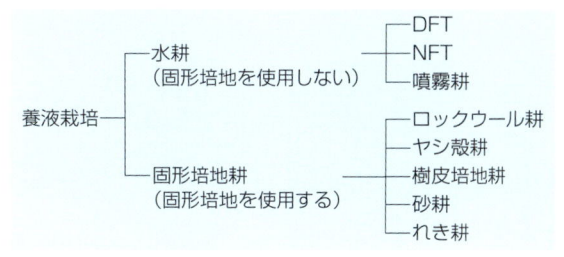

図11-2　おもな養液栽培システム

2 養液栽培のシステム

養液栽培のシステムは，固形培地を使う固形培地耕（substrate（media, aggregate）culture）と使わない水耕（hydroponics, hydroponic（water）culture）に大きく分けられる（図11-2）。培養液をスプレーで根に噴霧する方式もあるが，噴霧耕（mist（spray）culture, aeroponics）として水耕とは別に分類することも多い。

❶ 水耕

おもなシステムには，DFT（湛液水耕；deep flow technique）とNFT（薄膜水耕；nutrient film technique）(注2)がある（図11-3）。

○ DFTシステム

栽培ベッドに数センチから数十センチの深さで培養液を保ったまま流動させる方式である。栽培ベッドが培養液で満たされているので，根の環境が安定しやすいが，根が酸素欠乏になりやすい，栽培ベッドが重く丈夫な架台が必要になるという欠点がある。また，培養液の溶存酸素濃度の低下に注意する必要がある。

おもに，ミツバやネギなどの葉菜類の栽培に用いられている。

○ NFTシステム

栽培ベッドに1〜3％程度の傾斜をつけ，培養液を数ミリの薄い膜状にして流す栽培方式である。根が空気中から酸素を取り込みやすく，酸素欠乏になりにくいので，根の酸素要求量が大きい作物の栽培に適している。しかし，停電などでポンプが停止すると，短時間で植物がしおれる危険性がある。

おもに，レタス，ホウレンソウなどの葉菜類の栽培に用いられている。

❷ 固形培地耕

用いる固形培地の種類により，ロックウール耕(注3)，ヤシ殻耕(注4)などとよばれる。最も栽培面積が多いのはロックウール耕であるが，ヤ

〈注2〉
培養液が傾斜に沿ってベッドのなかでごく浅い流れになり，フィルムのようにみえるので，この名前がつけられた。

〈注3〉
ロックウールは，玄武岩などの天然岩石や，鉄鉱石から銑鉄を製造するときの副産物である高炉スラグを高温で溶解し，繊維状にした人工鉱物繊維。

〈注4〉
パーム油を採取するアブラヤシや，ココナッツミルクを採取するココヤシなどの果実の殻を粉砕したもの。腐熟させたものはココピート（登録商標）などとよばれる。

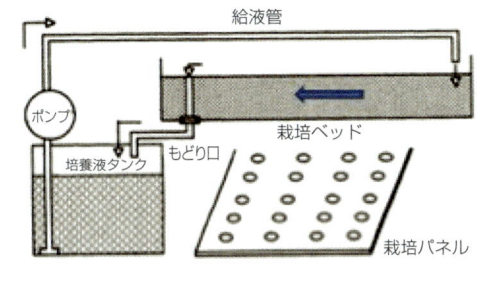

図11-3　水耕システムの例
DFT（湛液水耕）システム　　NFT（薄膜水耕）システム

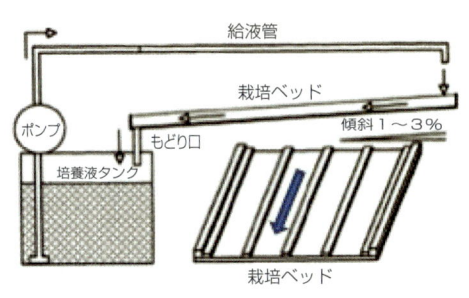

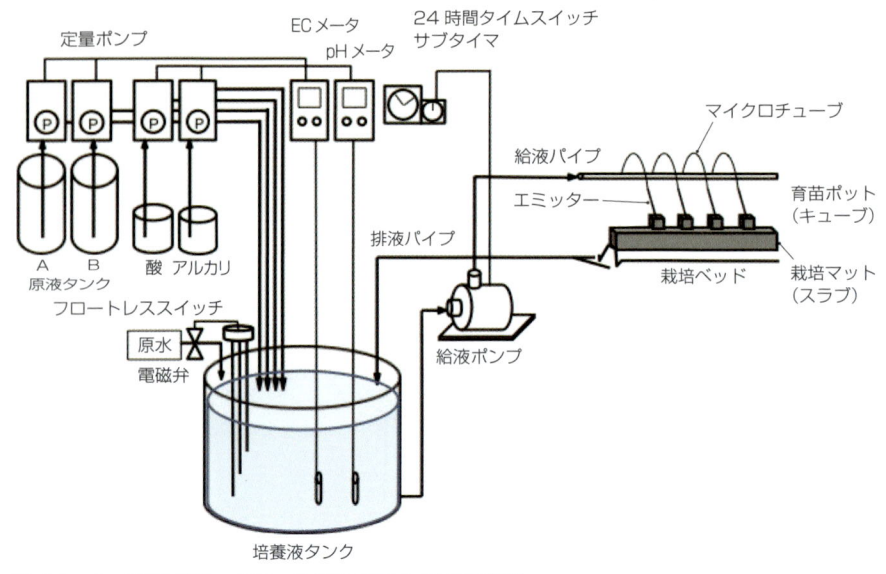

図11-4 循環式ロックウール耕システムの基本構造

シ殻耕やスギやヒノキなど樹皮堆肥を用いた樹皮培地耕など，有機培地耕が増えてきている。ロックウール耕システムの基本構造を図11-4に示した。

培養液供給方法は，給液後にベッドから排出される培養液を廃棄する非循環式（非閉鎖型，かけ流し式）と，タンクにもどして再利用する循環式（閉鎖型）がある。

近年，環境負荷の軽減や肥料コスト削減の目的から，多くのシステムは循環式になりつつある。おもに，トマト，イチゴ，パプリカなど果菜類の栽培に用いられている。

3 培養液

❶培養液処方

土耕栽培では，肥料として与えるのは，おもに窒素，リン，カリウムの肥料の三大要素である(注5)。しかし，養液栽培では，水と二酸化炭素から供給される炭素，水素，酸素を除く，13種類の必須元素すべてを肥料として与える必要がある。これらの元素を植物の吸収特性に合わせた濃度と比率で調合した液体肥料を培養液，その組成を培養液処方とよぶ。

さまざまな培養液処方が提案されているが，代表的な多量要素組成を表11-1に示した。

成分濃度には，当量濃度をあらわす me L^{-1} が用いられる(注6)。園試処方は，日本で最もよく使われている培養液処方で，栽培する作物の種類や季節などによって濃度を調節しながら，多くの作物の栽培に適用されている。

培養液の濃度は，標準濃度を1単位，半分の濃度を1/2単位，というように単位という呼び名が使われることが多い。

微量要素組成の代表と

〈注5〉
土耕では，カルシウムとマグネシウムは土壌改良材として，硫黄はカリウムにともなって与えられているが，微量要素は欠乏症が出たときなどを除き与えられない。

〈注6〉
エムイー・パーリットル，あるいはミリイクイバレント・パーリットルと読む。モル濃度（mol L^{-1}）にイオンになったときの電荷数をかけたもので，meq L^{-1} と表示する場合もある。たとえばカルシウムイオン（Ca^{2+}）の場合，1 mmol L^{-1} は 2 me L^{-1} になる。

表11-1 代表的な培養液処方の多量要素組成

培養液処方	多量要素組成（me L^{-1}）						
	NO$_3^-$	NH$_4^+$	PO$_4^{3-}$	K$^+$	Ca^{2+}	Mg^{2+}	SO$_4^{2-}$
園試処方※1	16	1.33	4	8	8	4	4
山崎処方※2 トマト	7	0.67	2	4	3	2	2
キュウリ	13	1	3	6	7	4	4
ナス	10	1	3	7	3	2	2
メロン	13	1.33	4	6	7	3	3
イチゴ	5	0.5	1.5	3	2	1	1
レタス	6	0.5	1.5	4	2	1	1
ミツバ	8	0.67	2	4	4	2	2
ホーグランド処方※3	14	1	3	6	8	4	4

注）※1 園芸試験場標準処方，山崎・堀，1961
　　※2 山崎，1982
　　※3 ホーグランド第2液，Hoagland and Arnon，1938
NO$_3^-$:硝酸態窒素，NH$_4^+$:アンモニア態窒素，PO$_4^{3-}$:リン，K$^+$:カリウム，Ca^{2+}:カルシウム，Mg^{2+}:マグネシウム，SO$_4^{2-}$:硫黄

して，園試処方の組成を表11-2に示した。多量要素濃度を変化させた場合でも微量要素は表11-2の濃度を保つように管理する。

❷培養液のつくり方

実際に培養液の作成に用いる肥料と溶解量を表11-3，4に示した。

実用栽培で培養液をつくるときは，100倍の濃厚原液をつくり，使うときに希釈する。100倍の濃厚原液は2液に分けてつくる。これは，カルシウムイオンと硫酸イオンやリン酸イオンを高濃度で混合すると，難溶性の沈殿ができるためである。

例として，園試処方培養液の100倍濃厚原液を100ℓつくる方法を図11-5に示した。硝酸カリウムは溶解度が低いため，溶かしきるのがむずかしい場合は1/3程度を硝酸カルシウムのタンクに溶かしてもよい。

4 ECとpH

❶EC

EC（electric conductivity）は，電気伝導度とか導電率とよばれ，「面積1m^{2}の2個の平面電極が距離1mで対向している容器に電解質溶液を満たして測定した電気抵抗の逆数」と定義され（図11-6），単位はS m^{-1}（ジーメンス・パーメ

表11-2　園試処方培養液の微量要素組成

培養液処方	微量要素組成（ppm）					
	Fe	B	Mn	Zn	Cu	Mo
園試処方	3	0.5	0.5	0.05	0.02	0.01

注1）Hoagland and Arnon, 1938を基準として，Fe添加方法を変更している
　2）ClはMn添加時の随伴イオンとして添加される
Fe：鉄，B：ホウ素，Mn：マンガン，Zn：亜鉛，Cu：銅，Mo：モリブデン，Cl：塩素

表11-3　代表的な培養液処方の多量要素調製法

培養液処方	多量要素　調製法　（mg L^{-1}）			
	KNO$_3$	Ca(NO$_3$)$_2$·4H$_2$O	MgSO$_4$·7H$_2$O	NH$_4$H$_2$PO$_4$
園試処方※1	808	944	492	152
山崎処方※2 トマト	404	354	246	76
キュウリ	606	826	492	114
ナス	707	354	246	114
メロン	606	826	369	152
イチゴ	303	236	123	57
レタス	404	236	123	57
ミツバ	404	472	246	76
ホーグランド処方※3	606	944	492	114

注）※1〜3は表11-1注参照
KNO$_3$：硝酸カリウム，Ca(NO$_3$)$_2$·4H$_2$O：硝酸カルシウム四水和物，MgSO$_4$·7H$_2$O：硫酸マグネシウム七水和剤，NH$_4$H$_2$PO$_4$：リン酸二水素アンモニウム

表11-4　園試処方培養液の微量要素2,000倍濃厚液の調製法

培養液処方	微量要素2,000倍濃厚液調製法　（g L^{-1}）					
	Fe-EDTA	H$_3$BO$_3$	MnCl$_2$·4H$_2$O	ZnSO$_4$·7H$_2$O	CuSO$_4$·5H$_2$O	Na$_2$MoO$_4$·2H$_2$O
園試処方	45.2	5.72	3.62	0.44	0.16	0.05

注）1．ここでは，2,000倍濃厚液をつくる方法を示している
　　2．培養液作成時に，培養液1ℓ当たり，0.5mℓを添加する
　　3．キレート鉄としてFe-EDTAのかわりにFe-DTPA（ジエチレントリアミン五酢酸）を用いる場合は，52.6 g L^{-1}で溶かす
Fe-EDTA：キレート鉄，H$_3$BO$_3$：ホウ酸，MnCl$_2$·4H$_2$O：塩化マンガン四水和物，ZnSO$_4$·7H$_2$O：硫酸亜鉛七水和物，CuSO$_4$·5H$_2$O：硫酸銅五水和物，Na$_2$MoO$_4$·2H$_2$O：モリブデン酸ナトリウム二水和物

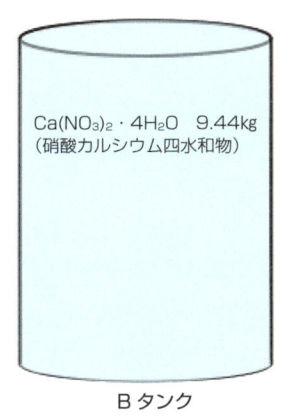

図11-5　100倍濃厚原液100ℓのつくり方
KNO$_3$は1/3程度をBタンクに溶かしてもよい

Aタンク：KNO$_3$ 8.08kg（硝酸カリウム），MgSO$_4$·7H$_2$O 4.92kg（硫酸マグネシウム七水和物），NH$_4$H$_2$PO$_4$ 1.52kg（リン酸二水素アンモニウム），微量要素2,000倍液 5ℓ

Bタンク：Ca(NO$_3$)$_2$·4H$_2$O 9.44kg（硝酸カルシウム四水和物）

図11-6　ECの概念図
1S/m（1Sm^{-1}）　交流電圧1V　電流1A　1m^2　1m

〈注7〉
以前は，mS cm^{-1}（ミリジーメンス・パーセンチメートル）の単位が用いられていたが，国際単位系（SI単位）への移行によってMKS単位系のS m^{-1}が用いられるようになった。これらの単位は，以下の関係にある。

　1 dS m^{-1} = 0.1 S m^{-1} = 1 mS cm^{-1}

なお，1 Vの電圧をかけて1 Aの電流が流れたときのECが，1 S m^{-1}となる。

〈注8〉
厳密には水素イオン濃度ではなく，水素イオン相互の影響も含めて実際に有効に作用する濃度である水素イオン活量のことである。しかし，非常に薄い水溶液では，水素イオン活量は水素イオン濃度とほぼ同じなので，ここでは濃度としてあらわした。なお，水素イオン活量とした場合の式はpH= －log$_{10}$[aH$^+$]（aH$^+$は，水素イオン活量）であらわされる。

ートル）である（注7）。

ECは温度で左右され，水温が1℃上がると2%上昇するため，EC計はJIS規格に基づいて温度補正を行ない，25℃に換算した値で表示される。

水溶液のECは，溶けているイオン濃度が高まると上昇するので，培養液濃度の指標として用いられている。養液栽培の培養液では，値が小さいので10^{-1}を意味する接頭語d（デシ）をつけた，dS m^{-1}（デシジーメンス・パーメートル）という単位が用いられる。純水でつくった標準濃度の園試処方培養液のECは約2.4 dS m^{-1}である。

❷ pH

pH（power of Hydrogen, potential Hydrogen）は，水素イオン濃度（注8）の対数値の逆数であり，下記の式であらわされ，単位はない。

$$pH = -\log_{10}[H^+]$$

培養液のpHは通常5.5～6.5の範囲がよいとされているが，ネギやミツバでは4.5～5.5の範囲がよいとされている。酸性が強くなると根に障害が発生し，アルカリ性では微量要素の沈殿などがおこりやすく欠乏症が発生しやすい。

5 培養液の管理

培養液に太陽光が当たると，藻類が発生したり，紫外線の影響で鉄などの微量要素が沈殿するため，つくった培養液はできるだけ遮光する。

❶ ECの調整

培養液のECは，作物の種類，季節，天候，生育段階などによって調節する。

栽培ベッド内の培養液のECが徐々に上がるときは給液する培養液のECを下げ，逆に徐々に下がるときは給液する培養液のECを上げる。

ただし，循環式で給液している場合，ECが適正値であっても培養液の組成が大きくくずれていることがあるので，培養液組成の定期的な分析を行なうとともに，培養液処方の修正や交換を行なう。

❷ pHの調整

培養液のpHは，作物による養分の吸収組成，季節，根の状態などによって変化する。pHは培養液中のアンモニア態窒素濃度である程度調整でき，pHが徐々に高くなる場合はアンモニア態窒素濃度を高め，徐々に低くなる場合はアンモニア態窒素濃度を下げることで安定しやすい。しかし，アンモニア態窒素は，レタスのチップバーン，トマトやパプリカの尻腐れ果などを発生させることがあり，注意が必要である。

なお，酸（0.5 N程度のリン酸や硝酸）とアルカリ（0.5 N程度の水酸化カリウム）で調整することも多い。

2 養液土耕

従来の元肥を主体として定期的に1回多量灌水を行なう栽培法とちがい，液肥を用いて多回数少灌水を行なう栽培法である。

1 養液土耕とは

養液土耕（drip fertigation）は，土のもっているよさを活用し，作物の生育に合わせて，作物が必要とする成分を必要なときに必要な量だけ灌水施肥する栽培法である。土壌を使い，一般の土耕栽培と同じように土壌の物理性，化学性，生物性を適切にするための有機物資材や土壌改良材を施し，土壌の養水分診断にもとづいて，植物の養水分吸収特性に合わせて，毎日，灌水と施肥を同時に行なう（灌水同時施肥）。灌水と施肥が自動化できるので，養水分の利用効率が高く，省力的かつ環境保全型の栽培法といえる（図11-7）。

乾燥地であるイスラエルで広く普及しており，日本では1990年代から研究がすすめられ，現在，トマトやメロンなどの果菜類やキクやカーネーションなどの花卉類の栽培などに利用されている。

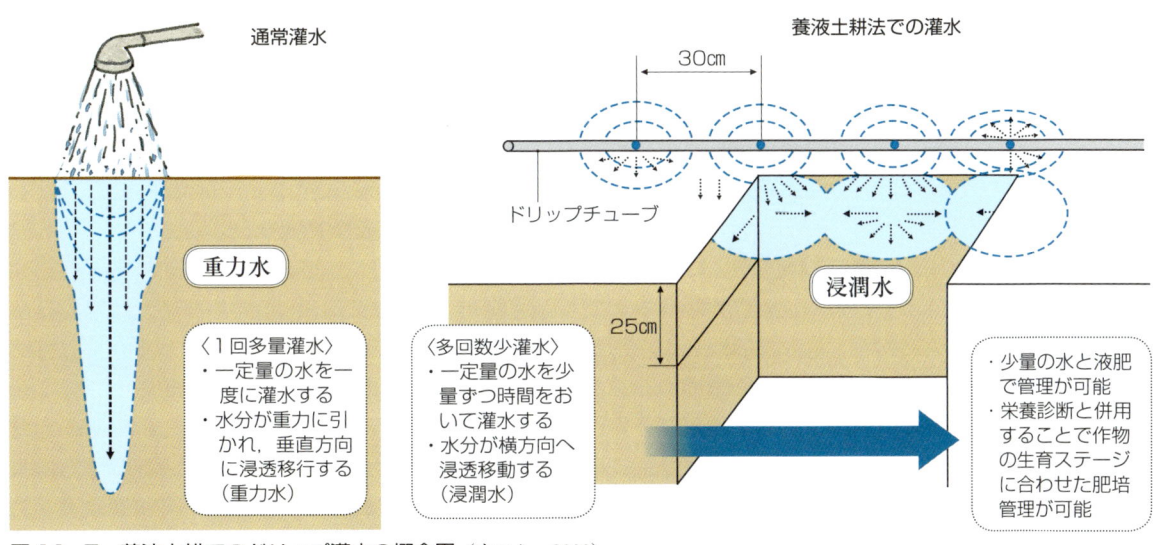

図11-7 養液土耕でのドリップ灌水の概念図（古口ら，2000）

2 養液土耕のシステム

養液土耕の基本システムを図11-8に示した。濃厚肥料原液は養液土耕専用肥料を用い，養液栽培とはちがい1液である。液肥混入機は，流量に合わせて一定の比率で濃厚肥料原液を混入する仕組みになっている。給液制御のためにタイムスイッチやタイマーを内蔵しているものや，pFメータなど土壌水分計を用いるタイプもある。

点滴チューブは，水圧によって点滴口からの吐出量が変化するタイプと，点滴口にドリッパーとよばれる圧力調整器を内蔵し，水圧が一定範囲内であれば，吐出量がほぼ一定になるタイプがある。ドリッパーには，ゴム製

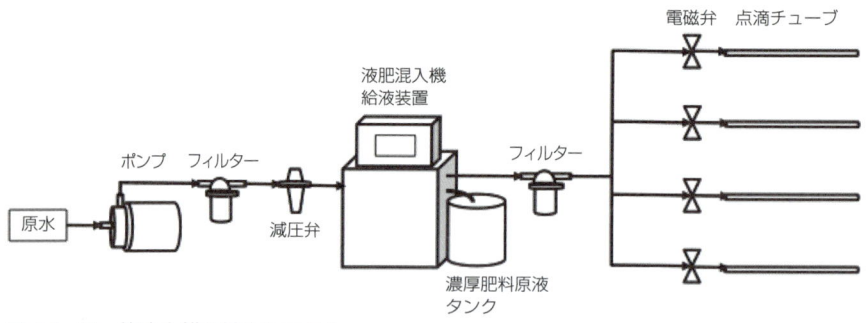

図 11-8　養液土耕の基本システム

図 11-9　ドリッパーの例
（ネタフィムジャパン（株）資料より）

の圧力調整弁を用いたダイアフラム式，減圧用の二次水路を用いたラビリンス式，両者を併用したものなどがある（図 11-9）。

いずれのタイプも，水平な圃場で適正水圧で使えば，約 100 m まで均一な吐出量が得られるが，タイプによっては短くしたり水圧を高くしたりする必要があり，使用環境に合わせた選択が必要である。

3 養液土耕用肥料

養液土耕用肥料は一般の土耕用の複合肥料とちがい，窒素，リン，カリウムのほかに，カルシウム，マグネシウム，一部の微量要素を含むものが市販されている。また，肥料メーカーや都道府県などによって，作物ごとの栽培マニュアルがつくられており，作物と栽培ステージに応じて施肥されている。

4 リアルタイム栄養・土壌診断

一般の土耕栽培と比較した養液土耕の特徴は，リアルタイムに行なう植物栄養診断と土壌診断の併用である。栄養診断は，植物の外観や草姿だけでなく，葉柄の汁液診断を行なう。葉柄の汁液を搾って硝酸イオン濃度を測定し，適正値を保つように肥料濃度を調節する。汁液中の硝酸イオン濃度は，下位葉で高く上位葉で低い。複葉では，基部の小葉ほど高く先端部ほど低い。作物ごとに適正な位置の葉柄が用いられるが，トマトの基準値の例を表 11-5 に示す。

土壌水分は pF メータや土壌水分センサで計測し，給液量を調整する。

土壌診断は，栽培開始前だけでなく，栽培中にも土壌溶液を採取して行なう。土壌溶液の EC 測定による診断が一般的であるが，土壌溶液の EC は硝酸態窒素濃度との相関が高いためである。測定値をもとに肥料濃度を調節する。

図 11-5　トマト葉柄汁液中の硝酸イオン濃度の診断基準（田中ら，2001）

生育ステージ	葉柄中硝酸イオン濃度 （ppm）	診断部位
定植～第1果房開花期	3,000～4,000	第1果房直下葉の小葉の葉柄
第1～第3果房開花期	2,000～3,000	第1果房直下葉の小葉の葉柄
第3果房開花期～摘心期	3,000～4,000	ピンポン玉大の果房直下葉の小葉の葉柄
摘心期以降	2,000～3,000	ピンポン玉大の果房直下葉の小葉の葉柄
第6果房収穫期	1,000 以下	第6果房直下葉の小葉の葉柄

注）促成トマト（6段摘心），複葉中間部の小葉の葉柄を用いる

3 有機栽培

1 有機栽培とは

　有機栽培（organic culture）は，化学的に合成された肥料や農薬を使わない栽培方法である。20世紀の農業は，化学的に合成された肥料や農薬の利用で生産力を大きく伸ばしてきた。しかし，土壌を用いた栽培では，有機質の施用による土壌の物理性，生物性の改善が不可欠である。また，1970年代には，DDTなどの毒性が高く難分解性の農薬の使用による，環境や人体への悪影響が明らかとなり，使用が規制されるようになった。このようななかで，自然循環機能を維持し，かつ環境への負荷を低減させる農業への関心が高まり，有機栽培が注目されるようになった。

　こうした関心の高まりのなかで，「有機」「減農薬」などの表示が氾濫し，消費者の適正な商品選択に支障をきたすようになった。そのため，1991年からコーデックス委員会（FAO・WHO合同食品規格委員会）で，有機食品のガイドラインの検討作業が開始され，1999年に「有機生産食品の生産，加工，表示及び販売に係るガイドライン」が国際的な基準として採択されている。

2 有機農産物と特別栽培農産物

❶有機農産物

　有機農産物は，化学的に合成された肥料および農薬を使用せず，かつ，遺伝子組換え技術を利用せずに栽培された農産物のことであり，2000年に制定された「有機農産物の日本農林規格」（有機JAS法）で規定されている(注9)。有機JAS法では，生産方法の基準を，「堆肥等による土作りを行い，播種・作付け前2年以上及び栽培中に（多年生作物の場合は収穫前3年以上），原則として化学的肥料及び農薬は使用しないこと。遺伝子組み換え種苗は使用しないこと」としている。認証制度があり，認定を受けた農産物の生産農家は有機JASマーク（第1章4-2-①参照）を添付して市場に供給でき，「有機農産物」「有機栽培農産物」「有機○○」「オーガニック○○」などと表示できる。認定を得られていない農産物に対しては，このような用語を用いた表示は認められない。有機JAS法は，コーデックス委員会において1999年に採択された「有機生産食品の生産,加工，表示及び販売に係るガイドライン」に準拠したものである。

〈注9〉
有機JAS法では「農業の自然循環機能の維持増進を図るため，化学的に合成された肥料及び農薬の使用を避けることを基本として，土壌の性質に由来する農地の生産力（きのこ類の生産にあっては農林産物に由来する生産力を含む）を発揮させるとともに，農業生産に由来する環境への負荷をできる限り低減した栽培管理方法を採用したほ場において生産すること。」と規定している。

❷特別栽培農産物

　特別栽培農産物は，化学的に合成された肥料や農薬の使用量を低減して栽培された農産物のことであり，農林水産省によって1990年に制定された「特別栽培農産物に係る表示ガイドライン」で規定されている。特別栽培農産物は，「その農産物が生産された地域の慣行レベル（各地域の慣行的に行われている節減対象農薬及び化学肥料の使用状況）に比べて，節減対象農薬の使用回数が

図11-10　特別栽培農産物定義の概念図
（農林水産省HPより）

> **農薬を使わない養液栽培農産物の表示**
>
> 有機農産物や特別栽培農産物に関する法規やガイドラインには「土壌」の言葉が明記されており，養液栽培農産物は土壌を使わないので，有機農産物や特別栽培農産物の表示はできない。農林水産省では，農薬を使わずに養液栽培した農産物には，「栽培期間中農薬不使用」と表示することを推奨している。

50％以下，化学肥料の窒素成分量が50％以下，で栽培された農産物」と定義されている（図11‐10）。このガイドラインに沿って栽培された農産物は，「農林水産省新ガイドラインによる表示」と記載したうえで，「節減対象農薬：○○地域比　○割減」，「化学肥料（窒素成分）：○○地域比　○割減」と表示ができる (注10)。

3 有機栽培で使用できる肥料

有機JAS法では，有機農産物の栽培に使える「肥料及び土壌改良資材」が規定されており，有機質肥料中心の施肥が行なわれる。

窒素は菜種油かす，綿実油かすなどの油かす類，魚かす，家畜やニワトリの排泄物，リンは蒸製骨粉 (注11)，カリウムは塩化カリや硫酸カリなどで与えられる。カルシウム，マグネシウムは消石灰や苦土石灰，水酸化苦土などで与えられる。いずれも「天然物質又は化学的処理を行っていない天然物質に由来するものであること」などの基準が規定されている。

微量要素は，「微量要素不足により，作物の正常な生育が確保されない場合に使用するものであること」という基準がある。

4 有機栽培で使用できる農薬

有機栽培の病害虫防除は，物理的防除，生物的防除，田畑輪換や輪作など耕種的防除が主体であるが，一部の農薬は使用が許されており，有機JAS法では有機農産物の栽培に使用できる農薬が規定されている (注12)。

また，特別栽培農産物ではこれらの農薬に加えて，化学合成農薬以外のものであれば，使用しても農薬散布回数にカウントされない。

4 減肥栽培，肥効調節型肥料の利用

元肥を主体にした露地栽培では，多くの肥料成分が降雨によって流亡するため，肥料の利用率は非常に低い。肥料の利用率を高めるには，マルチ栽培やトンネル栽培，施設栽培なども有効であるが，ハウスなどの施設栽培では，作物に吸収されなかった肥料成分（おもに硝酸カルシウム）が土壌表面に蓄積し，塩害が発生する場合もある。

肥料の利用率を高め，投入量を減らすためには，作物が必要な量を必要な時期に与えることが有効で，養液栽培や養液土耕なども1つの方法である。また，肥料の流亡を防いだり，肥効を長期間維持できる肥料が市販されている。肥料の利用率を高めるとともに，施肥回数が減るので省力化に

〈注10〉
「無農薬栽培」，「減農薬栽培」などの表示は禁止されている。

〈注11〉
牛の部位を原料に使うときは，脊柱が混入していないものとして，農林水産大臣の確認を受けた行程で製造されたものであること。

〈注12〉
農薬取締法の特別防除資材（特定農薬）に指定されている天敵（使用場所と同一の都道府県で採取されたもの），食酢，重曹のほか，生物農薬，性フェロモン剤，天然抽出物が原料の除虫菊乳剤，なたね油乳剤，デンプン水和剤，シイタケ菌糸体抽出物液剤，混合生薬抽出物液剤などがある。

化学合成農薬では，硫黄くん煙剤，硫黄粉剤，水和硫黄剤，硫黄・大豆レシチン水和剤，石灰硫黄合剤，硫黄・銅水和剤，炭酸水素ナトリウム・銅水和剤，銅水和剤，銅粉剤，生石灰，硫酸銅，ワックス水和剤などが使用できる。

つながり，肥効調節型肥料とよばれ利用されている。

1 緩効性肥料（controlled (slow) release fertilizer）

化成肥料では，リンは可溶性やく溶性などの緩効性成分が含まれているが，窒素とカリウムの大部分は水溶性であり速効性である(注13)。しかし，窒素には，化学的合成でつくられるが，水にほとんど溶けず加水分解や微生物分解によって肥効があらわれる肥料があり，狭義の緩効性肥料とよばれている(注14)。

また，粒径を変えることによっても分解速度が調節できる。

2 硝酸化成抑制剤入り肥料（fertilizer with nitrification inhibitor）

肥料に含まれる窒素成分であるアンモニア態窒素や尿素態窒素は，硝酸化成菌の働きで最終的に硝酸態窒素となる。硝酸態窒素はマイナスイオンであり，土壌粒子に吸着されないために流亡しやすい。そこで，硝酸化成を抑制して，土壌粒子に吸着されやすいアンモニウム態窒素で流亡を防ぐ方法が考えられ，硝酸化成抑制剤入り肥料として市販されている(注15)。

3 被覆肥料（coated fertilizer）

❶被覆肥料とは

水溶性肥料を硫黄や樹脂などで被覆し，肥料の溶出を物理的に遅くした肥料で，被覆肥料とかコーティング肥料とよんでいる。被覆資材には，①熱可塑性樹脂（ポリオレフィン系樹脂），②熱硬化性樹脂（ポリウレタン系樹脂，アルキッド樹脂），③無機資材（硫黄）などがある。

肥料成分の溶出は，被覆内に水が浸入し，内部の肥料が溶解して溶液の浸透圧が高まり，被覆の微細な穴や亀裂を通して溶出すると考えられている（図11-11）。

溶出タイプには，リニア（直線）タイプ，放物線タイプ，シグモイドタイプがあり，作物の吸収特性に合わせて用いられる（図11-12）。肥料成分の溶出タイプや溶出期間(注16)は，被覆の種類や被覆の厚さなどによって調整され，○○日タイプなどとよばれている。溶出速度は温度に強く影響を受け，高温ほど速くなり肥効期間が短くなる（図11-13）。しかし，土壌水分の影響は小さいと考えられている。

〈注13〉
水溶性：水に溶けすぐに吸収される。
可溶性：水には溶けないが，根から出る根酸に溶け比較的速く吸収される。
く溶性：クエン酸2％液で溶け（根酸には溶けない），徐々に吸収される。

〈注14〉
IB（イソブチリデンジウレア），CDU（シクロジウレア），ウレアホルム，グアニル尿素（リン酸塩（GUP），硫酸塩（GUS）），オキサミドなどの緩効性窒素を含んだ肥料が市販されている。

〈注15〉
肥料に含まれている硝酸化成抑制剤には，Dd（ジシアンジアミド），ST（2-スルファニルアミドチアゾール），ASU（グアニルチオウレア），DCS（N-2,5ジクロルフェニルサクシナミド酸），ATC（4-アミノ-1,2,4-トリアゾール塩酸塩）などがある。

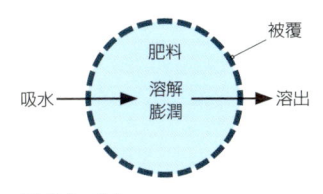

図11-11
被覆肥料の成分溶出の仕組み

〈注16〉
「含まれている窒素成分の80％が水中25℃で溶出するのに要する期間」と規定されている。

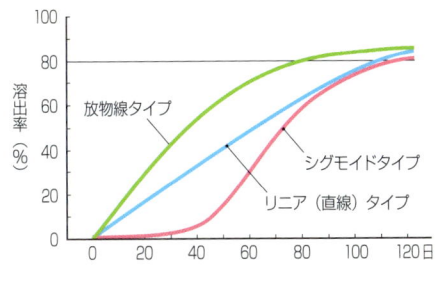

図11-12　被覆肥料の溶出パターンと溶出率の推移（上野，2008）

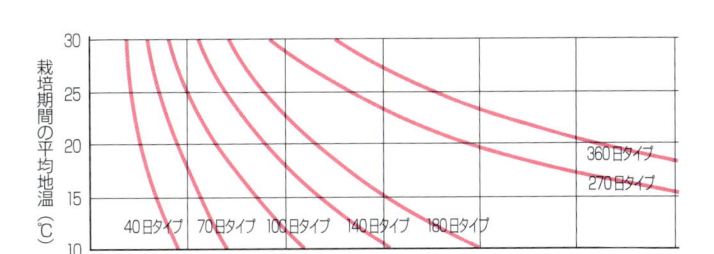

図11-13
被覆肥料の各溶出タイプの肥効期間と栽培期間の平均地温（柴田，2002）
注）各溶出タイプは，基準温度を25℃として表示されている

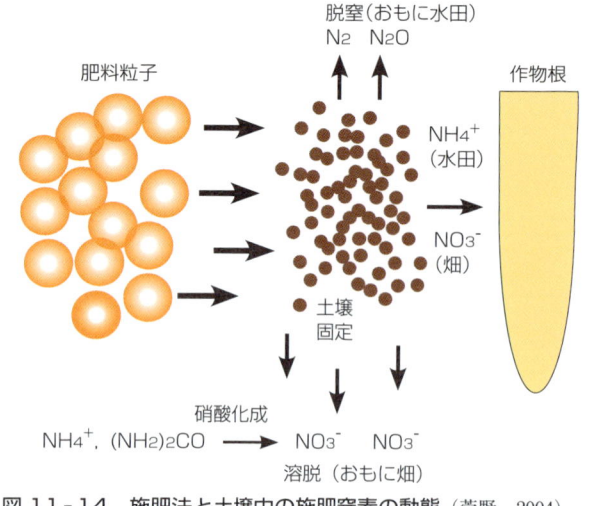

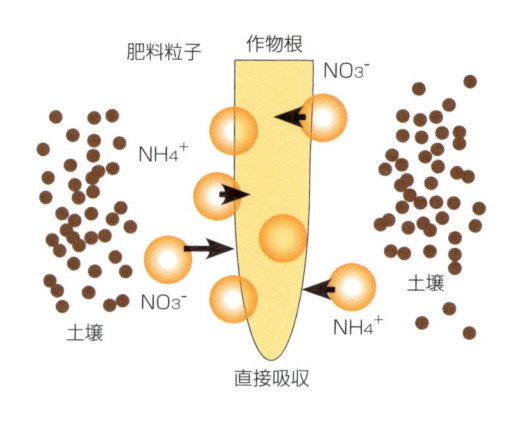

図 11-14　施肥法と土壌中の施肥窒素の動態（菅野，2004）
NH_4^+：アンモニア態窒素，$(NH_2)_2CO$：尿素態窒素，NO_3^-：硝酸態窒素，N_2：窒素（分子），N_2O：亜酸化窒素

❷ 被覆肥料の利用場面

さまざまな肥料を被覆資材で包むことができるため，窒素以外の肥料成分の溶出も調整でき，数種類の被覆肥料を組み合わせることによって，多様な溶出パターンを設計できる。被覆肥料を利用した元肥重点施肥で追肥回数が減らせるので，省力化できる。

また，微量要素の溶出も調整できるので，養液栽培の固形培地耕にも一部の方式で利用されている。さらに，根の近くへの施肥で発生するいわゆる肥焼けが出にくいので，被覆肥料を根の近くに直接施肥して利用率を高める接触施肥法（図 11-14）も注目されている。

5　隔離床栽培，少量培地栽培

1　隔離床栽培

大地と切り離した低い栽培ベッドを設置し，土壌を用いて栽培する方法である。防根透水シートを利用して，根域部分を大地と隔離する簡易な隔離床栽培もある。大地から切り離すことにより，土壌消毒を容易に行なうことができ，連作障害の回避が可能である。また，土壌の量が少ないので，水と肥料の利用率を高めることができ，土壌水分の調節も容易になる。

ネットメロンでは，隔離床栽培が古くから行なわれている。きれいなネットを発生させたり果実の糖度を高めるため，きめ細かい水分管理が要求されることと，自根で栽培することが多く，連作による土壌病害を防ぐためである（図 11-15）。また，土壌水分を制御して水ストレスを与える，高糖度トマトの栽培にも利用されている。

図 11-15　メロン隔離床栽培

2　少量培地栽培

土壌をプラスチックコンテナやプラスチックバッグにつめて栽培する方

法である。土壌を用いた養液栽培ともいえ，栽培システムは養液栽培の固形培地耕に類似したものが用いられる。土壌の緩衝能を利用しつつ，養液栽培のメリットを利用した方法である。土壌は畑土や市販の培養土などを用い，液肥は養液栽培用の培養液や養液土耕用の液肥を用いる。

①肥料と水の利用率が高い，②土壌病虫害による連作障害を回避できる，③土づくりが必要ない，④栽培ベッドを高設にすれば作業姿勢が改善できるなど，省力化できる，⑤液肥の利用で施肥と灌水を自動化できる，⑥土壌を用いるので微量要素などの欠乏症が出にくい，などの利点がある。また，土壌水分が制御しやすいので，高糖度トマト栽培にも利用できる。

しかし，培地量が少ないため，通常の土耕栽培より精密な給液管理が必要なので，給液の自動化が不可欠である。

トマト，イチゴ，キュウリなどの栽培に利用されている。

6 植物工場

1 植物工場とは

植物工場(注17)は，「施設内で植物の生育環境（光，温度，湿度，二酸化炭素濃度，養分，水分等）を制御して栽培を行う施設園芸のうち，環境及び生育のモニタリングを基礎として，高度な環境制御と生育予測を行うことにより，野菜等の植物の周年・計画生産が可能な栽培施設」(注18)とされている。人工光のみで栽培する「完全人工光型」（図11-16），太陽光を利用して栽培する「太陽光利用型」，太陽光の利用を基本に人工光で補光する「太陽光・人工光併用型」に大別される。

表11-6に植物工場の利点と可能性を示したが，初期コスト，ランニングコストが高い，有機農産物より消費者の評価が高くない，などが欠点である。

2 太陽光利用型（太陽光・人工光併用型）植物工場

❶ 基本システムと利用

太陽光・人工光併用型植物工場の基本システムを図11-17に示した。

植物の生育や栄養状態を診断しながら，光合成と転流の促進，過度の呼吸による光合成産物の消耗の抑制を基本に，温室外の日射，気温，風向・

〈注17〉
植物工場の英語は，日本ではplant factoryを使うことが多いが，これは和製英語である。国際的にはplant factoryとは完全人工光型植物工場のことで，太陽光利用型や太陽光・人工光併用型の植物工場は，温室を意味するgreenhouseを使うのが一般的である。

〈注18〉
農林水産省と経済産業省の合同で開催された「農商工連携研究会植物工場ワーキンググループ報告書」（2009年）。

図11-16
完全人工光型植物工場

表11-6 植物工場の利点と可能性（「農商工連携研究会植物工場ワーキンググループ報告書」，2009）

項目	利点
生産技術	・施設内の快適な環境で，比較的軽労働が中心 ・環境制御で生育や品質を調節 ・生産者の勘と経験だけでなく，環境と生育のモニタリングと生育予測にもとづき，計画的・安定的に生産 ・栄養成分，機能性成分の強化 ・農薬や肥料，水分の使用量を低減
販売	・加工・業務用として歩留まりが高く，食品残渣などを縮減 ・虫や異物の混入が少なく，洗浄や調製作業を省けるため，コストの縮減が可能 ・台風などの気象災害時にも定価で安定供給が可能
立地・建築	・立地場所を選ばず，非農地，栽培不適地での農業生産が可能 ・空き店舗，空きオフィス，空き工場，空き倉庫などへの設置も可能（完全人工光型） ・多段化による高度な空間利用（完全人工光型）

6-植物工場　139

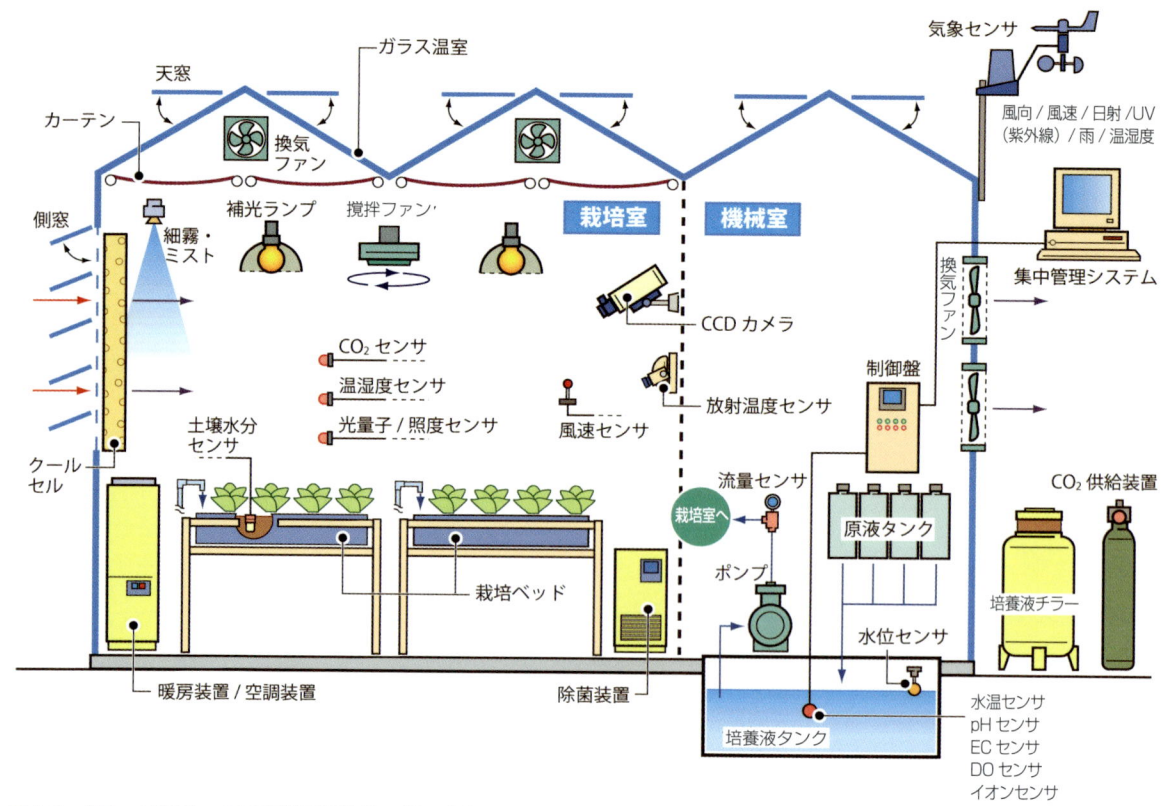

図11-17 太陽光・人工光併用型植物工場の仕組み（エスペック・ミック（株）資料より）

風速，降雨，および温室内の気温，湿度，二酸化炭素（CO_2）濃度などを計測モニターしてコンピュータによる統合環境制御を行なう。

トマト，パプリカ，イチゴ，ミツバ，レタス，バラなどさまざまな作物が生産されている。

❷環境制御の仕組み

○光

光は最も重要であり，温室の構造物やカーテンなどによる減光を少なくしたり，被覆資材の光透過率を高める工夫が必要である。また，冬や曇雨天日など日射が不足する時期には，高圧ナトリウムランプなどによる補光を行なう。さらに，イチゴやキクの栽培では，日長制御のための電照が行なわれる（第10章4-9参照）。

○ CO_2

光合成促進を目的に，日中の温室密閉時には1,000ppm前後，天窓・側窓開放時には，外気濃度である400ppm前後に作物群落内の濃度を維持する（第10章4-6参照）。

○湿度

施設内の湿度は，飽差（vapor pressure deficit）（第10章4-7参照）であらわす。湿度が下がると気孔を閉じて光合成速度を低下させるので，飽差は3～6hPa程度がよいとされ，10hPa以下（気温25℃の場合，相対湿度約70％以上）を目標に管理されている。

病害予防を目的に，夜間，ヒートポンプで除湿することもある。
○温度

各作物の光合成適温，転流促進温度にもとづき設定する。日本では，とくに夏の高温対策が重要であり，寒冷紗や被覆資材に遮熱資材を塗装して遮光したり，細霧冷房やパッド・アンド・ファン（第10章4-4参照）などが利用されている。また，病害防除のため，植物表面の結露を防ぐための管理も行なわれる。

○養水分管理

生育段階，季節，天候などで培養液の濃度を変えるとともに，日射量と飽差をもとに給液量や給液回数が管理される。

○病害虫防除

化学農薬の使用を減らす工夫がされている。害虫防除は，温室開口部に害虫侵入防止のための防虫用ネットや補虫テープを張ったり，天敵などの生物農薬の利用や防蛾灯の設置などが行なわれる。

病害防除は，おもに結露を防ぐなど環境制御によって行なわれる。

3 完全人工光型植物工場
❶ 基本システムと利用

完全人工光型植物工場の基本システムを図11-18に示した。栽培室内の日長，光源の光質と光強度，気温，CO_2濃度をセンサで計測し，制御す

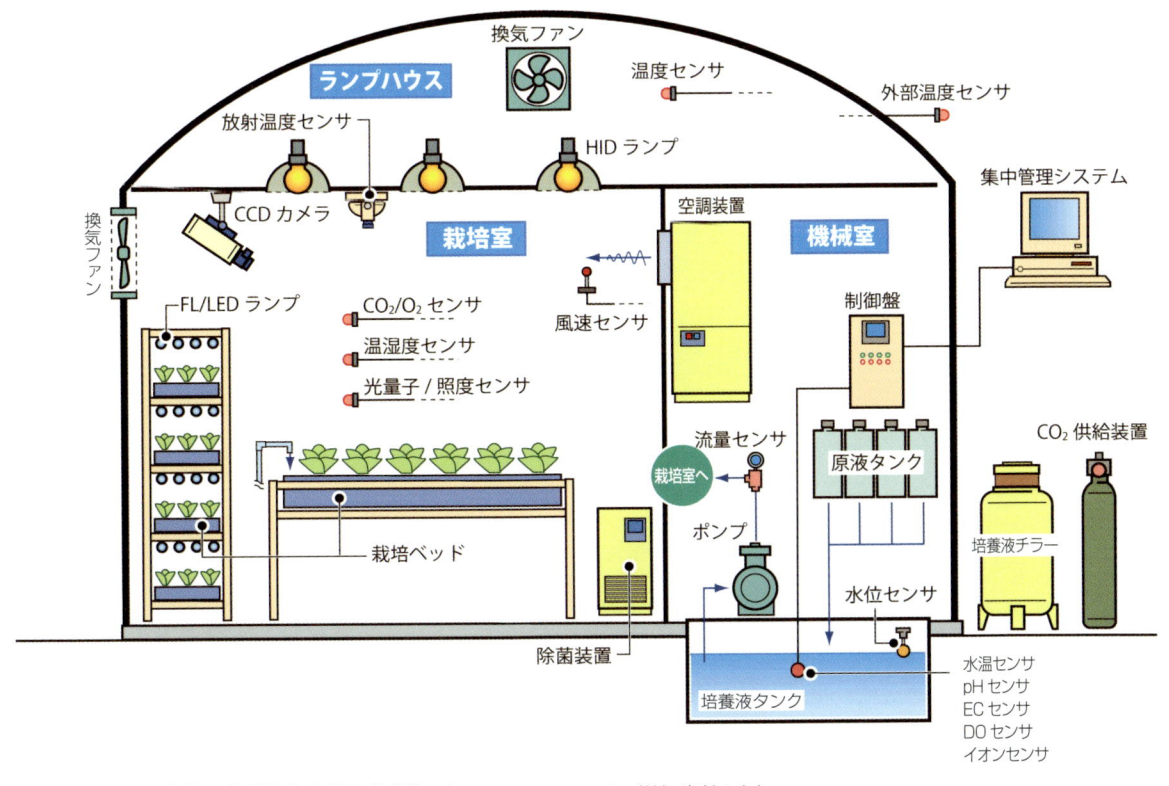

図11-18　完全人工光型植物工場の仕組み（エスペック・ミック（株）資料より）

〈注19〉
高周波点灯方式を利用した蛍光灯で，専用の高周波点灯専用安定機と組み合わせて高周波（約50 kHz）で点灯する。高効率で消費電力が少ない。

〈注20〉
LEDは，植物の光合成特性を考慮して，660nm付近をピークとする赤色光を主に，450nm付近をピークとする青色光を付加した2波長のものがおもに利用されている。また，白色LED（青色LEDチップに黄色蛍光体を封入したもの）の蛍光体の波長をかえて，赤色光の比率を高くしたものも一部で利用されてきている。

〈注21〉
光合成に有効な波長とされる400～700nmの光の強さを光量子の数としてあらわしたものであり，単位は，$\mu mol\ m^{-2}\ s^{-1}$が使われる。光合成有効光量子束（PPF）と表現される場合もある。

る。湿度制御は行なっていない場合が多い。

　おもに，光合成の光飽和点の低い，レタスを中心に非結球性の葉菜類の栽培に利用されている。

❷環境制御の仕組み

○光

　光源には，当初，光合成有効放射への変換効率が高く，光合成に有効な赤色光の比率も高い高圧ナトリウムランプが用いられていた。しかし，発熱が大きく，近接照射できないなどの欠点があり，現在は蛍光灯（FL）が主流で発光効率の高いHf蛍光灯〈注19〉が使われている。発光ダイオード（LED）は，発光効率が高い，光合成に有効な光を単波長で照射できる，発光面の発熱が小さく近接照射ができるなどの利点があるが，高価なので利用は限定的である〈注20〉。しかし，家庭用LED照明の普及によって価格が低下してきているので，今後は利用が増えるものと予想される。

　日長は，およそ12～16時間に設定されることが多い。光強度は，栽培パネル面の光合成有効光量子束密度（PPFD）〈注21〉で120 $\mu mol\ m^{-2}\ s^{-1}$以上が必要とされ，約200～300 $\mu mol\ m^{-2}\ s^{-1}$（白色蛍光灯の場合，照度で約15,000～25,000 lux）程度に設定される。

○温度

　温度は作物ごとにちがうが，明期は25℃前後の光合成適温に合わせて，暗期にはそれよりも5℃程度下げて設定される場合が多い。

○気流

　完全人工光型植物工場では，作物群落内に風を吹かすことは非常に重要で，0.3～0.5 $m\ s^{-1}$程度の気流が得られるように設計されている。気流がないと，光合成や蒸散が抑制されるとともに，光源の発熱で室温や葉温が設定値以上に高くなる。レタスでは，蒸散が抑制されるとチップバーンの発生が助長されることがある。

○衛生管理

　完全人工光型植物工場では，栽培中に農薬は一切使用されない。病害虫の侵入を防ぐために，栽培室入り口にはエアシャワーが設置されている。また，収穫物表面への菌類の付着などを防ぐために，作業員は，白衣，帽子，手袋，マスクを着用して入室するとともに，定期的に収穫物の一般生細菌数と大腸菌数の検査が行なわれている。

■まとめの問題

1. 次の用語について説明せよ。
　　①EC　②pH　③NFT　④DFT
2. 養液土耕でよく用いられる作物の栄養診断方法について述べよ。
3. 有機農産物の原則および栽培基準について簡単に説明せよ。
4. 被覆肥料の成分溶出速度に影響する環境要因について説明せよ。
5. 完全人工光型植物工場で利用されている光源について説明せよ。

第12章 鮮度保持と流通

1 収穫後の野菜の特徴

❶収穫後（postharvest）も生命活動を続けている

　動物である家畜の肉は屠殺されると，自己消化，微生物による腐敗，あるいは酸化など，分解へと一方的な変化がはじまる。しかし，植物である野菜は，収穫しても生育中とあまりかわらない生命活動を続けている。水分や養分の供給がたたれても，生命を維持しているのである。野菜は，収穫後も生育中と同じように生命活動を続けていることが，メリットにもデメリットにもなることを常に意識してあつかう必要がある。

❷品質保持（quality retention）のポイント—呼吸と蒸散の抑制

　とくに生命活動が活発な野菜（注1）は多くのエネルギーを必要とするので，蓄えた炭水化物などが消費され，貴重な栄養成分が消耗する。軟弱で水分が蒸散しやすい野菜（注2）はしおれやすく，見た目の鮮度を容易に低下させてしまう。したがって，野菜の収穫後の品質保持には，生命活動，すなわち呼吸の抑制と，水の蒸散の抑制の2点を最重要に考える必要がある。

　野菜は，数パーセントの糖類や有機酸，微量のアミノ酸，塩類を含む細胞で成り立つ組織でつくられているので，微生物が繁殖するために好都合な培地になりうる。しかし傷がつかないかぎり，あるいは軽微な傷であれば野菜自身の抵抗力や治癒力によって，組織内への菌の侵入や繁殖はほとんどおこらない。傷をつけないように収穫し，収穫後はていねいにあつかうことも，品質保持には重要になる。

❸収穫後は食品としてあつかう

　生育中の野菜は農作物としてあつかわれるが，いったん収穫されると食品としてのあつかいにかわる。したがって，収穫した野菜に薬剤処理する場合は，食品添加物（food additives）として認められたものを使わなければならない。もちろん，栽培中に使う農薬は使えない。

　注意が必要なのは，海外からの輸入果実にポストハーベスト農薬として許可されている4種類の防カビ剤（オルトフェニルフェノール（OPP），チアベンダゾール（TBZ），ジフェニール（DP），イマザリル）は，日本国内での使用が認められていないことである。

〈注1〉
ブロッコリー，アスパラガス，スイートコーンなど。

〈注2〉
ホウレンソウ，コマツナなど。

「クリスプ」と「ててかむ」

「クリスプ (crisp)」は，クッキーなどのお菓子のパリッ，カリッ，サクッとした感じをあらわす英語であるが，野菜でも新鮮で張りのある状態をあらわすときに使う。玉レタスは crisp-head lettuce といい，多様なレタスの一種である。新鮮でパリパリした食感をアピールするため，こう名付けられたものと思われる。

「ててかむ」は関西独特の言葉で，たとえば「ててかむイワシ」というように，食べるときに手をかんでしまうくらい新鮮だという意味で使われる。とくに魚で使われるが，野菜でも使うことがある。消滅しかかっている言葉だが，消えないでほしいものである。

2 呼吸と鮮度保持 (freshness retention)

1 呼吸の大きさ

❶野菜の呼吸量

動物も植物も呼吸によって生命活動に必要なエネルギーや熱を得ている(注3)。したがって，野菜の生命活動の活発さは，呼吸量の大きさから知ることができ，酸素消費量や炭酸ガス生成量を測定することでわかる。呼吸量は，野菜の種類や品種だけでなく，部位，齢（若い組織か，古い組織か），傷害の有無や程度に加えて，温度，湿度，空気組成などの環境要因でも大きくちがい，収穫後の時間経過，腐敗の発生やすすみ方によっても変化する。葉物や若い芽のような，生育のさかんな野菜や急成長する部位の呼吸量は大きく，貯蔵組織や休眠中の塊茎，塊根の呼吸量は少ない。

表 12-1 に野菜の呼吸量の例を 3 種類の温度で示したが，呼吸量は常に変動しているので（図 12-1），あくまで目安としてみてほしい。

<注3>
野菜の呼吸には，TCA 回路の有機酸や炭水化物であるブドウ糖（$C_6H_{12}O_6$）が使われる。次の式のように，呼吸（酸素（O_2））によってブドウ糖が分解され，エネルギーや熱とともに二酸化炭素（CO_2）が発生する。

$C_6H_{12}O_6 + 6O_2 \rightarrow 6CO_2 + 6H_2O +$ エネルギー ＋熱

表 12-1 野菜の温度別呼吸量（二酸化炭素排出量）(Ashrae, 1971)

品名	CO₂排出量 mg/kg/hr		
	0℃	4.5℃	21℃
アスパラガス	44	82	222
ブロッコリー	20	97	310
キャベツ	6	10	38
セルリー	7	11	64
スイートコーン	30	43	228
レタス	11	17	55
タマネギ（乾燥）	3	4	17
タマネギ（緑）	16	25	117
ジャガイモ	3	6	13
ホウレンソウ	21	46	230
カボチャ	12	16	91

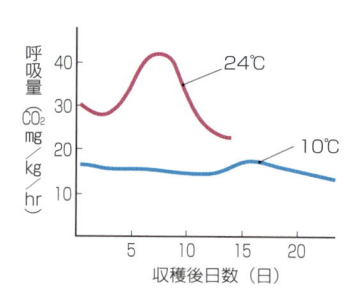

図 12-1 温度のちがいとトマトの収穫後日数と呼吸の変化（大久保, 1982）

❷呼吸量計算と大きさ

野菜の呼吸量はどの程度の大きさなのか，表 12-1 のブロッコリーの数値から計算してみよう。ブロッコリー 1kg は，21℃で 1 時間当たり 310mg の二酸化炭素（CO_2）を排出している。1 日当たりでは，310mg × 24 ＝ 7440mg（7.44g）になる。ブドウ糖の分子量は 180，CO_2 の分子量は 44 で 6 分子あるので 264，したがって 1kg のブロッコリーは 7.44g × 180/264 ＝ 5.07g のブドウ糖を 1 日で消費していることになる。

これがどのくらいの呼吸量なのか，体重 60kg の人間とくらべてみよう。60kg のブロッコリーは，5.07g × 60 ＝ 304g のブドウ糖を 1 日で消費している。ブドウ糖 1g は 4kcal のエネルギーを生み出すので，60kg のブロッコリーは，1 日で約 1200kcal のエネルギーを生命活動に使っていることになる。これは，体重 60kg の人間の基礎代謝量とほとんど同じである。21℃であっても，ブロッコリーは寝ている人間と同じくらいの呼吸をして

いるのである。

このように，収穫後，養分の吸収や光合成が行なわれなくなっても，動物並みの大きな呼吸をしている野菜も多いので，品質や成分を保持するためには呼吸をいかにおさえるかが重要になってくる。

2 呼吸と温度

呼吸には多くの酵素がかかわっており，表12-1に示したように，その大きさは温度によって大きく左右されている。常温では，温度が10℃上がると呼吸量は約2倍に，10℃下がると約半分になる。したがって，収穫後の野菜をなるべく早く低温において呼吸を抑制し，保存や流通を行なうことの品質保持効果はたいへん大きい。とくに外気温が高い夏や高温地域では，収穫後の野菜をいかに早く冷やすかが重要である（図12-2）。

わが国では，呼吸を抑制して栄養成分や品質を保持する目的で，1960年代後半から「コールドチェーン（cold-chain）」という産地から消費まで低温で保存・輸送するインフラの整備がすすめられた。高温期の軟弱野菜の多くは，産地での「予冷」が収穫直後に行なわれ，野菜の質的，量的な損失をおさえる必須の技術として定着している。

3 呼吸型

果実は，熟して食べごろになるときに，呼吸量の高まりとともに追熟していくクライマクテリック型（respiratory climacteric type）と，呼吸量の高まりのない非クライマクテリック型に大別される（図12-3）。

トマトは典型的なクライマクテリック型の果実であるが，すでに収穫時にはエチレンの生成に連動して呼吸では色づいたトマト果実の追述に果肉組織の軟化やカロテノイドの生成・蓄積がすすんでいく。しかし，低温や高温ではエチレンの影響をあまり受けず，呼吸量の高まりや追熟の進行がおさえられる。とくに，0℃に近い低温では低温障害（chilling injury）が発生し，また30℃をこえるような熱帯地方では，着色が不ぞろいになるなどの追熟異常の果実がみられることもある。

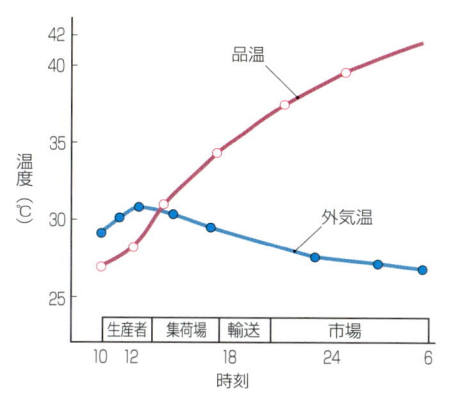

図12-2 インゲンの流通中の品温変化（石井, 1975）
無孔段ボール 5kgづめ（棒積）

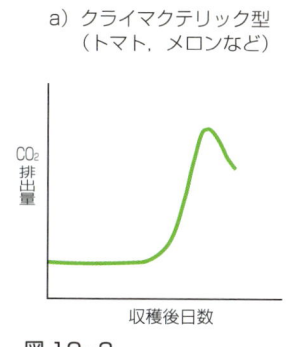

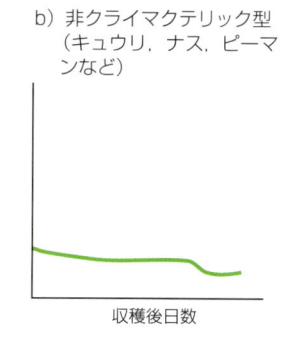

図12-3
果実の収穫後の呼吸型の分類（模式図）（平, 1995を改変）

4 空気の組成と呼吸

空気中の酸素と CO_2 は％単位で，エチレンは ppm 単位で呼吸に影響する。

❶ 酸素（O_2）と CO_2

O_2 は，濃度が高いほど呼吸を促進させるが，CO_2 は濃度が高いほど呼吸を抑制する。この性質をうまく利用したのがリンゴの貯蔵で開発された CA 貯蔵（controlled atmosphere storage）で，O_2 濃度を 2〜7％に下げ，CO_2 濃度を 2〜8％に高め，さらに温度 0〜3℃，湿度 80〜95％にして貯蔵する（図 12-4）。野菜ではジャガイモ，タマネギ，などの貯蔵に利用されている。

またポリエチレンフィルムはこれらのガスの適度な透過性があり，青果物を密封包装すると，青果物の呼吸で袋内のガス環境が低 O_2，高 CO_2 で平衡状態になり，呼吸をおさえて品質保持期間（storage life）をのばすことができる。これを MA 貯蔵（modified atmosphere storage）または MA 包装（modified atmosphere package）（図 12-5）とよび，冷蔵と組み合わせて簡単に CA 貯蔵に近い効果を得ることができるので，野菜での利用も広まっている(注4)。

〈注4〉
なお，CO_2 濃度が高くなると細胞の pH が低下して，褐変などの異常をおこすことがあるので，注意が必要である。

❷ エチレン

エチレン（ethylene，C_2H_4）はガス状の植物ホルモンである。前述した，クライマクテリック型果実の成長が止まると急速に増えたり，病気の感染や傷がついても増え，呼吸量を高め，果実の成熟・老

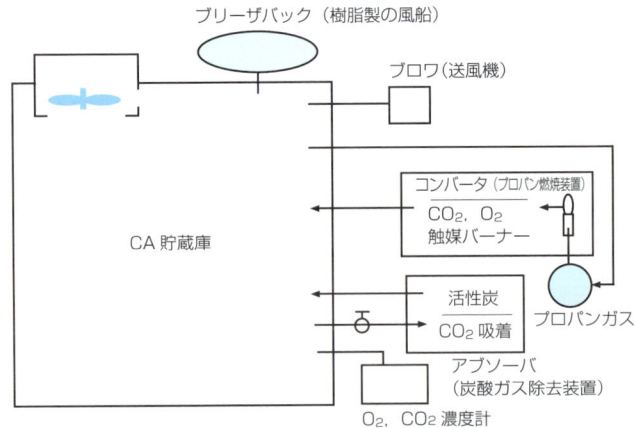

図 12-4　CA 貯蔵庫の原理（模式図）（伴野ら，2013）

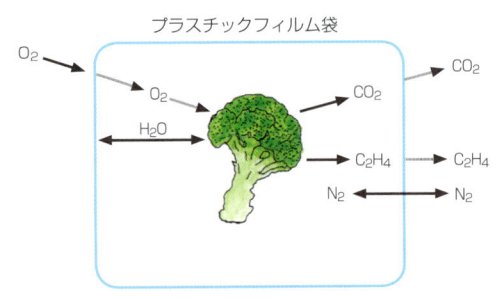

図 12-5　MA 包装での気体移動モデル（伊東，1996）
野菜の呼吸により袋内は低 O_2，高 CO_2 に維持される

表 12-2　青果物の貯蔵適性およびエチレンの生成量・感受性（大久保，1995）

品目名	最適貯蔵温度（℃）	エチレン生成量	エチレン感受性
アスパラガス	0〜20.0	−	+
カボチャ	10.0〜13.0	−	−
キャベツ	0	−	+
キュウリ	10.0〜13.0	−	++
タマネギ	0	−	++ (+)
トマト（成熟）	2.0〜7.0	+	(++)
トマト（緑熟）	13.0〜21.0	+	++
ナス	8.0〜12.0	−	+
ハクサイ	0	−	++
ジャガイモ	2.0〜5.0	−	+ (++)
ピーマン	10.0	−	+
ホウレンソウ	0	−	+
レタス	0	−	+
イチゴ	0	−	−
メロン（カンタロープ）	4.0〜5.0	++	+
メロン（ハネデュー）	8.0〜10.0	+	++

〔エチレン生成量〕++：比較的大，+：中間くらい，−：低い，−−：きわめて少ない。
〔エチレン感受性〕++：高い，+：普通，−：低いかほとんど感じない。
（　）中の記号は該当の試験例があることを示す。

化や植物のしおれを促進するなど，鮮度保持に大きくかかわっている（表12-2）^(注5)。

そのため，鮮度保持には，エチレンを取り除く効果も大きい。

〈注5〉
そのほか，エチレンが増えると，クロロフィル分解による黄化や離層形成による落葉の危険性もある。

5 傷害と呼吸

植物に傷がつくと，傷口近くの組織ではまずエチレンが生成され，癒傷組織をつくり腐敗の進行をおさえるさまざまな反応が急速にすすむ。これが傷害呼吸（wound respiration）であり，局所的，一時的に呼吸が増える。

野菜は収穫するときに大なり小なり傷がつくので，収穫直後は傷害によるエチレン生成と呼吸量が増え，老化を促進してしまう。とくに，出荷のために箱づめされた野菜は，この危険性にさらされるので注意が必要である。さらに，明らかな傷害がなくても，落下などの衝撃でもエチレンや呼吸を増やすことがある。

野菜の予冷（pre-cooling）は，収穫作業で高まることが避けられない呼吸やエチレンの影響を，野菜の温度を下げることで弱めるためにも重要である。

6 エチレンの除去

前述したように，積極的にエチレンを取り除くことは，収穫後の野菜の鮮度保持に大きな効果がある。エチレンは多孔質の活性炭，ゼオライト，モレキュラーシーブのような物質で吸着できる。しかし，これらの物質は，水分を含むとエチレンが遊離することもあるので注意する。重クロム酸カリや塩化パラジウムのような薬剤，あるいはエチレンを分解する微生物を利用すれば，効果的に除去できる。しかし，重金属のとりあつかいや処理，また食品に微生物を利用することの抵抗感などで，実用化が思うようにすすんでいない。

空気清浄機に導入されている光触媒やラジカルイオンを発生させる装置は，有機物であるエチレンを二酸化炭素と水に分解する能力があり，今後利用が増えると思われる。また，1-MCP（1-メチルシクロプロペン）というガス体の物質は，植物のエチレンの受容体にはいりこんで，エチレンが受容体に結合するのを阻止するので，エチレンの影響を劇的に軽減する作用がある（図12-6）。日本でも一部の果実への適用が認められており，今後，野菜の鮮度保持への利用が期待される。

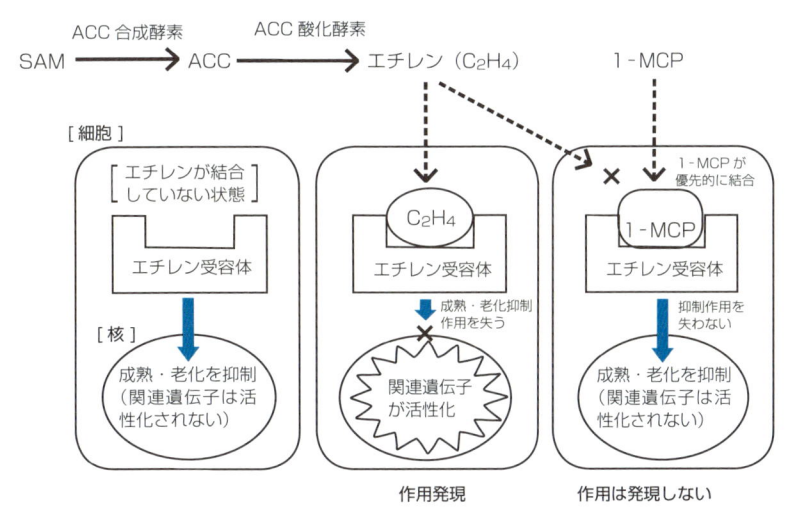

図12-6 エチレンの生成，作用機構と1-MCPによる抑制（樫村，2004）
銀イオン（Ag$^+$）によるエチレン作用抑制も1-MCPと同様の機構で説明できる
SAM：S-アデノシルメチオニン，ACC：アミノシクロプロパン1カルボン酸，
1-MCP：1-メチルシクロプロペン

3 水分の蒸散と鮮度保持

1 野菜の鮮度と水分

鮮度とは本来，人間の五感による評価から得られるもので，収穫時の外観や栄養成分が基準になるが，厳密に定義することはむずかしい。野菜は，しおれによる外観の変化がおこりやすく，鮮度の評価に決定的に影響する。多くの野菜は5％前後の水分の減少で，明らかに商品価値が低下する。

収穫直後の野菜は，細胞に十分な水を含み，その膨圧により，張りのある状態になっている。表面から水の蒸散がおこると，張りを失って見た目の鮮度を容易に落としてしまう。野菜の鮮度は水分損失とも密接にかかわっているので，水の蒸散をいかにコントロールするかが重要になる。

2 野菜からの水の蒸散 (transpiration)

植物組織の表皮には気孔があり，光合成や呼吸によるガスの交換だけでなく水分子の拡散がコントロールされている。水の蒸散は，湿度の影響を受けることはたしかであるが，あわせて温度や空気の動きの影響も考慮にいれなければならない。

空気中に含まれる水蒸気の量（飽和蒸気圧）は，表12-3のように空気の温度で大きくかわる。飽和蒸気圧に対して何パーセントの水蒸気が含まれているのかを示すのが相対湿度である。水の蒸散のしやすさは，飽和水蒸気圧になるまでどれだけ残っているかという，飽差（vapor pressure deficit; VPD）の大きさでも示される。飽差を使えば，異なる温度でも蒸散のしやすさを比較できる。

表12-3 温度と飽和蒸気圧

℃	mmHg
0	4.58
5	6.54
10	9.21
15	12.75
25	23.76
30	31.86

（1気圧＝760mmHg）

3 風速と水の蒸散

水分を多く含む野菜では，表面近くの空気は蒸散したばかりの水蒸気で高い相対湿度になっており，これが空気の動き（風）で除かれるかどうかも，蒸散に影響を与える。毎秒数十センチほどの風があれば，この高い相対湿度の空気は除かれて蒸散しやすくなるが，それ以下の風では風速のちがいによる影響を受ける。また一定以上に風速を上げても，組織内での水の移動が追いつかず，蒸散はほとんど増えない。

温度が低下すると野菜からの蒸散も低くなるが，品目によって顕著に抑制されるものと，抑制効果が小さいものがあり，鮮度保持や貯蔵性にも影響する（表12-4）。したがって，野菜からの水の蒸散を抑制するには，相対湿度だけでなく，包装によって積極的に空気の動きをおさえることと，空気の温度を下げることの2つをより強く意識すべきである。

表12-4 野菜の種類による蒸散特性 (樽谷, 1963)

	蒸散特性	野菜
A型	温度が低くなるにつれて蒸散量が極度に低下するもの	ジャガイモ，サツマイモ，タマネギ，カボチャ，キャベツ，ニンジン
B型	温度が低くなるにつれて蒸散量も低下するもの	ダイコン，カリフラワー，トマト，エンドウ
C型	温度にかかわりなく蒸散が激しくおこるもの	セルリー，アスパラガス，ナス，キュウリ，ホウレンソウ，マッシュルーム

4 腐敗

1 腐敗（rot）の原因
「エチレンによって早く腐る」といわれることがあるが，エチレンに腐敗を促進する作用はない。食品の腐敗は，細菌，酵母，カビの3種の微生物によっておこる。これらの微生物の繁殖は水分活性（water activity）によってちがう。細菌は水分活性の高い条件で，カビは水分活性の低い条件でよく繁殖し，酵母はこの中間である。たとえばジュースやスープは放置すると簡単に腐るが，まず液体全体に細菌による腐敗がすすみ，その後，液体の表面に増殖したカビが浮かんでくる。

2 腐りやすさと水分活性
なお，食品の腐りやすさは水分活性との関係で論じられる。水分活性は食品中の空気，あるいは狭い密閉空間に食品をおいたときの空気の相対湿度を100で割った数値で，0～1で示される。水を豊富に含む野菜の水分活性は1に近く，可溶性成分が多くなるにつれ値が下がる。したがって，水分活性が1に近いほど水分が多く，細菌による腐敗がおこりやすく，値が低くなるにつれて酵母，カビによる腐敗がおこりやすくなる。

5 加工と利用

❶ 加工（processing）の多様化
野菜の生産は季節性や地域性が強く，栽培は天候に左右されるが，多様な品種の育成や施設栽培の進歩によって，安定した生産と供給がなされるようになってきた。そのため，加工の目的は生鮮な状態での利用が制限されるものを長期間利用できるようにすることであるが，浅漬けなどのように保存よりも付加価値に重きをおくなど多様になってきている（注6）。また，近年，需要を伸ばしてきているのが，レストランや家庭での手間を省くとともに，必要量だけを購入できるので廃棄物が出ないことを目的にした加工である。カット野菜のように生鮮なままのものから加熱したものまで，多様な野菜が加工されスーパーや宅配などで販売されている。

〈注6〉
なお，加工原料として栽培する場合は，需要の裏付けとともに，加工目的に最適な品種が選ばれ，効率的に栽培・供給されることも大切である。

❷ 長期保存のための加工
長期保存のための加工の方法を表12-5に示した。

表12-5　長期保存のための加工方法

保存の方法	食品例
熱による殺菌と菌の侵入を阻止する密閉容器への保存	缶詰，ビン詰，レトルト
冷凍による菌の繁殖抑制	冷凍食品
水分活性を下げることで菌の繁殖を抑制	乾燥，砂糖漬け，塩漬け，ジャム類
低いpHによる菌の繁殖阻止	酢漬け，ピクルス
煙の成分による菌の繁殖抑制	スモーク（燻製）

6 流通と予冷

1 品質低下と予冷
収穫された野菜は，図12-7のような経路で消費者まで届けられることになる。収穫直後の野菜は，とくに気温の高い季節では，ただちに予冷されて出荷されることになる。

（作業）	（場所・あつかい者）	（関連施設および機材）	
収穫 ↓ 調整保管 ↓ 予冷 ↓ 保冷 ↓ 保冷輸送 ↓ 市場受入 ↓ セリ ↓ 小運搬 ↓ 小売店保管 ↓ 店舗販売 ↓ 使用前保管 ↓ 調理　→	圃場・生産者 生産者または集出荷場 集出荷場または生産者 集出荷場または生産者 輸送業者 市場 市場 業者 販売業者 販売業者 消費者・加工業者・飲食店 食事	 予冷施設 保冷庫または保冷シート 保冷車または冷凍車 予冷品置場 簡易保冷ボックス 冷蔵庫・蘇生庫 冷蔵ショーケース 冷蔵庫・蘇生庫	コールドチェーン

図12-7　収穫後の青果物の流れとコールドチェーン
（流通システム研究センター）

表12-6　野菜類の品質保持に好適な温度と湿度（宮崎，2007）

品目	温度（℃）	湿度（％RH）
サツマイモ	13～14	95
サトイモ	8～10	95
ジャガイモ	2～5	95
イチョウイモ	0～2	95
キャベツ	0～2	95～
ハクサイ	0～2	95～
レタス	0～2	95～
コマツナ	0～2	95～
シュンギク	0～2	95～
チンゲンサイ	0～2	95～
ニラ	0～2	95～
ホウレンソウ	0～2	95～
ブロッコリー	0～2	95～
カリフラワー	0～2	95～
ゴボウ	0～2	95～
ニンジン	0～2	95～
ダイコン	0～2	95～
ショウガ	13～14	95
カボチャ	10～12	65～70
ナス	10～12	95～
キュウリ	10～12	95～
オクラ	8～10	95
トマト（完熟）	2～5	85～95
ピーマン	10～12	95
ネギ	0～2	95～
タマネギ	0	65～70
ニンニク	0	65～70
イチゴ	0	95～
スイカ	8～10	85～90
メロン	5～10	95

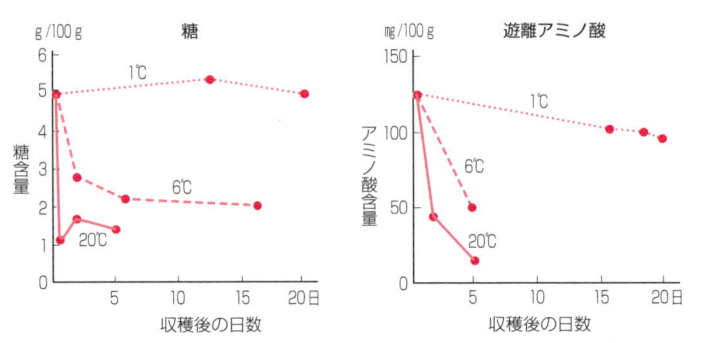

図12-8　収穫後の実エンドウの温度と糖，遊離アミノ酸の変化
（岩田ら，1971）

表12-7　おもな野菜の低温障害（邨田，1980）

種類	温度（℃）	症状
カボチャ	7～10	内部褐変，腐敗
キュウリ	7.2	ピッティング，水浸状軟化
スイカ	4.4	内部褐変，オフフレーバー
メロン（カンタローブ）	2.5～4.5	ピッティング，果表面の腐敗
サツマイモ	10	内部褐変，腐敗
トマト（熟果）	7.2～10	水浸状軟化，腐敗
トマト（未熟果）	12～13.5	追熟不良，腐敗
ナス	7.2	ピッティング，やけ
ピーマン	7.2	ピッティング，種子の褐変

　図12-8は実エンドウの糖とアミノ酸の変化を示しているが，1℃では長期間にわたって両成分ともほとんど低下しないが，6℃や20℃というそれほど高い温度でなくてもすみやかに減っていることがわかる。20℃に1日おかれるだけで，当初確かに感じられた甘みがほとんどなくなる。さらに味に影響を与えると考えられるアミノ酸も大きく減る。このことは，変化しやすい野菜では，収穫後できるだけ早く予冷により品温を下げ，消費するまでコールドチェーンでつなぐことの重要さを意味している。
　なお，おもな野菜の鮮度保持に適した温度と湿度を表12-6に，低温障害と発生温度を表12-7に示した。
　予冷は，必要とする温度まで短時間で行なうことが大切である。通常の冷蔵室に入れるだけでは，いくら強い冷気を吹き付けたとしても丸一日以上かかり，この間にも品質低下がすすんでしまうことになる。そのため，予冷には冷却速度の速い差圧通風冷却，真空冷却，冷水冷却の3種が多く

> **野菜の流通温度とビタミンC**
>
> 　野菜や果物を食べる栄養的な目的に第1にあげられるのがビタミンC（アスコルビン酸）である。人間の体内で合成できず，欠乏すると血管などの結合組織を構成するタンパク質の合成が不十分となり，壊血病になる。葉菜類やブロッコリーは，常温でアスコルビン酸が急減するので低温流通，貯蔵が必須である。しかし，トマト，イモ類，果物ではほとんど減らず，ピーマンやシシトウなどのように逆に増えるものもある。
> 　ところで，アスコルビン酸は，多くの加工食品に酸化防止などの目的で加えられているので，意外に多く摂取していると思われる。

表12-8　予冷の種類とその特徴（伊東，1996）

種類	冷却の方式	長所	短所	適用品目
強制通風冷却	冷気を吹き付けて冷却	設備費が安い	冷却速度が遅い 冷却ムラが出やすい	制限なし
差圧通風冷却	圧力差により容器内に冷気を吸い込み，直接野菜に冷気をあてて冷却	設備費が比較的安い 冷却速度が速い 冷却ムラが少ない	荷積みに手間がかかる 段ボールに通気孔をつくる必要がある	制限なし
真空冷却	減圧して野菜の水分を蒸発させて，蒸発潜熱で冷却	冷却速度がきわめて速い 冷却ムラが少ない	建設費が大変高い 保冷庫が必要	おもに葉菜類
冷水冷却	冷水シャワー，冷水浸漬で冷却	冷却速度がきわめて速い 設備費が安い	野菜や容器が水漏れする 保冷庫が必要	水漏れが問題にならない野菜

用いられている（表12-8）。差圧通風冷却は数時間，真空と冷水は30分程度で十分な冷却が可能である。

2　予冷システム

❶差圧通風冷却（static-pressure air-cooling）

　図12-9は差圧通風冷却の原理を示しているが，孔を両端にあけた段ボール箱の一方から有圧（差圧）ファンで空気を抜くと反対側の孔だけから空気がはいるようになっている。これを冷蔵室内に設置しファンを動かせば，冷気が箱内を抜けていき，箱の中の野菜から効率よく熱を奪い，野菜の品温を下げてくれる。箱の孔を大きくして，単に強い冷気を吹き付けるだけの冷却方法とくらべて冷却速度は数倍速く，午前に収穫したものを午後には輸送可能となる。

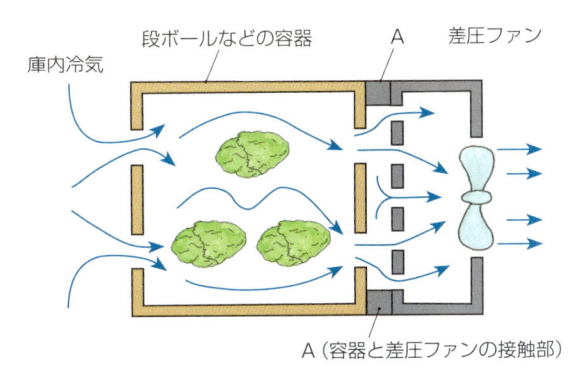

図12-9　差圧通風予冷の仕組み

❷真空冷却（vacuum cooling）

　真空冷却は，圧力に耐えられる容器内の圧力を大気圧の約170分の1にまで減圧すると，0℃でも水が沸騰状態になり，野菜から水分とともに大量の気化熱が奪われて急速に冷えるという方法である（図12-10）。

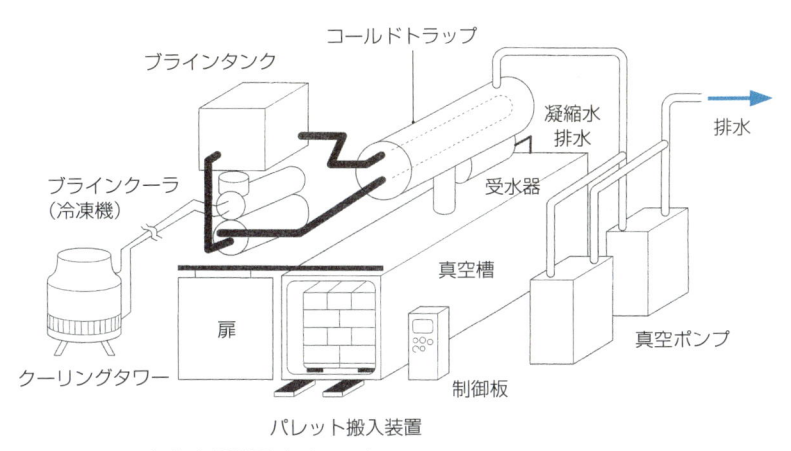

図12-10　真空冷却装置（日坂原図）

装置にコストがかかるものの，水分の蒸散しやすい葉菜類で効果は抜群で，とくにレタスのような高冷地の夏野菜の産地に高い割合で導入されている。

❸**冷水冷却**（hydrocooling）

冷水冷却は冷却能力が高いものの，野菜が濡れることから，敬遠され，エダマメに適用例があるくらいである。魚のように砕氷を使った冷却は予冷とその後の安定した低温を維持できることから，アメリカからのブロッコリーの輸入で成果を上げてきたが，国内においても同様な方法で老化が速い夏場の流通に使われるようになった。

■**まとめの問題**

1. 収穫した野菜の品質低下をおさえるシンプルで最も効果のある方法は？
2. 1の処理を産地で収穫後直ちに行なうことを，なんというか？
3. 2の処理として行なわれているおもな3つの方法を述べよ。
4. 空気組成で野菜の呼吸がどのように影響を受けるのか説明せよ。
5. 空気組成をコントロールして野菜の品質を保つ方法を述べよ。

第13章 果菜類の特性と栽培

スイカ

学名：*Citrullus lanatus*
英名：watermelon
科名：ウリ科 *Cucurbitaceae*
原産地：アフリカ

1 性状と生理・生態的特性

❶ 性状と日本への渡来

　つる性の1年生草本である。わが国の夏を代表する野菜で，ハウスやトンネルを利用して地ばい栽培されることが多い。果実は5〜8kgの大果になる。おもな食品成分を表13-1-1に示した(注1)。

　原産地はアフリカ北部と推定される。古代エジプト時代から栽培されていたきわめて古い野菜の1つである。日本へは16世紀末に中国から渡来した。江戸時代にも各地で栽培されていたが，さかんになったのは明治初年にアメリカから導入されてからである。

❷ 生理・生態的特性

　好適生育環境は表13-1-2に示したが，好適土壌pHの幅は広い(注2)。雌雄異花で雌花は主枝，側枝に5〜7節おきにつく。花は黄色で5枚の花弁をもち，早朝に開花する虫媒花であるが，昆虫の活動がさかんでない時期は人工交配を行なう（図13-1-2）。

　果肉が赤色で縞のある大玉スイカが主流だが，小玉スイカ，黄色スイカ，ラグビー型など多様な品種がある(注3)。

図13-1-1
収穫期のスイカ（写真提供：小倉隆人氏）

〈注1〉
スイカは約90％が水分であり，水分補給とともに利尿作用によって老廃物の排出をよくする。ビタミン類やカリウムを多く含む。

〈注2〉
光飽和点は高く80klxで，低照度になると生育・収量の減少をまねきやすい。

〈注3〉
特産品になっているものも多い。また，アフリカや中国では食用の種子をとる栽培もある。

表13-1-1
スイカのおもな食品成分
(可食部100g中)

水分	89.6g
炭水化物	9.5g
灰分	0.2g
ビタミンA	69μg
ビタミンC	10mg
カリウム	120mg
マグネシウム	11mg
食物繊維総量	0.3g

(「五訂日本食品標準成分表」による)

表13-1-2
スイカの好適環境

発芽適温	25〜30℃
生育適温 昼間	25〜28℃
夜間	18〜23℃
好適土壌pH	5.0〜6.8

①雌花
②雄花
図13-1-2　スイカの花

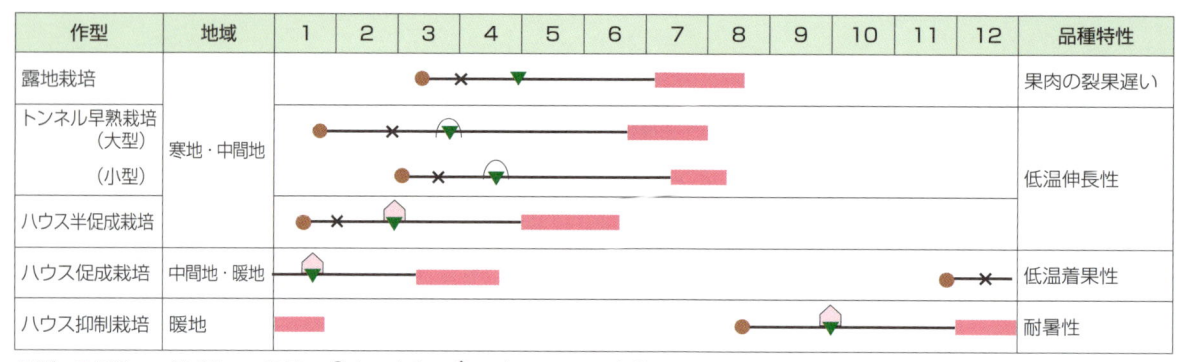

図 13-1-3　スイカのおもな作型と品種特性

凡例） ●播種　×接ぎ木　▼定植　⌒トンネル　⌂ハウス　▬収穫

2 生育過程と作型

スイカは栄養成長と生殖成長が並行してすすむ。播種から1番果の収穫開始までの日数は，トンネル早熟栽培で約140日である。

代表的な夏野菜で5～8月の出荷量が多い（図13-1-3）。ハウス半促成，トンネル早熟栽培が多い。ハウス促成やハウス半促成栽培では果重1～1.5kgの小玉スイカの生産もさかんである。

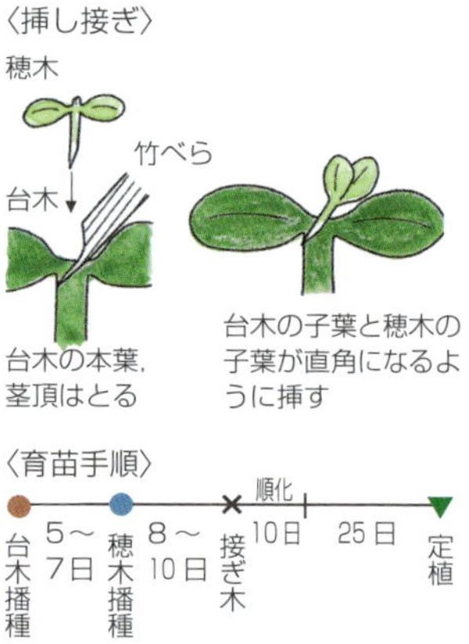

3 栽培の概要（トンネル栽培の例）

❶ 播種・育苗

つる割病などの土壌病害を回避するため，ユウガオ台に接ぎ木する育苗が一般的で，挿し接ぎや呼び接ぎが行なわれる（図13-1-4）。

無病の播種用床土を準備し，播種箱やセルトレイに播種し，播種後45～50日で定植適期になる（図13-1-5）。本葉4～5枚で摘心して，仕立て本数に応じて側枝を発生させる。

❷ 圃場の準備

土壌消毒後，有機物，元肥を施用して，耕耘，マルチ，トンネル被覆（注4）を行ない，地温を十分に高めてから定植する（図13-1-6）。元肥は10a当たり窒素，リン酸，カリとも15～20kgが基準である。緩効性肥料を主体にして，交配前から着果30日ごろの肥料を必要とする時期に効くようにする。

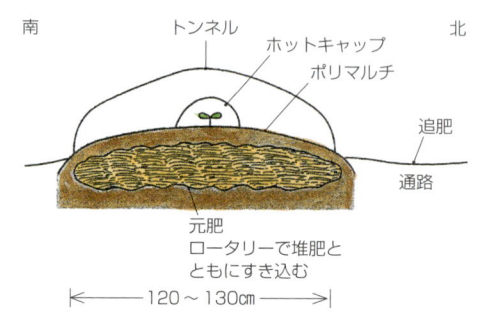

❸ 定植と定植後の管理

晴天の日，地温が15℃以上を目安に，深植えを避けて定植する。定植時期が早いときはビニル被覆を二重にし，低温期には不織布やホットキャップで覆う。定植後10日でホットキャップを除去し，トンネルの換気は30～35℃を目安にする。交配前後は夜間15℃以上に保つ。着果以

図 13-1-4　スイカの挿し接ぎと育苗手順

図 13-1-5　定植期のスイカの接ぎ木苗

〈注4〉
大型トンネルではベッド幅240～270cmで三重被覆と重装備だが，小型トンネルでは幅120～130cmでポリエチレンのみの被覆というように，播種時期により順次，簡易になっていく。

図 13-1-6　畝のつくり方と保温の方法
注）畝間は270～300cm。

降は 27 〜 28℃ でトンネルを開閉し，5 月中旬くらいに除去する。

子づるが 20 〜 30cm になったら 3 〜 4 本に整枝する（図 13 - 1 - 8）。

受粉は人工受粉（artificial pollination）かミツバチでする。交配は，花粉の活性が高いできるだけ早い時間帯に行ない，受粉日を記録した着果棒などで目印をつける(注5)。交配時期は最低気温 15℃ 以上を確保する。幼果が鶏卵大になったら，形が整い，やや縦長で花痕（かこん）の小さい果実を残し摘果（fruit thinning）する。着果後 20 日ごろから果実マットやわらを敷き，2 〜 3 回玉直し（地面に接している果実面を上にして日が当たるようにする）する。成熟期には水分や肥効を抑制し糖度を高める。

追肥は，定植後 30 日くらいの時期に，10 a 当たり窒素 3 〜 4 kg，着果確認後に玉肥として同量施用する。

❹ 病害虫，生理障害

つる割病，モザイク病，ネコブセンチュウ，ハダニ類，アブラムシ類の被害が多い。近年はスリップスやハモグリバエの被害もみられる。つる割病は接ぎ木で回避する。

草勢が強すぎると空洞果や黄帯などの生理障害が発生しやすい。また，着果過多や乾燥によってマグネシウム欠乏が出やすい。

❺ 収穫・調整

果実の成熟は積算温度で 850 〜 900℃ とされているが，収穫適期は受粉の目印と試し切りで判定する。収穫は果実温度が低い時間帯に行なう。

4 ▎経営的特徴

スイカの生産量は，1970 年代には年間 100 万 t 以上で果菜類の第 1 位であった。最近では年間 37 万 t 程度に漸減し，熊本県が約 6 万 t で最も多く千葉県，山形県が続いている。栽培面積も漸減傾向にあり，2012 年は 11,300ha 程度である。

図 13-1-7 トンネル栽培の換気

〈注5〉ミツバチ交配の場合も，1 日おきに花の状態をみて目印をつける。

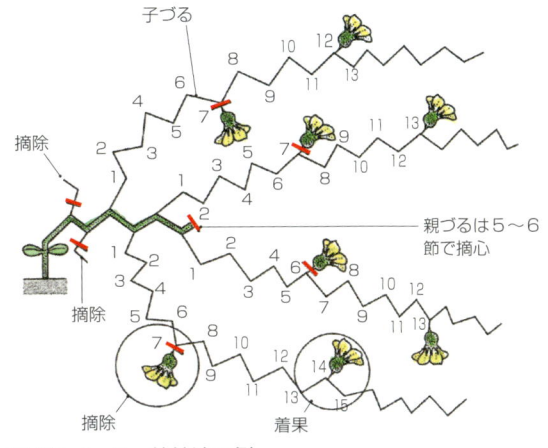

図 13-1-8　整枝法の例
① 親づるを 5 〜 6 節で摘心すると，子づるが親づるの各節から発生するが，3 〜 6 節から発生した勢いのよい子づるを残して，ほかを早めに摘除する
② 4 本の子づるは摘心しないで伸ばし，混み合わないよう均等に配置する
③ 各子づるの 6 〜 7 節目に最初の雌花がつくが，これは摘除する
④ 最初の雌花から 5 〜 10 節目に 2 番目の雌花がつくので，着果させる。1 株当たり 2 〜 4 果の収穫を目標にする

メロン

学名：*Cucumis melo* L.
英名：melon
科名：ウリ科 *Cucurbitaceae*
原産地　北アフリカ，西アジア

1 ▎性状と生理・生態的特性

❶ 性状と日本への渡来

つる性の 1 年生草本で，1 つる 1 果の立ち仕立てや，1 つる 2 果の地ば

図 13-2-1 収穫期のメロン（アンデス）
（写真提供：小倉隆人氏）

メロン　155

露地メロン，ハウスメロン，温室メロン

　栽培メロンは，便宜的に露地メロン，ハウスメロン，温室メロンに分けられている。

　露地メロンはマクワウリとの交雑で耐病性をつけた品種で，露地やトンネルで栽培されている。温室メロンは隔離床を利用して独特な技術で周年的に栽培され，マスクメロン（芳香の意味）ともよばれる高級果物である。

　ハウスメロンは露地メロン，温室メロン以外の品種で，おもにハウス栽培され，ネットの有無，果肉の色などさまざまな品種がある。

　昭和40年代以降，安定した品質で安価に供給する目的でいわゆるホームメロンとよばれる品種群が育成され，ハウスメロンの栽培が増えた。

〈注1〉
ビタミンCや，余分なナトリウムを排出するカリウムが多いほか，疲労回復効果の高いクエン酸が含まれている。また赤肉のメロンにはβ-カロテンが豊富である。

〈注2〉
光飽和点は40klxとやや弱光に適応できるが，過度な弱光では生育，収量，品質に影響する。

〈注3〉
メロンは両性花に着果させるので，両性花を雌花と表現する場合も多い。本書でも以下雌花とする。

表13-2-1　露地メロンのおもな食品成分（可食部100g当たり）

水分	87.9g
炭水化物	10.4g
灰分	0.6g
ビタミンB$_6$	0.11mg
ビタミンC	25mg
葉酸	24μg
カリウム	350mg
β-カロテン	140μg
食物繊維総量	0.5g

（「五訂日本食品標準成分表」による）

表13-2-2　メロンの好適環境

発芽適温	28～30℃
生育適温　昼間	25～30℃
夜間	12～20℃
好適土壌pH	6.0～6.8

い栽培などがある。おもな食品成分を表13-2-1に示した（注1）。

　栽培メロンの近縁種，野生種はエジプト北部やインドに数種あり，これらが今日のメロンの祖先になったと推察されている。マクワウリ，シロウリは弥生時代に日本へ渡来したとされている。明治になって，温室メロンがイギリスから導入された。

❷生理・生態的特性

　好適生育環境は表13-2-2に示した（注2）。土壌適応性の幅は広いが，浅根性で根の酸素要求量が高いので有機質の富んだ排水，保水性のよい圃場が適す。

　同一株に両性花（雌花）（注3）と雄花をつける，雌雄異花の着果習性である。雄花は主枝の各節に，雌花は側枝の節につく。主枝の茎頂を摘心し2本仕立てにした場合は，孫づるに雌花がつく。

2 生育過程と作型（図13-2-2）

　ハウスメロンの地ばい栽培では，茎頂を摘心して2～3本仕立てにする。交配して50～60日が収穫の目安になる。

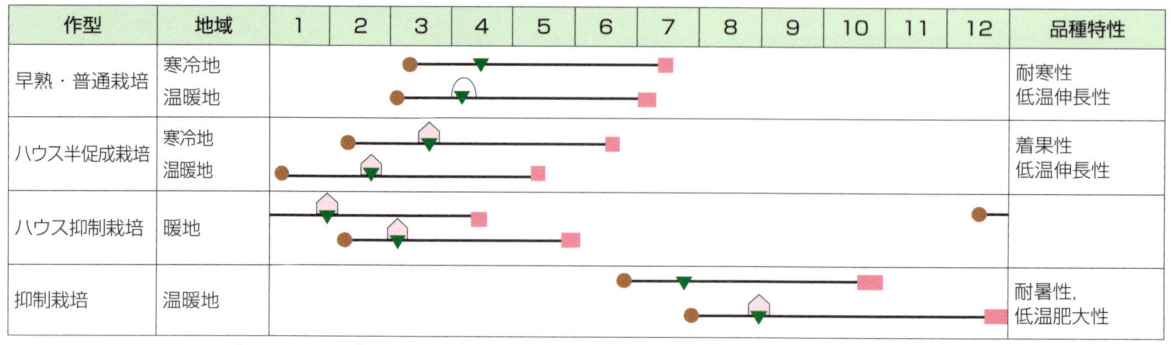

作型	地域	1	2	3	4	5	6	7	8	9	10	11	12	品種特性
早熟・普通栽培	寒冷地			●	▼			■						耐寒性 低温伸長性
	温暖地		●	⌒			■							
ハウス半促成栽培	寒冷地		●	⌂	▼			■						着果性 低温伸長性
	温暖地	●	⌂	▼			■							
ハウス抑制栽培	暖地		⌂	▼		■							●	
抑制栽培	温暖地						●	▼	⌂		■			耐暑性, 低温肥大性

凡例）● 播種　▼ 定植　⌒ トンネル　⌂ ハウス　■ 収穫

図13-2-2　メロンのおもな作型と品種特性

半促成栽培 生育につれて気象条件がよくなるため作柄は最も安定するが，施設，保温力を考えない無理な作期の前進は品質を低下させる。

早熟栽培 大型トンネルや雨よけハウスによる栽培で，資材費が少なく，圃場の移動ができるという長所がある。

抑制栽培 生育の前半が高温，後半が低温弱光期になり，生産性は半促成栽培や早熟栽培の6割程度で，秋の長雨や台風の影響を受けやすい。

3 栽培概要（ハウス半促成栽培）

❶ 播種・育苗

播種箱に条播きし28〜30℃で発芽させる。200穴のセルトレイに播種すると植傷みが少ない（図13-2-3）。子葉展開後に10.5cmのポットに移植する。育苗後半にかけて徐々に温度を下げて順化していく。30〜35日で本葉3〜4枚の苗に仕上げる（図13-2-4）。つる割病を避けるため，接ぎ木育苗も行なわれている。

❷ 圃場の準備

有機物と石灰，元肥を施用しトンネルやマルチを張って地温を確保する。元肥は，10a当たり窒素10kg，リン酸20kg，カリ10kg。定植ベッドは図13-2-5のようにつくる。

❸ 定植と管理

株間を60〜70cmとして (注4)，作業性を考慮してベッドの通路側か中央に定植する。地ばい栽培での整枝法の例を図13-2-6に示した。

交配はミツバチであるが，曇雨天が続くときは人工受粉する。両性花なので，やわらかな毛筆で花の中を順になでればよい。地ばい栽培では，果実が鶏卵大になる交配10日後ころまでに摘果して，1つる2果にする。その後急速に肥大するので果実マットを敷き，はじめは果実を寝かせておくが，仕上げの段階で立てる。

灌水は生育初期と果実肥大期に多めにやり，開花期，ネット発生直前，成熟期はやや乾燥ぎみに管理する。草勢が弱い場合には，10a当たり窒素1〜2kg追肥する。

図13-2-3 セルトレイへの播種

図13-2-4 メロンの苗（3.5葉）

〈注4〉
栽植密度は作型，ハウスの様式，仕立て方などでちがう。

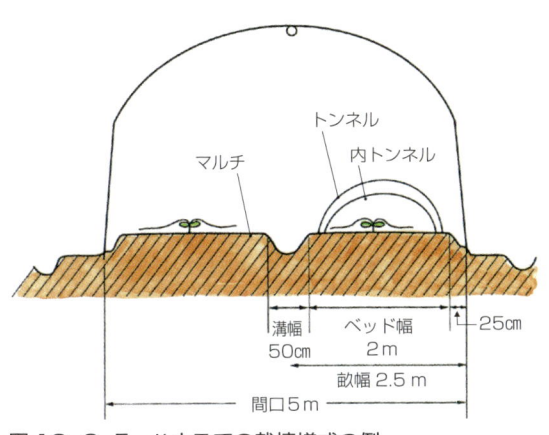

図13-2-5 ハウスでの栽植様式の例

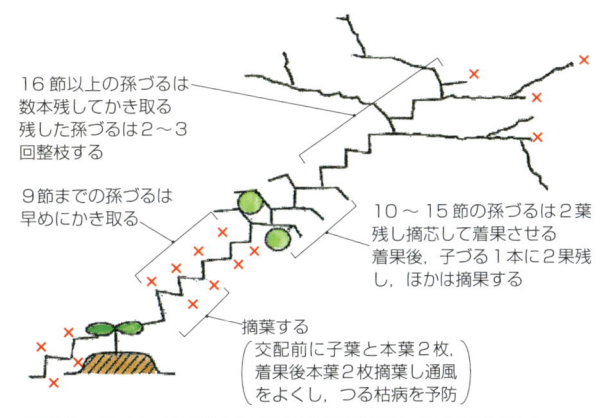

図13-2-6 地ばい栽培での着果節位と整枝方法の例（2本仕立て）

16節以上の孫づるは数本残してかき取る　残した孫づるは2〜3回整枝する

9節までの孫づるは早めにかき取る

10〜15節の孫づるは2葉残し摘芯して着果させる　着果後，子づる1本に2果残し，ほかは摘果する

摘葉する

交配前に子葉と本葉2枚，着果後本葉2枚摘葉し通風をよくし，つる枯病を予防

メロン 157

図 13-2-7
収穫期のハウスメロン

❹ 病害虫，生理障害

べと病や菌核病は多湿条件で発生しやすく，うどん粉病は生育後半の乾燥条件で発生しやすいので，極端な乾湿を避けて適宜換気する。

害虫ではアブラムシやハダニが発生しやすい。

発酵果は，窒素やカリウム過剰によるカルシウム不足，収穫時期の草勢低下が原因。裂果は，収穫直前の降雨による土壌水分の急激な変化で発生する。

❺ 収穫・調整

収穫適期は，着果枝の葉の退色や果皮の黄化なども指標になるが，交配日からの成熟日数で判断する。試食をして糖度と果肉の成熟度を確認し，交配日ごとに収穫する（図 13-2-7）。収穫時の高温は追熟を早めるので朝夕に行なう。

4 経営的特徴

茨城県，熊本県，北海道で全国の出荷量の約 6 割をしめている。2012年の作付面積は 7,860ha，生産量は約 18 万 t で近年減少傾向にある。

ピーマン

学名：*Capsicum annuum* L.
英名：sweet pepper
科名：ナス科 Solanaceae
原産地：熱帯アメリカ

1 性状と生理・生態的特性

❶ 性状と日本への渡来

1 年生草本である。分類上は辛いトウガラシと同じ種に属し，小型で辛みのある品種群を「トウガラシ」，辛みのないものを「シシトウ」，辛みのない中型のものを「ピーマン」，大型で果肉の厚いものを「パプリカ」とよぶ。ピーマンは未熟な緑色の果実を収穫したもので，樹上で完熟させると赤くなる。そのほか，黄色や橙色の果実も生産されている（図 13-3-2）。おもな食品成分を表 13-3-1 に示した(注1)。

原産地は熱帯アメリカと推定されている。コロンブスがトウガラシを持ち帰ってヨーロッパ全域に広がり，辛みのないトウガラシを改良してピーマンが誕生した。ピーマンは明治時代に欧米から導入されたが，一般に食べられるようになったのは

図 13-3-1
収穫期のピーマン
（写真提供：農文協）

図 13-3-2
小型のカラーピーマン

〈注1〉
β-カロテンやビタミン E を多く含む。赤ピーマンの栄養価は青ピーマンより高く，ビタミン C を数倍多く含んでいる。

表 13-3-1　ピーマンのおもな食品成分（可食部 100g 当たり）

	青ピーマン	赤ピーマン
水分	93.4g	91.1g
炭水化物	5.1g	7.2g
灰分	0.4g	0.5g
ビタミン C	76mg	170mg
ビタミン E	0.8mg	4.3mg
カリウム	190mg	210mg
β-カロテン	400μg	1100μg
食物繊維総量	2.3 g	1.6 g

（「五訂日本食品標準成分表」による）

戦後である（注2）。

❷生理・生態的特性

好適生育環境は表13-3-2に示した（注3）。果菜類のなかで最も高温性で，湿度も高いほうがよく，ハウス栽培では高温・高湿で管理されている。夜温が15℃以下では受粉・受精がうまくいかず，肥大しない。

花芽は7～11節の頂芽に1番花が分化し，その基部から2本の枝が伸び，その第1節に2番花を分化し，というように次つぎに分化する。着果周期があり，温度や日射量など外的条件に左右される。根は比較的浅い層に分布し乾燥には弱い。有機質に富んだ保水性の高い土壌が適している。

2 生育過程と作型

ピーマンは，栄養成長と生殖成長が並行してすすむ。トンネル栽培で，播種から収穫開始まで約120日，開花から収穫までは3～4週間である。

最も栽培の容易な作型は露地栽培であり，トンネルを利用した早熟栽培がより早く収穫できる。その他，ハウスを利用する半促成栽培や抑制栽培，暖地での促成栽培が行なわれ，周年栽培が確立している（図13-3-3）。

3 栽培の概要（露地（トンネル）栽培）

❶播種・育苗

播種箱に播くか200穴のセルトレイに1粒ずつ播種する。播種後は地温28～30℃に管理する。6～7日で発芽がそろう。発芽後は昼温27～28℃，夜温22～24℃，地温25℃程度に管理する。10a当たりの栽植本数は1000本程度である。

本葉展開はじめのころ，12cmポットに移植する。胚軸の長さをそろえていねいに移植し，胚軸のまわりに灌水する。セルトレイは根鉢ができてから鉢上げする。葉が重なり合わないよう，鉢ずらしを行なう。

❷畑の準備

元肥は10a当たり，堆肥3～4t，窒素10kg，リン酸30kg，カリ10kg，苦土石灰100kg施す（注4）。幅110～130cm，通路幅70～80cm，高さ10cm程度のベッドをつくり黒または透明のマルチをする。マルチ下に灌水チューブを設置すれば灌水作業がやりやすい。

〈注2〉
トウガラシが日本伝来したのは16世紀ころで，江戸時代にはかなり普及し，すでに伏見甘など辛味のない種類もあった。

表13-3-2
ピーマンの好適環境

発芽適温	20～30℃
生育適温 昼間	27～30℃
夜間	18～21℃
好適土壌pH	6.0～6.5

〈注3〉
光合成の光飽和点は低く（30～40klx），夏の高温期には日当たりのよい果実に日焼けの症状が発生するので，遮光することもある。

〈注4〉
ハウス栽培では窒素20kg，リン酸30kg，カリ20kg程度とする。

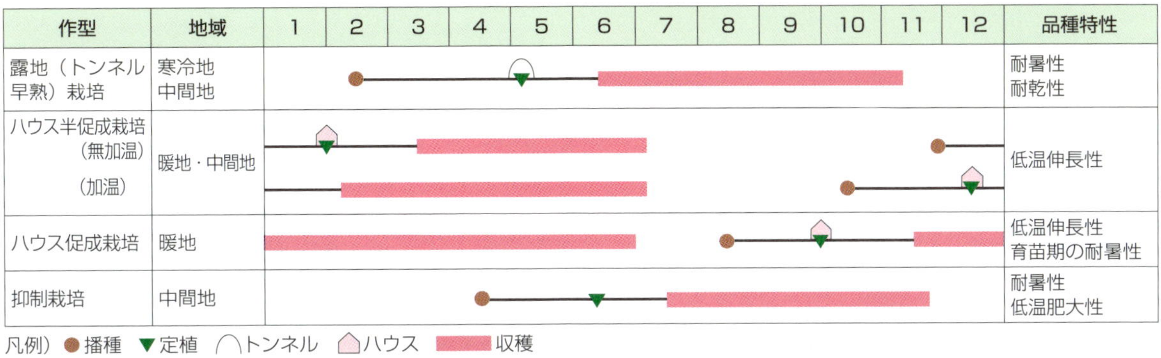

図13-3-3　ピーマンのおもな作型と品種特性

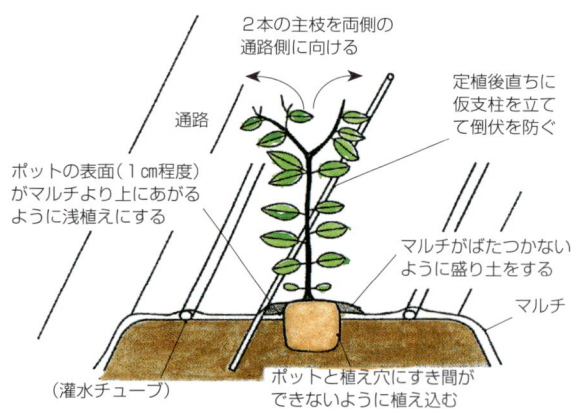

図 13-3-4　定植方法の例

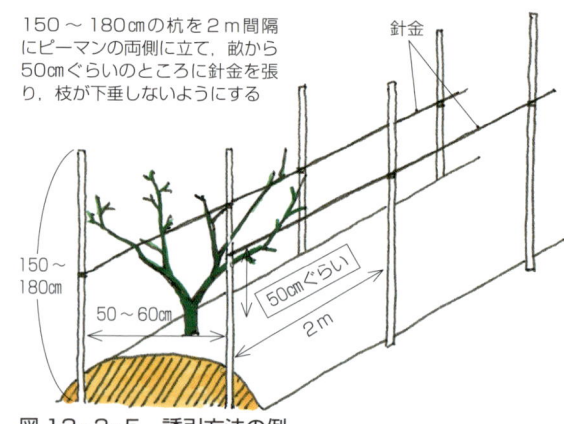

図 13-3-5　誘引方法の例

図 13-3-6
パイプハウスの誘引
ひもでV字に吊る。草勢が強くなったら少しゆるめてU字にする

❸ 定植と管理
　播種後 60～70 日，本葉 11～13 枚で，1番花開花直前の苗を定植する。株間 45～60cm で 1 条植えとする（図 13-3-4）。
　仕立て本数は 3～4 本とする。第 1 花（果）のついた節から出る 2～3 本の分枝を主枝として伸ばし，それ以下のわき芽はかき取る。誘引は主枝ごとに支柱を立てるか，図 13-3-5 のようにする。ハウスでは図 13-3-6 のようにする。
　主枝は各節に 1 果，側枝は 2～3 果着果させる。初期に樹勢が弱いときは摘果して，株の成長をはかる。過繁茂になったら，混んでいる枝やふところ枝（内側に伸びた枝）を切って株の内部まで光をいれる。ハウス栽培では主枝から出た側枝を 3～4 節で摘心し，収穫後に 1 節に切りもどす。
　追肥は定植 1 カ月後から，2 週間に 1 回を目安に窒素 1～2kg をやる。

❹ 病害虫，生理障害
　タバコガ，ハスモンヨトウなどは齢がすすむと防除が困難になるので，若齢幼虫で防除する。アブラムシ類の初期防除は，定植時の殺虫剤施用の効果が高い。生理障害は，土壌水分が少ないとカルシウムの吸収が阻害され，尻腐れ果が発生しやすい（注5）。

❺ 収穫・調整
　未熟果で収穫するので収穫適期の幅は広いが，30g 前後の M 級で収穫するのが望ましい。着果数が増えると成り疲れで樹勢が衰えるため，最盛期の収穫遅れに注意する。

4 経営の特徴
　2012 年は作付け面積 3,400ha，約 14 万 t が生産されている。茨城，宮崎，岩手，高知，鹿児島の 5 県で出荷量の約 7 割をしめる（注6）。

〈注 5〉
露地栽培では，地温の上昇防止と水分保持のため，梅雨明け前に通路やマルチの上に切りわらを敷くと防止効果が高い。

〈注 6〉
冬春ピーマンは茨城，宮崎，高知などの県でおもにハウス栽培され，夏秋ピーマンは茨城，北海道，岩手，福島などの県が主産地である。

スイートコーン

学名：*Zea mays* L.
英名：sweetcorn
科名：イネ科 *Poaceae*
原産地：メキシコから中米

1 性状と生理・生態的特性

❶ 性状と日本への渡来

スイートコーンは，トウモロコシのなかの甘味種の総称で，子実が未熟なうちに収穫する。1年生草本である。

トウモロコシの原産地はメキシコから中米という説が有力で，米，麦とともに世界の三大穀物の1つである。15世紀，コロンブスのアメリカ大陸到達以降，世界に広まった。日本へは戦国時代に渡来したが，本格的な導入は明治以降である。

スイートコーンは，1950年代にアメリカから甘味種が導入されてから栽培が増えてきた。種子に含まれる糖分が多く，強い甘味がある。野菜のなかでは高カロリーで糖質，タンパク質に富む（表13-4-1）(注1)。

❷ 生理・生態的特性

好適生育環境は表13-4-2に示した。強光を好むが，C_4型植物なので光呼吸が少なく光合成の効率が高い。水分が十分なら，収量は日射量の多いほうが上がる。短日性作物で，低温・短日で花芽分化・開花が促進されるが，実際栽培では温度のほうがより重要である。

スイートコーンは雌雄異花であり，株の先端につくのが雄ずい，穂のひげ（絹糸）が雌ずいであり，子実の数だけひげがある（図13-4-2，3）。雄ずい先熟で，雄花が雌花の絹糸より早く抽出し，開花する。

2 生育過程と作型

播種後3～4日で発芽ぞろいになる。雄花の抽出・開花は播種後70日程度，雌花はそれより3～4日程度遅れる。収穫は絹糸抽出後23～25日程度であるが，温度に影響され，ハウス栽培では28～29日，トンネル栽培で25～26日，露地で20～23日である。

図13-4-1
収穫期のスイートコーン
（写真提供：農文協）

〈注1〉
胚芽の部分にビタミンB_1，B_2，カリウム，亜鉛などを含む。さらに食物繊維の含量も多い。

表13-4-1
スイートコーンのおもな食品成分（可食部100g当たり）

水分	77.1g
炭水化物	16.8g
タンパク質	3.6g
灰分	0.8g
ビタミンC	8mg
ビタミンB_1	0.15mg
ビタミンB_2	0.1mg
ビタミンB_6	0.14mg
カリウム	290mg
亜鉛	1.0mg
食物繊維総量	3g

（「五訂日本食品標準成分表」による）

表13-4-2
スイートコーンの好適環境

発芽適温	20～30℃
生育適温	18～25℃
好適土壌pH	6.0前後

図13-4-2 スイートコーンの雄花

図13-4-3
1本1本のひげは1つ1つ子実とつながっている（写真提供：農文協）

作型	地域	1	2	3	4	5	6	7	8	9	10	11	12	品種特性
露地栽培	高冷地 中間地 暖地													耐暑性，良食味
露地マルチ栽培	暖地													良食味
トンネル早熟栽培	暖地・中間地													発芽性，良食味
ハウス早熟栽培	暖地・中間地													低温伸長性，発芽性，耐寒性
露地抑制栽培	暖地													耐暑性

凡例）●播種　∩トンネル　⌂ハウス　■収穫

図 13-4-4　スイートコーンのおもな作型と品種特性

作型を図 13-4-4 に示した。ハウス栽培は無加温であるが，栽培時期に応じて二重被覆，トンネルなどを組み合わせる。トンネル栽培には一重被覆，二重被覆があるが，温度管理に労力がかかる。露地マルチ栽培は最も一般的で，労力もかからないので面積拡大しやすい。露地抑制栽培は台風などのリスクがあるが，労力配分などで導入されることが多い。

3　栽培の概要（トンネル栽培の例）

❶ 圃場の準備

播種前に，10a 当たり有機物 1～2t，苦土石灰 100 kg を施用し，マルチとトンネルを張っておく。生育期間が短く，吸肥力が強いので，元肥は 3 要素を 10a 当たり各 20kg 程度とする。

❷ 播種と管理

トンネル栽培では図 13-4-5 のように畝をつくり，マルチの穴に 2 粒ずつ 2～3cm の深さに播種する。草丈が 25cm になったら 1 本に間引き，株元に土を寄せて株の姿勢を整える。

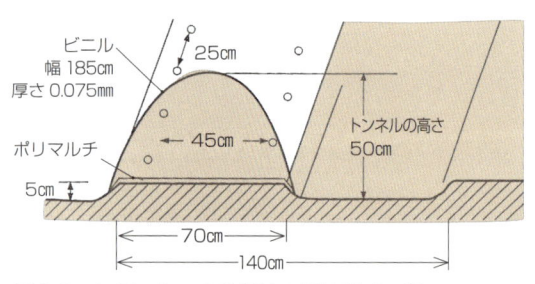

図 13-4-5　トンネル栽培の栽植様式の例
5,600 本/10a

温度管理はトンネルのすそを開けて行なうが，2～3 列の有孔フィルムを使うと省力になる。早春でもトンネル内は高温になるので，35℃以下になるよう管理する（図 13-4-6）。

分げつ（tiller）の生育が旺盛で過繁茂になるとき以外は，分げつを除去しない無除けつ栽培を行なう(注2)。上物生産には，2～3 房ついた雌穂の最上位を残し 1 株 1 房にする。絹糸がみえはじめたころ，房を押し下げてかき取る。追肥は草丈 50cm のころ，雄ずい抽出期，受精終了時を目安に 10a 当たり窒素 3kg 程度施用する。

図 13-4-6
スイートコーンのトンネル栽培
トンネルをはいだところ

❸ 病害虫，生理障害

アワノメイガ，アブラムシの防除が重要である。アワノメイガの防除は絹糸抽出期にタイミングよく行なう。アブラムシも雌穂につくといちじるしく品質が低下するので注意する。

先端不稔は出穂期から収穫期にかけての日照不足，低温，乾燥などの気象要因と，雌花の開花遅延などで発生が助長される。

〈注2〉
分げつを残すことで根量や葉面積が増加し，養分吸収と光合成がさかんになり穂重の増加や先端不稔の減少が期待できる。

❹収穫

絹糸が黒褐色になり，子実が乳黄色の時期が収穫適期。収穫直後から糖度が下がり品質低下がはじまるので，早朝に収穫し，すみやかに出荷する。とくに高温期は品質低下が激しいので予冷，保冷が大切である。

4 経営的特徴

栽培面積は約25,000ha（2012年）で漸減傾向にあったが，近年はほぼ横ばいである。生産量は26万tであるが，北海道が約50％をしめ，千葉県，茨城県がそれに次ぐ。

収穫適期は短いので，労力に応じた栽培面積を考える必要がある。

エダマメ

学名：*Glycine max* Merr.
英名：green soybean
科名：マメ科 Fabaceae
原産地：中国

図13-5-1
収穫したエダマメ
（写真提供：農文協）

1 性状と生理・生態的特性

❶性状と日本への渡来

1年生草本である。ダイズの未成熟若莢（子実）を収穫して利用するのがエダマメであるが，現在では専用の品種が育成されている。原産地は中国である。日本への渡来は弥生時代と考えられており，地方品種も多い（注1）。おもな食品成分を表13-5-1に示した（注2）。

❷生理・生態的特性

好適生育環境は表13-5-2に示したが，生育適温の幅は比較的広い。定植時の地温は12℃あれば活着する（注3）。

土壌適応性は比較的広いが，乾燥は減収の原因になるので，保水力のある土壌が望ましい。開花期からしばらくは十分な水が必要で

表13-5-1
エダマメのおもな食品成分
(可食部100g当たり)

水分	71.7g
タンパク質	11.7g
炭水化物	8.8g
灰分	1.6g
β-カロテン	260μg
ビタミンB1	0.31mg
ビタミンC	27mg
葉酸	320μg
カリウム	590mg
カルシウム	58mg
食物繊維総量	5.0g

（「五訂日本食品標準成分表」による）

表13-5-2
エダマメの好適環境

発芽適温	28℃前後
生育適温	25℃前後
開花・結実	15～27℃
好適土壌pH	6.0～6.5

〈注1〉
山形県庄内地方の'だだちゃまめ'や新潟県などで栽培されている'茶まめ'はまめが少し茶色をおびていて，香りが高く甘みに富んでいる。

〈注2〉
エダマメはタンパク質，カルシウム，カリウム，ビタミンB群を多く含むほか，ダイズとちがいビタミンCやβ-カロテンも含み栄養価が高い。

〈注3〉
花芽分化や開花・結実には15～27℃がよく，高温で促進される。花粉は10℃以下，30℃以上で死滅する。

図13-5-2　エダマメの葉，分枝，莢のつき方

エダマメ　163

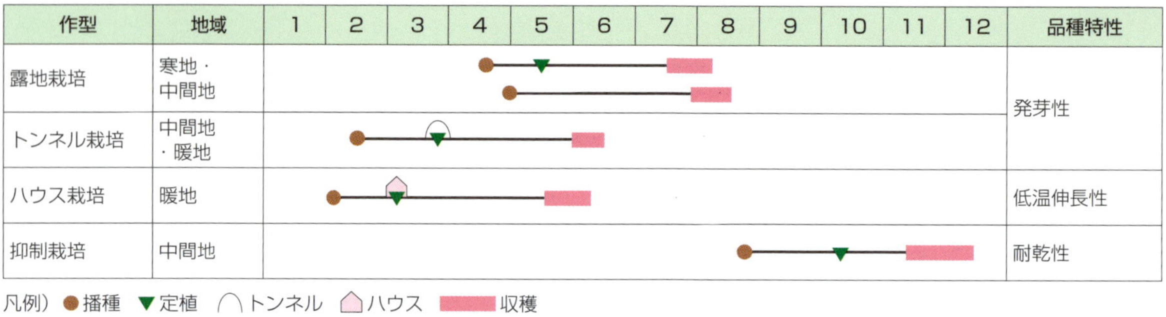

作型	地域	1	2	3	4	5	6	7	8	9	10	11	12	品種特性
露地栽培	寒地・中間地				●──▼─────	────	────	──■	■					発芽性
						●────	────	────	─■					
トンネル栽培	中間地・暖地		●──	∩─▼──	────	────	──■							
ハウス栽培	暖地		●──	⬠────	────	────	──■							低温伸長性
抑制栽培	中間地							●──	────	▼──	────	──■		耐乾性

凡例) ● 播種　▼ 定植　∩ トンネル　⬠ ハウス　■ 収穫

図13-5-3　エダマメのおもな作型と品種特性

ある。水が不足すると，早く結莢したものと遅れた花とで水分の競合をおこし，落花の一因になる。しかし，過湿には弱く，初生葉展開時と花芽分化期ごろの過湿は生育阻害と莢数を低下させる。

日長に関係なく温度によって開花・結実する夏ダイズ型の早生種と，日長によって開花・結実する秋ダイズ型の晩生種，両者の中間型の中生種があり，エダマメはおもに早生種を使う。

2 ▎生育過程と作型

播種後25日ほどで花芽分化し，分化後20日程度で開花する(注4)。着莢率は30％程度である。莢は開花後20日程度で伸長が止まり，35日目ごろ子実が硬くならないうちに収穫する(注5)。作型を図13-5-3に示した。生産は初夏から秋に多い。

3 ▎栽培の概要（トンネル栽培）

❶播種・育苗

露地栽培では直播きが主体であるが，早播きの場合は育苗する(注6)。

播種後は十分に灌水し，地温25～28℃に管理する。4～5日で発芽がそろうので，昼温25℃，夜温15℃以上を保つ。子葉展開後の多灌水は節間を伸ばしやすいので控えめにする。育苗日数14～18日で，初生葉が展開し本葉がみえはじめたころが定植適期である。

❷畑の準備

有機物を10a当たり1～2t施用する。定植予定1週間前までに元肥を施用し，マルチを張りトンネルをかけて地温を上げておく。さらに定植時にトンネル内に不織布をべたがけすると効果が高い。遅い時期の栽培では有孔フィルムを張ってもよい。

元肥は，窒素が早生種で10a当たり5～10kg，中生種で3～4kg，リン酸15kg，カリ12kgとする。窒素過多は過繁茂になり着莢や実入りが悪くなるので，前作の残存量も考えて適正施肥に努める。

❸根粒菌

マメ科のため根粒菌から窒素が供給されるので窒素欠乏は発生しにくい。しかし，連作が続くと根粒菌（root bacterium）のつきが悪くなり，下葉から黄化する窒素欠乏が発生することがある。

〈注4〉
開花が最も早いのは8～9節で，その後，上下節に連続開花する。各節に十数個分化する。

〈注5〉
播種後75～80日，開花後35～40日で収穫期となる。

〈注6〉
地床での育苗も多いが，ペーパーポットやセルトレイによる育苗が多くなっている。

❹ **定植と管理**

トンネル栽培の栽植様式を図13-5-4に示した。1穴1〜2本植えとし、根を乾かさないように十分に灌水するか、浸水してから植える。

トンネル内の温度は25〜30℃を目安に換気し、夜温は10℃以上を確保する。開花前後は最低気温を15℃程度に保つと結実がよい。気温の上昇に応じて換気を多くしていくが、フィルムの除去が開花期に重なると低温や風害を受けやすいので、着莢を確認してから行なう。

開花期から子実肥大期の乾燥は生育や着莢を悪くするので、通路に灌水する。開花期から子実肥大期に肥料不足にならないよう、生育や葉色、莢の肥大をみて追肥する。10a当たり窒素とカリを2〜3kg施用する。

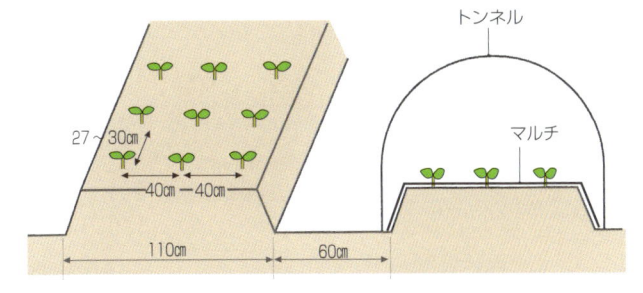

図13-5-4 トンネル栽培（3条）の栽植様式の例

❺ **病害虫、生理障害**

アブラムシ類は、暖冬の年は春早くから増えるので早期発見・早期防除に努める。ハダニ類は降雨が少ないと発生しやすいので、茎葉が繁茂する前に防除する。連作するとダイズシストセンチュウや苗立枯病が発生するので、輪作するか土壌消毒を行なう。連作すると根粒菌の着生が悪くなり、窒素欠乏（下葉から黄化）になることがある。

❻ **収穫・調整**

未熟な子実を収穫するので、収穫適期は短い。莢の色が退色しないよう適期収穫する（図13-5-5）。トンネル栽培は初夏に収穫するので、莢の温度が上がらないよう早朝に行なう。

荷姿は、500〜600gを1束として結束する方法と、袋に莢だけを300g程度つめる方法がある。収量は両方とも10a当たり2,000〜3,000束（袋）が目標になる。

図13-5-5 収穫期のエダマメ

4 経営的特徴

全国で12,800ha（2012年）の作付けがあり、生産量は千葉県が7,830tと最も多く、北海道、山形、群馬、埼玉、千葉、新潟の各県が5,000t以上である。中国や東南アジアからの冷凍ものも多く輸入されている。

■ **まとめの問題**

1. スイカの接ぎ木の目的、台木、接ぎ木方法について述べよ。
2. ハウスメロンの着花習性と整枝、誘引について述べよ。
3. ハウスでのピーマン栽培の整枝について述べよ。
4. スイートコーンの先端不稔発生の要因について述べよ。
5. エダマメの日長と品種の早晩生について述べよ。

第14章 葉菜類の特性と栽培

図14-1-1
収穫期のハクサイ
(写真提供：農文協)

ハクサイ

学名：*Brassica rapa* L. pekinensis group
英名：Chinese cabbage
科名：アブラナ科 *Brassicaceae* (*Cruciferae*)
原産地：中国

表14-1-1
ハクサイのおもな食品成分
(可食部100g中)

水分	95.2g
炭水化物	3.2g
灰分	0.6g
カリウム	220mg
カルシウム	43mg
カロテン	99μg
ビタミンC	19mg
食物繊維総量	1.3g

(「五訂日本食品標準成分表」による)

表14-1-2
ハクサイの好適環境

発芽適温	18～22℃
生育適温	外葉形成期20℃前後 結球期15～18℃
好適土壌pH	6.0～6.5

〈注1〉
葉球の発達は外葉の光合成産物の転流によるので、充実した結球を得るには、この時期に順調に生育させることが重要である。

1 性状と生理・生態的特性

❶ 性状と日本への渡来

ハクサイは、ツケナ類と同じ *Brassica rapa* に分類される結球 (head formation) 性野菜である。結球によって内部の葉は光が当たらないまま伸長・肥大するので、色は白くやわらかで多汁質になる。

B. rapa の原生地は地中海沿岸からトルコ高原で、そこから中国にはいり、18世紀になって結球性の大型野菜として成立した比較的新しい野菜である。

日本で広く普及したのは日清・日露戦争のときに従軍した兵士が持ち帰ってからとされる。

❷ 生理・生態的特性

結球期では耐暑性や耐寒性が低くなり、温度適応性の幅は比較的狭い。最低気温が5℃以下になると生育が止まる (表14-1-2)。根系は広く深く広がるが乾燥や過湿に弱い。花成は種子春化 (seed vernalization) 型で、日最低気温10℃以下、平均気温15℃以下になると低温に感応して花芽を分化し、葉の分化を停止する。低温感応性は品種によってちがい、作型に応じて品種を選択する必要がある。

2 生育過程と作型

播種後、15～20枚程度の外葉をロゼット状に展開したのち、分化してくる葉がしだいに内側に屈曲して立ち上がるようになり、葉球をつくる。葉球内部に40～70枚の葉が次つぎにつくられて硬く結球する。葉数と根重は播種後1カ月ころに急速に増える(注1)。

温暖地では生育後半に涼しくなる夏播き秋冬どり栽培が基本である。3～6月どりは温暖地でのトンネルやハウスを利用した冬播き栽培、夏どりは寒冷地や高冷地の春播き栽培が中心である (図14-1-2)。

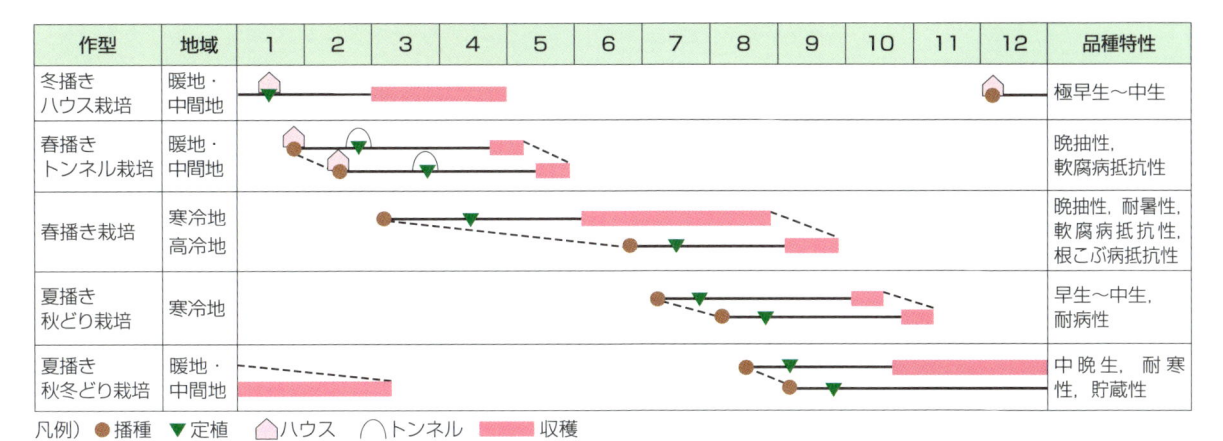

図 14-1-2　結球ハクサイのおもな作型と品種特性

作型	地域	1	2	3	4	5	6	7	8	9	10	11	12	品種特性
冬播き ハウス栽培	暖地・中間地													極早生〜中生
春播き トンネル栽培	暖地・中間地													晩抽性, 軟腐病抵抗性
春播き栽培	寒冷地 高冷地													晩抽性, 耐暑性, 軟腐病抵抗性, 根こぶ病抵抗性
夏播き 秋どり栽培	寒冷地													早生〜中生, 耐病性
夏播き 秋冬どり栽培	暖地・中間地													中晩生, 耐寒性, 貯蔵性

凡例）●播種　▼定植　⌂ハウス　⌒トンネル　■収穫

3 栽培概要

❶播種・育苗

生育は直播きのほうがよいが，管理上，ペーパーポットまたは128穴セルトレイに播種し，本葉3〜4枚で定植することが多い。播種後は，乾燥しないように管理する。高温期は寒冷紗などで被覆し，低温期は温床などを利用して，発芽適温に近づける。

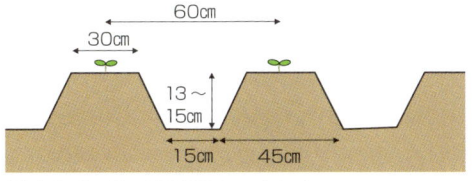

図 14-1-3　定植床のつくり方

❷畑の準備

標準的な元肥は，10a当たり堆肥2〜3t，苦土石灰100kg，窒素15kg，リン酸25kg，カリ15kg程度を施用する(注2)。機械移植する場合には，細かく砕土されているほうがよい。

❸定植と定植後の管理

図14-1-3のように定植床をつくり，早生種では株間40cm程度，晩生種ではそれよりも広めにとる。定植後は十分に灌水する。追肥は，本葉が7〜8枚になったころに10a当たり窒素5kg，カリ5kgを，2回目は葉が立ち上がりはじめたころに窒素5kgを，畝間に速効性の化成肥料で施用する(注3)。

❹病害虫，生理障害

ウイルス病はアブラムシが媒介するので，育苗中の防虫ネットの被覆や本圃での反射マルチの利用が有効である。軟腐病には結球はじめから予防的に殺菌剤散布を行ない，被害株は持ち出して処分を徹底する。根こぶ病は土壌伝染性病害（糸状菌）で，抵抗性品種の利用，土壌pHの矯正，排水性の改善，周辺の除草，植付け前の土壌消毒などで予防する(注4)。

害虫は発生初期に薬剤で防除する(注5)。

生理障害は表14-1-3参照。

❺収穫・調製

押してみて硬く結球したものから収穫する。晴天日に

図 14-1-4　生育中のハクサイ

〈注2〉
10a当たり養分吸収量は，窒素20kg，リン酸7kg，カリ2kg前後。

〈注3〉
マルチ栽培で肥効調節型肥料を畝内に施用し，追肥を行なわず，全体の施肥量を抑制する方法もある。

〈注4〉
このほかべと病，白斑病，菌核病などの糸状菌による病害があり，薬剤防除を行なう。

〈注5〉
アブラムシ，キスジノミハムシ，モンシロチョウ，ヨトウ類，コナガなどが問題になる。

表 14-1-3　ハクサイに発生する生理障害と対策

障害名	発生要因	防止対策
ごま症	窒素過剰	適正施肥
心腐れ	窒素過剰, 過乾燥によるカルシウム欠乏	適正施肥, マルチ
葉柄の亀裂	ホウ素欠乏	ホウ素施用

ハクサイ　167

収穫し，ていねいにあつかう。夏は予冷して保冷車で輸送したほうがよい。

4 経営的特徴

収穫量は減少傾向にあり，1975年の約160万トンから漸減して，ここ数年は70万トン前後で安定している。作付面積は全国で18,100ha（2011年）である。夏は高冷地，冬は近郊産地から出荷され，1年を通して供給されている。おもな産地は茨城県と長野県で，この2県で全国出荷量の約半分を担っている（注6）。

〈注6〉
北海道と，群馬，愛知，長崎，栃木，鹿児島などの県の生産も多い。

図14-2-1
収穫期のブロッコリー
（写真提供：小倉隆人氏）

表14-2-1
ブロッコリーのおもな食品成分
（可食部100g中）

水分	89.0g
炭水化物	5.2g
灰分	1.0g
カリウム	360mg
カルシウム	38mg
カロテン	810μg
ビタミンC	120mg
食物繊維総量	4.4g

（「五訂日本食品標準成分表」による）

ブロッコリー

学名：*Brassica oleracea* L. Italica group
英名：broccoli
科名：アブラナ科 *Brassicaceae* (*Cruicferae*)
原産地：地中海沿岸

1 性状と生理・生態的特性

❶ 性状と日本への渡来

ブロッコリーは，2000年以上前にイタリアでケールから分化したと考えられており，キャベツと同じ種であるが，茎頂部に非常に多くの花芽を分化して大きな塊となる。この幼花蕾の塊（頂花蕾）と花茎，側花蕾を利用する。近年は，発芽間もない芽生え（ブロッコリー・スプラウト）の利用も増えている。

日本へは明治の初めに導入されたが，一般的になったのは戦後になってからである。

❷ 生理・生態的特性

好適生育環境は表14-2-2に示したとおりである。花成は緑植物春化（green plant vernalization）型で，低温感応できる成長程度と低温要求性の強弱は品種間差がある（表14-2-3）。長日条件によっても花蕾の形成は促進される。

2 生育過程と作型

キャベツよりも葉柄の長い葉を展開し，茎はキャベツよりも長くなる。

表14-2-2
ブロッコリーの好適環境

発芽適温	15〜30℃
生育適温	15〜30℃
	花蕾の発育 15〜18℃
好適土壌pH	6.0〜6.5

表14-2-3 ブロッコリーの品種と花芽分化の条件

品種の早晩性	低温感応に必要な苗の大きさ（展葉枚数）	低温の程度	必要な低温期間
極早生	小（7〜8枚）	20〜23℃	短（30日以上）
早生	中（7〜8枚）	17〜18℃	中（40日以上）
中生	中（10〜12枚）	12℃前後	中（40日以上）
晩生	大（12〜15枚）	5℃以下	長（50〜60日以上）

（「タキイシードネット；http://www.takii.co.jp/seed.html」による）

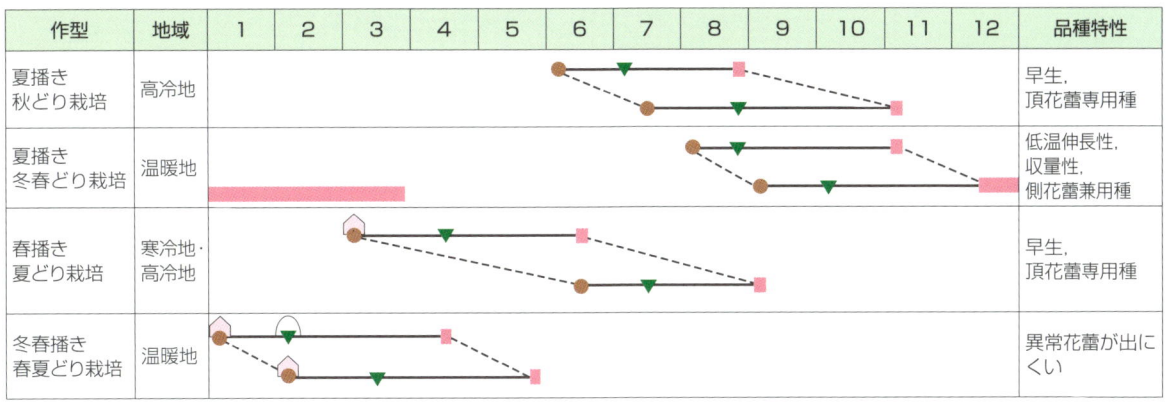

作型	地域	1	2	3	4	5	6	7	8	9	10	11	12	品種特性
夏播き秋どり栽培	高冷地						●	▼	■					早生,頂花蕾専用種
								●	▼			■		
夏播き冬春どり栽培	温暖地	■	■	■	■			●	▼	■				低温伸長性,収量性,側花蕾兼用種
									●	▼			■	
春播き夏どり栽培	寒冷地・高冷地			⌂●	▼		■							早生,頂花蕾専用種
					●		▼	■						
冬春播き春夏どり栽培	温暖地	⌂●	⌂▼			■								異常花蕾が出にくい
			⌂●	⌂▼			■							

凡例) ● 播種　▼ 定植　⌂ ハウス　⌒ トンネル　■ 収穫

図14-2-2　ブロッコリーのおもな作型と品種特性

定植後約1カ月で本葉が15～20枚になり，頂部に花蕾がみえはじめる。その後約1カ月で収穫できるようになる。

おもな作型は，夏播き栽培と冬春播き栽培(注1)で，低温要求性や早晩性のちがう品種を用いて収穫期を分散している（図14-2-2）。中・晩生種では，頂花蕾収穫後に発生してくる側花蕾も収穫する。

3 栽培の概要
❶播種・育苗
　ペーパーポットや128穴セルトレイに1粒播きする。夏播き栽培では育苗期が高温なので，遮光して温度を下げることが望ましい。春播き栽培では気温20℃を目標に保温する。ポット育苗では本葉6～8枚の苗を定植するが，セルトレイでは老化しやすいので3～4枚で定植する（図14-2-3）。育苗時に肥切れさせないよう注意する。

❷畑の準備
　排水のよい圃場を選び，10a当たり堆肥2t，苦土石灰100～150kgを施用してから耕起しておく。元肥は10a当たり窒素25～30kg，リン酸15～20kg，カリ30～35kgを標準として施用し，畝をつくる。

❸定植と定植後の管理
　図14-2-4のように定植床をつくり，早生種では株間30cm，晩生種ではそれよりも広めに定植する。植付け前に十分に灌水し，根を傷めないようにていねいに植える。定植1カ月後に10a当たり窒素10kg，カリ10kgを追肥し，土寄せして倒伏を防ぐ（図14-2-5）。

〈注1〉
冬春播き栽培は，育苗をトンネルやハウスで保温して行なう。生育初期が低温なので，花芽分化が早すぎて，異常花蕾や小花蕾が発生しやすい。

図14-2-3
ブロッコリーのセル成型苗
（写真提供：赤松富仁氏）

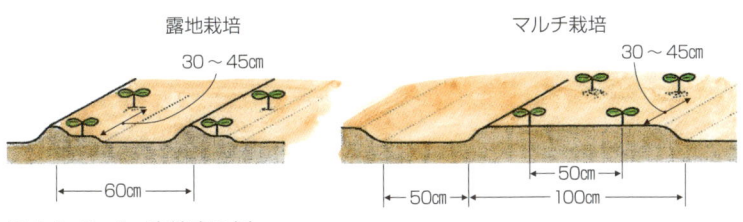

図14-2-4　定植床の例

図14-2-5　生育初期のブロッコリー

表 14-2-4 ブロッコリーに発生する生理障害と対策

障害名	発生要因	防止対策
ブラインド（心止まり）・バトニング（わい小花序）	花芽分化時の低温	保温，品種選択
リーフィー（花蕾内での葉の伸長），キャッツアイ（一部花芽の座止）	高温，低温不足	品種選択
茎髄部の空洞	ホウ素欠乏	ホウ素施用

〈注2〉
とくにヨトウガ類は厳寒期でも食害し花蕾内部にはいり込むので，発生初期に徹底防除する。

〈注3〉
小花蕾が大きくなると，花梗が伸びて全体のしまりがゆるくなって商品価値が下がる。

〈注4〉
卸売り数量の約15%を輸入がしめ，ほとんどがアメリカ（約34,000t，2011年）からで，氷づめで輸送されてくる。

❹ 病害虫，生理障害

育苗期の苗立枯病は薬剤の灌注で予防する。雨が多いと，べと病，黒腐病が多発するので早めに薬剤防除する。モンシロチョウ，コナガ，ヨトウガ類などが育苗期から発生する（注2）。

生理障害は表14-2-4参照。

❺ 収穫・調製

頂花蕾が12～13cmになり，小花蕾が小さくかたまっている状態（注3）で，葉を3～4枚つけて収穫し，長さ15cm程度に切りなおし，葉身部を切り落として出荷する。側花蕾は頂花蕾ほど大きくならないので，過熟にならないうちに順次花茎をつけて収穫する。

高温期は収穫後の品質低下が早いので，朝夕の涼しい時間帯に収穫し，すみやかに品温を下げて出荷することが重要である。

4 経営的特徴

収穫量が統計に記載されたのは1990年からで，89,000tから徐々に増え，2011年には約13万tで作付面積は13,400haである（注4）。おもな産地は，北海道と，埼玉，愛知，香川，長野などの県である。

図 14-3-1
ホウレンソウの地上部と地下部
（写真提供：赤松富仁氏）

表 14-3-1
ホウレンソウのおもな食品成分
（可食部100g中）

水分	92.4g
炭水化物	3.1g
灰分	1.7g
カリウム	690mg
カルシウム	49mg
カロテン	4200μg
ビタミンC	35mg
食物繊維総量	2.8g

（「五訂日本食品標準成分表」による）

ホウレンソウ

学名：*Spinacia oleracea* L.
英名：spinach
科名：ヒユ科 *Amaranthaceae*（アカザ科 *Chenopodiaceae*）
原産地：西アジア

1 性状と生理・生態的特性

❶ 性状と日本への渡来

イランで紀元前に栽培化されたのち，東西に分かれて伝播し，中国とヨーロッパでそれぞれ東洋型と西洋型に品種分化した。日本へは，中国から17世紀までに東洋型品種が伝わり，いわゆる日本在来種になった。西洋型品種は江戸末期から明治に欧米諸国から導入された。

東洋型は葉先がとがり，株元が赤くなり，味に泥臭さがなく，抽苔しやすい。西洋型は葉が大ぶりで厚く切れ込みが浅く，抽苔しにくい。近年は両系の交雑品種が多く用いられている（図14-3-2）。

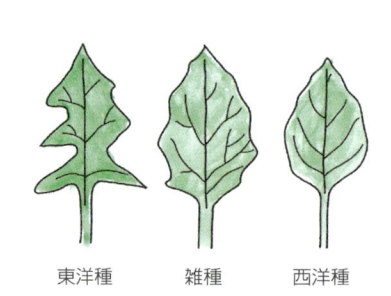

図 14-3-2 ホウレンソウの種類
東洋種　雑種　西洋種

❷ 生理・生態的特性

好適生育環境を表14-3-2に示したが，低温には強い。花成は長日条件

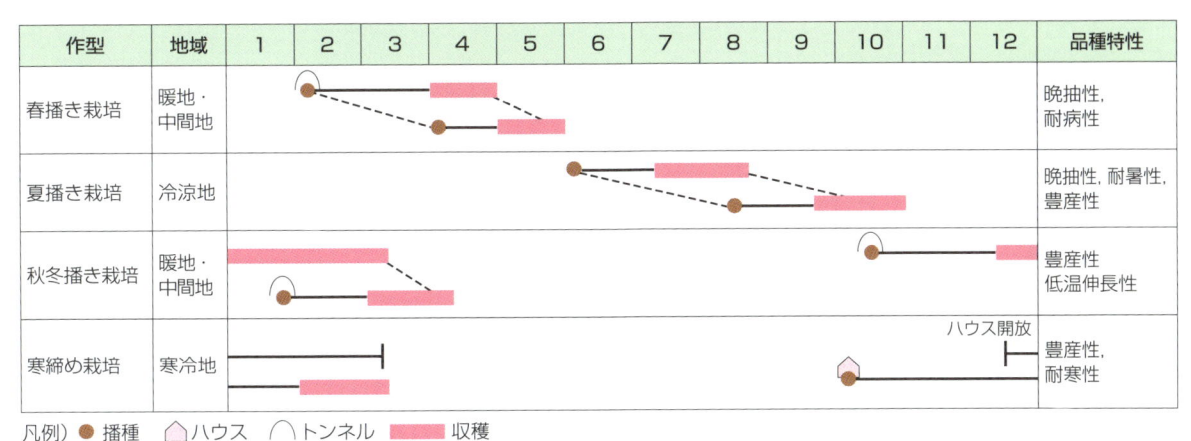

作型	地域	1	2	3	4	5	6	7	8	9	10	11	12	品種特性
春播き栽培	暖地・中間地													晩抽性, 耐病性
夏播き栽培	冷涼地													晩抽性, 耐暑性, 豊産性
秋冬播き栽培	暖地・中間地													豊産性, 低温伸長性
寒締め栽培	寒冷地													豊産性, 耐寒性

凡例）● 播種　⌂ ハウス　∧ トンネル　■ 収穫

図 14-3-3　ホウレンソウのおもな作型と品種特性

によって誘導され，品種によって限界日長に大きなちがいがある。土質は選ばないが，土壌の酸性には弱く pH 6～7 でよく生育する。

2 生育過程と作型

夏の高温と長日を避けた秋播き栽培が基本作型であるが，高冷地や東北地方の夏播き栽培や，トンネルやハウスを利用した冬・春播き栽培によって1年をとおして供給されている（図14-3-3, 4）(注1)。最近は施設を利用した水耕や土耕による周年生産も行なわれている。ハウス内である程度育てたあと，冷気をハウス内にいれて栽培し（寒締め栽培，図14-3-5），糖度を高め，品質向上をはかっている寒冷地の産地もある。

3 栽培概要

❶ 播種・育苗

15cm間隔で幅2cm，深さ1cmくらいの播き溝を切り，4～5cm間隔で条播きにし，1cm程度の覆土をする。播き溝に凹凸があると立ち枯れや発芽が不ぞろいになりやすいので，ていねいに平らにして鎮圧する。シードテープや播種器も用いられる(注2)。

❷ 畑の準備

酸性と過湿をきらい，根が深くはいるので，10a当たり堆肥2tに苦土石灰か消石灰 100～250kgを加えて，pHが6.5前後になるように調整し，十分耕起しておく。播種前に，10a当たり窒素6～10kg，リン酸 10～15kg，カリ 15～20kgを全層に施肥して畝をつくる（図14-3-6）。

❸ 播種後の管理

ハウスやトンネル，べたがけ利用の栽培では，25℃をこえな

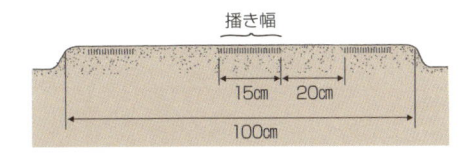

図14-3-6　播種方法の例

表 14-3-2
ホウレンソウの好適環境

発芽適温	15～25℃
生育適温	15～20℃
好適土壌pH	6.0～7.0

図 14-3-4
ハウスを利用した栽培
（写真提供：赤松富仁氏）

図 14-3-5
ホウレンソウ寒締めと雪景色
（写真提供：片岡園氏）

〈注1〉
春播き栽培では長日期にあたるので晩抽性の品種を用いるか，生育の早い品種を用いる。夏は播種から30日，冬は90日程度で収穫できる。

〈注2〉
高温期は，水に一昼夜浸漬し，冷暗所で催芽してから播種すると発芽がそろいやすい。

ホウレンソウ　171

表 14-3-3　ホウレンソウに発生する生理障害と対策

障害名	発生要因	防止対策
黄化，生育不良	低 pH によるリン欠乏	土壌酸度の適正化，硫酸マンガン施用の適正化
葉脈間の黄化	マンガン欠乏	土壌酸度の適正化，硫酸マンガン施用
先端部の枯死，葉柄の亀裂	ホウ素欠乏	土壌酸度の適正化，過乾燥の防止

〈注3〉
害虫は，アブラムシ，ヨトウガ類，ネキリムシ，シロオビノメイガ，コナダニ，ハダニなどが発生する。

〈注4〉
種子の表面にある硬い殻（果皮）をはがした種子。発芽の勢いや発芽率がきわめて高い。

〈注5〉
冷凍ホウレンソウの輸入が徐々に増えており，2011年には約33,000tで，中国からの輸入が84％をしめている。

いように管理する。極端な過湿や過乾燥にならないよう，生育をよく観察して灌水する。灌水量が多すぎると軟弱になりやすく，病気が増える。高温期の栽培では，30％程度の遮光（shade, shading）資材を利用する。

❹ 病害虫，生理障害

重要病害は，べと病，萎凋病，立枯病である（注3）。べと病は多湿で発生しやすく，低温で降雨が続くときには，降雨後に薬剤を予防的に散布する。萎凋病は土壌伝染性病害で，地温の高い時期に発生が多い。種子伝染するのでネイキッド種子（注4）では発生が少ないとされる。播種時には薬剤を粉衣処理して種子消毒する。立枯病とともに植付け前の土壌消毒が有効。

生理障害は表14-3-3参照。

❺ 収穫・調製

草丈22〜26cmころに収穫する。葉柄が折れやすいので，収穫後しばらく時間をおいてから，子葉，初生葉や黄変葉を取り除き，計量して束ねる。輸送中の呼吸・蒸散を抑制するために，束ごとにフィルム包装，縦づめにして段ボール箱にいれ，予冷して出荷する。

4 経営的特徴

出荷量は1975年以降，30万t前後で推移している。かつては夏の出荷はほとんどなかったが，近年は冬の出荷量が減り，夏の出荷量が増えて，1年をとおして安定供給されている（注5）。作付面積は21,800ha（2011年）で，生産が多いのは千葉，埼玉，群馬，茨城，宮崎，岐阜の各県。

図 14-4-1
収穫・調製された根深ネギ
（写真提供：飯塚明夫氏）

ネギ

学名：*Allium fistulosum* L.
英名：welsh onion, bunching onion
科名：ネギ科　Alliaceae（ユリ科　Liliaceae）
原産地：中国西部

1 性状と生理・生態的特性

❶ 性状と日本への渡来

日本には1000年以上前から，中国各地の異なる生態型の品種が何度も渡来したと考えられ，各地の在来品種として定着している。千住群，九条群，加賀群に大別される。

利用からは，土寄せして白い葉鞘部分を利用する根深ネギと，葉身部分を利用する葉ネギに分けられる。根深ネギは東日本で，葉ネギは西日本でおもに利用されてきたが，最近は地域のちがいはなくなりつつある。

❷ 生理・生態的特性

多くの品種は冬もゆっくりと成長する。ほかの野菜より成長が遅い。花

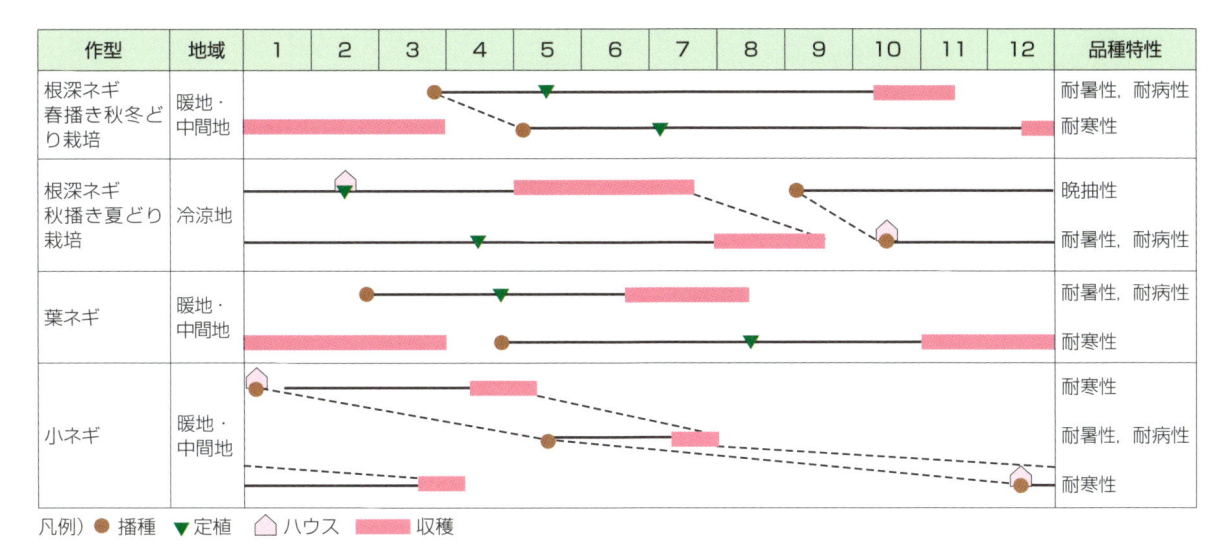

作型	地域	1	2	3	4	5	6	7	8	9	10	11	12	品種特性
根深ネギ 春播き秋冬どり栽培	暖地・中間地													耐暑性, 耐病性 / 耐寒性
根深ネギ 秋播き夏どり栽培	冷涼地													晩抽性 / 耐暑性, 耐病性
葉ネギ	暖地・中間地													耐暑性, 耐病性 / 耐寒性
小ネギ	暖地・中間地													耐寒性 / 耐暑性, 耐病性 / 耐寒性

凡例）● 播種　▼ 定植　⬠ ハウス　▬ 収穫

図14-4-2　ネギのおもな作型と品種特性

成は緑植物春化型であるが，品種により低温要求性は大きくちがう。土壌は弱酸性からアルカリ性を好む。多湿に弱く，とくに根深ネギでは土寄せするので通気性のよい土壌が望ましい。

2 生育過程と作型

根深ネギには，おもに千住系品種が用いられ，春播き栽培が基本作型である(注1)。播種後3～4カ月で6～8mmの太さになった苗を定植する。秋播き栽培は，冬を小株で過ごして低温感受を回避し，春に肥大させ5～8月に収穫する（図14-4-2）。

葉ネギには，おもに九条系品種が用いられ，春播き栽培では，4月定植の夏収穫と，8月定植の11～3月収穫がある。近年は九条系品種を用いた「博多万能ネギ」や「やっこネギ」など小ネギ栽培が増えている。移植はせず，播種後2～5カ月程度で収穫する。

〈注1〉
ネギは生育が遅いために，収穫適期の幅が広く，順次出荷されることが多い。

表14-4-1　根深ネギ，葉ネギ，小ネギのおもな食品成分（可食部100g中）

	根深ネギ	葉ネギ	小ネギ
水分	91.7g	90.6g	91.3g
炭水化物	7.2g	7.0g	5.4g
灰分	0.4g	0.6g	0.9g
カリウム	180mg	220mg	320mg
カルシウム	31mg	54mg	100mg
カロテン	14μg	1900μg	2200μg
ビタミンC	11mg	31mg	44mg
食物繊維総量	2.2g	2.9g	3.1g

（「五訂日本食品標準成分表」による）

3 栽培の概要

❶播種・育苗

地床育苗では，苦土石灰などでpHを調整し，10㎡当たり堆肥30kg程度，窒素，リン酸，カリを各200g程度いれ，よく撹拌しておく。条間13cmで6～8条，株間1～1.5cmになるように播種する。

チェーンポットやセルトレイを用いる場合は，市販の専用育苗培土をつめて1粒ずつまく。低温期は，温床線や出芽器を用いて発芽まで22～25℃で管理し，発芽後は15～20℃にして軟弱徒長を防ぐ。

❷畑の準備

根深ネギは土寄せをするので，定植の1カ月前までに10a当たり2t程

表14-4-2
ネギの好適環境

発芽適温	15～25℃
生育適温	12～22℃
好適土壌pH	5.7～7.4

ネギ　173

図14-4-3　土寄せの例

図14-4-4　根深ネギの栽培

〈注2〉
害虫は，アブラムシ，スリップス，ヨトウガ，ネダニ，ネギハモグリバエなどが問題になる。

図14-4-5
根深ネギの機械収穫

度の堆肥と100kg程度の苦土石灰を混和しておく。

元肥は10a当たり，根深ネギは，窒素10kg，リン酸20kg，カリ10kg程度，葉ネギは，10a当たり窒素，リン酸，カリともに8kg程度とする。小ネギは10a当たり窒素15kg，リン酸20kg，カリ20kg程度とする。

❸ 定植と定植後の管理

根深ネギ　80cm間隔で深さ15cmの溝を掘り，掘った土を片側に上げて，深さ20～30cmの植え溝をつくる。苗は壁面に立てかけるようにして5～8cm間隔でならべ，細根が隠れる程度の土をかける。機械移植の場合は，葉先を切って長さ28cm程度に調整し，深さは10cm程度に植える。

さかんに伸びはじめたら，約20日間隔で数回に分けて土寄せする。1～2回目は軽く，3回目以降は徐々に土の量を増やして，最後には30cm程度まで盛り上げる（図14-4-3，4）。追肥は，土寄せのたびに10a当たり窒素3～5kg，カリ2.5kg程度を土寄せの土に混ぜて施す。

葉ネギ　70cm間隔で深さ10cmの植え溝を切り，15cm間隔で3～5本ずつまとめて植え，3cmくらいの深さに土をかける。追肥は，活着後，窒素5kg，カリ2～4kg程度を，その後，さらに生育をみて同程度を2～3回やる。さらに，収穫前12～20日に色出しの目的で最終追肥する。

小ネギ　直播き栽培とし，本葉2枚ごろに10a当たり窒素5kg程度の追肥を行なう。

❹ 病害虫，生理障害

べと病は春と秋に発生が多いので予防的に薬剤散布する。さび病は肥料切れで発生しやすい。春先に多雨だと白色疫病が発生しやすい。排水不良畑では軟腐病が問題となることがある（注2）。

生理障害としては，乾燥によるカルシウム欠乏で葉先枯れが発生することがある。

❺ 収穫・調製

根深ネギ　軟白部30～36cmを目標にし，収穫後は根を切り，葉が3～4枚残るように外皮をむき，水洗いして長さを調製して出荷する。

葉ネギ　収穫後に根を切り，古葉，枯葉を除き，束にして出荷する。

小ネギ　収穫適期は草丈45～55cm，本葉4～5枚。外葉を外して2.5枚に調整する。計量後，束にしてフィルム包装で出荷する。輸送中に曲がらないよう，立てて梱包するとよい。

4 経営的特徴

出荷量は1975年以降，50万t前後で推移している。作付面積は，23,100 ha（2011年）である(注3)。

葉ネギは鮮度が落ちやすいため，近郊産地からの出荷が多い。小ネギは，東京市場で年間4,700 t（2011年）の入荷がある。

〈注3〉
根深ネギの主産地：春は埼玉，千葉，茨城，夏は茨城，千葉，秋冬は青森，秋田などの県を中心に周年供給されている。
葉ネギの主産地：香川県，徳島県と，大阪府など。
小ネギの主産地：福岡，千葉，静岡，大分，高知などの県。

アスパラガス

学名：*Asparagus officinalis* L.
英名：asparagus
科名：キジカクシ科 *Asparagaceae*（ユリ科 *Liliaceae*）
原産地：南ヨーロッパからロシア南部

1 性状と生理・生態的特性

❶ 性状と日本への渡来

宿根性草本で，毎春，地下茎から萌芽する多数の若茎（spear，シュート）を利用し，8〜15年間収穫する。シュートは高さ2m程度まで伸び，葉のようにみえる部分は植物学的には枝である。雌雄異株で雌株は秋に球形の赤い果実をつけ，地上部は枯れる。根は吸収根と多肉質の貯蔵根からなり，貯蔵根に蓄積された光合成産物が翌春の萌芽に用いられる。地下茎の先端にりん芽群があり，年々外側へ肥大伸長していく（図14-5-2，3，4）。

日本へは観賞用として江戸時代に伝わったが，本格的な食用栽培は大正時代以降，北海道ではじまり，おもに加工用のホワイトアスパラガスが生産された。生食用のグリーンアスパラガスは昭和30年代以降に生産・流通がさかんになった。

❷ 生理・生態的特性

好適生育環境を表14-5-2に示したが，地上部の耐暑性は比較的強い。地下部は耐寒性が強く，寒冷地での栽培が可能である。通気性・保水性のよい土壌が適している。

図14-5-1 アスパラガスの萌芽
（写真提供：元木悟氏）

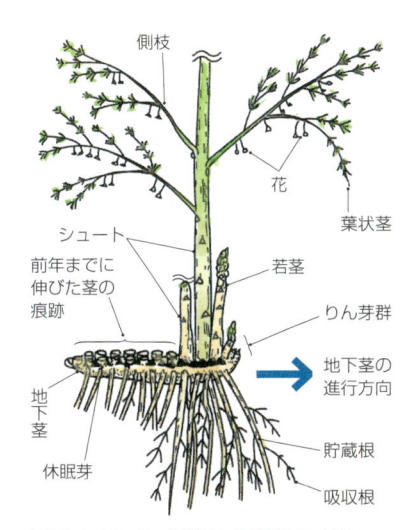

図14-5-2 形態と各部位の名称
（八鍬）

表14-5-1 グリーンアスパラガスのおもな食品成分（可食部100g中）

水分	92.6g
炭水化物	3.9g
灰分	0.7g
カリウム	270mg
カルシウム	19mg
カロテン	380μg
ビタミンC	15mg
食物繊維総量	1.8g

（「五訂日本食品標準成分表」による）

図14-5-3 アスパラガス雄花

図14-5-4 アスパラガス休眠芽（りん芽）と根

アスパラガス　175

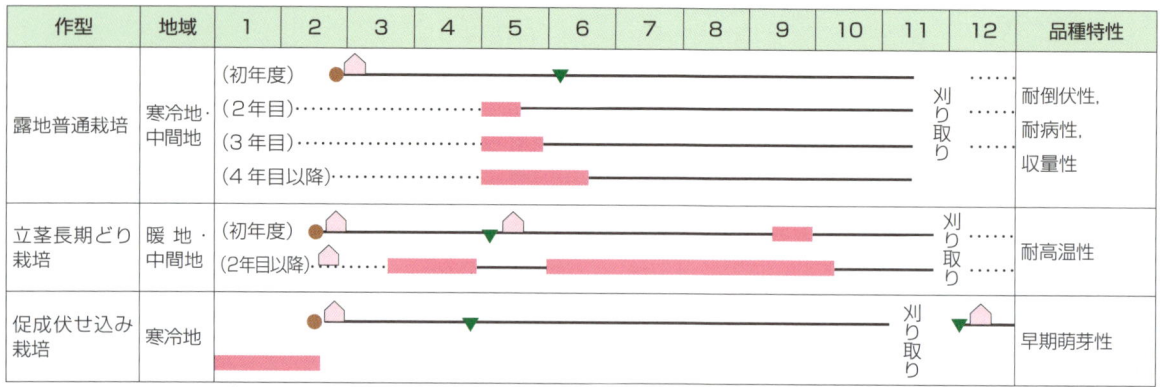

作型	地域	1	2	3	4	5	6	7	8	9	10	11	12	品種特性
露地普通栽培	寒冷地・中間地	（初年度） （2年目） （3年目） （4年目以降）										刈り取り		耐倒伏性, 耐病性, 収量性
立茎長期どり栽培	暖地・中間地	（初年度） （2年目以降）										刈り取り		耐高温性
促成伏せ込み栽培	寒冷地										刈り取り			早期萌芽性

凡例）● 播種　▼ 定植　⌂ ハウス　■ 収穫

図14-5-5　グリーンアスパラガスのおもな作型と品種特性

〈注1〉
ホワイトアスパラガスはほとんどが加工用で、国内での生産は少ない。しかし、最近生食用としての需要が高まりつつあり、各地で栽培技術の開発がすすんでいる。

表14-5-2　アスパラガスの好適環境

発芽適温	25～30℃
生育適温	20～25℃ 若茎生産時15～20℃
好適土壌pH	6.0～6.5

野菜としてのアスパラガスにはホワイトとグリーンがあるが、萌芽に先立って盛り土をして軟白（blanching）をするかしないかのちがいだけで、品種がちがうわけではない（注1）。

2 生育過程と作型

グリーンアスパラガスは、春の若茎を収穫する露地普通栽培と、ハウスを利用して秋まで収穫を続ける立茎長期どり栽培、根株を掘り上げて促成床で暖房して収穫する促成栽培がある（図14-5-5）。

露地普通栽培は、春先の萌芽はじめから収穫を開始し、1～2カ月で収穫を終わる。その後に発生したシュートを伸ばし（立茎という）、夏から秋に繁茂させる。秋に地上部から地下部へ養分が転流し、地上部は枯れるが地下部には翌年の芽がつくられて休眠にはいる。立茎長期どり栽培は、収穫開始2～4週間後に、株当たり4～5本のシュートを伸ばし、その後に伸びてくる若茎を秋まで収穫する。

3 栽培の概要

❶ 播種・育苗

30℃くらいの温湯に2～3日間浸漬してから、セルトレイに播種する。出芽まで2～3週間かかるので乾燥しないように注意する。約1カ月後に草丈15cm、茎数2～3本になったら、ポリポットに鉢上げして育苗する（図14-5-6）。育苗中は、1カ月ごとに1株当たり窒素、リン酸、カリを各50mg程度置き肥で追肥するか、灌水をかねて液肥を与える。草丈30～80cm、茎数5～6本で定植する。

❷ 畑の準備

定植の前年に10a当たり10～30tの堆肥、苦土石灰150kgを施用して深耕しておく。定植1週間前に10a当たり窒素10kg、リン酸9kg、カリ8kg程度を元肥として混和する。

❸ 定植と定植後の管理

畝幅180cm、株間30～45cm、地表から5cm程度の深さに植付け、倒伏防止のネットを張る（図14-5-7）。1年目は株を充実させるために収穫

図14-5-6　育苗中の幼苗

しない。2年目以降は，収穫終了後，シュートを伸ばすが，適宜間引いて1株当たり5本程度にして，通風をよくする（図14-5-8）。若齢期は収穫期間を短くし，株の充実をはかる。

春の収穫終了時には10a当たり窒素15～20kg，リン酸15～20kg，カリ15kg程度の施肥を行なう。立茎長期どり栽培では，立茎中の7～9月に10a当たり7kg前後の窒素を1カ月ごとに施用する。

晩秋に茎葉が黄化したら地際部から刈り取り，焼却する。畝の表面をバーナーなどで焼いて消毒したのち，10a当たり堆肥2～10t，窒素5kg，リン酸1kg，カリ2kg程度を施用して軽く混和する。年数がすすむと通路下にも根系が広がるので，畝間にも有機物を施用する。

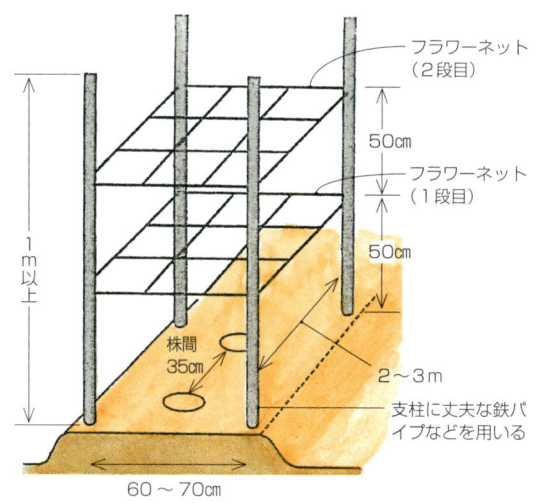

図14-5-7　ネットの張り方の例

❹病害虫，生理障害

茎枯病，斑点病は前年の罹病残渣が伝染源になるので，地上部は刈り取って圃場外へ持ち出す。高温・多雨で発生が助長されるので，雨よけが有効である。加えて予防的な薬剤散布を行なう（注2）。

若茎頭部の発育異常，胴部の裂開，タケノコ茎，ねじれなどの生育異常が報告されている。原因は特定されていないが，ハウス内の気温，地温，土壌水分の極端な変動，養分転流のアンバランスなどが考えられる。

❺収穫・調製

25cmをこえた若茎の地ぎわ部を切って収穫し，切りそろえて規格ごとに束ねて出荷する。温度が高い時期は伸びが早く，頭部のりん芽が開いて品質が低下するので，収穫間隔を短くする。収穫した若茎は，収穫後も成長して消耗が激しいので，立てた状態で低温輸送する。

4 経営的特徴

2011年の出荷量25,100t前後，作付面積6,290haである（注3）。近年は，立茎長期どり栽培や半促成栽培の拡大で，収穫期間が長くなる傾向にある。10a当たり収量は，露地普通栽培が中心の北海道や東北では300kg前後であるが，立茎長期どり栽培が中心の西南暖地では2t前後もある（注4）。

図14-5-8
植付け2年目のアスパラガス

〈注2〉
害虫では，ヨトウガ類，スリップス，ジュウシホシクビナガハムシなどが問題になる。

〈注3〉
おもな産地は北海道と，長野，佐賀，長崎，熊本の各県である。

〈注4〉
輸入量は12,308t（2011年）で，10～2月を中心にメキシコ，オーストラリア，ペルー，タイなどから輸入されている。

■まとめの問題

1. ハクサイの作型の栽培地によるちがいについて説明せよ。
2. ブロッコリーの収穫期を分散させる技術について述べよ。
3. ホウレンソウの東洋型品種と西洋型品種のちがいを述べよ。
4. 根深ネギの栽培での土寄せの目的を述べよ。
5. 露地栽培アスパラガスの光合成産物の転流を季節ごとに説明せよ。

第15章 根菜類の特性と栽培

ダイコン

学名：*Raphanus sativus* L.
英名：daikon, Japanese radish
科名：アブラナ科 *Brassicaceae* (*Cruciferae*)
原産地：地中海沿岸，中東

図15-1-1 収穫期のダイコン
（写真提供：赤松富仁氏）

図15-1-2 多様なダイコンの根

1 性状と生理・生態的特性

❶ 性状と日本への渡来

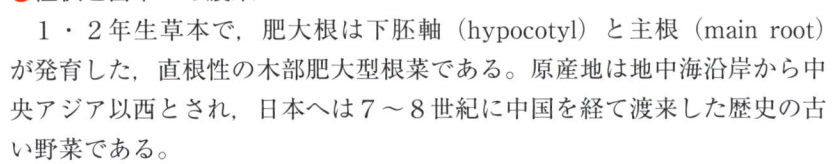

1・2年生草本で，肥大根は下胚軸（hypocotyl）と主根（main root）が発育した，直根性の木部肥大型根菜である。原産地は地中海沿岸から中央アジア以西とされ，日本へは7～8世紀に中国を経て渡来した歴史の古い野菜である。

品種はダイコンとハツカダイコンに大別され，ダイコンは110種類ほどの地方品種があり，根重30kgもの‘桜島’から根長1mをこえる‘守口’まで根部形態の変異が大きい（図15-1-2）。

❷ 生理・生態的特性

好適生育環境は表15-1-2のとおりである(注1)。地温は，生育前期が15℃以下では短根，後期が22℃以上になると尻細になる。根部肥大期は冷涼な気候が適し，秋冬どり栽培が基本作型である。花成は種子春化型で，13℃以下，長日で花芽分化し，その後の高温・長日で花芽の発育・抽苔が促進される。20℃以上で脱春化し，冬のトンネル栽培では，晩抽性品種と昼の高温による脱春化で抽苔を防いでいる。

表15-1-1 ダイコンのおもな食品成分（可食部100g中）

水分	94.6g
炭水化物	4.1g
灰分	0.6g
カリウム	230mg
カルシウム	24mg
ビタミンC	12mg
食物繊維総量	1.4g

（「五訂日本食品標準成分表」による）

表15-1-2 ダイコンの好適環境

発芽適温	15～30℃
生育適温	根部肥大期は15～20℃
凍害発生温度	-5℃以下
花芽分化誘起温度	13℃以下
好適土壌pH	5.5～6.5

〈注1〉
平均気温25℃以上で病気や障害が発生しやすく，5℃以下で根部肥大が停滞する。気温が0℃以下で抽根部の肩こけ，-3℃で葉が変形・変色，-5℃以下で抽根部の表皮が剥離する凍害が発生。

図15-1-3 ダイコンの初生皮層はく脱

図15-1-4 ダイコンの生育経過
注）数字は播種後日数

178　第15章 根菜類の特性と栽培

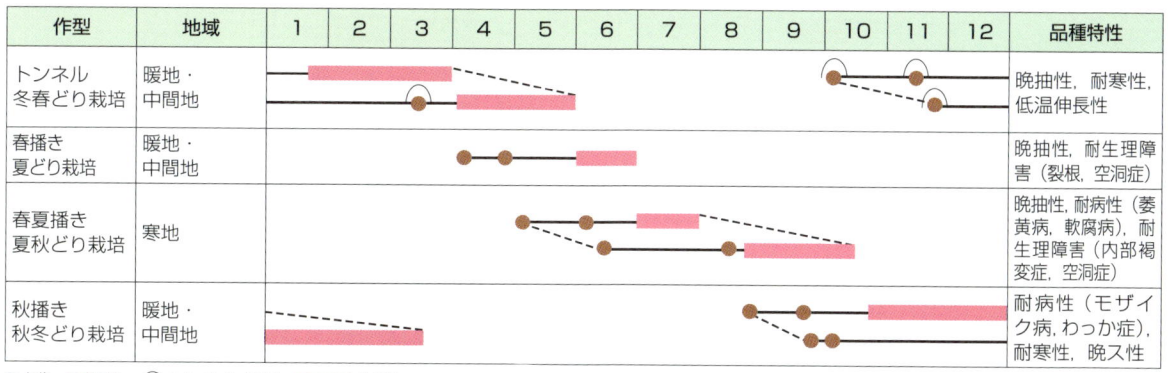

作型	地域	1	2	3	4	5	6	7	8	9	10	11	12	品種特性
トンネル 冬春どり栽培	暖地・中間地													晩抽性, 耐寒性, 低温伸長性
春播き 夏どり栽培	暖地・中間地													晩抽性, 耐生理障害（裂根, 空洞症）
春夏播き 夏秋どり栽培	寒地													晩抽性, 耐病性（萎黄病, 軟腐病）, 耐生理障害（内部褐変症, 空洞症）
秋播き 秋冬どり栽培	暖地・中間地													耐病性（モザイク病, わっか症）, 耐寒性, 晩ス性

凡例）● 播種　⌒ トンネル被覆　■ 収穫

図 15-1-5　ダイコンのおもな作型と品種特性

排水・通気性のよい膨軟な土壌が適し，好適土壌pHは5.5～6.5であるが，4.5の酸性土壌でも生育障害はみられない。

2 生育過程と作型

播種後3～4日で発芽し，3～4葉期に初生皮層がはく脱する（図15-1-3）。20日で間引き適期の4～5葉期になり，35日の15～20葉期から根部肥大がさかんになり，宮重系品種では約60日で収穫になる（図15-1-4）。おもな作型を図15-1-5に示した。宮重系の総太りタイプの品種が全国的に栽培され，産地を移動して周年生産されている。

3 栽培の概要

❶圃場の準備

標準的な元肥は，10a当たり窒素5～15kg，リン酸10～15kg，カリ15～20kgで，窒素は生育期の気温によって増減する（注2）。ホウ素要求量が多いため，連作地ではホウ砂を1～1.5kg施用する（注3）。マルチをする場合は，高温期は白黒ダブルやシルバーポリ，低温期は黒や透明ポリを使う。

❷播種

秋冬どり栽培では畝幅55～60cm，株間24～27cm，マルチ栽培では畝幅115～130cm，株間24～27cm，条間45cmの2条播きが標準である。深さ1.5～2cmに1穴1～2粒播種する。1粒播きの無間引き栽培も行なわれる。

❸播種後の管理

4～5葉期に間引きして1本にし，株元に土を寄せる。

追肥は，1回目は間引き後，生育期間が長ければ15～20葉期にも行なう。1回当たり窒素とカリを各3～5kg畝間に施用し，中耕・培土する。

〈注2〉
10a当たり養分吸収量は，宮重系品種で窒素15kg，リン酸4kg，カリ17kg，カルシウム10kg，マグネシウム3kg前後である。

〈注3〉
土壌害虫防除は，施肥時に粒剤の殺虫剤を施用する。また，ネグサレセンチュウ発生畑では土壌消毒をする。

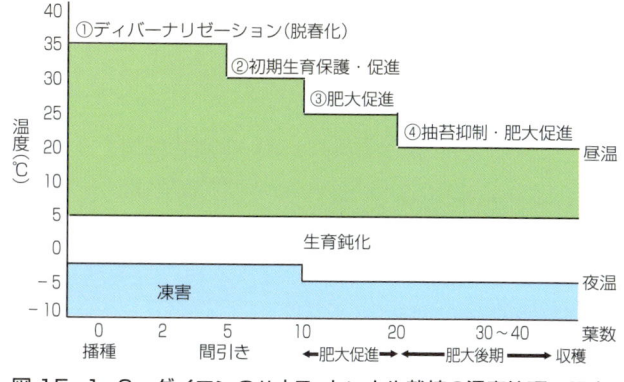

図 15-1-6　ダイコンのハウス・トンネル栽培の温度管理の目安

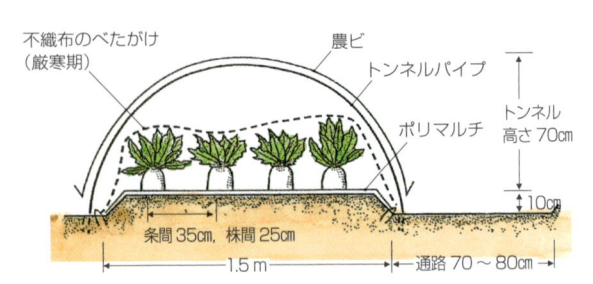

図15-1-7 トンネル栽培での栽植様式と保温の例

図15-1-8 ダイコンのトンネル栽培

表15-1-3 ダイコンのおもな病害虫

区分	病害虫
病害	土壌伝染性：萎黄病，バーティシリウム黒点病，根腐病，軟腐病 地上部：黒斑細菌病，白さび病，白斑病，べと病
害虫	根部の被害：ネグサレセンチュウ，キズジノミハムシ 地上部を食害：ハイマダラノメイガ，ヨトウムシ類 モザイク病を媒介：アブラムシ

表15-1-4 ダイコンのおもな生理障害

生理障害名	発生要因	防止対策
空洞症	播種後15～30日，5～15葉期の高・低地温。急激な肥大	窒素の適正施用。トンネル栽培では保温力を高める。発生しにくい品種の使用
内部褐変症	生育後期の気温25℃以上で発生。土壌のホウ素やリン酸含量が影響	発生しにくい品種の使用。間引き後にマルチを除去し後半の地温を下げる。ホウ素とリン酸の施用。土壌pHを上げない
裂根	気温が比較的高く，後期の土壌窒素や水分が多い	土壌物理性を改善して水分変動を緩和。適正な肥培管理
岐根	線虫，土壌病害虫，土壌消毒剤のガスなどでの損傷	有機物の腐熟後に播種。土壌病害虫の防除。土壌消毒後のガス抜き
ス入り	後期に葉の同化能力を上回る根の肥大	適期収穫。後期に肥切れさせない

❹ハウス・トンネル栽培の管理

抽苔と寒害防止，生育促進をはかるため図15-1-6のような温度管理を行なう（図15-1-7，8）。厳寒期には，抽苔と抽根部の寒害を防ぐため不織布のべたがけが行なわれる。

❺病害虫，生理障害

おもな病害虫と生理障害は表15-1-3，4に示した。

土壌病害虫は輪作や抵抗性品種の利用，線虫対抗植物（antagonistic plant）や土壌消毒，地上部病害虫は薬剤などで防除する。アブラムシは光反射マルチ（refective plastic mulch）の利用が有効である。生理障害は，発生しにくい品種の導入，適切な肥培管理，気温や地温管理で防ぐ。

❻収穫・調製

根径7～8cm，根重1kgほどになったものを収穫する。収穫までの日数は，宮重系品種の場合，適期栽培で55～60日，トンネル冬春どり栽培で90～120日である。10a当たり収量は5～7tであるが，密植できる冬どり栽培では15tをこえる例もある。

抜き取り後，10cmほど残して葉を包丁で切り取る。洗浄・水切り後，10kgづめ段ボールにいれて出荷する。夏は予冷後，保冷車で輸送する。

4 経営的特徴

作付面積はジャガイモに次いで多い。1965年は作付面積98,400ha，収穫量約300万tあったが，2011年は34,900ha，150万tに減っている。夏は寒・高冷地から，冬は暖地から出荷される(注4)。

〈注4〉
おもな産地は北海道と，千葉，青森，宮崎，鹿児島，新潟，茨城，神奈川の各県。

ニンジン

学名：*Daucus carota* L.
英名：carrot
科名：セリ科 Apiaceae
原産地：アフガニスタン

図 15-2-1　収穫したニンジン

1 性状と生理・生態的特性

❶ 性状と日本への渡来

1・2年生草本である。肥大根は下胚軸と主根が発育した，直根性の師部肥大型根菜である。原産地はアフガニスタンで，そこから中国で発達して日本に渡来した東洋系品種と，オランダを中心に発達した西洋系品種に大別される。

❷ 生理・生態的特性

好適生育環境は表15-2-2のとおりである（注1）。種子は吸水力が弱く，播種時の土壌水分が発芽に強く影響し，発芽不良がしばしば問題になる。生育初期は30℃以上の高温にも耐えるが，根部肥大期は平均気温16〜20℃，地温18℃前後が適温である（注2）。

根形は地温で変化する。16〜22℃で品種本来の長さに，13〜14℃では長めに，25℃前後で肩張りした逆三角形になる。生育前期が低温で，その後高温になると尻細で長根になる。トンネル春夏どり栽培の2〜3月播きでは，生育初期の地温が低く，その後高くなるので根が細長くなる（図15-2-3）。

根部の色素はカロテノイド（carotenoid）で，13℃以下で抑制され根色が淡くなる。そのため，トンネル春夏どり栽培では，播種期が早いほど根色が淡く，ポリマルチをすると着色がよくなる。

花成は緑植物春化型で，一定の大きさになり15℃以下の低温・長日におかれると花芽分化し，その後の高温・長日で花芽の発育・抽苔が促進される。低温感応する葉齢は品種でちがい，早期抽苔株の花芽分化時の葉齢は3〜13葉と差がある。高温で脱春化する。

地下水位60cm以下の排水・通気性のよい膨軟な土壌が適し，好適土壌pHは5.5〜6.5で，5.3以下で生育が抑制される。肥大根が3日以上湛水すると障害が発生する。

表 15-2-1
五寸ニンジンのおもな食品成分
(可食部 100g 中)

水分	89.5g
炭水化物	9.1g
灰分	0.7g
カリウム	280mg
カルシウム	28mg
カロテン	9100μg
ビタミンC	4mg
食物繊維総量	2.7g

（「五訂日本食品標準成分表」による）

表 15-2-2
ニンジンの好適環境

発芽適温	15〜25℃
生育適温	根部肥大期は 16〜20℃
根部肥大適地温	18℃前後
根部肥大停止温度	3℃以下
カロテン生成適温	16〜21℃
凍害発生温度	−5℃以下
花芽分化誘起温度	15℃以下
好適土壌pH	5.5〜6.5

図 15-2-2
ニンジンの根の変化は多様

〈注1〉
5℃では発芽までに1カ月かかり，35℃以上で発芽不良になる。

〈注2〉
根部肥大期は25℃をこえると黒葉枯病が多発し，3℃以下で肥大停止，−5℃以下で茎葉と根に凍害が発生する。

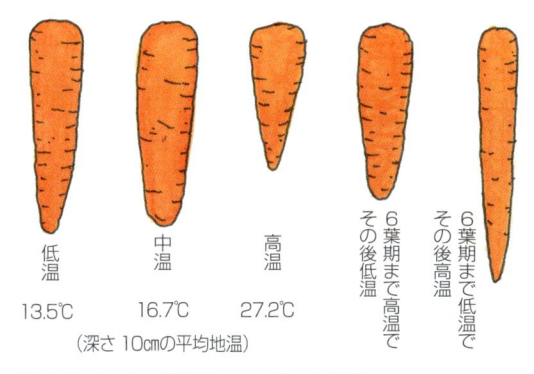

低温　中温　高温　6葉期まで高温でその後低温　6葉期まで低温でその後高温
13.5℃　16.7℃　27.2℃
（深さ10cmの平均地温）

図 15-2-3　地温とニンジンの根形

ニンジン　181

図 15-2-4
ニンジンの初生皮層はく脱

2 生育過程と作型

播種は，根部肥大期が色素生成適温になる時期に行なう。基本作型である夏播き秋冬どり栽培では，播種後7〜10日で発芽，3〜4葉期に初生皮層（primary cortex）がはく脱し（図15-2-4），35〜40日で間引き適期の4〜5葉期になり，60日10葉期ころから根部が急激に肥大する。

おもな作型を図15-2-5に示した。播種から収穫までは，夏播き秋冬どり栽培が100〜120日，トンネル春夏どり栽培が120〜150日である。

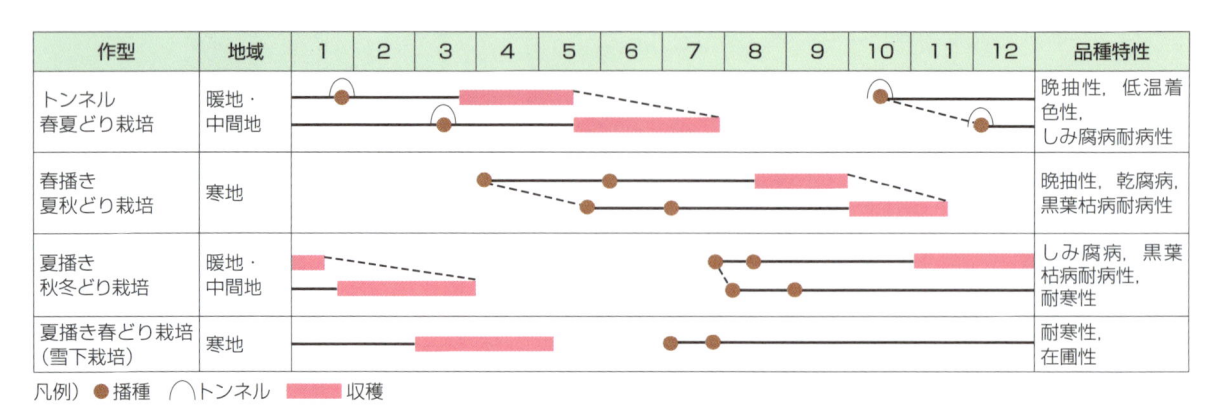

作型	地域	1	2	3	4	5	6	7	8	9	10	11	12	品種特性
トンネル春夏どり栽培	暖地・中間地													晩抽性，低温着色性，しみ腐病耐病性
春播き夏秋どり栽培	寒地													晩抽性，乾腐病，黒葉枯病耐病性
夏播き秋冬どり栽培	暖地・中間地													しみ腐病，黒葉枯病耐病性，耐寒性
夏播き春どり栽培（雪下栽培）	寒地													耐寒性，在圃性

凡例：●播種　∧トンネル　■収穫

図 15-2-5　ニンジンのおもな作型と品種特性

〈注3〉
10a当たり養分吸収量は，窒素15〜20kg，リン酸5〜8kg，カリ20〜24kg，カルシウム8〜10kg，マグネシウム2〜4kgである。

〈注4〉
不整形や扁平，小さい種子を粉状の造粒素材で包み球状にしたもので，あつかいやすくなり機械播種もしやすい（第2章1-4-④参照）。

図 15-2-6
土寄せ後のニンジン

3 栽培概要

❶ 圃場の準備

水田では，地下水位が60cm以下になるように排水対策をする。標準的な元肥は，10a当たり窒素10〜15kg，リン酸15〜20kg，カリ10〜15kgである〈注3〉。トンネル栽培は，緩効性肥料を使って全量元肥施肥とする。

❷ 播種

栽植様式は，秋冬どり栽培では畝幅75cm，条間15cm，2条，株間6〜8cm，トンネル栽培ではベッド幅120cm，条間12〜15cm，6〜8条，株間6〜12cmが基準になる。コーティング種子〈注4〉を深さ0.5〜1.5cm，1穴1〜2粒播種する。1粒播種の無間引き栽培も行なわれている。

❸ 播種後の管理

播種直後に除草剤を全面土壌処理する。4〜5葉期に間引きして1本にする。追肥は，根部肥大が本格化する前の播種後50日ごろに窒素とカリを各3〜5kg畝間に施用し，除草と青首防止をかねて中耕・培土をする（図15-2-6）。

❹ トンネル栽培の管理

トンネルの温度管理は，生育初期は多湿による病気の発生や高温による葉焼けの防止，後半は茎葉の徒長防止を主眼にする。35℃をこえないように換気を行ない，平均気温が15℃をこえるころにトンネルを除去する。換気は，穴換気または裾換気で行なう。

❺ 病害虫，生理障害

表15-2-3，4参照。

❻収穫・調製

　ハーベスタなどで掘り取り，洗浄・水切り後，10kgづめ段ボールで出荷する。10a当たり収量は4～5tである。

　秋冬どり栽培では，降霜前に土寄せすれば圃場で越冬でき，3月まで収穫できる。夏は予冷後，保冷車で輸送する。

4 生産動向・経営的特徴

　作付面積は19,200ha（2011年）で，1985年の25,000haをピークに漸減傾向にあり，2006年以降はほぼ横ばいである。

　収穫量は反収の向上により，1998年以降60万t前後で安定している。夏秋は寒地から，冬春は中間地・暖地から出荷される（注5）。

表15-2-3　ニンジンのおもな病害虫

区分	病害虫
病害	土壌伝染性病害：しみ腐病，乾腐病 地上部病害：黒葉枯病，黒斑病，トンネル栽培では斑点細菌病
害虫	根部を加害：線虫，ゾウムシ類，ニンジンハネオレバエ 地上部を食害：キアゲハ

表15-2-4　ニンジンのおもな生理障害

障害名	発生要因	防止対策
裂根	初期の低温，乾燥，後期に窒素や土壌水分が多い	厳寒期は保温，地温上昇をはかる。夏播きは初期の土壌水分を保つ。圃場の排水をはかる。多肥をしない
岐根	線虫，土壌病害虫，土壌消毒剤のガスなどによる根損傷	有機物が腐熟してから播種。土壌病害虫の防除。土壌消毒後のガス抜き。一斉に発芽させる
白斑症	カロテン生成の低下	厳寒期は保温，地温上昇，低温着色性の品種の利用
青首	光が当たって葉緑素がつくられる	株元への土寄せ

〈注5〉
おもな産地は北海道と，千葉，青森，徳島の各県。

サトイモ

学名：*Colocasia esculenta* Schott
英名：taro, dasheen
科名：サトイモ科　Araceae
原産地：東南アジア

1 性状と生理・生態的特性

❶性状と日本への渡来

　熱帯地域では多年草，日本では1年生草本の根菜である。いもは葉柄基部が肥大した塊茎（tuber）で，種いもを植付けて栄養繁殖（vegetative propagation）する。種いもの頂芽が伸び，その葉柄基部が短縮・肥大して親いもになり，親いもの側芽が成長し，その基部が肥大して子いも，さらに子いもの側芽基部に孫いもをつくる（図15-3-2）。

　原産地はインドからマレー半島の熱帯地域で，日本には縄文時代にイネより早く渡来したとされる。

❷生理・生態的特性

　好適生育環境は表15-3-2のとおりであり，高温・湿潤な環境が適している。地温15℃以上で植付け，地上部は高さ1～1.5mに伸び，降霜によって枯死する。いもの貯蔵には6℃以上必要で，貯蔵適温は8～10℃，5℃以下に長期間おかれると腐敗する。

　土壌適応性は広く，地下水位30cmでも栽培できるため水田転換畑でも導入できる。好適土壌pHは6.0～6.5であるが4.1～9.1まで健全に生育する。土壌水分が不足すると生育障害の発生や枯死しやすく，いもが肥大

図15-3-1
生育中のサトイモ
（写真提供：赤松富仁氏）

図15-3-2
サトイモのいものつき方

表 15-3-1
サトイモのおもな食品成分
(可食部 100g 中)

水分	84.1g
炭水化物	13.1g
灰分	1.2g
カリウム	640mg
カルシウム	10mg
鉄	0.5mg
カロテン	5μg
ビタミンC	6mg
食物繊維総量	2.3g

(「五訂日本食品標準成分表」による)

表 15-3-2
サトイモの好適環境

萌芽下限温度	12～15℃
萌芽適温	22～25℃
生育適温	25～30℃
塊茎肥大適地温	22～27℃
種いも植付け地温	15℃以上
塊茎貯蔵適温	8～10℃
好適土壌pH	6.0～6.5

〈注1〉
マルチ栽培，普通栽培の品種は，寒冷地で'石川早生''大和'，中間地で'石川早生''土垂'，暖地では'えぐ芋''大吉（セレベス）''筍芋'などが栽培される。

〈注2〉
10a当たり養分吸収量は，窒素10～20kg，リン酸7～10kg，カリ20～40kgである。

をはじめる5～6葉期からの灌水は増収効果が高い。品質をよくするには，いもの肥大空間を確保する土寄せが重要である。

品種は，食用部分により親いも用，子いも用，親子兼用，葉柄を食用にするずいき用に大別される（表15-3-3）。

2 生育過程と作型

種いも（seed tuber）の植付けは，萌芽した芽が晩霜にあわない時期に行なう。植付け後，マルチ栽培で35日，露地栽培で45日ほどで萌芽し，70～90日で子いも肥大開始期の5～6葉期になり，その後茎葉が旺盛に伸び，100～150日に孫いもの肥大・充実がすすみ，150～200日で収穫する。マルチをすると生育が促進され，植付け時期が1～2週間，収穫期が1～2カ月早まる。

おもな作型はマルチ早熟栽培と普通栽培である（図15-3-3）(注1)。

3 栽培概要

❶ 圃場の準備

連作すると乾腐病や線虫害で減収するので，3～5年間隔で輪作する。土壌消毒などで線虫を防除する。標準的な元肥は，10a当たり堆肥2t，苦土石灰100kg，緩効性肥料を主体に窒素5～12kg，リン酸15～20kg，カリ10～15kgである(注2)。肥効調節型肥料を利用した全量元肥施肥も行なわれている。

❷ 種いもの準備

種いもは大きいほど生育が早い。芽なしや罹病したいもを除き，40g以上の子いもや孫いもを用いる。親いもを使う場合は，いもの下半分はすて上部を使うが，芽が多いため30g程度に縦断し，催芽後に1芽にしてから植付ける。植付け前に薬剤で種いも消毒をする。

促成栽培やトンネル栽培では，植付け1カ月前に伏せ込んで，芽が2～3cm出たものを植える催芽処理が行なわれる。

❸ 種いもの植付け

マルチ栽培では，早生種は2条植え，ベッド幅75cm，条間60cm，株間

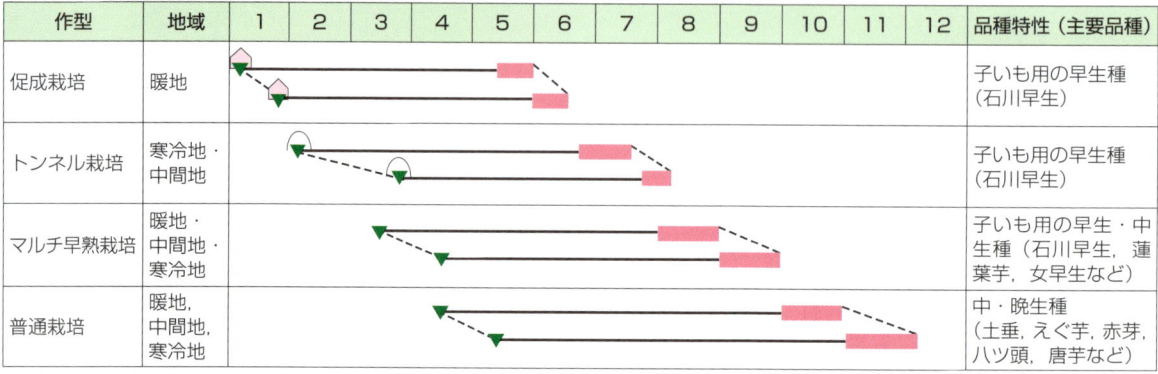

作型	地域	1	2	3	4	5	6	7	8	9	10	11	12	品種特性（主要品種）
促成栽培	暖地													子いも用の早生種（石川早生）
トンネル栽培	寒冷地・中間地													子いも用の早生種（石川早生）
マルチ早熟栽培	暖地・中間地・寒冷地													子いも用の早生・中生種（石川早生，蓮葉芋，女早生など）
普通栽培	暖地，中間地，寒冷地													中・晩生種（土垂，えぐ芋，赤芽，ハツ頭，唐芋など）

凡例）▼植付け ⬠ハウス ⌒トンネル ▬収穫

図15-3-3 サトイモのおもな作型と品種特性

30〜40cm，晩生種は1条植え，ベッド幅60cm，株間40〜80cmとし，各通路を50〜80cmとる。穴あきフィルムが一般的に利用され，開口部から種いもの芽を上に向け，芽の上に8〜10cm覆土できるように植付ける。晩生種の無マルチ栽培は，畝幅100〜130cmとし，深さ15cmの植え溝を切り，種いもを植付けて10cmほど覆土する。浅植えではいもが扁平になり，深植えでは萌芽遅れや生育不ぞろいになる。

高さ20cm，幅40cmの畝にマルチングを行ない，畝中央に覆土15cmになるように種いもを植付け，全期間ポリマルチをして土寄せをしない栽培も行なわれている。

❹植付け後の管理

穴なしフィルムのマルチでは，萌芽した部分を切って芽を出す。複数の芽が出た株は，2〜3葉期に生育のよい芽を1本残して他を除去する。

子いも肥大始期の5〜6葉期と，その3〜4週間後の孫いも肥大始期に，1回当たり窒素とカリを各3〜5kg追肥して土寄せをする。マルチは，その前に除去する。土寄せの深さは1回目は5cm，2回目は10cmとする。土寄せ以降9月中旬まで，土壌水分pF2.4になったら1回20〜30mm程度灌水する（図15-3-4）。

❺病害虫，生理障害

土壌伝染性病害の乾腐病，線虫害が問題になるので，無病の種いも使用や輪作，線虫対抗植物の作付け，土壌消毒を行なう(注3)。生理障害は表15-3-4参照。

❻収穫・調製

早生種は植付け後140日ごろから収穫し，9月中旬までに終える。遅くなると水晶症や乾腐病が発生しやすい。晩生種は霜が1〜2回降りてから掘取り機で収穫する。10a当たり収量は，促成栽培1〜1.5t，マルチ早熟栽培1.5〜2t，普通栽培の晩生種で2〜2.5tである。

貯蔵は，6℃以上と適度な湿度を保って行なう。土中貯蔵法の例を図15-3-5に示した。高温期の出荷は，予冷で傷からの腐敗を防ぐ。

4 経営的特徴

作付面積は13,600ha（2011年）で，1960年代の4万haをピークに漸減傾向にある。高温性作物のため産地は関東，北陸以西である(注4)。

表15-3-4　サトイモのおもな生理障害

障害名	発生要因	防止対策
芽つぶれ症	石灰やホウ素欠乏。高温・乾燥が助長	梅雨明け前にマルチを除去し，灌水で土壌水分を適度に保つ
水晶症	子いもの養分が孫いもに移動するときに発生。茎葉や根に障害を受けると発生しやすい	土壌物理性を改善し，根を健全に伸ばす。子いもの適期収穫
ひび割れ	土壌水分の大きな変動，いもが肥料や未熟有機物に接触	土壌水分の変動緩和。未熟有機物を施用しない

表15-3-3
サトイモの品種分類

利用上の分類	品種群
子いも用	えぐ芋，蓮葉芋，土垂，石川早生，黒軸
親いも用	筍芋，びんろうしん
親子兼用	赤芽，大吉，しょうが芋，唐芋（えび芋），ハツ頭
ずいき用	蓮芋，みがしき

図15-3-4
サトイモの栽培状況

〈注3〉
おもな害虫は，茎葉を吸汁・食害するアブラムシ，ヨトウムシ類，ハダニ，いもを食害するコガネムシ類である。

〈注4〉
おもな産地は千葉，宮崎，鹿児島，埼玉，新潟，熊本の各県。

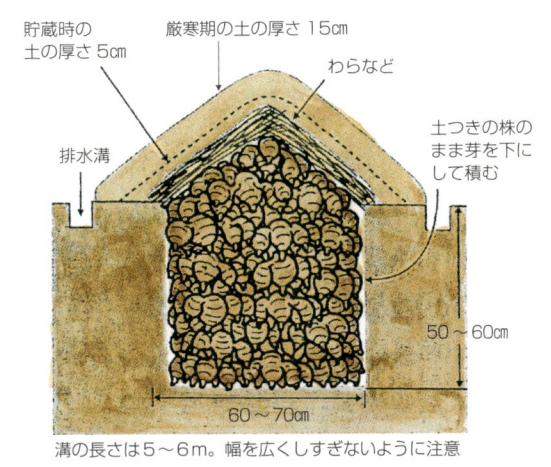

図15-3-5　サトイモの土中貯蔵方法の例

ジャガイモ

学名：*Solanum tuberosum* L.
英名：potato
科名：ナス科 *Solanaceae*
原産地：中南米の高地

図 15-4-1
収穫期のジャガイモ

表 15-4-1
ジャガイモのおもな食品成分
（可食部100g中）

水分	79.8g
炭水化物	17.6g
灰分	0.9g
カリウム	410mg
カルシウム	3mg
鉄	0.4mg
ビタミンC	35mg
食物繊維総量	1.3g

（「五訂日本食品標準成分表」による）

表 15-4-2
ジャガイモの好適環境

萌芽下限温度	5℃
萌芽適温	12～15℃
生育適温	10～23℃
塊茎肥大停止地温	29℃以上
凍害発生温度	0℃以下
好適土壌pH	5.0～6.5

図 15-4-2
塊茎の分化・肥大のすすみ方

〈注1〉
29℃以上ではいもの肥大が停止する。4℃以下でデンプンの糖化がすすみ、0℃以下で凍害を受ける。

〈注2〉
おもな品種は、北海道や本州では'男爵いも''メークイン''トヨシロ'、九州では'メークイン'、休眠が浅く年2作できる'ニシユタカ''デジマ'である。

〈注3〉
10a当たり養分吸収量は、窒素12kg、リン酸6kg、カリ20kg前後である。

1 性状と生理・生態的特性

❶ 性状と日本への渡来

多年生草本の根菜である。いもは地下茎の先端が肥大した塊茎（tuber）（図 15-4-2）で、種いもを植付けて栄養繁殖する。原産地は中南米の高地で、日本には、1600年ころジャカルタから長崎に導入され、それが作物名の由来とされている。わが国での本格的な栽培は明治以降である。

❷ 生理・生態的特性

好適生育環境は表 15-4-2のとおりであり、冷涼な気候を好む(注1)。いもには休眠があり、休眠期間は品種でちがう（表 15-4-3）。収穫後の日数（月齢）は種いもの萌芽（sprouting）や草勢に影響し、月齢が少ないと萌芽が遅く、萌芽数も少ないため収穫いも数が少ない。収穫後3～6カ月の種いもの収量が多い。

土壌の適応性は広いが、排水性がよい壌土や砂壌土が適する。好適土壌pHは5.0～6.5だが、そうか病の抑制には5.0～5.5が適する。

2 生育過程と作型

一部でトンネル栽培が行なわれるが、マルチ栽培と露地栽培が多い。地温6℃以上で植付け、収穫までの日数は早生種100日、中生種115日、晩生種130日である。

おもな作型は、暖地・中間地の春作普通栽培と北海道の夏作普通栽培である(注2)（図 15-4-3）。

3 栽培概要

❶ 圃場の準備

そうか病発病畑は土壌消毒をする。施肥は全量元肥、全面全層施肥が一般的で、10a当たり堆肥2t、窒素10～14kg、リン酸14～20kg、カリ12～15kg施用する(注3)。マルチをすると収穫期が7～10日早くなる。

❷ 種いもの準備

ウィルス病やそうか病に無病の種いもを使う。黒あざ病を防除するた

表 15-4-3 ジャガイモのおもな品種とその特徴

品種名	栽培適地	熟期	形状	皮色	肉色	肉質	目の深さ	休眠	その他の特徴
男爵いも	全国	早生	球形	淡褐色	黄白色	やや粉質	深い	やや長	食味がよい。中心空洞が発生しやすい
メークイン	全国	中生	長卵形	淡褐色	黄白色	やや粘質	やや浅い	中	煮くずれしにくく，食味がよい。マルチ栽培では二次成長しやすい
トヨシロ	全国	中生	扁球形	淡褐色	黄白色	中	浅い	長	多収で，つくりやすい。チップスやフライに向く
ワセシロ	東日本	早生	扁球形	黄褐色	白色	中	やや深い	中	早期肥大性が優れる。淡泊な食味で，チップスや煮物に向く
ホッカイコガネ	北海道	中晩生	長卵形	淡褐色	黄色	やや粘質	浅い	やや長	中心空洞少なく，フレンチフライに向く。煮くずれしにくい
キタアカリ	全国	早生	球形	淡黄褐色	黄色	やや粉質	やや深い	中	ジャガイモシストセンチュウに抵抗性で多収。香り，食味よく，ビタミンＣ豊富。サラダ，コロッケなどに向く
ニシユタカ	暖地	中晩生	扁球形	淡褐色	淡黄色	やや粘質	浅い	短	極多収で，休眠が浅いため秋作もできる。煮くずれしにくい
デジマ	暖地	中晩生	扁球形	淡褐色	黄白色	やや粉質	浅い	短	休眠が浅いため秋作もできる。暖地向き品種のなかでは食味がよい

図 15-4-3 ジャガイモのおもな作型と品種特性

凡例）▼植付け ▬収穫

めに薬剤を粉衣処理する。種いもは頂芽をつけて1片30〜50gに縦断し（図15-4-4），暖かい場所で3〜5日陰干ししてから植付ける。

春作や冬作では，植付け前の20〜30日間，芽が5mmほど伸びるまで，6〜20℃のハウスや軒下で日光に当てる。浴光育芽を行なうと萌芽促進と芽の充実がはかられる。

❸ 種いもの植付け

畝幅60〜70cm，株間20〜30cmで，生育期間が短い秋作では株間を狭くする。深さ10cmの溝を切り，種いもの切り口を下にしておき，6〜8cm覆土する。マルチ栽培では，植付け後に黒や透明ポリフィルムで被覆する。

❹ 植付け後の管理

マルチ栽培では，萌芽したら早めにマルチを切って芽を出す。早熟栽培では，茎数が多いと小いもが多くなるので，芽が10cmほど伸びたころに強い芽を1〜3本残して他をかき取る。普通栽培では芽かきはしなくてもよい。草丈が20cmほどになったら，雑草防除をかねて畝間を中耕し，株元に培土を行なう（図15-4-5）。

60〜100ｇの種いもは縦（頂部から基部）に2つ切りにする

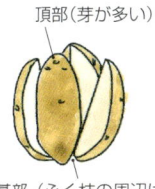

120ｇ以上の種いもは3〜4つ切りにする

図 15-4-4 種いもの切断方法

図 15-4-5 生育後期のジャガイモ

表15-4-4　ジャガイモのおもな生理障害

障害名	発生要因	防止対策
中心空洞	いもの急激な肥大	多肥をせず，適正な肥培管理
褐色心腐	高温で土壌水分の不足	土壌水分を適度に保つ。培土を行なう
黒色心腐	いも中心部の細胞が酸素不足で窒息して発生	適度な深さに植付ける。多めに培土する。貯蔵や浴光育芽中に高温や換気不足にしない

〈注4〉
おもな害虫はジャガイモシストセンチュウ，アブラムシ，ヨトウムシ類である。

❺ 病害虫，生理障害

　おもな病害は，土壌伝染性病害のそうか病や黒あざ病，地上部の疫病である。土壌病害対策は，無病種いもの利用や輪作，土壌消毒である。疫病は薬剤散布で防除する（注4）。

　生理障害は表15-4-4参照。

❻ 収穫・調製

　掘り遅れると過肥大や二次成長につながるので，試し掘りをして適期に収穫する。畑が乾いている日に収穫し，2～3時間圃場で乾燥させて収納する。長時間直射日光にさらすとグリコアルカロイド（glycoalkaloid）ができてえぐ味が出る。10a当たり収量は3～4tである。

　完熟していないいもは収穫直後は皮がむけやすく，呼吸が旺盛で傷口から腐敗しやすい。通気性のよいコンテナなどにいれ，冷暗所に2～3日おいて呼吸熱を冷ます。貯蔵は5℃，相対湿度95%で行なう。

4 経営的特徴

　作付面積は野菜で最も多い81,000ha（2011年）で，1980年代の13万haから漸減傾向にある。全国的に作付けられているが，おもな産地は北海道，鹿児島県，長崎県で，全体の76%をしめる。

図15-5-1　収穫したゴボウ
（写真提供：農文協）

ゴボウ

学名：*Arctium lappa* L.
英名：edible burdock
科名：キク科　Asteraceae
原産地：中国北東部，シベリア～ヨーロッパ

1 性状と生理・生態的特性

❶ 性状と日本への渡来

　ゴボウ属の2年生草本である。おもに主根が肥大した直根性の根菜で，木部肥大型である。

　原産地は中国北東部，シベリア～ヨーロッパで，中国から渡来し，日本で作物化した。平安時代までは薬草として利用され，食用としての栽培は鎌倉時代からとされている。

　現在，ゴボウを野菜として利用しているのは日本と台湾や中国の一部である。

❷ 生理・生態的特性

　好適生育環境は表15-5-2のとおりであり，耐暑性は強く30℃以上でも成長するが，10℃以下では発芽不良になる（注1）。

〈注1〉
地上部は3℃で枯死するが，土中の肥大根は気温が−20℃になっても越冬できる。

表15-5-1　ゴボウのおもな食品成分（可食部100g中）

水分	81.7g
炭水化物	15.4g
灰分	0.9g
カリウム	320mg
カルシウム	46mg
食物繊維総量	5.7g

（「五訂日本食品標準成分表」による）

表15-5-2　ゴボウの好適環境

発芽適温	20～25℃
生育適温	20～25℃
茎葉枯死温度	3℃
花芽分化誘起温度	5℃以下
好適土壌pH	5.5～6.5

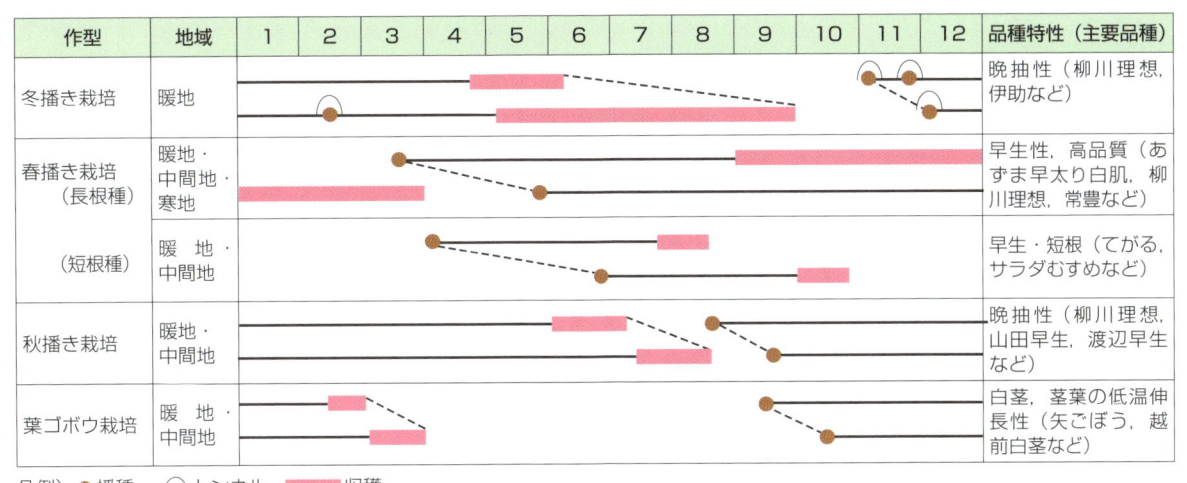

作型	地域	1	2	3	4	5	6	7	8	9	10	11	12	品種特性（主要品種）
冬播き栽培	暖地													晩抽性（柳川理想，伊助など）
春播き栽培（長根種）	暖地・中間地・寒地													早生性，高品質（あずま早太り白肌，柳川理想，常豊など）
（短根種）	暖地・中間地													早生・短根（てがる，サラダむすめなど）
秋播き栽培	暖地・中間地													晩抽性（柳川理想，山田早生，渡辺早生など）
葉ゴボウ栽培	暖地・中間地													白茎，茎葉の低温伸長性（矢ごぼう，越前白茎など）

凡例）● 播種　⌒ トンネル　▬ 収穫

図15-5-2　ゴボウのおもな作型と品種特性

花成は緑植物春化型で，低温で花芽分化し，その後の高温・長日で抽苔・開花する(注2)。秋播き栽培では晩抽性品種を使って根径1cm以内で越冬させると，抽苔せずに翌春から夏に収穫できる。

高温期に2日間湛水すると根の腐敗がはじまるため，地下水位が低く，排水・通気性のよい膨軟な土壌が適する。根系は幅，深さとも1m以上になるが，側根は生育中期ごろまでは深さ20〜30cmに多い。根の肥大には，土壌の気相率が30％程度必要とされる。

品種は'滝野川''大浦''萩''越前白茎'に大別される。

2 生育過程と作型

長根種の春播き栽培では，播種後10〜14日で発芽し，60日5〜6葉期ごろから茎葉の生育が旺盛になり，主根は1mになる。90日ごろから直根の肥大が本格化し，120〜150日で収穫期になる。根長40cm程度の短根種は，播種後65〜90日で収穫できる。

春播き栽培が基本作型で，九州ではハウスやトンネル利用の冬播き栽培，関西では茎葉を利用する葉ゴボウ栽培もある（図15-5-2）。

3 栽培概要

❶ 圃場の準備

連作をすると，やけ症などの土壌病害や線虫害が発生しやすいので，4〜5年間隔で輪作をするとともに土壌消毒をする。排水性のよい圃場を選び，水田で栽培するときは排水対策をする。未熟有機物が根に接すると岐根の原因になるので，堆肥は前作に施す。

標準的な元肥は，10a当たり窒素15kg，リン酸20kg，カリ15kgである(注3)。施肥後，トレンチャーで幅15cm，深さ80〜100cmで前進掘削深耕を行なう。

❷ 播種と栽培管理

深耕後，土が落ち着くのを待って，深さ1〜2cmに播種する。春播き栽

〈注2〉
根径が6〜20mmになった株が5℃以下の低温に1,400時間あうと花芽分化し，その後12.5時間以上の日長になる翌春の4〜5月に花茎が伸長し7〜8月に開花する

図15-5-3　生育中のゴボウ
（写真提供：農文協）

〈注3〉
10a当たり養分吸収量は，窒素14kg，リン酸4kg，カリ14g，カルシウム9kg，マグネシウム4kg前後である。

ゴボウ　189

表 15-5-3　ゴボウ「やけ症」の病名と病原菌の関係

症状	病名	病原菌
心黒	萎凋病	Fusarium oxysporum f.sp.arctii
皮黒	黒あざ病 根腐病	Rhizoctonia solani Pythium irregulare, Pythium sp.

培では，畦幅60～70cm，株間6～10cmとし，シードテープ（seed tape）に種子を1粒ずつ封入して播き，間引きは行なわない。株間は，早く収穫する場合は広くする。

雑草対策には，播種直後に除草剤を全面土壌処理するとよい。追肥は，播種1カ月後の2～3葉期と2カ月後の9～10葉期に，1回当たり窒素とカリを各3～4kg畦間に施用し，中耕する。

❸ 病害虫防除

連作するとやけ症と線虫の被害が多発する。やけ症は，根部表皮が黒褐色になる被害症状の総称で，原因は土壌伝染性病害の根腐病，萎凋病，黒あざ病である（表15-5-3）。ネコブセンチュウの被害を受けると根にゴール（こぶ）ができ，岐根になる。ネグサレセンチュウの被害を受けると，茎葉の生育不良，根部はしみ状の黒変や先端が腐敗して寸づまりや岐根になる。

地上部病害は黒斑細菌病や黒斑病，害虫は根部を食害するヒョウタンゾウムシやネモグリバエ，コガネムシの被害が多い。

❹ 収穫・調製

収穫はプラウ式掘取り機やハーベスタで行ない，茎葉が繁茂している場合は収穫前に15cmほど残して刈り取る（図15-5-4）。春播き栽培では，茎葉が枯死した12月から抽苔してくる3月まで収穫できる。収穫したゴボウは茎葉を1cm残して切断し，側根を除去して太さと長さをそろえて10kg入り段ボールで出荷する（注4）。夏は予冷後，保冷車で輸送する。

10a当たり収量は，春播き栽培の早掘りで1.5～2t，普通掘りで2.5t，秋播き栽培で1.8～2tである。

4 経営的特徴

作付面積は8,810ha（2011年）で，1989年には15,200haあったが，中国からの輸入増による価格低迷から漸減し，2005年以降はほぼ横ばいである。収穫量はこの10年間は17,000t前後で安定している。産地は，かつては耕土が深い関東ローム層地帯などに限定されていたが，トレンチャーの前進掘削掘り技術の開発で拡大した（注5）。

図15-5-4　収穫期のゴボウ

〈注4〉
出荷は，洗いと泥つきの2通りある。

〈注5〉
おもな産地は，青森，茨城，宮崎，群馬，千葉の各県である。

■ まとめの問題

1. ダイコン根部の各種障害の発生要因と防止対策について述べよ。
2. ニンジンの温度特性から作型の成立要件について述べよ。
3. サトイモのいものつき方を説明し，利用部位別主要品種をあげよ。
4. ジャガイモの浴光育芽の方法と効果について述べよ。
5. ゴボウの連作障害の原因と防止対策について述べよ。

参考文献

〈共通〉
新版 野菜栽培の基礎，池田英男他編著，2005，農文協
園芸学の基礎，鈴木正彦編著，2012，農文協
野菜園芸学，金浜耕基編著，2007，文永堂
蔬菜園芸学，伊東正他，1990，川島書店
新 蔬菜園芸学，鈴木芳夫他著，1993，朝倉書店
野菜の生理・生態，斉藤隆，2008，農文協
5訂 施設園芸ハンドブック，園芸情報センター，2003，日本施設園芸協会編
新版 そ菜園芸，伊東正監修，2003，農業改良普及協会
〈第1章〉
農業図絵，清水隆久校注・執筆，1983，農文協
農畜産業振興機構　野菜関係情報
　　（http://www.alic.go.jp/vegetable/index.html）
農林水産省　統計データ
　　（http://www.maff.go.jp/j/tokei/）
〈第2章〉
植物の生命科学入門，神阪盛一郎他著，1991，培風館
〈第3章〉
植物生理学概論，桜井英博他，2008，培風館
野菜の発育と栽培，藤目幸擴他，2006，農文協
新版 蔬菜園芸，斎藤隆，2002，文永堂
図説 野菜新書，矢澤進編著，2003，朝倉書店
Q&A 絵でみる野菜の育ち方，藤目幸擴，2005，農文協
図説 園芸学，萩原勲編著，2006，朝倉書店
そ菜入門，伊東正編修，1999，実教出版
新しい植物生命科学，大森雅之他編著，2001，講談社
温故知新：光中断実験から光周性による開花の分子機構に迫る，石川亮他，2006，蛋白質 核酸 酵素，51：933-942.
〈第4章〉
人工光型植物工場，古在豊樹，2012，オーム社
トマト オランダの多収技術と理論，エペ・フゥーベリンク編著，中野明正他監訳，2012，農文協
〈第5章〉
植物育種学，鵜飼保雄，2003，東京大学出版会
植物育種学 第4版，西尾剛他，2012，文永堂
植物の育種学，日向康吉，1997，朝倉書店
植物の遺伝と育種 第2版，福井希一他，2013，朝倉書店
品種改良の世界史，鵜飼保雄他編著，2010，悠書館
品種改良の日本史，鵜飼保雄他編著，2013，悠書館
蔬菜の新品種，伊東正監修，2013，誠文堂新光社
〈第6章〉
図説 野菜新書，矢澤進編著，2003，朝倉書店
園芸学入門，今西英雄編著，2006，朝倉書店
新編 野菜園芸ハンドブック，西貞夫編著，2001，養賢堂
〈第7章〉
蔬菜園芸学 果菜編，斎藤隆，1982，農文協
農業技術大系野菜編1，キュウリ，農文協
品種改良の日本史，鵜飼保雄他編，2013，悠書館
野菜園芸ハンドブック，西貞夫監修，1982，養賢堂
〈第8章〉
蔬菜園芸各論．熊澤三郎，1956，養賢堂
蔬菜総論．杉山直儀，1976，養賢堂
蔬菜園芸学各論．藤井健雄，1982，養賢堂
蔬菜園芸の事典．斎藤隆，1991，朝倉書店
野菜の作型と生態．山川邦夫，2003，農文協
〈第9章〉
農業技術大系野菜編3，イチゴ，農文協
野菜園芸ハンドブック，西貞夫監修，2001，養賢堂
〈第10章〉
園芸用ガラス室・ハウス等の設置状況（平成16年7月～平成17年6月間実績），2007，日本施設園芸協会
Natural Resource, Agriculture, and Engineering Service（NRAES），2009，温室の省エネルギー（2001年版＋追録2007年）
屋根開放型温室の可能性，佐瀬勘紀，2000，農業経営者11月号
新訂 園芸用被覆資材，日本施設園芸協会21世紀施設園芸研究会，2004，園芸情報センター
〈第11章〉
野菜園芸大百科第2版第22巻 養液栽培・養液土耕，2004，農文協
養液栽培のすべて，（社）日本施設園芸協会／日本養液栽培研究会共編，2012，誠文堂新光社
応用植物科学栽培実習マニュアル，森源治郎他監修，2000，養賢堂
養液土耕栽培の理論と実際，青木宏史他編，2001，誠文堂新光社
花き類の養液土耕法マニュアル，古口光夫他編著，2000，誠文堂新光社
植物栄養・肥料の事典，植物栄養・肥料の事典編集委員会編，2002，朝倉書店
肥料便覧第6版，塩﨑尚郎編，2008，農文協
太陽光型植物工場，古在豊樹編著，2009，オーム社
トマト オランダの多収技術と理論，エペ・フゥーヴェリンク編著，中野明正他監訳，2012，農文協
完全制御型植物工場，高辻正基著，2007，オーム社
〈第12章〉
食品保蔵・流通技術ハンドブック，三浦洋他監修，2006，建帛社
園芸作物保蔵論，茶珍和雄代表編著，2007，建帛社
野菜の鮮度保持，大久保増太郎編，1982，養賢堂
園芸食品の流通・貯蔵・加工，樽谷隆之他，1982，養賢堂
青果保蔵汎論，緒方邦安編，1977，建帛社
野菜の鮮度保持マニュアル，1998，流通システム研究センター
〈第13章〉
新野菜つくりの実際 果菜Ⅰ，川城英夫編，2001，農文協
新野菜つくりの実際 果菜Ⅱ，川城英夫編，2001，農文協
〈第14章〉
野菜の生態と作型，山川邦夫，2003，農文協
〈第15章〉
園芸学概論，斎藤隆他，1992，文永堂
新野菜つくりの実際 根茎菜，川城英夫編，2001，農文協

和文索引

〔C〜V〕
CA 貯蔵············146
CDU············137
CO_2 施用············113, 124
DFT············129
DNA マーカー············50
EC············67, 131
F_1············54
FR············39
GAP············12
Hf 蛍光灯············142
IB············137
IPM············72
LED············126, 142
MA 貯蔵············146
NFT············129
PAR············39
pH············132
PO フィルム············118
PPF············142
PPFD············142
RH············125
VPD············125, 148

〔あ〕
アスコルビン酸············151
アポプラスト············24
暗期中断············112
暗発芽種子············16

〔い〕
維管束············21
育種············48
育種家の眼············54
育種の工程············48
育種法············48
育種目標············52
育成者権············55
育苗············60
育苗床············60
石ナス············83
移植············62
1- MCP············147
一代雑種············54
一代雑種育種············54
一代雑種品種············55
一季成り············106
遺伝子型············48
遺伝子組換え技術············56
遺伝資源············50
遺伝子中心説············9

遺伝的画一化············50
遺伝的脆弱性············50
遺伝的多様性············50
遺伝的変異············9

〔う〕
浮きがけ············119

〔え〕
栄養診断············134
栄養成長············8, 30
栄養繁殖············26, 108
腋芽············22
液体肥料············63
液肥············63, 67
エチレン············146
園芸学············5
園芸の分類············7
園試処方············130
遠赤色光············39
塩類集積············73

〔お〕
覆下栽培············41
大玉トマト············76
オニオンセット············104
雄花············86
温床············60
温湯暖房機············124
温度適応性············7
温風暖房機············124

〔か〕
開花············70
外果皮············78
塊茎············26
塊根············26
外衣············22
海綿状組織············18
化学農薬············71
花芽の発達············29
花芽分化············29, 61
花卉············5
隔壁············79
学名············6
隔離床栽培············138
花茎············33
加工············149
加工・業務用野菜············14
加工用トマト············76
果菜類············5, 59
花菜類············61
仮軸分枝············77
果樹············5

カスパリー線············24
花成············8, 29
化成肥料············68
花成ホルモン············29
華南キュウリ············85
下胚軸············178
果皮············15
花粉発芽············35
華北キュウリ············85
可溶性············137
花蕾············33
ガラス温室············116
カルビン回路（カルビン・
　ベンソン回路）············43
カロテノイド············181
換気············121
環境調節············61
環境調節型野菜············75
緩効性肥料············68, 137
冠根············24
完熟期············79
灌水同時施肥············42, 68, 133
完全人工光型植物工場············141
寒玉系品種············95
甘藍············90

〔き〕
偽果············36, 111
気化冷却············122
奇形············73
奇形果············73
球茎············26
休眠············27, 28, 105, 176
休眠打破············107
強制換気············122
強制休眠············107
局所施肥············67

〔く〕
空洞果············80
く溶性············137
クライマクテリック型············145
クリーニングクロップ············74
黒いぼキュウリ············86

〔け〕
形成層············22
結球············19, 91, 97, 101, 166
限界日長············101
原産地············8

〔こ〕
耕起············65
光合成············40

和文索引

光合成有効光量子束密度 …… 142
光合成有効放射 …… 39
交雑育種法 …… 48
硬実種子 …… 27
硬質板 …… 120
硬質フィルム …… 119
光周性 …… 8, 32
耕種的防除 …… 71
交配用昆虫 …… 71
コーティング種子 …… 18
コーデックス委員会 …… 135
コールドチェーン …… 145
呼吸 …… 144
固形培地耕 …… 129
固定品種 …… 54
根圧流 …… 46
根冠 …… 23
根菜類 …… 5, 59
根出葉 …… 33
根端分裂組織 …… 23
根毛 …… 23
根粒菌 …… 164

〔さ〕
差圧通風冷却 …… 151
催花 …… 29
採種栽培 …… 70
催色期 …… 79
栽植密度 …… 40, 70
最適栽植密度 …… 70
栽培管理 …… 69
細霧冷却 …… 123
在来種（在来品種） …… 50, 55
作型 …… 59
作条施肥 …… 67
柵状組織 …… 18
雑種強勢 …… 54
雑種第一代 …… 54
雑草防除 …… 72
散播 …… 69
残留農薬 …… 71

〔し〕
シードテープ …… 69
じかがけ …… 119
自家受精 …… 34
自家不和合性 …… 57
四季成り …… 106
直播き …… 69
施設栽培 …… 41
施設利用型野菜 …… 75
自然換気 …… 121

自動的単為結果 …… 37, 71
自発休眠 …… 27, 106
師部 …… 21
子房上位花 …… 78
遮光 …… 119, 125, 172
雌雄異花同株 …… 86
汁液診断 …… 134
収穫 …… 71
収穫期 …… 59
周年生産 …… 59
重量野菜 …… 13
主根 …… 24, 178
種子春化 …… 8, 31, 166
種子消毒 …… 17
出荷 …… 71
出芽 …… 15
種皮 …… 15
受粉 …… 70
春化 …… 8, 30, 61
順化 …… 70
循環扇 …… 122
子葉 …… 15
傷害呼吸 …… 147
硝化作用 …… 47
硝酸化成抑制剤入り肥料 …… 137
硝酸同化 …… 47
蒸散流 …… 46
蒸散 …… 148
条播 …… 69
少量培地栽培 …… 138
除塩 …… 73
食品添加物 …… 143
植物学的分類 …… 6
植物工場 …… 5, 139
植物成長調整剤 …… 74
植物ホルモン …… 71, 74
食物繊維 …… 11
初生根 …… 24
初生皮層はく脱 …… 178, 182
除草 …… 65
除草剤 …… 72
尻腐れ果 …… 80
白いぼキュウリ …… 86
真果 …… 36
シンク …… 38
真空冷却 …… 151
人工受粉 …… 71, 155
振動受粉 …… 78
心止まり型 …… 78
シンプラスト …… 25

〔す〕
髄 …… 21
水耕 …… 129
水素イオン濃度 …… 132
水田転換畑 …… 73
水分活性 …… 149
水溶性 …… 137
条腐れ果 …… 80
条播き …… 61, 69

〔せ〕
生育診断 …… 63, 73
青果市場 …… 71
整枝 …… 40, 70
生殖成長 …… 8, 30
生食用トマト …… 76
生態系 …… 71
生態的分類 …… 7
整地 …… 65
成長点 …… 21
性フェロモン …… 71
生物的防除 …… 71
生分解性フィルム …… 120
生理障害 …… 38, 72
生理的有効放射 …… 39
節 …… 21
節間 …… 21
節間伸長 …… 33
施肥 …… 66
施肥量 …… 67
セル成型苗 …… 61
セルトレイ …… 61
線虫対抗植物 …… 180
せん定 …… 70
鮮度 …… 143
鮮度保持 …… 71, 144
選別 …… 71
全面施肥 …… 67

〔そ〕
痩果 …… 36, 111
早期抽苔 …… 92
総合的有害生物管理 …… 72
草姿 …… 70
早熟栽培 …… 60, 75
相対湿度 …… 125
相対的休眠 …… 106
ソース …… 38
促成栽培 …… 10, 60, 75, 176
側窓 …… 116
蔬菜 …… 5
疎植 …… 70

和文索引

速効性肥料……………………68

〔た〕
ダーウィン……………………48
ダイアフラム式………………134
台木……………………………64
胎座……………………………79
太陽光利用型植物工場………139
太陽放射………………………39
他家受精………………………34
脱春化…………………………31
他動的単為結果…………37, 71
種いも…………………………184
他発休眠………………………27
多量要（元）素………45, 66, 130
単為結果……………………36, 71
単為結果性……………………52
湛液水耕………………………129
短日性植物………………………8
短縮茎………………………24, 33
淡色野菜………………………11
単肥……………………………68
暖房……………………………123

〔ち〕
チシャ…………………………96
窒素同化………………………46
チップバーン…………………99
着色不良果……………………83
着果……………………………71
着花習性………………………77
チャック果……………………80
中果皮…………………………78
中耕……………………………65
中性植物……………………8, 32
抽苔……………………………33
中玉トマト……………………76
虫媒……………………………70
長花柱花………………………83
頂芽優勢……………………23, 33
長期多段栽培…………………81
長日性植物………………………8
調製……………………………71
頂端分裂組織…………………18
貯蔵栽培………………………104
貯蔵葉…………………………101
直根……………………………24
チラコイド反応………………43
地力……………………………68

〔つ〕
追熟……………………………145
追肥……………………………66

接ぎ木…………………………64
土づくり………………………68
土寄せ…………………………65
妻面……………………………115
つやなし果……………………83

〔て〕
低温障害………………………145
低温要求………………………107
定花性…………………………57
抵抗性品種……………………180
定植……………………………70
低段密植栽培…………………81
ディバーナリゼーション……31
摘果……………………………70
摘心………………………40, 70
摘葉………………………40, 70
凹凸果…………………………83
電気伝導度……………………67
電照………………………106, 126
天窓……………………………116
天敵……………………………71
点滴チューブ…………………133
電熱温床……………………41, 60
点播……………………………69
田畑輪換………………………73
点播き…………………………69

〔と〕
桃熟期…………………………79
倒伏現象………………………103
特定農薬………………………136
特別栽培………………………12
特別栽培農産物………………135
特別防除資材…………………136
土壌改良………………………73
土壌管理………………………65
土壌消毒………………………73
土壌診断…………………73, 134
土壌伝染性病害………………64
ドリッパー……………………133
トンネル………………………114
トンネル栽培…………………41

〔な〕
内果皮…………………………78
苗の素質………………………62
軟弱徒長………………………62
軟白……………………………176
軟白栽培………………………71

〔に〕
日中低下現象…………………43

〔ね〕
ネイキッド種子…………17, 172

〔の〕
農業……………………………5
農業総産出額…………………13
農酢ビ…………………………119
農産物市場……………………71
農ビ……………………………118
農ポリ…………………………118

〔は〕
ハードニング…………………17
バーナリゼーション…………30
胚…………………………15, 30
配合肥料………………………68
胚軸……………………………15
培土……………………………65
胚乳……………………………15
培養液…………………………128
培養土…………………………61
ハイワイヤー…………………117
薄膜水耕………………………129
播種……………………………61
播種期…………………………59
播種密度………………………70
鉢上げ…………………………62
発芽………………………15, 62
発芽促進処理…………………17
発芽抑制物質…………………27
発光ダイオード………126, 142
パッド・アンド・ファン……122
バビロフ…………………………9
ばら播き………………………69
半促成栽培………………60, 75

〔ひ〕
肥厚葉…………………………101
ヒートポンプ……………41, 123
光環境…………………………40
光強度…………………………39
光形態形成……………………19
光受容体………………………19
光崩壊性フィルム……………120
肥効調節型肥料………68, 137
非心止まり型…………………77
皮層……………………………21
ビタミン………………………11
必須元素………………45, 66, 130
肥培管理………………………73
被覆肥料………………………137
病害虫…………………………71
表皮……………………………21

和文索引

肥料··················66
微量要(元)素··········45, 66, 130
昼寝現象··············43
品質保持··············143
品種育成年限の短縮······55
品種の画一化··········50

【ふ】
フィトクロム··········16, 32
フェンロー型温室······117
複合形質··············52
複合肥料··············68
複合環境制御··········127
腐植·················69
フチュラ型············117
普通(露地)栽培········60
普通薬···············101
物理的防除············71
不定根···············24
腐敗·················149
プライミング··········17
プラグ苗··············61
プラスチックハウス····115
不良球············93, 97
ブルーム·············88
フルオープン温室······117
フロリゲン···········29
分枝·················22
噴霧耕···············129

【へ】
べたがけ·············119
べたがけ栽培··········41
ヘテロシス···········54
変形果···············80

【ほ】
萌芽·················186
訪花昆虫·············52
萌芽葉···············101
飽差··········42, 44, 125, 148
穂木·················64
補光·················126
保護葉···············101
ポジティブリスト·····12
ポストハーベスト農薬··143
匍匐茎···············108

【ま】
曲がり果·············88
窓あき果·············80
間引き···············69
マルチ·············65, 118
マルチ栽培···········41

【み】
密植·················70
蜜標·················58
ミニトマト··········76
ミネラル·············11
民間育種·············50

【む】
無胚乳種子···········15

【め】
明発芽種子···········16
芽かき···············70
雌花·················86

【も】
木部·················21
元肥·················66

【や】
野菜·················5
野菜産出額···········13
野菜自給率···········14
野菜総生産量·········14
野菜の種類···········6

【ゆ】
誘引···············40, 70
有機栽培············12, 135
有機JAS法···········135
有機農産物··········135
有機物···············69
雄性不稔性···········57
有胚乳種子···········15
有用元素·············46
優良形質の集積·······55

【よ】
養液栽培·············128
養液土耕········42, 68, 133
葉球形成········19, 91, 97
葉形比···············91
葉原基···············18
幼根·················15
葉(茎)菜類···········5
葉菜類···············59
幼若性···············110
葉重型···············92
養生·················65
葉身·················18
葉数型···············92
葉柄·················18
葉面散布············67, 73
浴光育芽·············187
抑制栽培········10, 60, 75
予冷··············71, 145

4定·················14

【ら】
ラビリンス式·········134
乱形果···············80
ランナー·············108

【り】
緑植物春化······8, 31, 168
離層·················78
立茎·················176
リッシェル式·········117
両性花···············78
量的形質·············54
緑黄色野菜···········11
緑熟期···············79
緑肥作物·············73
鱗茎·················20
鱗茎形成··········19, 101
輪作·················73

【れ】
冷却·················122
冷床·················60
冷水冷却·············152
裂果·················80
連作·················73
連作障害·············73

【ろ】
露地栽培···········59, 75
ロゼット化···········105
ロックウール耕······129

【わ】
わい化···············105

英文索引

〔A〕
abscission zone ……………………… 78
acclimation ………………………… 70
achene ……………………………… 36
adventitious root …………………… 24
aeroponics ………………………… 129
aggregate culture ………………… 129
agriculture …………………………… 5
albuminous seed …………………… 15
antagonistic plant ………………… 180
apical dominance …………… 23, 33
apical meristem …………………… 18
apoplast ……………………………… 24
artificial pollination …………… 71, 155
autonomic parthenocarpy ……… 37, 71
axillary bud ………………………… 22

〔B〕
beef tomato ………………………… 76
beta-carotene-rich vegetables …… 11
biological control ………………… 71
bisexual flower …………………… 78
blanching ………………………… 176
blanching culture …………………… 71
blossom-end rotted fruit ………… 80
bolting ……………………………… 33
branching …………………………… 22
breaker ……………………………… 79
breaking endodormancy ………… 107
breeder's eye ……………………… 54
breeder's right …………………… 55
breeding …………………………… 48
broadcast application ……………… 67
broadcast seeding ………………… 69
bulb ………………………………… 20
bulb formation ……………………… 19

〔C〕
cambium …………………………… 22
carotenoid ………………………… 181
casparian band …………………… 24
catface fruit ……………………… 80
cell seedling ……………………… 61
cell tray …………………………… 61
chilling injury …………………… 145
chilling requirement ……………… 107
cleaning crop ……………………… 74
coated fertilizer ………………… 137
cold-chain ………………………… 145
cold frame ………………………… 60
common tomato …………………… 76
compound fertilizer ……………… 68

continuous cropping ……………… 73
controlled atmosphere storage … 146
controlled release fertilizer …… 137
cooling …………………………… 122
corm ………………………………… 26
cortex ……………………………… 21
cotyledon …………………………… 15
cracked fruit ……………………… 80
crop rotation ……………………… 73
cropping type ……………………… 59
cross-breeding method …………… 48
cross-fertilization ……………… 34
crown root ………………………… 24
cultivation ………………………… 65
cultural control …………………… 71
culture practice …………………… 69
curd ………………………………… 33

〔D〕
dark germinating seed …………… 16
day-neutral plant ……………… 8, 32
deep flow technique (DFT) …… 129
defoliation ………………………… 40, 70
delayed-start culture …………… 60
dense planting …………………… 70
desalinization …………………… 74
determinate type ………………… 78
devernalization ………………… 31
dietary fiber ……………………… 11
direct seeding …………………… 69
disbudding ………………………… 70
disease and pest ………………… 71
dormancy ……………………… 27, 105
drip fertigation ………………… 133
dwarf stem ……………………… 24, 33
dwarfing ………………………… 105

〔E〕
ecodormancy …………………… 27, 107
ecosystem ………………………… 71
electric conductivity ………… 67, 131
electric hot bed ………………… 60
embryo ……………………… 15, 30
endocarp …………………………… 78
endodormancy ………………… 27, 106
endosperm ………………………… 15
environmental control …………… 61
epidermis ………………………… 21
essential element ……………… 45, 66
ethylene ………………………… 146
ever-bearing …………………… 106
exalbuminous seed ……………… 15

exocarp …………………………… 78

〔F〕
false fruit ……………………… 36
far red light ……………………… 39
female flower …………………… 86
fertigation ……………………… 68
fertilization …………………… 66
fertilizer ………………………… 66
fertilizer application dosage … 67
fertilizer with nitrification
    inhibitor …………………… 137
field preparation ……………… 65
first filial generation ……… 54
florigen …………………………… 29
flower bud development ………… 29
flower bud differentiation … 29, 61
flower constancy ………………… 57
flower induction ………………… 29
flower stalk ……………………… 33
flower vegetables ……………… 61
flowering ……………………… 29, 70
foliar spray ……………………… 67
food additives ………………… 143
forced ventilation …………… 122
forcing culture ……………… 10, 60
fresh market …………………… 71
fresh tomato …………………… 76
freshness retention ………… 71, 144
fruit set ………………………… 71
fruit thinning ………………… 70
fruit trees ………………………… 5
fruit vegetables ……………… 5, 59
futura …………………………… 117

〔G〕
gene center hypothesis ………… 9
genetic diversity ……………… 50
genetic resources ……………… 50
genetic uniformity …………… 50
genetic vulnerability ………… 50
genotype ………………………… 48
germination ……………………… 62
germination inhibitor ………… 27
glass greenhouse …………… 116
good agricultural practices … 12
grading …………………………… 71
grafting ………………………… 64
green manure crop ……………… 73
green plant
    vernalization ……… 8, 31, 168
growing point …………………… 21

【h】
hard seed ·· 27
hardening ·· 17
harvest time ·· 59
harvesting ·· 71
head formation ····························· 19, 166
healing ··· 65
heat pump ···································· 41, 123
heating ·· 123
herbicide ··· 72
hill seeding ·· 69
horticultural science ···························· 5
hot bed ·· 60
humus ··· 69
hydrocooling ···································· 152
hydroponics ······························· 128, 129
hydroponic culture ··························· 129
hypocotyl ····································· 15, 178
hypogynous flower ···························· 78

【I】
indeterminate type ····························· 77
insect pollination ······························· 70
insect pollinator ···························· 52, 71
integrated pest management
　（IPM） ·· 72
internode ··· 21
internode growth ······························· 33

【J】
June-bearing ································ 33, 106
juvenility ·· 110

【L】
leaf blade ·· 18
leaf primordium ································ 18
leaf vegetables ································ 5, 59
light germinating seed ······················ 16
lighting ··· 126
liquid fertilizer ··································· 63
local variety ································· 50, 55
localized placement ·························· 67
long day plant ······································ 8
long-styled flower ······························ 83

【M】
macro nutrient element ············· 45, 66
main root ····································· 24, 178
male flower ··· 86
male sterility ······································· 57
malformation ······································ 73
malformed fruit ·································· 73
matured ··· 79
mature-green ······································ 79
media culture ··································· 129
mesocarp ··· 78
micro nutrient element ············· 45, 66
mid-day depression ··························· 43
mid-day nap ······································· 43
middy tomato ····································· 76
mist culture ······································ 129
modified atmosphere（MA）
　storage ·· 146
monoecious ··· 86
mulching ·· 65

【N】
naked seed ··· 17
natural enemy ···································· 71
natural ventilation ·························· 121
nectar guide ······································· 58
night break ······································ 112
nitrate assimilation ··························· 47
nitrification ·· 47
node ·· 21
nursery bed ·· 60
nutrient film technique（NFT） ··· 129
nutrient management ······················· 73
nutrient solution ····························· 128

【O】
open field culture ······················· 59, 60
open pollinated ·································· 54
optimun planting density ················ 70
organic culture ································ 135
organic substance ····························· 69
ornamentals ··· 5

【P】
pad and fan ······································ 122
paddy-upland rotation ····················· 73
palecolored vegetables ····················· 11
palisade tissue ···································· 18
parthenocarpy ······················· 37, 52, 71
performance of seedling ·················· 62
pericarp ··· 15
personal breeding ····························· 50
pesticide ·· 71
petiole ··· 18
phloem ·· 21
photo morphogenesis ······················· 19
photo receptor ···································· 19
photoperiodism ···························· 8, 32
photosynthetically active
　radiation ··· 39
physical control ································ 71
physiological disorder ················ 38, 72
phytochrome ································ 16, 32
pith ·· 21
placenta ··· 79
plant factory ································ 5, 139
plant growth regulator ···················· 74
plant hormone ··································· 74
plant shape ··· 70
planting density ·························· 40, 70
plastic greenhouse ·························· 115
plastic tunnel ··································· 114
plowing ··· 65
plug seedling ······································ 61
pollination ·· 70
potting ·· 62
precooling ·· 71
preparation ··· 71
preplanting fertilizer ························ 66
primary root ······································· 24
priming ··· 17
processing ·· 149
processing tomato ···························· 76
pruning ··· 70
puffy fruit ··· 80

【Q】
quality retention ····························· 143
quantitative trait ······························· 54
quick-acting fertilizer ······················ 68

【R】
radical leaf ··· 33
radicle ··· 15
raising seedling ································· 60
recirculation fan ······························ 122
relative dormancy ··························· 106
relative humidity ····························· 125
replant problem ································· 73
reproductive growth ··················· 8, 30
residual agricultural chemicals ······ 71
respiratory climacteric type ·········· 145
retarding culture ······························· 10
richelhouse ······································ 117
ridging ·· 65
roof vent ··· 116
root apical meristem ························ 23
root bacterium ································· 164
root cap ··· 23
root hair ·· 23
root pressure flow ···························· 46
root vegetables ······························ 5, 59
root stock ··· 64
rosetting ··· 105

rot ··149
row application ·······················67
〔S〕
salt accumulation ····················73
scion ·······································64
seed production ·······················70
seed tape ·································69
seed tuber ·······························184
seed vernalization ············8, 166
seed vernalization type ············31
seedcoat ··································15
seeding ···································61
seeding density ·······················70
seeding time ···························59
seedling ··································60
self incompatibility ··················57
self-fertilization ·······················34
semiforcing culture ··················60
semiforcing culture under
 plastic tunnel ······················60
septum ···································79
setting ····································70
shade ·······························125, 172
shading ··································172
shipping ································71
short-day plant ························8
side vent ································116
sink ··38
slow release fertilizer ·······68, 137
soil-borne disease ····················64
soil disinfection ·······················73
soil fertility ·····························68
soil improvement ····················73
soilless culture ·······················128
soil management ·····················65
solar radiation ·························39
source ····································38
sparse planting ························70
spongy tissue ·························18
spray culture ·························129
sprouting ······························186
static-pressure air-cooling ······151
stimulative parthenocarpy ···37, 71
stolon ····································108
straight fertilizer ·····················68
stripe seeding ·························69
substrate ································61
substrate culture ···················129
succulent growth ····················62
supplement application ············66

supplemental lighting ············126
symplast ································25
〔T〕
tap root ··································24
thinning ·································69
topping ···························40, 70
top vent ································116
training ····························40, 70
transpiration ·························148
transpiration flow ···················46
transplanting ····················62, 70
trimming ································40
true fruit ································36
tuber ······································26
tuberous root ·························26
tunica ····································22
turning ··································79
〔U〕
upland field converted from
 paddy field ···························73
〔V〕
vacuum cooling ·····················151
vapor pressure deficit
 （VPD）·························125, 148
vascular bundle ·······················21
vegetables ·······························5
vegetative growth ·············8, 30
vegetative propagation ············26
venlo ····································117
ventilation ····························121
vernalization ···············8, 30, 61
〔W〕
water activity ························149
water culture ·························129
weed control ····················72, 65
wound respiration ·················147
〔X〕
xylem ····································21
〔Y〕
year-round production ············59

著者一覧

編著者

篠原　温　千葉大学名誉教授

編集委員・著者（執筆順）

糠谷　明　静岡大学総合科学技術研究科教授
寺林　敏　京都府立大学生命環境科学研究科教授
川城英夫　JA全農営農販売企画部主席技術主管

著者（執筆順）

淨閑正史　千葉大学園芸学研究科助教
塚越　覚　千葉大学環境健康フィールド科学センター准教授
丸尾　達　千葉大学園芸学研究科教授
大澤　良　筑波大学生命環境科学研究科教授
元木　悟　明治大学農学部准教授
吉田裕一　岡山大学農学部教授
福田直也　筑波大学生命環境科学研究科准教授
和田光生　大阪府立大学生命環境科学研究科講師
山脇和樹　静岡大学農学研究科准教授
北条雅章　千葉大学園芸学研究科准教授
片岡圭子　愛媛大学農学部准教授

農学基礎シリーズ　**野菜園芸学の基礎**

2014年3月25日　第1刷発行
2024年10月10日　第11刷発行

編著者　篠原　温

発行所　一般社団法人 農山漁村文化協会
郵便番号　335-0022　埼玉県戸田市上戸田2-2-2
電話　048（233）9351（営業）　　048（233）9355（編集）
FAX　048（299）2812　　　　　　振替 00120-3-144478

ISBN 978-4-540-11205-8　　　　　DTP制作／條 克己
〈検印廃止〉　　　　　　　　　　　印刷・製本／TOPPANクロレ㈱
ⓒ 篠原 温 2014
Printed in Japan　　　　　　　　　定価はカバーに表示

乱丁・落丁本はお取り替えいたします

農文協の図書案内

図説 野菜の病気と害虫
伝染環・生活環と防除法
米山伸吾他 著　5,905円＋税
病気33分類と害虫27分類ごとに、発生生態を被害作物の生育ステージと重ねて詳細に図解。付録：適用薬剤一覧。

養液栽培の病害と対策
出たときの対処法と出さない工夫
草刈眞一 著　2,300円＋税
意外に多い養液栽培での病害の発生の仕組みと、施設や培養液の殺菌・圃場衛生などの防除対策。

土壌学の基礎
生成・機能・肥沃度・環境
松中照夫 著　3,800円＋税
生成、理化学性、生物性から肥沃度管理や地球環境問題など、基礎から最新課題まで平易に記述。

農学基礎セミナー
植物バイテクの実際
大澤勝次・久保田旺 編著　2,100円＋税
バイテクの原理、組織培養の基礎、無病苗の作出から遺伝子組換えまで実際の手法を具体的に解説。

農学基礎セミナー
植物・微生物バイテク入門
大澤勝次・久保田旺 編著　1,714円＋税
植物組織培養、微生物のバイテク、バイオリアクターの基礎から実際までを網羅する入門書。

農学基礎セミナー
新版 農業の基礎
生井兵治・相馬暁・上松信義 編著　1,800円＋税
イネ・ダイズや主な野菜10種・草花・ニワトリ・イヌなどの育て方を丹念に解説した入門書。

農学基礎セミナー
環境と農業
西尾道徳・守山弘・松本重男 編著　1,700円＋税
地域の環境調査の方法から農林業と環境とのかかわり、環境保全・創造まで紹介する実践的入門書。

農林水産業の技術者倫理
祖田 修・太田猛彦 編著　3,048円＋税
人口を養い続けた結果、環境問題を発生させた農林水産業の21世紀の技術のあり方を提示する。

農業と環境汚染
日本と世界の土壌環境政策と技術
西尾道徳 著　4,286円＋税
豊富なデータで日本と欧米の汚染の実態と政策、技術を比較し、環境保全型農業の可能性を提案。

自然と科学技術シリーズ
土壌団粒
形成・崩壊のドラマと有機物利用
青山正和 著　1,600円＋税
農業における土壌団粒の現代的役割と、それを維持する土壌管理の方法を提案。

自然と科学技術シリーズ
農学の野外科学的方法
「役に立つ」研究とはなにか
菊池卓郎 著　1,524円＋税
歴史的、地理的一回性を帯びる野外的自然を扱う科学として、実際に役立つ農学研究の方法を提唱。

自然と科学技術シリーズ
生物多様性と農業
進化と育種、そして人間を地域からとらえる
藤本文弘 著　1,857円＋税
農業は人間と生物の共進化という見方から、近代技術の問題点を摘出し農業のあり方を問う異色作。

新版 土壌肥料用語事典 第2版
土壌編、植物栄養編、土壌改良・施肥編、肥料・用土編、土壌微生物編、環境保全編、情報編
藤原俊六郎・安西徹郎・小川吉雄・加藤哲郎 編　2,800円＋税
生産・研究現場の必須用語を現場の関心に即して解説したハンディな小事典。12年ぶりの改訂。

最新 農業技術事典〔NAROPEDIA〕
農業・生物系特定産業技術研究機構 編著　36,190円＋税
生産技術を軸に経営、流通、政策から食品の安全性、資源・環境問題、国際関係まで1万5千語を収録。

（価格は改定になることがあります）